U0574428

権威·前沿·原创

皮书系列为

"十二五""十三五""十四五"时期国家重点出版物出版专项规划项目

BLUE BOOK

智库成果出版与传播平台

共同富裕蓝皮书
BLUE BOOK OF COMMON PROSPERITY

共同富裕发展报告（2023）

ANNUAL REPORT ON THE DEVELOPMENT OF COMMON PROSPERITY (2023)

共同富裕的浙江示范

Demonstration of Common Prosperity in Zhejiang

主　编／谢伏瞻　高培勇

社会科学文献出版社
SOCIAL SCIENCES ACADEMIC PRESS (CHINA)

图书在版编目（CIP）数据

共同富裕发展报告 . 2023. 共同富裕的浙江示范 /
谢伏瞻，高培勇主编 . --北京：社会科学文献出版社，
2023. 7
　（共同富裕蓝皮书）
　ISBN 978-7-5228-1582-4

　Ⅰ.①共…　Ⅱ.①谢…②高…　Ⅲ.①共同富裕-研
究报告-浙江-2023　Ⅳ.①F124. 7

中国国家版本馆 CIP 数据核字（2023）第 050719 号

共同富裕蓝皮书

共同富裕发展报告（2023）
——共同富裕的浙江示范

主　　编 / 谢伏瞻　高培勇

出 版 人 / 王利民
组稿编辑 / 曹义恒
责任编辑 / 吕霞云　岳梦夏
责任印制 / 王京美

出　　版 / 社会科学文献出版社 · 政法传媒分社（010）59367126
　　　　　　地址：北京市北三环中路甲 29 号院华龙大厦　邮编：100029
　　　　　　网址：www. ssap. com. cn
发　　行 / 社会科学文献出版社（010）59367028
印　　装 / 天津千鹤文化传播有限公司

规　　格 / 开　本：787mm×1092mm　1/16
　　　　　　印　张：26. 5　字　数：399 千字
版　　次 / 2023 年 7 月第 1 版　2023 年 7 月第 1 次印刷
书　　号 / ISBN 978-7-5228-1582-4
定　　价 / 188. 00 元

读者服务电话：4008918866

主要编撰者简介

谢伏瞻　研究员，博士生导师，中国社会科学院学部委员、学部主席团主席，享受国务院政府特殊津贴。中国社会科学院原院长、党组书记，第十三届全国政协常委、经济委员会副主任。主要研究方向为宏观经济政策、公共政策、区域发展政策等。先后主持或共同主持完成"完善社会主义市场经济体制研究""中国中长期发展的重要问题研究""'两步走'战略中两大重要时间段发展战略规划研究""未来十五年大国关系演化及中美关系研究""中国改革开放：实践历程与理论探索"等重大课题。

高培勇　教授，博士生导师。中国社会科学院副院长、党组成员，中国社会科学院学部委员，中国社会科学院大学党委书记。享受国务院政府特殊津贴，兼任国务院学位委员会委员、孙冶方经济科学基金会副理事长。研究领域为财税理论研究和财税政策分析等。代表作有《现代财税体制理论大纲》《国债运行机制研究》《当代西方财政经济理论》等。

序 言（一）

　　2020 年，我国全面建成小康社会，实现了第一个百年奋斗目标，乘势而上，我国又开启全面建设社会主义现代化国家新征程，向第二个百年奋斗目标进军。全面建成小康社会为促进共同富裕创造了良好条件，现在，已经到了扎实推动共同富裕的新阶段。党中央明确提出，促进全体人民共同富裕的目标是："十四五"时期迈出坚实步伐；到 2035 年取得更为明显的实质性进展；到 21 世纪中叶，全体人民共同富裕基本实现。

　　在扎实推进共同富裕建设道路上，党中央采取试点的方式推进相关工作，选择浙江作为全国首个共同富裕建设示范区，是总结社会主义建设和改革开放经验做出的重大战略决策。《中华人民共和国国民经济和社会发展第十四个五年规划和 2035 年远景目标纲要》提出，要支持浙江高质量发展建设共同富裕示范区。2021 年 6 月，《关于支持浙江高质量发展建设共同富裕示范区的意见》正式明确了浙江共同富裕先行示范区的定位和任务。

　　为什么要以试点方式启动推进共同富裕建设工作？一方面，随着我国改革进入攻坚期和深水区，面临很多前所未有的新情况、新问题，追求共同富裕的难度大、矛盾多、触及利益复杂，许多问题缺乏现成答案，可以摸着过河的"石头"越来越少，这就需要我们在实践中探索，自己寻找出一条适合中国国情的发展道路。从科学决策、科学执政的角度看，需要我们用试点的方式探索共同富裕建设的正确道路，这样才能少走弯路，避免折腾，实现改革的风险可控、改革的收益最大。另一方面，共同富裕不是整齐划一的平均主义，不是所有人、所有地区的同时、同等富裕，我国发展不平衡不充分

的问题仍然比较突出，推进共同富裕的基础条件在不同地区存在差异，所有地区齐头并进客观上做不到。选择部分有代表性、有基础条件的地区先行先试，为其他地区作出示范，不仅是更科学的，也是更为现实可行的路径选择。

为什么选取浙江进行试点？这一问题在 2021 年 6 月国家发展改革委对《关于支持浙江高质量发展建设共同富裕示范区的意见》进行解读时做过简单阐释。第一，浙江具备开展示范区建设的代表性。从规模看，浙江面积、人口具有一定规模；从地理区划看，浙江有"七山一水二分田"；从城镇化率看，浙江常住人口城镇化率达 73%，户籍人口城镇化率只有 54%。第二，浙江具备开展示范区建设的基础和优势。从富裕程度看，浙江富裕程度较高，居民人均可支配收入仅次于上海和北京；从发展均衡度看，浙江城乡差距、地区差距相对较小，山区区县与东部沿海平原发达区县的发展水平差距不大；从改革创新意识看，浙江各级各地普遍具有比较强烈的改革和创新意识，勇于做改革的弄潮儿，这对于大胆探索共同富裕建设行之有效的政策措施极为重要。第三，浙江开展示范区建设的空间和潜力还较大。比如在正确处理稳定扩大就业与技术进步的关系，有效破解用地不足、资源约束等矛盾，形成先富帮后富、建立有效提高低收入群体收入的长效机制，反垄断和防止资本无序扩张等方面，仍然有很多可探索的空间。第四，也是最重要的一点。习近平总书记在浙江工作期间制定的"八八战略"为浙江的发展指明方向、绘制蓝图，历届浙江省委一张蓝图绘到底，积累了不少新经验，为推动共同富裕打下了坚实的物质基础，凝聚了主动的精神力量。

试点是工作办法而不是目的，试点的价值大小，关键在于能否更高效地进行政策试验，更科学地评估政策效果，更及时地总结经验教训，最终更有效地吸收政策经验，从而实现政策的快速推广和扩散。基于对这一问题的考虑，为落实好中央交办的重大任务，共同推进浙江省高质量发展建设共同富裕示范区，中国社会科学院与浙江省特设立院省合作课题"浙江高质量发展建设共同富裕示范区研究"，旨在展开理论和政策研究，为浙江的共同富裕示范区建设工作出谋划策、提供建议，深入研究总结浙江共同富裕示范区建设经验，为全国提供可复制、可推广的经验和办法。读者手中的这本《共同富裕发展报告（2023）——共同富裕的浙江示范》正是课题的最新成果，报告从现代化产业体系建设、数字经济高质量发展、绿色发展、党建引领等诸多角度，对浙江经济社会发展的成就和经验进行梳理总结，是一本可供读者快速了解浙江共同富裕建设相关工作的参考书。

习近平总书记强调："办好（共同富裕）这件事，等不得，也急不得。"①"急不得"是说不能急躁冒进，脱离发展阶段、发展条件，要对其长期性、艰巨性、复杂性有充分认识；"等不得"是说现在已经到了扎实推动共同富裕的新阶段，实现共同富裕具有重要性、紧迫性和现实性，时间不等人，机会不等人，发展犹如逆水行舟，不进则退，容不得半点松懈。"等不得"与"急不得"是相互统一的。作为高质量发展建设共同富裕示范区，浙江自然要抖擞精神，率先行动起来，承担起为全国探路的使命。浙江就是这么做的，示范区建设扎实开局，一批创新探索已经初显成效。同时，全国各地也都在不同的基础和起点上，以时不我待的紧迫感、只争朝夕的精气神，撸起袖子加油干，积极推动共同富裕建设。我们坚信，只要我们按照习近平总书记指引的方向，全面贯彻党中央战略部署，开拓创新，务实重干，善作善成，全体人民共同富裕一定会早日实现。

谢伏瞻

2023 年 6 月 1 日

---

① 《习近平谈治国理政》第 4 卷，外文出版社，2022，第 143 页。

序 言（二）

中国已进入扎实推进共同富裕的历史阶段。当前，我国发展不平衡不充分问题仍然突出，城乡区域发展和收入分配差距较大，各地区推动共同富裕的基础和条件不尽相同，需要选取部分地区先行先试、作出示范。浙江省在探索解决发展不平衡不充分问题方面取得了明显成效，具备开展共同富裕示范区建设的基础和优势。2021 年 6 月，中共中央、国务院发布了《关于支持浙江高质量发展建设共同富裕示范区的意见》，从提高发展质量、增加城乡居民收入、公共服务优质共享、丰富人民精神文化生活、打造美丽宜居生活环境、构建舒心安心放心的社会环境等方面对浙江建设共同富裕示范区提出了要求。

中国社会科学院作为党中央、国务院的思想库、智囊团，对事关国家发展的重大战略性问题进行深入研究，是其内在的使命，对共同富裕这一重大课题进行深入研究，更是责无旁贷。党的十九届五中全会以来，中国社会科学院的研究人员在扎实推进共同富裕相关问题上积极展开各种研究探索，发表和出版了一系列高质量文章与专著，一些成果如《共同富裕理论探索》《共同富裕论纲》等产生了广泛的影响。不过，已有的这些研究多从整个国家的宏观高度进行理论探索，对共同富裕在地方的具体实践覆盖有所不足。

中国社会科学院与浙江省有着长期良好的合作传统和合作基础。2005年，中国社会科学院就曾与浙江省委、省政府携手展开"浙江经验与中国发展"的合作研究，2007 年《浙江经验与中国发展——科学发展观与和谐社会建设在浙江》六卷本出版，在社会上产生了广泛的影响，构建了学术研究机构与地方政府紧密合作、理论源于实践又有力地反作用于实践的范式与机制。2014年，中国社会科学院与浙江省委合作展开"中国梦与浙江实践"重大课题研究工作，以此为基础又出版了《中国梦与浙江实践》系列丛书，全景式、立体式地揭示了浙江通过实施"八八战略"取得的发展经验。浙江省还长期是中国社会科学院的国情调研基地，各级部门为中国社会科学院在地方、在基层展开调查研究，了解国情民情，理论联系实际提供了巨大的支持和帮助。

2021年，中国社会科学院和浙江省再次携手合作，设立"浙江高质量发展建设共同富裕示范区研究"这一院省合作课题，对浙江推进共同富裕的经验与探索进行理论与政策上的研究。中国的共同富裕涉及一系列重大理论和实践问题，需要从理论和实践的结合上说清楚、讲明白。共同富裕的理论研究不能是空中楼阁，需要有实践支撑和检验，本次院省合作研究就是一次理论与实践的有机结合。浙江在推进共同富裕上的实践与探索为共同富裕的理论研究提供了丰富的现实材料，是理论创新的源头。同时，共同富裕的实践不仅需要埋头苦干，也需要理论升华，中国社会科学院在这方面职责使然，肩负神圣使命。

现在读者手中的这本《共同富裕发展报告（2023）——共同富裕的浙江示范》正是这一合作课题的最新研究成果，本报告由中国社会科学院12个研究所的专家学者，在对浙江省推进共同富裕相关工作深入调研的基础上完成。报告分为总报告、分报告和专题篇三大部分。其中，总报告"扎实推进共同富裕的浙江实践"是总报告课题组在各分报告基础上综合整理形成的，重点介绍了浙江省在现代化产业体系、绿色发展、党建引领、公共服务、金融发展等十三个方面推进共同富裕建设的工作。若读者缺乏充足时间，可从总报告中快速了解浙江扎实推进共同富裕的相关工作。然而，限于篇幅，总报告是扼要性的，重点讲实践经验和成绩，但基本省略了对问题、不足的分析和措施建议的部分。分报告和专题报告从现代化产业体系、数字经济和服务业高质量发展、绿色发展、高水平对外开放等方面，对推进共同富裕各方面工作进行了更详尽、更深入的研究和讨论。

扎实的调研工作是做好研究的基础。在开展浙江扎实推进共同富裕的调查与研究过程中，我们紧紧围绕"推进共同富裕"这个主题，重点总结浙江在这些方面取得的成绩和经验，同时站在中国发展全局的高度，思考浙江经验的全国意义，思考中国中长期的发展问题。我们努力争取研究成果达到"准、实、高、深"的标准："准"，就是要准确、客观地反映浙江的情况，务求判断、结论有真凭实据；"实"，就是调研工作要扎实细致，避免流于表面，避免只谈成绩不谈问题，写出来的东西要不空泛、不空洞；"高"，就是要站在全国高度研究和总结浙江经验，希望浙江的实践可以给全国推进共同富裕建设的工作提供可供参考学习乃至复制的模板；"深"，就是研究成果要有理论深度和力度，能够反映中国社会科学院的研究功底和研究风格，代表学术研究的应有水平。

本项研究工作得到了浙江省委省政府的大力支持，省委主要领导始终高度重视此项工作，做出多次批示。从2021年5月确定这一院省合作项目至今，课题组15个分组及专家组成员，克服疫情带来的种种困难，先后多次奔赴浙江开展调研，其间开展的线上调研、会议沟通交流不计其数。不管是集体调研还是一两个人的实地调研，不管是实地调研还是线上调研，浙江省都给予了大力支持和帮助，使这项调查研究工作得以顺利展开。研究成果初稿出来后，浙江省委省政府的很多部门负责同志和专家学者应邀参加了成果研讨，提出了很多重要而宝贵的修改意见和建议，为提高这项调研成果的质量提供了重要保证。在此，也对浙江省委省政府的大力支持表达衷心感谢！

是为序。

高培勇

2023 年 5 月 31 日

摘　要

　　实现共同富裕是中国人民的共同期盼，是中国共产党的初心和使命，也是中国式现代化的重要特征和社会主义的本质要求。中国特色社会主义进入新时代，以习近平同志为核心的党中央把扎实推进共同富裕摆在更突出的位置，明确 2035 年中国基本实现社会主义现代化的远景目标之一是"全体人民共同富裕取得更为明显的实质性进展"，并以浙江为共同富裕先行示范区，为全国推动共同富裕提供省域范例。浙江在过去几十年的改革开放历程中在探索解决发展不平衡不充分问题方面取得了明显成效，具备开展共同富裕示范区建设的基础和优势，具有广阔的优化空间和发展潜力，这是中央选择浙江为全国首个共同富裕建设先行示范区的根本原因。自 2021 年中共中央、国务院发布《关于支持浙江高质量发展建设共同富裕示范区的意见》以来，浙江各级政府迅速行动，推动工作落实，初步构建了共同富裕的目标体系、工作体系、政策体系和评价体系，高质量发展建设共同富裕示范区稳健起步、扎实开局，共同富裕的基础进一步夯实。

　　浙江高质量发展建设共同富裕示范区工作已启动，在此时点，本书从现代化产业体系建设、数字经济高质量发展、绿色发展、党建引领、推进高水平对外开放、提供高质量公共服务、推进高质量就业、财政金融政策支撑、社会保障制度改革、精神文明建设、全面推进乡村振兴、山海协作发展等方面，全面回顾浙江经济社会建设各方面的发展历程，梳理共同富裕建设工作的成绩和经验。因此，本书是对浙江长期以来的经济社会发展建设经验和共同富裕示范区建设工作的系统总结，对其他地区的共同富裕建设工作具有一

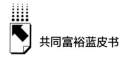

定的借鉴参考意义。

　　同时，本书也从各方面研究探寻浙江推进共同富裕仍然存在的问题和不足。例如，在数字经济方面，仍然存在数字经济发展不均衡、数字使用鸿沟和数字红利差异较大的问题；在劳动就业方面，仍然存在人力资源供需结构不匹配、行业间群体间工资差距偏大、劳动的社会保障力度还需进一步加大的问题；在金融发展方面，仍有金融支持创新发展存在短板、金融支持共同富裕的配套政策和评价体系不健全的问题；等等。在此基础上，对浙江进一步完善共同富裕建设相关工作提出针对性意见建议。因此，本书对浙江的高质量发展建设共同富裕示范区相关工作也有一定参考意义，有助于进一步丰富和发展建设共同富裕的浙江经验。

　　关键词：　高质量发展　共同富裕　浙江

目 录 ⤵

Ⅰ 总报告

Ⅱ 分报告

皮书数据库阅读**使用指南**

总 报 告

General Report

B.1

扎实推进共同富裕的浙江实践

中国社会科学院"浙江省高质量发展建设共同富裕示范区研究"课题组*

摘　要: 推进全体人民共同富裕,是中国式现代化的重要特征之一,也是中国式现代化的一项本质要求。中国式现代化进程已经进入一个新发展阶段,到 2035 年,中国将基本实现社会主义现代化,共同富裕将取得更加明显的实质性进展;到 21 世纪中叶,我国将成为综合国力和国际影响力领先的社会主义现代化强国,并基本实现共同富裕。在中国式现代化进程中,扎实推进共同富裕,是中国共产党领导中国人民建设社会主义现代化国家的重大任务。实现共同富裕,是一个长期的历史过程,要稳步朝着这个目标迈进,无疑在某个省级区域进行试点十分必要。在过去几十年的改革开放历程中,浙江在探索解决发展不平衡不充分问题方面取得

---

* 课题组组长:谢伏瞻;课题组副组长:高培勇。
课题组主要成员(按姓氏笔画排序):王震、冯颜利、李雪松、汪德华、张翼、张永生、张宇燕、张树华、张晓晶、陈光金、姚枝仲、都阳、夏杰长、黄群慧、崔建民、魏众、魏后凯。
执笔:刘学良。

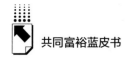
了明显成效，具备开展共同富裕示范区建设的基础和优势。浙江在 2021 年被确立为推进高质量发展建设共同富裕的先行先试的示范区，在现代化产业体系建设、数字经济高质量发展、绿色发展、党建引领、推进高水平对外开放、提供高质量公共服务、推进高质量就业、财政金融政策支撑、社会保障制度改革、精神文明建设、全面推进乡村振兴、山海协作发展等方面取得了重要进展，正在不断丰富和发展建设共同富裕的浙江经验。

关键词： 共同富裕　效率公平　浙江经验　习近平新时代中国特色社会主义思想

习近平总书记在党的二十大报告中指出："从现在起，中国共产党的中心任务就是团结带领全国各族人民全面建成社会主义现代化强国、实现第二个百年奋斗目标，以中国式现代化全面推进中华民族伟大复兴。"[①] 推进全体人民共同富裕，是中国式现代化的重要特征之一，也是中国式现代化的一项本质要求。中国式现代化进程已经进入一个新发展阶段，到 2035 年，中国将基本实现社会主义现代化，共同富裕将取得更加明显的实质性进展；到 21 世纪中叶，我国将成为综合国力和国际影响力领先的社会主义现代化强国，并基本实现共同富裕。在中国式现代化进程中，扎实推进共同富裕，是中国共产党领导中国人民建设社会主义现代化国家的重大任务。

推进共同富裕是一个长期的历史过程，要稳步朝着这个目标迈进。首先要通过全国人民共同奋斗把"蛋糕"做大做好，然后通过合理的制度安排把"蛋糕"切好分好。这意味着寻求一个省级区域进行试点，是一个十分必要和有效的推进共同富裕的战略部署。2021 年 3 月发布的《中

---

① 习近平：《高举中国特色社会主义伟大旗帜　为全面建设社会主义现代化国家而团结奋斗——在中国共产党第二十次全国代表大会上的报告》，人民出版社，2022，第 21 页。

华人民共和国国民经济和社会发展第十四个五年规划和 2035 年远景目标纲要》指出要落实浙江高质量发展建设共同富裕示范区，2021 年 5 月国务院印发《关于支持浙江高质量发展建设共同富裕示范区的意见》，赋予了浙江重要的示范改革任务，先行先试、作出示范，为全国推动共同富裕提供省域范例。

浙江在过去几十年的改革开放历程中，在探索解决发展不平衡不充分问题方面取得了明显成效，具备开展共同富裕示范区建设的基础和优势，同时又具有广阔的进一步优化空间和发展潜力。在习近平主政浙江期间，浙江确立了面向未来发展的"八八战略"，施行了促进偏远山区发展的"山海协作"工程，在正确的道路上浙江的物质文明和精神文明建设实现了大步跨越。浙江在一部分人实现先富起来的同时，分配差距控制在适度水平，发展共享程度高，为浙江成为共同富裕建设示范区奠定了坚实基础。

浙江省的共同富裕示范区建设的基础和优势可分为"富裕"（发展成果的水平高、质量高）和"共享"（发展成果的共享程度高）两个方面。在发展"富裕"方面，2020 年，浙江省 GDP 总量为 64689.1 亿元，在全国各省级行政区排名第 4；人均 GDP 达到 100738 元，在全国各省级行政区排名第 6；城乡居民人均可支配收入达到 52397 元，在全国各省级行政区排名第 3（仅次于北京和上海），人均可支配收入占人均 GDP 的比例达到 52.01%。浙江省的民富发展成就和藏富于民的发展理念在全国闻名遐迩。在发展"共享"方面，浙江省的城乡发展差距小，2020 年，浙江城乡居民人均可支配收入之比为 1.96∶1，在全国各省级行政区中排名第 3；浙江省的地区间差距也相对较小，尽管浙江中西部多山地，号称"七山一水两分田"，沿海地区与内陆山区发展条件迥异，但浙江最富裕城市杭州的人均 GDP 只是相对最落后的城市丽水的 2.2 倍（136617/61811），城乡居民人均可支配收入的差异只有 1.64 倍（61879/37744），地区间相对差距也较小；通过"钱随人走"、以标准化促进均等化等措施，浙江的基本公共服务均等化程度也达到较高水平。

人类对富裕美好生活的追求是无止境的，这本质上决定了共同富裕的目标和追求是动态的，探索建设共同富裕是长征路而不是短途跑。因此，浙江

的共同富裕建设仍然有广阔的发展和提升空间，选择浙江作为共同富裕建设示范区既是对浙江过去发展成就的肯定和褒奖，又是对浙江的鼓励和期许，激励浙江在共同富裕建设道路上付出更大努力、做出更大成绩、提供更好示范，从而带动其他地区在共同富裕上取得更为明显的实质性进展。

一 以现代化产业体系推进浙江共同富裕

发达的经济是实现共同富裕的物质基础，而发达的产业体系则是经济发达的根基。浙江省较早地开始构建现代化产业体系的实践探索并已经取得较大进展，在现代农业、装备制造业、高新技术制造业、现代服务产业等多个行业具有领先地位，产业转型升级初见成效，市场机制发展较为完善，以民营企业为主的微观企业主体健康稳定发展，为现代化产业体系建设打下了良好基础。

从产业结构看，根据 2019 年的数据，浙江省第一产业就业占比为10.5%，第二产业就业占比为45.5%，第三产业就业占比为44.0%，农业就业比重显著低于全国平均水平。在第三产业就业中，科学研究和技术服务业等高端服务行业占比呈现持续上升的良好趋势。在拉动经济增长方面，浙江省在2019年经济增长中第一产业贡献占比为3%，第二产业贡献占比为42%，其中工业增加值在总体中占比为36%，第三产业增加值占比为54%。浙江的三次产业结构已呈现中等偏上收入阶段的结构特征。

从市场主体看，民营经济是浙江构建现代化产业体系的重要主体，为推动浙江经济增长提供了强大动力。民营经济是浙江经济的最大特色和最大优势，是浙江发展的金名片。从全国范围看，我们常说改革开放以来民营经济对国家经济的贡献是"56789"，即贡献了50%以上的税收，60%以上的国内生产总值，70%以上的技术创新成果，80%以上的城镇劳动就业，以及90%以上的企业数量。相比于全国水平，浙江省民营经济在经济发展中做出了更大贡献——创造了90%以上的税收、85%以上的GDP、90%以上的技术创新成果、93%以上的城镇劳动就业、97%以上的企业数，这些均远超全国水平。在 2020 年中国民营企业 500 强中，96 家浙江企业上榜，连续 22 年居全国第一，涌现出吉利集团、阿里巴巴集团等一批世界 500 强企业。民营经济不仅自身蓬勃发展，也在市场竞争中激发了其他经济成分的活力，推动国有企业、外资企业等相互促进、共同发展。

从科技创新看，浙江省高科技产业和企业密布，是我国数字经济、平台经济的重要创新策源地和发展先行区。根据《中国数字经济发展白皮书（2020 年）》，2019 年中国数字经济增加值为 35.8 万亿元，占 GDP 的比重为 36.2%[①]。而浙江省 2020 年的数字经济增加值达到 3.02 万亿元，占 GDP 比重达到 46.8%，浙江省数字经济发展水平在全国处于前列，到 2025 年，浙江省的目标是数字经济增加值占 GDP 比重在 60% 左右。电子商务是浙江数字经济和平台经济的核心，浙江培育出一批全球知名的电子商务平台和网络零售平台。截至 2020 年，浙江省各类网络交易平台共有 310 个，平台上网店数量超过 900 万家，浙江网络零售额达 22608 亿元、跨境电商交易额达 1023 亿元，均居于全国第 2 位。数字经济的发展极大地增强了浙江实体经济的市场竞争力和发展活力，优化了资源的市场配置，提升了浙江整体的经济效率。

从产业组织看，浙江省以产业集群为载体的块状经济是浙江经济发展的又一独特优势，有利于产业集聚、提升产品质量、增加产品附加值和发挥带动作用。现阶段，浙江根据各地发展的历史传统，发挥各地资源禀赋，形成了海宁皮革、永康五金、绍兴纺织面料、义乌小商品、宁波服装、诸暨袜业、温岭摩托等典型的块状经济，杭州数字安防产业集群、宁波新材料产业集群、温州乐清电气产业集群、绍兴现代纺织产业集群和金华现代五金产业集群 5 个先进制造业集群已入选国家工业和信息化部组织的 2020 年先进制造业集群。浙江的块状经济产业形态是产业空间集聚的集中表现，有助于先进制造业发展，促进产业高端化、品牌化、集群化，

---

① 中国信息通信研究院：《中国数字经济发展白皮书（2020 年）》，《人民邮电报》2021 年 5 月 6 日。

推动产业转型升级，不断巩固发展制造业新优势。以块状经济为主要形式的民营经济还极大地支撑了县域经济的发展，带动区域内就业和人民增收，帮助发挥当地优势，对促进城乡融合和区域协调发展、推进共同富裕建设具有重要作用。

从产业体系看，浙江省一方面形成了外向型经济发展模式，积极承接国际产业转移，参与全球产业链分工，深度地融入全球开放经济外循环体系中，形成了丰富的产业门类和技术水平较高的工业体系；另一方面，各类企业主动参与国内经济大循环，许多产业实现区域内产业链合作，稳定供应链，消除国内外环境变化对产业发展的不利影响，提升了产业链的韧性。浙江产业在发展自身的同时，深度参与东中西部协作，共同建设产业链协同优势，助力其他省份经济发展。"跳出浙江发展浙江"是浙江经济社会发展的一个重要战略，浙江人和浙江企业遍布全国和世界各地。以温州为例，2020年全国人口普查数据显示，温州有72.45万人常住省外，其中相当多是在外地经商、工作，形成温商遍天下的格局。浙商对其他省份的投资也起到带动其他省份发展、促进共同富裕的作用。

二 浙江服务贸易高质量发展赋能共同富裕示范区建设

在经济全球化和经济服务化的时代趋势背景下，服务业的对外开放和国际合作是我国新发展阶段向制度型开放、高水平对外开放转变的关键抓手和重要突破口，服务业开放和服务贸易的高质量发展成为我国开放型经济体制赋能推进全社会共同富裕的核心环节和重点领域。浙江省是我国改革开放的前沿阵地和对外贸易的重要窗口，更是服务业对外开放领域创新引领、开拓突破的领头羊和试验田。近年来，浙江省相继出台《浙江省服务贸易发展"十四五"规划》《高质量建设全省现代服务业创新发展区的实施意见（2021-2025年）》《浙江省落实区域全面经济伙伴关系协定三年行动计划（2022-2024）》等文件，强调对标最高服务业领域的国际经贸规则和标准体系，形成更加广阔、更为便捷、更大范围、更多优惠的服务贸易领域开放合作环境。

从总体来看，浙江省的服务贸易发展亮点纷呈、成绩斐然，服务贸易总体规模保持稳步扩大的发展方向。根据商务部的统计数据，2012~2021年，浙江全省服务贸易总额年均增速超过 10.9%，较 2012 年提升 2.7 个百分点，规模位列全国第四。2021 年，浙江省服务贸易进出口总规模突破 5490 亿元，占我国服务贸易总额约 8.4%。其中，服务外包作为浙江服务贸易的重要途径和优势领域，以杭州、宁波两个服务外包示范城市为重点，探索发展物联网服务外包、金融服务外包、医药和生物技术研发服务等高端服务外包业态，为浙江服务贸易规模稳步扩大注入强大动力。2016~2021 年，浙江服务外包离岸执行额从 556.93 亿元上升到 1109.64 亿元，整体增幅接近 1 倍。其中，信息技术外包（ITO）、业务流程外包（BPO）和知识流程外包（KPO）合同接包执行金额分别从约 328.45 亿、50.68 亿元和 176.95 亿元，增长到约 340.48 亿元、211.51 亿元和 557.66 亿元，增长幅度分别接近 3.7%、317.3% 和 215.2%，成为浙江服务贸易高速发展的强大推力。

不仅服务贸易进出口总体规模持续扩大，浙江的服务贸易还从过去的贸易逆差转为顺差，成为贸易盈余部门。长期以来，我国呈现货物贸易巨额顺差而服务贸易巨额逆差的贸易结构，一定程度上反映了我国服务贸易部门的整体国际竞争力不足。与全国总体服务贸易呈现逆差不同，浙江省在近年来呈现由逆差转顺差的主要趋势。自 2011 年以来，浙江省服务贸易表现出出口大于进口的顺差形势，尽管在 2018~2019 年出现了短暂的逆差，即 2018 年和 2019 年分别约有 1676 亿元和 1559 亿元的差额，但在 2020 年后迅速恢复了顺差局面，并在 2021 年服务出口额占服务贸易总额比重同进口额所占比重差距超过 10 个百分点，顺差差额突破了 552 亿元，同比增长了 2.79%。具体来看，顺差领域主要集中在运输、建筑、加工服务等劳动密集型服务产品上。除此之外，其他部分项目也逐渐呈现顺差态势，如保险、金融以及个人、文化和娱乐服务等项目，在 2021 年也分别有约 0.1 亿元、94.9 亿元和 138.5 亿元的顺差差额，形成浙江省服务贸易国际竞争力的核心来源。

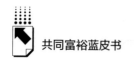

从行业结构看，浙江的服务贸易表现出贸易水平持续提升的发展态势，知识密集型服务贸易规模快速扩大。除运输、加工服务等具有传统优势的服务贸易行业外，浙江在个人、文化和娱乐服务，以及电信、计算机和信息服务、知识产权使用费等知识密集型服务领域的贸易规模呈现快速扩大的发展态势。浙江省商务厅的统计数据显示，2021年浙江个人、文化和娱乐服务，知识产权使用费，以及电信、计算机和信息服务领域的服务贸易总规模分别达到157.1亿元、134.2亿元和1433.5亿元，较2018年分别增长了1.80倍、1.12倍和1.79倍，年均增速分别超过了114%、29%和40%。其中，个人、文化和娱乐服务，知识产权使用费，以及电信、计算机和信息服务项目的出口规模分别超过了147亿元、31亿元和594亿元，分别占进出口总规模约93.6%、23.1%和41.5%的比重，较2018年的1.4亿元、3.8亿元和333.5亿元增长了104倍、7.2倍和0.78倍，年均增速分别达到372%、101%和21%。因此，浙江省服务贸易呈现传统领域服务贸易优势强化稳固、知识密集型服务贸易占比提升、行业结构持续优化的基本局面。

服务贸易数字化转型的创新动能日益凸显。近年来，浙江省充分发挥数字技术赋能服务贸易的突出优势，举办全球数字贸易博览会、中国浙江投资贸易洽谈会、2021浙江数字服务贸易云展会等，有效实现了政府、商会和企业间的"云论坛""云参展""云对接""云交易""云签约"，极大地减小了传统贸易成本等对经贸往来的消极影响，服务贸易数字化转型的创新动能日益凸显。其中，跨境电子商务成为服务贸易数字化转型的重要途径和主要手段。浙江省跨境电商市场主体和配套设施体系发展迅速，整体发展呈现明显的集聚化特征，涌现出一批以杭州全麦、杭州子不语、浙江执御、义乌潘朵、义乌吉茂等为代表的跨境电商领军企业，以及全国最大的跨境电商平台——全球速卖通（AliExpress）。截止到2021年，浙江省依托"跨境电商+原产地制造"等出海新模式累计培育跨境电商自主品牌超过1500个，跨境电商以3302.9亿元进出口总规模占据了全国约1/6的份额，较2020年增长约30.7%。

三　绿色发展助力共同富裕的浙江模式

"绿色"是五大发展理念之一，是以效率、和谐、持续为目标的经济增长和社会发展方式，当今世界，绿色发展已经成为一个重要趋势。习近平在浙江工作时提出"绿水青山就是金山银山"的生态文明理念，将传统工业化模式下环境与发展相互冲突的关系转变为相互促进的关系。浙江不断践行"两山"理念，以浙江省"八八战略"为统领，坚持"一张蓝图绘到底，一任接着一任干"，把生态文明建设始终放在突出的引领地位，率先在全国探索出一条经济转型升级、资源高效利用、城乡均衡和谐的绿色高质量发展之路。

绿色发展理念引领是浙江取得生态文明成绩的思想基础。早在 2003 年 7 月，习近平在《求是》杂志发表署名文章《生态兴则文明兴——推进生态建设　打造"绿色浙江"》，提出了"生态兴则文明兴、生态衰则文明衰"这一著名论断[①]。2005 年 8 月 15 日，习近平在浙江安吉余村考察时创造性地提出"两山论"，"我们过去讲既要绿水青山，又要金山银山，实际上绿水青山就是金山银山。"[②] 在这一发展理念指引下，浙江持续推进生态省建设的战略蓝图，生态环境治理从"五水共治"，到加强绿色基础设施建设、生态修复和生态补偿机制，生态经济转型从发展节能环保产业、特色农业等生态产业，到创新生态产品价值实现试点、推动科技攻关和体制创新实验区、制定"双碳"目标等，在国内率先制定了具有开创性的政策并进行了相关实践。2019 年 6 月，浙江生态省建设通过了生态环境部验收，建成中国首个生态省，这一发展成就的取得同过去 20 年里一直坚持"两山"发展理念密不可分。

[①] 习近平：《生态兴则文明兴——推进生态建设　打造"绿色浙江"》，《求是》2003 年第 13 期。

[②] 《让绿水青山造福人民泽被子孙——习近平总书记关于生态文明建设重要论述综述》，中国新闻网，https://www.chinanews.com.cn/gn/2021/06-03/9491414.shtml。

从生态浙江到美丽浙江，打造人民的美丽家园。浙江不仅完成了生态环境保护的使命，而且把生态建设提升到生态文明建设的高度，提出建设美丽浙江、创造美好生活的"两美"要求。2014 年 5 月，《中共浙江省委关于建设美丽浙江创造美好生活的决定》指出，建设美丽浙江、创造美好生活，是对历届政府提出的建设绿色浙江、生态省、全国生态文明示范区等战略目标的继承和提升。"两美"浙江提出坚持生态省建设方略，把生态文明建设融入经济建设、政治建设、文化建设、社会建设各个方面和全过程。多年的生态环境治理和保护起到了持续改善人居环境的良好效果，通过美丽幸福城乡建设、"千村示范、万村整治"、"数字国土空间"建设等一系列工程，形成全过程、全方位、全社会美丽浙江治理体系。美丽浙江建设不仅塑造了优美的城乡人居环境，杭州、绍兴、安吉等一系列城市乡镇获得联合国人居贡献奖，而且为浙江省推动全域旅游、实现绿色共富等目标奠定了扎实的基础。

腾笼换鸟，让俊鸟引领浙江经济是实现绿色共富的重要途径。2004 年习近平在浙江省委专题学习会上指出，"以'腾笼换鸟'的思路和'凤凰涅槃'、'浴火重生'的精神，加快推进经济增长方式转变"①，"努力培育'吃得少、产蛋多、飞得高'的俊'鸟'"②。"凤凰涅槃"就是要拿出壮士断腕的勇气，摆脱对粗放型增长的依赖；"腾笼换鸟"就是要主动推进产业结构的优化升级，积极引导发展高效生态农业、先进制造业和现代服务业。浙江人发扬勇闯天下的精神，跳出浙江发展浙江，积极参与全国的区域合作和交流，为浙江的产业向高处发展"腾笼"；把"走出去"和"引进来"结合起来，引进优质的外资和内资，促进产业结构调整，弥补产业链短板，对接国际市场，培育俊鸟③。

---

① 习近平：《干在实处走在前列——推进浙江新发展的思考与实践》，中共中央党校出版社，2016，第 76~77 页。

② 习近平：《干在实处走在前列——推进浙江新发展的思考与实践》，中共中央党校出版社，2016，第 61 页。

③ 鲍洪俊、陈穆商：《走科学发展之路 向全面小康迈进（代表团之声）——访浙江省委书记、省人大常委会主任习近平代表》，《人民日报》2006 年 3 月 3 日，第 8 版。

打造绿色低碳循环发展的生态产业体系是实现绿色发展的关键。首先，浙江加强高碳低效行业治理，聚焦钢铁、建材、石油、化工、造纸、化纤、纺织七大高耗能行业，加快推动绿色低碳改造，差别化分解能耗"双控"目标，推动能源资源向优势地区、优势行业、优势项目倾斜，对高碳低效行业严格执行产能置换办法。其次，积极培育低碳高效新兴产业。加快数字经济、智能制造、生命健康、新材料等战略性新兴产业集群建设，选择一批基础好、带动作用强的企业开展绿色供应链建设，加快构建绿色制造体系，推动传统企业优化产品设计、生产、使用、维修、回收、处置及再利用流程。最后，利用政策扶持和鼓励绿色产业，明确绿色产业示范基地主导产业，不断提高绿色产业集聚度，推进绿色产业链延伸，扩大绿色产业规模，提升绿色产业竞争力，积极培育浙江省拥有自主品牌、掌握核心技术、市场占有率高、引领作用强的绿色产业龙头企业。

四　党建引领是浙江共同富裕建设的组织保障

中国共产党的领导是中国特色社会主义最本质的特征，站在"两个一百年"历史交汇点上，无论是实现全面建成小康社会，还是推动全体人民共同富裕取得更为明显的实质性进展，都离不开中国共产党的坚强领导。浙江在经济社会发展中坚持党建引领，健全领导机制、增强治理本领，加强干部队伍建设，发挥骨干带头作用，是浙江共同富裕建设中的重要组织保障。

加强高素质专业化干部队伍建设，坚持高质量发展建设共同富裕示范区的骨干引领。浙江全面深化"两个担当"良性互动机制，选人用人整体智治加快破题，谋划提出选人用人"一体系一平台三机制"，推动形成能者上、优者奖、庸者下、劣者汰的鲜明导向。坚持全面立体透视识人察人，坚持把功夫下在平时，注重"口碑"考察，注重在经济发展主战场、重大斗争第一线、服务民生最前沿考察了解干部，通过实施全领域综合绩效考核、开展"两战"专项考核等方式，对领导班子和领导干部进行考核评定，充

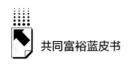
分利用考核结果使用干部。全链条推进干部成长选育管用，制定实施《优秀年轻干部日常发现和动态管理暂行办法》，建立优秀年轻干部日常发现、动态管理、集中培训机制。

坚持作风引领，加强清廉浙江建设。密切党群关系的一大关键是加强党自身的作风建设，浙江深入贯彻落实党中央关于全面从严治党各项决策部署，扎实推进清廉浙江建设。一是打好纠治"四风"持久战，坚决防止享乐主义、奢靡之风反弹回潮，清风正气不断充盈。二是"三不"一体推进，保持惩治腐败高压态势不动摇，同时，做实做细以案促改，注重挖掘案件背后的深层次问题，充分运用纪检监察建议等方式，推动整改、堵塞漏洞、完善治理，由"惩治极少数"向"管住大多数"拓展，实现查处一案、警示一片、治理一域的综合效果。三是统筹推进重点清廉单元建设，坚持以点带面、抓纲带目，以清廉机关、清廉国企、清廉民企、清廉村居、清廉学校、清廉医院、清廉交通、清廉文化八大单元建设为重点，示范带动清廉浙江建设全域推进、全面共进。

提高党员干部工作能力，推动"技能型政府"建设。习近平总书记特别重视乡镇"技能型政府"建设，特别是乡镇等基层政府，要避免领导干部只会领导的现象，领导干部既要能掌舵，也要会划桨。浙江省庆元县开展"培养技能型干部、建设技能型政府"活动，围绕工作重心下移和服务模式创新，乡镇党委政府把自身的主要职能定位在服务经济发展、管理社会事务、提供公共服务、维护社会稳定和加强基层党建五个方面，充分发挥了党委政府在新农村建设中的主导作用。

发挥基层党组织作用，更好地发展村级集体经济。浙江千方百计发展村级集体经济，努力消除经济薄弱村，这是促进城乡一体化、推动实现城乡共同富裕的重要举措，而建强基层党组织的重要目的就是更好地发展村级集体经济。农村基层党组织在农村政策宣传、上下信息沟通、群众信访调解、农民致富服务、组织建设监督等工作中发挥着不可替代的作用。实践证明，凡是新农村建设走在前列的村，都有一个强有力的村级党组织。

五　高水平开放推动高质量发展建设
共同富裕的浙江示范

浙江在"八八战略"指引下，充分利用国内国际两个市场、两种资源，坚持实施更大范围、更宽领域、更深层次对外开放，货物贸易进出口、利用外资和对外投资、对外经济合作等实现较快发展，实现了从外贸大省到开放大省、开放强省的跨越。

浙江对外贸易呈现量增质优态势稳固的局面。浙江省进出口总额由"十二五"末（2015年）的21566亿元增至"十四五"开局（2021年）的41429亿元，位次由2015年的全国第四进至全国第三；其中，进口由4392亿元增至11308亿元，出口由17174亿元增至30121亿元，出口规模连续11年居全国第三位，进口规模居全国第六位，进出口、出口、进口分别占全国总值的10.6%、13.9%、6.5%。从结构上看，浙江省机电和高新技术产品出口占出口总额的比重分别由2015年的42.1%和6.1%升至2021年的45.8%和9.0%；2021年，服务贸易进出口总额达5490亿元，居全国第一方阵。

浙江外商投资"引进来"和对外投资"走出去"结合紧密。一方面，高质量外资聚集地特色突出。从规模上看，浙江省新设外商直接投资企业从2015年的1778个增至2021年的3547个，年均增长12.2%；外商投资企业总数从2015年的32778个增至2020年的44024个；合同外资和实际外资分别从278.2亿美元和169.6亿美元增至385.2亿美元和183.4亿美元，年均分别增长5.6%和1.3%，实际利用外资规模居全国第五位。另一方面，"走出去"规模不断攀升。境外企业中方（浙江）投资额从2015年的54.0亿美元增至2021年的89.9亿美元，年均增长8.8%。至2021年末，经审批核准或备案的境外企业和机构共11739家，投资覆盖152个国家和地区，累计中方（浙江）投资额1020.6亿美元，涌现了吉利、青山等一批本土民营跨国企业。

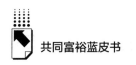

浙江开放平台能级不断提升。"浙江自贸区+联动创新区+辐射带动区"的新格局逐步成型，浙江自由贸易试验区于2017年4月1日正式挂牌成立，涵盖舟山离岛片区、舟山岛北部片区、舟山岛南部片区三个片区。2020年8月30日，浙江自由贸易试验区在全国率先实现赋权扩区，新增宁波片区、杭州片区以及金义片区三个扩展区域。浙江自贸试验区成立以来，形成制度创新成果335项，其中全国首创达113项，31项复制推广到全国。2019年12月9日开始，浙江省政府陆续批复设立杭州、宁波、温州、嘉兴、金华、台州、湖州、绍兴、衢州、丽水等联动创新区，各区围绕各具特色的数字经济、民营经济、智能制造、小商品贸易等领域，复制推广全国自贸试验区改革创新经验，改革合力不断增强。

为发挥高水平对外开放对共同富裕的积极作用，浙江有针对性地开展集成创新，一方面，以高水平开放激发高质量发展，为共同富裕打下坚实的物质基础；另一方面，以高水平开放带动区域城乡协调发展，促成要素收入公平分配，带动精神文明建设，为共同富裕开展有益的探索。浙江在打造辐射全国、链接全球的技术交易平台，建设具有影响力吸引力的全球人才蓄水池，推动海港、陆港、空港、信息港"四港"联动，推进国际油气交易中心、石化基地、油气储运基地建设，打造高质量外资聚集地和高层次对外投资策源地，创新培育外贸新业态，深入推进内外贸一体化，开展数字贸易领域重点项目建设，实施文化"出海计划"等方面，取得了新的成绩和进行了大力探索，为以高水平对外开放推进高质量发展和共同富裕建设提供了示范。

六 公共服务高质量发展的浙江实践

自"十二五"时期，浙江就将基本公共服务均等化作为重大战略措施纳入发展规划，不断加大对公共服务的投入。近年来，浙江基本公共服务均等化实现度不断提升，从2010年的79.8%上升到2019年的98.7%，基本上实现了基本公共服务的均等化。浙江公共服务的发展也进入高质量发展阶段，浙江省第十五次党代会报告提出，要大力推进公共服务优质共享，下一阶段的主要目标是将公共服务高质量发展落到实处，逐步实现"幼有善育、学有优教、劳有厚得、病有良医、老有颐养、住有宜居、弱有众扶"的新局面。

浙江省一直重视基本公共服务坚持"普惠性、保基本、均等化、可持续"的发展道路，其实践经验可以归结为以下四点。

第一，将基本公共服务均等化的发展定位从局域均等化上升为全域均等化。一方面，突出区域协调与区域均衡，不仅通过扎实推进新型城镇化建设、深入实施山海协作工程，辐射带动浙南、浙西南及省域周边地区基本公共服务均等化发展，同时还通过东西扶贫协作、对口合作等途径形成辐射力更强的跨省协同、东西均衡效应。另一方面，突出城乡协同与城乡均衡，建立更加完备及更高质量的城乡融合发展体制机制和政策体系，走出一条具有示范效应、引领效应的城乡基本公共服务均等化发展道路。

第二，准确把握两个"均等化"，平衡基本公共服务的投入与产出关系。一方面是面向受益人群的产出均等化，即所有公民都能够公平地获得所需的公共服务，且保障同类型公共服务在城乡、地域以及不同群体之间供给的水平与质量大致相同，在这个过程中确保人人享有、公平可及。另一方面，从投入层面来看，确保公共资金投入的均等化，既要保证地方特别是基层政府间有大致均等的财政能力，又要将更多的财政资金投向民生相关的公共服务领域。

第三，兼顾"均衡"与"竞争"，完善政府间均等化财政转移支付机制。一方面，重视通过一般性财政转移支付实现地方特别是基层政府间的财力均衡，强化经济发展落后地区的公共服务财政供给能力。另一方面，积极探索市县层面上财政专项资金竞争性分配改革，引入有管理的竞争机制，强化专项资金在引导基层政府竞相提高基本公共服务供给标准与质量上的作用。

第四，强化治理能力，形成多元供给与治理协同的基本公共服务治理新模式。坚持政府在基本公共服务供给中的主体地位；同时在公共服务生产、递送各个环节充分激发市场与社群活力，依托公私合作推动基本公共服务与非基本公共服务有序衔接，形成多层次、多样化公共服务供给机制。

进入新发展阶段，浙江省确立了"人的全生命周期服务优质共享"的

公共服务高质量发展目标，要有效扩大高品质公共服务供给，有效破解优质公共服务共享难题，显著提升公共服务质效，形成群众看得见、摸得着、体会得到的幸福图景。近年来，浙江在数字赋能助力优质公共服务均衡共享领域进行探索，在互联网助力公共教育资源均等化、互联网+医疗（"健康大脑+智慧医疗"）、数字社区建设等方面又取得了新的成绩，初步形成了以"互联网+"和"多元参与"为代表的"浙江特色"。浙江省以数字技术赋能公共服务，构建全民共建共享的公共服务多元供给模式，对我国健全完善公共服务体系具有十分重要的理论及实践意义。

七　推动就业高质量发展助力浙江共同富裕示范区建设

就业是最大的民生，高质量就业是提高人民收入水平、促进经济健康持续发展的重要条件，只有不断创造越来越多高质量的就业岗位，才能筑牢共同富裕的基础。浙江的劳动力供给质量较高，人口受教育年限稳步提升，同时由于经济活跃，劳动力需求旺盛，劳动力市场的高质量均衡体现在浙江省的劳动力工资水平和工资增速上。

浙江的劳动供给总量仍在缓慢增长。2000 年以来，浙江劳动年龄人口规模稳步提高，从 3417 万人提高到 2010 年的 4219 万人，2020 年第七次全国人口普查数据显示其达到 4732 万人。无论是从劳动年龄人口规模的增长量来看，还是从增长率来看，2020 年都比 2010 年有了较大幅度的下降。随着人口出生率下降，浙江人口总规模增长放缓，其劳动力供给增长也在放缓，但与全国 2011 年劳动年龄人口规模就开始下降不同，浙江劳动年龄人口规模仍在增长，可见其劳动供给形势整体上还比较乐观。

浙江的劳动力供给质量大幅改善，人均受教育水平逐步提高。劳动力供给质量对经济社会发展更为重要。以平均受教育年限反映劳动力供给质量，根据第七次全国人口普查数据，浙江 2020 年 15 岁以上人口平均受教育年限为 9.79 年，比 2010 年提高了 1 年，而全国同期提高了 0.83 年，浙江增幅要比全国更大。浙江 2020 年总人口中拥有大学（大专及以上）文化程度的人口数量为 1097 万人；拥有高中（含中专）文化程度的人口数量为 940 万人。与 2010 年相比，每 10 万人中拥有大学文化程度的人口由 9330 人升至 16990 人；拥有高中文化程度的人口由 13562 人升至 14555 人。因此，在浙江人口中拥有大学文化程度的人口出现大幅增加，劳动力供给质量得到大幅提升，这为浙江省的经济社会发展奠定了坚实的人力资本基础。

浙江就业人员数量呈现不断提高的趋势。2000 年浙江省就业人员数达到 2726 万人，到 2019 年提升至 3875 万人。分部门看，就业增长不是均匀的，其中，党的十八大以来浙江的私营经济就业人数持续稳定增长，明显超过非私营单位就业人数的增长速度。城镇就业人员中个体私营从业人员占比迅速提高，从 2004 年的 45.6% 提高到 2019 年的 65.8%，提高超过 20 个百分点。城镇个体私营从业人员比重快速提高说明浙江民营经济活跃，民营企业发展势头良好，为充分就业做出了主要贡献。

劳动力市场供需最终会反映在劳动力价格即工资上，具有较高工资水平是就业高质量发展的核心目标。从时间趋势上来看，2010 年以来，浙江工资水平快速提高，城镇单位从业人员平均工资 2019 年是 2010 年的 2.45 倍。从区域对比来看，浙江城镇单位从业人员平均工资水平高于全国平均水平，大约是其 1.1 倍。从长三角范围来看，浙江的工资水平低于上海，但高于江苏。从横向和纵向对比来看，浙江工资水平较高、增长较快，劳动力市场需求比较旺盛，这有利于高质量就业岗位的创造。

因此，浙江劳动力市场总体呈现供需两旺的局面。伴随着省内劳动力从农业向非农业转移和外来人口持续输入，浙江的劳动力供给实现较快增长；但随着城镇化水平提高，农业转移劳动力的潜力基本挖掘完毕，目前城镇化率提高主要依靠外来人口流入。从劳动力市场需求方面来看，浙江就业增长快于全国平均水平，就业岗位向城镇集中速度更高于其人口城镇化速度；从内部结构来看，个体私营经济做出了很大贡献，高素质劳动力的需求相对大于供给，低素质劳动力反之。尽管浙江的就业高质量发展仍然存在人力资源供需结构不匹配、行业间和群体间工资差距偏大、社会保险覆盖程度有待提

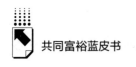

高等问题，但总的来说，浙江基本实现充分就业状态，就业质量不断提高，总体质量高于全国平均水平。

八 促进共同富裕财税政策的浙江实践与重点问题

财政是国家治理的基础和重要支柱，是政府使用再分配调节城乡差距、地区差距和收入分配差距的经济基础。浙江省高质量发展建设共同富裕的成绩离不开财政的支持和保障，离不开财税政策领域的改革创新。

注重以人为本、推进钱随人走，是浙江省发挥财政职能、促进基本公共服务均等化的重要制度保障。构建以人为核心的转移支付体系，让市县的财力保障更加均衡、各地提供的基本公共服务水平更加均等，促进基本公共服务均等化。2022年，浙江省财政厅印发《"钱随人走"制度改革总体方案》，浙江成为全国首个系统化、集成化探索"钱随人走"制度改革的省份。首先，以《浙江省基本公共服务标准》明确的11类公共服务领域、95项公共服务项目为基础，结合各类基本公共服务的提供主体、服务内容、服务对象等属性，确定纳入"钱随人走"制度改革的范围清单。其次，按普惠型公共服务和特定享受对象领域、省内转移人口和省外流入人口等不同类型，实施分类改革。再次，按照先易后难、分步走的改革思路，结合改革实施主体的财力状况，优先选择与人口或特定享受对象直接相关、按核定标准执行的运行成本，合理确定补助标准和人口因素权重。最后，按照浙江现行的事权和支出责任划分，省级负责对下转移支付资金的"钱随人走"制度改革；市县参照省级改革模式，负责各自范围内的"钱随人走"制度改革。

发挥财政鼓励勤劳创新的作用，坚持共建共享。做大"蛋糕"和分好"蛋糕"相辅相成，通过做大"蛋糕"让每个人分到更多的"蛋糕"，通过分好"蛋糕"激励整个社会做出更大的"蛋糕"。针对不同类型劳动者，实行差别化收入分配激励政策，扩大中等收入群体。在吸引劳动力流入上，浙江省拿出真金白银，支持浙江高校毕业生落户、居住，高校毕业生到浙江工作，可以享受 2 万元到 40 万元不等的生活补贴或购房租房补贴；在支持大学生创业上，浙江为大学生贷款提供补贴，大学生从事家政、养老和现代农业创业，政府给予 10 万元的创业补贴；在支持省外务工人员上，在浙江，省外务工人员与本地户籍的劳动者享受同等的就业创业服务和政策；对灵活就业人员，放开在就业地参加企业职工基本养老保险、基本医疗保险的户籍限制，支持新就业形态劳动者单险种参加工伤保险；等等。

强调财力下沉、健全省级调控。层级越低的政府越掌握当地资源禀赋、居民偏好等关键信息，在有效提供地方性公共物品、推动当地经济社会发展等方面具有一定优势。因此，提升县级政府财政自主权，一定程度上有助于提高公共服务效率和居民满意度。浙江省实行"省管县"的财政管理体制，财力下沉程度相对较高。在浙江省下辖的 11 个地级市中，除了宁波市属计划单列市由中央管辖外，其余 10 个设区市、49 个县，共 59 个单位都归省里进行管理。在直达资金分配时重点向基层倾斜，财力最大限度地下沉市县，有效提高基层财政保障能力。2021 年，全省中央直达资金分配进度100%，支出进度 96.8%，居全国前列，其中，省财政将中央下达全省资金总量的 92.5%分配下达市县基层，同时市县财政部门支出占全省直达资金支出总额的 92.4%。

科学分类管理、精准激励奖补。浙江省自 20 世纪 90 年代末以来，就开始探索财政收入激励奖补机制，延续至今，激励形式、挂钩方式随时代而变。2008 年开始，浙江省探索建立转移支付地区分档体系，实施"因素法"分配，进行差异化转移支付。目前，浙江省以各市、县（市）经济社会发展水平、经济动员能力、财力状况等因素为依据，将 59 个市县分为二类六档。对经济相对不发达、财力相对不富裕的一类地区（以山区 26 县为主），既有"奖"又有"补"。"奖"就是根据各市县当年财政收入增量，将原本应由省级分享的、增收额的 15%（按规定，财政收入增量由省级分享20%），返还给市县，激励发展经济、增加财政收入。"补"就是根据上一年财政补助的基数，结合当年度财政收入的增幅，给予市县补助，每年递增，为财政比较困难的地方提供财力保障。对经济相对发达的二类地区，只

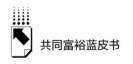

有"奖"没有"补"。"奖"就是将市县财政收入增量中原本应由省级分享的、增收额的10%，奖励给地方，调动其发展的积极性。

九　金融发展支持共同富裕的浙江实践

浙江省经济金融业具有市场化程度高、民营经济活力强、数字普惠金融发展领先等特点，为进一步发展金融支持共同富裕示范区建设奠定了基础。在金融发展支持共同富裕建设中，浙江的一些探索和实践具有典型和示范意义。

一方面，浙江积极探索以金融手段助推经济高质量发展。一是积极建设多层次资本市场，推动资本赋能科技创新。为建设科创高地，浙江省试点开展区域性股权交易市场（浙江股权交易中心），并在多地建立"凤凰行动"等政府产业主题基金，帮助科创企业规范治理、宣传培训、辅导咨询，探索建立新三板绿色通道，为多层次资本市场互联互通提供有效路径。目前，浙江省科创企业在资本市场获得融资、上市或挂牌的数量位居全国前列。二是推进金融机构数字化变革。浙江省近年来设立了互联网银行，同时推进传统金融机构在大数据、云计算等数字技术方面的创新应用，精准滴灌金融需求、提高风控能力，以网商银行为代表的互联网金融机构为浙江省的发展做出积极贡献。三是搭建共享开放的数智金融平台。为促进银企政信用信息共享和应用，浙江省依托信息科技手段，将金融综合服务平台、企业信用信息服务平台和多个政府部门数据等进行对接，并建成国内唯一的金融行业标准化公共数据专用指标库"金融专题库"。当地金融机构利用政府部门高价值、动态化的数据（如税务、工商等），精准、高效输血中小企业，弥合数字鸿沟，打破信息孤岛。目前，数智金融平台已为银企提供信息查询2600万余次，撮合24.3万户企业融资1.2万亿元。

另一方面，浙江积极探索发挥金融在缩小贫富差距、推进基本公共服务均等化方面的作用。在缩小贫富差距方面，一是加大对小微企业和"三农"领域的信贷支持，缩小企业间融资条件差距，针对不同群体金融需求创新金融产品，优化金融供给，突破融资"难、贵、慢"瓶颈。二是助力山区 26 县实现跨越式发展，缩小地区差距。银行金融机构积极将信贷资源向薄弱地区倾斜，结合当地产业发展特色，按照"一县一策""一县一品"原则创新金融产品和服务，助力山区 26 县经济跨越式发展。三是创新普惠型财富管理产品，缩小居民财富差距。浙江银行业积极研发与广大居民收入水平相匹配的理财产品，帮助中低收入群体增加财产性收入。四是扩大农村保险品种和创新保险机制，缩小城乡差距。为完善农村保险保障服务体系，浙江省积极探索省定险种为主、地方特色险种为辅的农险供给体系，推动发展新型农业经营主体综合保险等险种。

在推进基本公共服务均等化方面，一是完善住房保障体系，缓解房价波动对低收入群体造成的财富缩水。二是加强金融支持教育体系，推动教育平等。浙江省金融业主动与高等院校、职业院校等进行对接，通过融资支持学校校园建设，提高学校办学质效，并针对考上大学但家庭经济困难的学生，创新推出助学贷。浙江省还专门建立金融顾问制度，选派部分金融机构员工作为金融顾问深入小微企业和农村等开展金融咨询工作，在加强金融教育、倡导理性财富观等方面发挥了积极作用。三是建设多层次、多支柱的社会保障体系，助力老有所养。为破解群众因病致贫返贫问题、减轻大病患者的医疗负担，浙江省丽水、衢州和绍兴等地市探索发展与基本医疗保险相衔接的普惠型商业医疗补充保险（如"浙丽保""惠衢保""越惠保"等），实行无差异保费、能覆盖城乡居民全生命周期，实现从"兜底型"救助模式转向"发展型"福利保障。同时，浙江省保险业还结合本省特点，专门为新产业新业态和灵活就业人员试点开展专属商业养老保险。

在发展绿色金融支持生态文明建设方面，浙江创新绿色金融账户和绿色信贷产品。为激发居民践行绿色生活理念的内在动力，中国人民银行衢州中心支行通过挖掘居民低碳行为数据，计算个人绿色金融行为碳减排量和碳积分，创立了全国首个"个人碳账户"。2021 年 8 月，浙江衢江农商银行通过"个人碳账户"发放了全国首笔绿色贷款 30 万元。在此基础上，衢州又创新推出"碳融通""减碳贷"等碳账户专属信贷产品 30 余款。围绕"排污

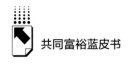
权"这一环境权益，浙江还积极运用碳减排支持工具，因地制宜地推出"工业碳惠贷"（湖州）、"GEP 生态价值贷"（丽水）等环境权益类绿色金融产品，加大绿色贷款投放力度，助力工业企业绿色低碳转型。2021 年末，浙江绿色信贷余额 14801 亿元，占各项贷款余额的 8.9%。

十 精神生活共同富裕的浙江经验

推动和实现精神生活共同富裕是适应我国社会主要矛盾转化的必然要求，是实现共同富裕战略目标不可或缺的重要组成部分。在"八八战略"指引下，浙江坚持把推动人民群众精神生活共同富裕放在重要位置，切实丰富了人民群众的精神文化生活，为实现全体人民精神生活共同富裕做出了积极探索和重要贡献。

坚持以人民为中心的发展思想，推进文化高质量发展不断满足人民群众美好精神生活的需要。促进精神生活共同富裕的最终目标是满足人民日益增长的美好精神生活需要，推进人民群众实现全面发展。浙江加大文艺精品供给，创作了《本色》《革命与复兴：中国共产党百年图像志》等一大批优秀文化产品；打造传承了中华文脉金名片，使古越文化、南孔文化、和合文化、阳明文化等优秀传统文化品牌更加响亮；持续提升公共服务效能，推进了一批文化地标建设；充分激发文化产业活力，印发了《关于推进浙江省文化产业高质量发展的实施意见》，推动了浙江文化产业高质量发展。

坚持共建共享原则，扎实推进新时代浙江文明和谐高地建设。通过精神文明建设推动构建和谐社会，是人民群众的共同期盼和共同使命，必须在全体人民的共建共享中，引领人民自觉参与文明和谐社会建设。浙江省持续擦亮"最美浙江人"金名片，健全完善了最美人物全周期服务机制。浙江通过培育"浙江有礼"省域文明品牌、"文明使者"等特色载体，有效提升了浙江文明实践品牌影响力。浙江积极推进精神文明创建活动，巩固扩大进而推进了全国文明城市"满堂红"创建成果和新时代文明实践中心试点工作，确定新一轮省示范文明城市参评城市 10 个，省文明县（市、区）参评城市 14 个。

围绕高质量发展建设共同富裕示范区的创造性实践，推进精神生活共同富裕的文化创新。文化创新是促进人民群众精神生活共同富裕的题中应有之义，通过文化创新释放创新动能，能够引导和激励人民群众形成积极向上的精神理念。浙江围绕共同富裕的文化创新，制定出台了《关于推进共同富裕文化创新的实施方案》，以共同富裕的精神基因为核心，系统塑造了共同富裕的价值理念、核心精神、社会规范、文化标识，并以共同富裕文化创新研究中心为主要平台研究探索文化创新的实践工作，共同富裕的文化力量得到充分释放。

十一　以全面推进乡村振兴推动共同富裕

农村居民和低收入农户是共同富裕的底色和底板。擦亮共同富裕的底色、提升共同富裕的底板，一直是浙江推进共同富裕的重点和难点。通过不断探索"提低"的新路径，促进区域之间优势互补、要素流通，搭建内生主动发展平台、共建共享公共服务等系列改革，浙江走出了一条富有特色的"提低"改革之路。农村居民，特别是低收入农户在物质生活、精神生活、人居环境、社会环境等方面都有不断的提升。

一是浙江低收入人群的物质生活水平不断提高。物质生活水平的提高主要依靠多种途径，包括以下几个。为激发低收入农户主体发展意识和创业热情，提升自身造血能力，浙江持续开展了产业帮扶、异地搬迁、折股量化、来料加工、帮助就业等增收行动；强化对重点人群、重点对象的兜底帮扶，筑牢低收入群体的安全屏障，2020年全省最低生活保障标准达到831元/月，高出江苏126元/月，高出广东近200元/月；强化先富对后富的带动作用，转移支付、山海协作、结对帮扶等帮扶合力不断显现。浙江山区26县人均GDP从2015年的38270元增至2021年的65904元，年均增幅达9.48%，高于同期全省人均GDP增速1.99个百分点。在高质量发展带动下，浙江共同富裕呈现三个缩小、三个高于：低收入农户与全省农民收入倍差缩小，山区26县农民与全省农民收入倍差缩小，城乡收入倍差缩小；低

收入农户收入增速高于农村居民总体，山区 26 县农民收入增速高于农村居民总体，农民收入增速高于城镇居民。

二是精神生活不断富足。通过不断挖掘优秀传统文化、强调先进文化发展先行先试的"四梁八柱"，同时以公共文化服务体系、文化产品高质量供给为抓手推进浙江文化高质量发展，以每万人拥有公共文化服务设施面积、居民综合阅读率、文明好习惯养成实现率、社会诚信度、人均文化娱乐消费占比为抓手，推进浙江新时代文明和谐高地建设。2013 年以来，浙江连续 5 年把农村文化礼堂建设纳入当年省政府为民办十件实事项目，浙江省文化礼堂不断提质增效扩面，尤其注重以共享理念和信息化手段推进智慧文化礼堂建设。截至 2021 年，全省共建设农村文化礼堂 13384 家，500 人以上行政村文化礼堂覆盖率超过 97%，送戏下乡 14.2 万场，送展览讲座下乡 8.7 万场，送书下乡 1702.8 万册。文化产业蓬勃发展是精神生活不断富足的重要表现，浙江文化及相关产业增加值由 2017 年的 3202.3 亿元增加到 2021 年的 4944 亿元，年均增速 11.47%，高于同期 GDP 增速 2 个百分点。

三是人居环境不断美化。以"绿水青山就是金山银山"理念为指引，浙江加快建设美丽乡村，从 2003 年开始推进以"千万工程"为抓手的农村人居环境综合整治，以及统筹城乡的基础设施建设。到 2008 年又提出把美丽乡村建设作为深化"千万工程"的新目标、新方向，浙江率先走向乡村振兴。截至 2019 年 2 月，浙江省已拥有 27 个中国历史文化名镇、44 个中国历史文化名村，国家历史文化名镇、名村数量居全国前列。截至 2019 年 5 月，浙江省已创成 4876 家 A 级景区村庄（其中 3A 级景区村庄 750 家），村庄景区化覆盖率达到 20%。2019 年 6 月，浙江生态省建设通过了生态环境部验收，建成中国首个生态省。

四是乡村社会环境更加和谐。基层社会治理不仅是激发社会活力的重要引擎，也是为共同富裕营造良好社会环境的重要根基。浙江致力打造成为"四治融合"模式的示范地，为全国创新基层社会治理提供浙江样板。通过实施万村善治示范工程，开展善治示范村创建；实施村级班子整固提升行动，推进后进村党组织晋级提升。各地还创新完善了村规民约（社区公约）、百姓议事会、乡贤参事会、百事服务团、法律服务团、道德评判团等新载体，服务于基层自治和善治。浙江基层治理创新并非零散地、孤立地推进，而是紧扣基层治理重大需求，坚持整体谋划、系统重塑，用创新的思路和办法，推动治理共性问题破解，尤其是善用数字化改革新动能、新手段，不断推动和深化区域"整体智治"，把"中国之治"的制度优势转化为"走在前列"的治理效能。

十二　以深化养老保障制度改革推进共同富裕

养老保障是社会保障的核心组成部分，不论从保障对象、发挥的作用还是实现路径上来看，提供公平、可持续的高质量养老保障都是实现共同富裕的必然要求。浙江作为省级共同富裕示范区，在完善养老保障各项制度、提升老年人口生活质量等方面做出了有益探索。

养老保障覆盖范围持续扩大。我国人口结构老龄化程度不断加深，浙江60岁及以上人口也达到了1207.27万人，占全省总人口的18.70%，在人口老龄化背景下，养老保障在满足老年人生活需求方面发挥着越来越重要的作用。从基本养老保险制度来看，浙江基本养老保险参加人数从2017年的3913.07万人提高到2020年的4355.03万人，参保率从2017年的73.69%提高到2020年的79.57%。除基本养老保险制度外，社会救助制度也起到了缓解老年人贫困、维持老年人基本生活的重要作用。

养老保障支出逐年提升。随着经济的增长，浙江的基本养老保险基金支出及其占全省生产总值的比重均逐年增加，到2020年占比达到6.49%，高于全国平均5.38%的水平。在社会救助支出与老年人福利补贴支出上，浙江老年人社会救助支出逐年上涨，2020年达到63.97亿元，占全省生产总值的0.10%，福利补贴支出为8.43亿元，占全省生产总值的0.01%。

养老保障待遇水平显著提升。浙江城镇职工的月人均养老金呈上升趋势，2020年达到3398.05元；机关事业单位工作人员的月人均养老金和养老金替代率呈下降趋势，2020年分别为7402.65元和55.50%；城乡居民月

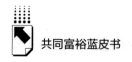

人均养老金和养老金替代率呈上升趋势，2020 年分别为 315.23 元和 7.22%。相较而言，浙江城乡居民月人均养老金和养老金替代率均高于全国水平。2020 年，浙江机关事业单位工作人员养老保险的替代率是城镇职工基本养老保险的 1.52 倍，是城乡居民基本养老保险的 7.69 倍，全国同期机关事业单位工作人员的养老金替代率是城镇职工的 1.84 倍，是城乡居民的 9.86 倍。相较来看，浙江不同养老保险制度间待遇水平差距更小。

养老保障财政补助加大。浙江城镇职工基本养老保险的财政补助和财政补助占比均逐年上升，2020 年分别为 328.93 亿元和 13.68%；城乡居民基本养老保险的财政补助逐年上升，2020 年为 185.94 亿元，但财政补助占比在 2020 年出现下降。浙江省的养老保险政府财政补助占比低于全国平均 26.41% 的水平，这反映出浙江经济更为发达，人口年龄结构相对年轻，在现收现付制的养老保险制度体系下，养老保险的资金缺口更小。

十三　推进山海协作的浙江实践

浙江地处中国东部，经济发达，但同时，"七山一水二分田"的自然条件，又让浙江内部山区和沿海平原地区在发展中一度拉开差距。为了应对区域发展不协调的问题，2002 年，习近平在浙江工作期间亲自谋划、亲自部署实施"山海协作"工程，以项目合作为中心，以产业梯度转移和要素合理配置为主线，通过发达地区产业向欠发达地区合理转移、欠发达地区剩余劳动力向发达地区有序流动，从而激发欠发达地区的经济活力。20 多年来，"山海协作"工程走出了一条互助合作、双向互动、互利共赢的促进区域协调发展和共同富裕的新路子，浙江省在实践中探索出如下一些做法。

第一，构建"分层次"实施主体。浙江省在推进山海协作工程的实践中，首先确定了谁来统筹协作、协作双方是谁、各自的职能定位是什么，逐渐形成了三个层面的帮扶主体。首先是在宏观省级层面，成立省级统筹机构，成立了山海协作领导小组，下设有山海协作办公室，负责日常工作。其次是在中观市县层面，建立市县两级对口协作关系。最后是在微观企业和社会层面，发动企业和社会力量积极参与山海协作，按照"政府为主导、市场为主体"的原则，定期组织发达地区的企业到欠发达地区考察、调研、投资，积极鼓励省内外浙商参与到山海协作工程中。

第二，健全"多样性"激励机制。浙江省针对山海协作工程中不同类型的实施主体构建了多样性的激励机制。一是针对山海协作工程中结对合作的双方政府的激励机制。在政治上，制定目标责任制和分类分档的考核制度，对市、县（市、区）山海协作工程情况进行考核；在经济上，对山海协作的产业平台给予税收、土地和金融等政策支持和专项资金补贴，此外还允许26个加快发展县将补充耕地指标优先调剂给结对县使用。二是针对参与山海协作工程的企业的激励机制。浙江省内参与山海协作工程的省属国有企业在企业考评考核中会获得加分奖励，对在山海协作工程中综合评价较好的企业，在上市、评优认定等工作中优先考虑。三是针对参与山海协作工程的个人的奖励机制。

第三，打造"平台型"协作载体。浙江省通过探索和创新，构建结对合作双方政府共建机制，形成了三种不同类型的发展平台。一是山海协作产业园，即对适合发展工业的山区县，以建设科技化、信息化、集约化、生态化产业园为目标，围绕主导产业，加快上下游关联产业引进，培育生态型现代产业集群。二是生态旅游文化产业园，即对重点生态功能区、源头地区等不适合发展工业的山区县，按照"共抓大保护，不搞大开发"的要求，发挥当地生态人文优势，培育省级旅游风情小镇、休闲旅游示范区、最美生态旅游线路和生态旅游项目。三是"飞地园区"，为破解落后地区高端要素缺乏、创新能力不足、发展空间受限、市场渠道不畅等难题，在结对合作的发达地区建设"飞地园区"，实现企业研发在都市、生产基地在山区、土地指标后富地区提供、产业空间在先富地区，特色农产品及民间手工艺品生产在山区、销售在沿海地区。

经过20多年的探索，浙江山海协作工程探索出多种类型的合作模式，包括以因地制宜、精准帮扶为主要特点的衢江—鄞州农特产品消费帮扶模式，三门—温岭援建乡村振兴示范点模式；以优势互补、联动发展为主要特

点的武义—海宁农业产业共富模式，柯城—余杭产业链共育共兴模式；以扩展空间、"飞地"合作为特点的青田—平湖跨县市建设"消薄飞地"产业园模式，开化—桐乡"一园多点"共建"生态飞地"模式，衢州—杭州共建衢州海创园"科创飞地"模式；以民生共享为主要特点的庆元—嘉善教育资源共享模式，苍南—龙湾医疗资源共享模式；等等。这些具体合作案例为其他地区的区域协调发展提供了鲜活的示范。

分 报 告
Sub-Reports

B.2
共同富裕理论内涵及其目标指标
体系构建逻辑

李雪松　张慧慧*

摘　要： 共同富裕是社会主义的本质要求,是中国式现代化的重要特征。经过党多代领导人对共同富裕理论的不断发展和完善,已经形成了对共同富裕内涵、目标和实现路径等方面的深刻认识,实现共同富裕具有渐进性和阶段性。扎实推进共同富裕是一项复杂的系统性工作,共同富裕的实现不可能是各个地区整齐划一、齐头并进的,支持浙江高质量发展建设共同富裕示范区具有重要的理论依据和现实基础。根据习近平总书记在系统论述共同富裕中提出的六项推进思路,浙江省推动共同富裕的目标指标由经济高质量发展、城乡区域协调发展、收入分配格局优化、公共服务优质共享、精神文明建设、全域美丽建设、社会和谐

* 李雪松,中国社会科学院数量经济与技术经济研究所所长,研究员,主要研究方向为宏观经济学、数量经济学、发展经济学等;张慧慧,中国社会科学院数量经济与技术经济研究所副研究员,主要研究方向为发展经济学、创新经济学等。

和睦七项一级指标构成，本文将分析扎实推动共同富裕与这七项目标指标之间的理论逻辑。

关键词： 共同富裕　目标指标　浙江实践

一　共同富裕的理论内涵

"共同富裕是社会主义的本质要求，是中国式现代化的重要特征。"① 马克思在论述资本主义发展规律以及人类社会演进规律的过程中，就曾对共同富裕相关概念进行过理论分析。中国共产党成立以来，始终将马克思主义作为重要指导思想，并不断将其与中国实际情况相结合，致力于马克思主义的中国化发展，共同富裕也是其中非常重要的一部分。党的历代领导人对实现共同富裕都给予高度重视，毛泽东同志强调我国发展富强的目标是"共同的富"，是"共同的强"，大家都有份②。邓小平同志指出："社会主义最大的优越性就是共同富裕，这是体现社会主义本质的一个东西。"③ 江泽民同志强调："实现共同富裕是社会主义的根本原则和本质特征，绝不能动摇。"④ 胡锦涛同志强调："使全体人民共享改革发展成果，使全体人民朝着共同富裕的方向稳步前进。"⑤ 习近平总书记指出："共同富裕是中国特色社会主义的根本原则"⑥，"是我们党的重要使命"⑦。可见，实现共同富裕一直以来都是共产党初心和使命的重要组成部分。经过党多代领导人对共同富裕理论的不断发展和完善，已经形成了对共同富裕内涵、目标和实现路径等

---

① 《习近平谈治国理政》第 4 卷，外文出版社，2022，第 142 页。
② 《毛泽东文集》第 6 卷，人民出版社，1999，第 495 页。
③ 《邓小平文选》第 3 卷，人民出版社，1993，第 364 页。
④ 《江泽民文选》第 1 卷，人民出版社，2006，第 466 页。
⑤ 《胡锦涛文选》第 2 卷，人民出版社，2016，第 291 页。
⑥ 《习近平关于社会主义社会建设论述摘编》，中央文献出版社，2017，第 25 页。
⑦ 《习近平关于社会主义社会建设论述摘编》，中央文献出版社，2017，第 155 页。

方面的深刻认识。结合理论演变和我国战略发展，本文将首先阐述马克思主义、毛泽东思想、邓小平理论中关于共同富裕的论述。根据共同富裕发展战略的历史进程，党的十八大以来，脱贫攻坚取得重大历史成就，我国进入扎实推进共同富裕的历史阶段，本文将进一步重点阐述习近平新时代中国特色社会主义思想中关于共同富裕的论述。

（一）马克思主义共同富裕理论

马克思在论述资本主义积累的一般规律时，曾深刻分析资本主义积累是具有对抗性质的，而这种"对抗性质"体现在"资产阶级借以在其中活动的那些生产关系的性质决不是单一的、单纯的，而是两重的；在产生财富的那些关系中也产生贫困；在发展生产力的那些关系中也发展一种产生压迫的力量"①。这一论述的深刻之处在于指出了资本主义生产方式天然地在促进社会生产力极大发展和物质资料极大丰富的同时促使贫困也不断积累，社会两极分化程度不断加剧，这种"压迫的力量"最终会导致社会再生产过程由于生产过剩和消费不足同时存在而难以为继。因此，随着资本主义下的少数人将生产资料私有化的制度终将被社会主义所取代，生产资料的公有制将成为保障人类社会持续稳定发展的根本制度。随着生产力的高速发展，将实现"生产将以所有的人富裕为目的"②。

在生产资料公有制的情况下，社会生产方式将转变为"由社会全体成员组成的共同联合体来共同地和有计划地利用生产力；把生产发展到能够满足所有人的需要的规模；结束牺牲一些人的利益来满足另一些人的需要的状况；彻底消灭阶级和阶级对立；通过消除旧的分工，通过产业教育、变换工种、所有人共同享受大家创造出来的福利，通过城乡的融合，使社会全体成员的才能得到全面发展"③。因此，在马克思和恩格斯的生产资料公有制框架下，阶级差异将被消除，资本主义生产方式下的对抗形式也将被消除，随

---

① 《马克思恩格斯选集》第 1 卷，人民出版社，2012，第 234 页。
② 《马克思恩格斯全集》第 46 卷下册，人民出版社，1980，第 222 页。
③ 《马克思恩格斯文集》第 1 卷，人民出版社，2009，第 689 页。

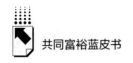

之而来的财富积累和贫困积累两极分化也随之消除，最终实现全体成员的全
面发展，这无疑是共同富裕的高级形态。因此，马克思主义在创立之初就从
理论层面深刻分析了社会不断发展过程中对共同富裕的追求及其实现的必
然性。

（二）毛泽东共同富裕理论

以人民为中心，为全体人民谋幸福始终是中国共产党不断追求的目标。
共同富裕这一概念早在毛泽东时期就已经被提出并加以阐述。1953 年 12 月
16 日，《中共中央关于发展农业生产合作社的决议》中指出"为着进一步
地提高农业生产力，党在农村中工作的最根本的任务，就是要善于用明白易
懂而为农民所能够接受的道理和办法去教育和促进农民群众逐步联合组织起
来，逐步实行农业的社会主义改造……并使农民能够逐步完全摆脱贫困的状
况而取得共同富裕和普遍繁荣的生活"①。毛泽东在《关于农业合作化问题》
中进一步对农村的社会主义改造进行论述，指出"逐步地实现对于整个农
业的社会主义的改造，即实行合作化，在农村中消灭富农经济制度和个体经
济制度，使全体农村人民共同富裕起来"②。因此，我国于 1953 年开始的社
会主义三大改造，特别是对农业进行社会主义改造实际上是在农村追求共同
富裕的重要实践，也是马克思主义中国化的重要实践。只是限于当时的生产
力条件，尚未达到马克思所阐述的生产力高速发展之后的情形。因此，存在
生产制度与生产力的阶段性不相匹配，导致农村地区的生产发展没有达到预
期结果。

（三）邓小平共同富裕理论

新中国成立以来中国经济的曲折发展道路说明，尽管可以通过社会主义
改造的方式快速实现生产资料的公有制，但正如马克思和恩格斯所指出的：

---

① 《建国以来重要文献选编》第 4 册，中央文献出版社，1993，第 661~662 页。
② 《毛泽东文集》第 6 卷，人民出版社，1999，第 437 页。

生产力决定生产关系，生产关系会反作用于生产力。因此，在新中国成立初期积贫积弱的社会经济条件下，注定了实现共同富裕不可能一蹴而就。改革开放以来，邓小平多次对社会主义道路进行深入论述，最为重要的论断之一便是在1992年初南方谈话中，邓小平指出，"社会主义的本质，是解放生产力，发展生产力，消灭剥削，消除两极分化，最终达到共同富裕"①。这一论断将共同富裕上升到了社会主义本质的高度。此外，邓小平还指出："共同富裕的构想是这样提出的：一部分地区有条件先发展起来，一部分地区发展慢点，先发展起来的地区带动后发展的地区，最终达到共同富裕"②。解决先富与后富之间两极分化的问题，邓小平认为"解决的办法之一，就是先富起来的地区多交点利税，支持贫困地区的发展"③。而关于解决先富与后富之间问题的时间点，邓小平设想"在本世纪末达到小康水平的时候，就要突出地提出和解决这个问题"④。总结分析邓小平关于社会主义道路以及实现共同富裕构想的诸多论述，可以发现几乎涵盖了共同富裕"是什么""为什么""怎么办"这些关于重大理论问题的思考，是党站在新发展阶段，扎实推动共同富裕的重要理论依据。

（四）习近平总书记关于共同富裕理论的重要论述

党的十八大以来，习近平总书记在多次公开场合讲话中强调实现共同富裕是中国共产党的责任和奋斗目标。2012年11月，在十八届中共中央政治局常委同中外记者见面时的讲话中说，"我们的责任，就是要团结带领全党全国各族人民，继续解放思想，坚持改革开放，不断解放和发展社会生产力，努力解决群众的生产生活困难，坚定不移走共同富裕的道路"⑤。2017年10月，在十九届中共中央政治局常委同中外记者见面时强调，"我们要

---

① 《邓小平文选》第3卷，人民出版社，1993，第373页。
② 《邓小平文选》第3卷，人民出版社，1993，第373~374页。
③ 《邓小平文选》第3卷，人民出版社，1993，第374页。
④ 《邓小平文选》第3卷，人民出版社，1993，第374页。
⑤ 习近平：《论把握新发展阶段、贯彻新发展理念、构建新发展格局》，中央文献出版社，2021，第22页。

牢记人民对美好生活的向往就是我们的奋斗目标，坚持以人民为中心的发展思想，努力抓好保障和改善民生各项工作，不断增强人民的获得感、幸福感、安全感，不断推进全体人民共同富裕"①。2022年1月，在世界经济论坛视频会议的演讲中强调："中国明确提出要推动人的全面发展、全体人民共同富裕取得更为明显的实质性进展，将为此在各方面进行努力。中国要实现共同富裕，但不是搞平均主义，而是要先把'蛋糕'做大，然后通过合理的制度安排把'蛋糕'分好，水涨船高、各得其所，让发展成果更多更公平惠及全体人民。"② 2022年10月16日，在中国共产党第二十次全国代表大会上，习近平总书记指出共同富裕是中国式现代化的重要特征，并再次强调"共同富裕是中国特色社会主义的本质要求，也是一个长期的历史过程"③。习近平总书记多次在重要场合反复强调实现全体人民共同富裕是共产党人的初心和使命，是中国发展进入新时代必须要实现而且有能力逐步实现的目标。

2021年10月，《求是》发表了习近平总书记的重要理论文章《扎实推动共同富裕》。该文章系统论述了在中国特色社会主义思想指导下，如何正确理解共同富裕和如何分阶段推进共同富裕。共同富裕不是整齐划一的平均主义这一论断，是对邓小平共同富裕理论的继承和延续，更重要的是这一论断有助于持续激发各类经济主体活力。同时，共同富裕不仅要物质生活富裕，还要精神生活富裕，强调人的全面发展，这一论断对我国未来的发展道路选择具有重要影响，意味着我国不再是走单纯追求高速增长的老路，而是要追求更具有包容性的增长模式，在物质水平提升的同时兼顾精神文明的发展。

在改革开放以来经济快速发展的基础上，尽管实现共同富裕仍然是一项长远目标，但同时也是一项需要逐步推进、扎实落地的近期任务。根据习近

① 《习近平谈治国理政》第3卷，外文出版社，2020，第66页。
② 习近平：《坚定信心 勇毅前行 共创后疫情时代美好世界——在2022年世界经济论坛视频会议的演讲（2022年1月17日）》，人民出版社，2022，第9页。
③ 习近平：《高举中国特色社会主义伟大旗帜 为全面建设社会主义现代化国家而团结奋斗——在中国共产党第二十次全国代表大会上的报告》，人民出版社，2022，第22页。

平总书记的指导思想，扎实推进共同富裕需要把握共建共享、科学客观、循序渐进等重要原则，即"鼓励勤劳创新致富""坚持基本经济制度""尽力而为量力而行""坚持循序渐进"四大原则。总体而言，中国的共同富裕道路并不是走西方福利性国家的道路，更不是发展脱离客观条件的政府保障措施，而是创造一个"人人参与的发展环境"，保障"多种所有制经济共同发展"，从而在更加广阔的范围内，保障全体人民具有公平的增强发展能力的机会和依靠合法劳动创造财富的机会。此外还需认识到共同富裕的"长期性、艰巨性、复杂性"，追求共同富裕是中国特色发展道路，其他国家的发展经验和发展道路可能在局部领域对我国有借鉴意义，但是在全局道路层面需要依靠我国自身不断地实践去探索总结经验。总体而言，推动共同富裕既要有紧迫性也要稳扎稳打、夯实基础，不能脱离实际，偏重于追求具有显示度的工作。因此，为扎实推动共同富裕这项长期性、系统性重大任务寻找突破口非常重要，而将浙江省作为共同富裕建设示范区则是基于现实物质条件和精神文明条件以及中长期发展规划确定的合理突破口。浙江省的先行先试经验能够为下一步共同富裕在全国层面的推开提供重要的参考价值。

立足于我国现阶段经济社会发展的实际情况，习近平总书记在论述共同富裕的实现思路中围绕未来的发展模式和分配模式提出了一系列重点思路。在发展模式方面，要更加强调发展在区域间的平衡性、行业间的协调性以及对不同类型经济主体的包容性；在实现人的全面发展的指导思想下，要大力促进人民精神生活的高质量发展；在重点任务领域，要大力促进农民和农村地区的发展建设。在分配模式方面，要将高校毕业生、技术工人、中小企业主和个体工商户、进城农民工等作为中等收入群体的重要来源，为他们的勤劳致富创造环境；要提高兜底性民生保障水平，促进基本公共服务均等化发展；通过合理的分配制度调节过高收入、打击非法收入，确保收入差距在合理范围内激发经济活力，防止两极分化。通过深入理解习近平总书记关于共同富裕的重要论述可以发现，共同富裕作为一项必须要实现且一定会实现的长远目标，党已经建立了基于客观现实且立足长远发展的重要理论框架，对共同富裕这项伟大事业的实现路径提供了根本性遵循。

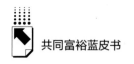
二　扎实推进共同富裕的必要性

从理论逻辑角度来讲，实现共同富裕具有渐进性和阶段性。按照党对发展阶段的判断，小康社会的实现就是向共同富裕奋斗的开端。2020年，我国如期完成了新时代脱贫攻坚目标任务，实现了第一个百年奋斗目标，全面建成了小康社会，因此，在接下来的发展阶段中，扎实推进共同富裕将被提升到一个更加重要的战略高度，是我国全面完整贯彻新发展理念、构建新发展格局，以及实现中国式现代化等重大发展战略的必然要求。

（一）推动共同富裕是迈入新发展阶段的必然要求

2020年8月24日，习近平总书记在经济社会领域专家座谈会上强调："'十四五'时期是我国全面建成小康社会、实现第一个百年奋斗目标之后，乘势而上开启全面建设社会主义现代化国家新征程、向第二个百年奋斗目标进军的第一个五年，我国将进入新发展阶段。"[①] 因此，新发展阶段的起点为2021年。从全面建设社会主义现代化国家这一目标来看，新发展阶段所涵盖的时期将持续至21世纪中叶。新发展阶段的一个重要特征是，通过新中国成立以来特别是改革开放40多年的快速发展，"我国经济实力、科技实力、综合国力和人民生活水平跃上了新的大台阶……解决困扰中华民族几千年的绝对贫困问题取得历史性成就"[②]。这意味着我国站在更加坚实的经济基础上，人民群众对更加丰富多元的美好生活的向往与经济社会发展不平衡不充分的矛盾更加凸显，而我国传统的发展模式难以从根本上解决这一问题，因此，我国要转向以实现共同富裕为目标的发展道路。

新发展阶段为推动共同富裕奠定了经济基础，而推动共同富裕为新发展阶段面临的主要矛盾和将要实现的最终目标提供了可行的解决办法。在共同

---

① 习近平：《论把握新发展阶段、贯彻新发展理念、构建新发展格局》，中央文献出版社，2021，第371页。
② 《习近平谈治国理政》第4卷，外文出版社，2022，第163页。

富裕的实现路径下，将重点解决过去经济发展过程中积累的不平衡、不协调等问题，保障全体人民享有平等的受教育机会和通过勤奋努力创造财富的机会，同时通过进一步的经济高质量发展和精神文明同步发展，日益满足人民群众对美好生活的多元化追求。

（二）推动共同富裕是贯彻新发展理念的必然要求

2015年10月，在党的十八届五中全会上，习近平总书记提出了由"创新、协调、绿色、开放、共享"五大理念构成的新发展理念。在新发展理念中，"创新发展注重的是解决发展动力问题，协调发展注重的是解决发展不平衡问题，绿色发展注重的是解决人与自然和谐问题，开放发展注重的是解决发展内外联动问题，共享发展注重的是解决社会公平正义问题"[①]。共同富裕与这五大发展理念均存在密切关系，其中关系最为直接和紧密的则是协调发展和共享发展。

协调发展的两大重点是城乡协调发展和区域协调发展，在城乡协调发展中，推动更多的农业转移人口在城镇落户，提高农业质量效益和竞争力，健全城乡融合发展，以及大力推动美丽乡村建设等政策措施实际上与实现共同富裕过程中，提高进城农民工的收入水平，促使其成为中等收入群体的重要来源，以及全面推进乡村振兴、增加农民财产性收入、加强农村基础设施建设等重要措施具有严格的内在一致性；在区域协调发展中，京津冀协同发展、粤港澳大湾区建设、长三角一体化发展，以及西部大开发、东北振兴、中部崛起等重大区域战略都在不断提升过去增长较快的地区与周边地区的联动发展和增长溢出水平，这与推动共同富裕当中增强发达地区对欠发达地区的发展带动作用高度契合。

共享发展理念的重点是增进民生福祉，健全国家公共服务制度体系、实施就业优先原则、优化收入分配结构以及健全多层次社会保障体系等重大战略实施方向，与习近平总书记指出的共同富裕实现路径中扩大中等收入群体

---

① 习近平：《论把握新发展阶段、贯彻新发展理念、构建新发展格局》，中央文献出版社，2021，第477页。

规模，加强高收入的规范和调节，以及促进基本公共服务均等化等重点方向同样是高度一致的。因此，推动共同富裕实际上在直接层面是持续深入贯彻落实新发展理念中的协调和共享发展理念，同时与其他三大理念也形成了间接联动发展，是新发展理念的必然要求。

（三）推动共同富裕是构建新发展格局的必然要求

2020 年 10 月，党的十九届五中全会指出，要"坚持扩大内需这个战略基点，加快培育完整内需体系，把实施扩大内需战略同深化供给侧结构性改革有机结合起来，以创新驱动、高质量供给引领和创造新需求，加快构建以国内大循环为主体、国内国际双循环相互促进的新发展格局"①。新发展格局的关键是立足自身，畅通国内经济，稳住经济基本盘。构建新发展格局其本质特征是要实现高水平的自立自强。2021 年 1 月 11 日，习近平总书记在省部级主要领导干部学习贯彻党的十九届五中全会精神专题研讨班上的讲话中明确指出："当前最稀缺的资源是市场，而市场资源正是我国的巨大优势"②，因此扩大内需是构建新发展格局的重要基点，其中扩大居民消费、提升消费层次则是培育完整内需体系的关键所在。

经济学理论已经证实，居民边际消费倾向会随着居民收入水平的提升而下降，贫富差距的扩大会对整体居民消费的增长带来显著的负向影响。因此，构建新发展格局中扩大居民消费、提升消费层次的发力重点在于提升居民收入水平，特别是大力提升低收入群体的收入水平，让在整个社会结构中占比较高的中低收入群体有能力有意愿去消费，从而形成大规模的有效需求。因此，构建新发展格局必然要求推动全体人民共同富裕。

构建新发展格局的另一个重要着力点是打破地方分割，形成全国统一大市场。在这一过程中，一方面需要各个地区之间依据各自的客观条件和比较优势积极融入统一大市场的循环当中，另一方面也需要经济发达地区在产业

---

① 《中华人民共和国国民经济和社会发展第十四个五年规划和 2035 年远景目标纲要》第四篇。
② 《习近平谈治国理政》第 4 卷，外文出版社，2022，第 177 页。

转移、建设投资等方面发挥对经济欠发达地区的带动作用，实现不同发展水平地区间的协调发展。这一过程实际上也是推动共同富裕的重点，因此，在促进地区间协调发展、畅通地区间高水平循环方面，推动共同富裕同样是构建新发展格局的必然要求。

（四）推动共同富裕是实现中国式现代化的必然要求

在党的十九届五中全会上，习近平总书记强调，中国式现代化"是人口规模巨大的现代化，是全体人民共同富裕的现代化，是物质文明和精神文明相协调的现代化，是人与自然和谐共生的现代化，是走和平发展道路的现代化"[1]。因此，全体人民共同富裕是中国式现代化的重要特征，也是实现中国式现代化的必然要求。

世界上其他国家在追求现代化发展的过程中，多数以西方国家的现代化历程作为先进发展经验加以学习模仿，但近年来西方国家民族主义和保护主义的上升证明了西方以资本主义驱动的经济社会发展必然陷入马克思所指出的阶级对立和分裂。因此，我国作为一个人口众多和超大市场规模的社会主义国家，现阶段及未来一段时间，能够以"拿来主义"应用国际发展经验的领域将逐步减少，需要我国以自身实践去探索中国式现代化发展道路。但西方的发展经验仍然是对我们有借鉴和警示意义的。特别是近年来西方世界发展的割裂说明库兹涅茨倒 U 形假说并不是经济发展的一般规律，收入不平等这一问题并不会随着经济发展水平的提高而自然缓解，而是需要建立有效的社会保障体系，保障全体人民具有平等的受教育和人力资本提升的机会，人人都能拥有勤劳致富、向上流动的可能性，防止阶层固化。

因此，中国式现代化，不论是经济发展的现代化、城市发展的现代化，还是国家治理体系和治理能力的现代化，都要始终以全体人民为中心，保障全体人民都享有公平公正参与经济活动、保障自身权益、享受国家经济社会发展成果的权利，换言之，全体人民共同富裕是中国式现代化的必然要求。

---

① 《习近平谈治国理政》第 4 卷，外文出版社，2022，第 164 页。

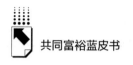

三 浙江省建设共同富裕示范区的理论依据和现实基础

扎实推进共同富裕是一项复杂的系统性工作，一方面，无论是从经济体量、人口总量、国土面积等总量因素考虑，还是从地区差异、城乡差异、行业差异等结构因素考虑，共同富裕的实现都不可能是各个地区整齐划一、齐头并进的；另一方面，在重大改革措施和战略任务中实行试点制，支持和鼓励具有先发优势的地区进行先行先试，然后再向全国推广，是我国经过实践检验的宝贵经验，扎实推进共同富裕也不例外。因此，选择某一地区建立示范区是推行共同富裕的必然要求，而最终选定浙江省具有重要的理论依据和现实基础。

（一）浙江省建设共同富裕示范区的重要经济发展基础

共同富裕理论是"先富带后富"的延续和深化，因此，具有一定规模的"先富"地区和"先富"群体，是推行共同富裕的重要基础。根据国家统计局公布的数据，2021年浙江省全体居民人均可支配收入为5.73万元，居民人均消费支出水平为3.67万元，在全国层面仅低于北京市和上海市，高于其他28个省、自治区和直辖市，并且这一相对位次已经保持了十多年。因此，从表征人民生活的重要指标平均水平来看，浙江省为推动共同富裕奠定了坚实的经济基础。

从城乡差距来看，2020年，浙江省城镇居民人均可支配收入与农村居民人均可支配收入之间的倍差为1.96，全国层面这一倍差为2.56；浙江省城镇居民人均消费支出为农村居民人均消费支出的1.68倍，全国层面这一倍差为1.97。从地区差距来看，2020年，浙江省杭州市的地区人均生产总值最高，丽水市最低，二者之间的倍差为2.21，全国层面，最高地区与最低地区间的倍差为4.58。从行业差距来看，2020年，浙江省各行业平均工资水平的最高值与最低值之间的倍差为3，而这一水平在全国城镇单位中超过了 4。因此，从发展的均衡性来看，浙江省明显好于全国平均水平，这为推动共同富裕提供了良好的基础。此外，数字经济是未来我国经济转型发展的重要依托，一方面，数字经济能够为传统产业转型赋能，另一方面，数字经济发展能够进一步催生产业和就业发展的新模式、新业态，所以推动共同富裕必须充分利用数字经济发展带来的机遇，同时有效应对数字经济发展带来的挑战。浙江省 2020 年数字经济增加值达 3 万亿元以上，占 GDP 比重为 46.8%，各项相关主要指标均位于全国前列，这为探索数字经济发展与推动共同富裕良性互动机制提供了巨大的空间。

（二）浙江省建设共同富裕示范区的借鉴意义和推广价值

建设共同富裕示范区的选取不仅需要具备一定的经济基础，而且需要在全国层面具备一定的代表性。从人口角度来看，第七次全国人口普查数据显示，浙江省常住人口占全国的比例为 4.57%，在全国 31 个省、自治区及直辖市中排在第 7 位；年龄结构方面，60 岁及以上人口占比为 18.70%，与全国平均水平相同；人力资本方面，浙江省每 10 万人口中拥有的各类受教育程度人数也同全国平均水平接近；人口流动方面，浙江省流动人口占常住人口的比例达到了近 40%，其中省外流入人口占比高达 63%。较大的人口基数、高比例的外来流动人口，以及并不具备显著优势的劳动力素质意味着浙江省推动共同富裕的经验，特别是在保障公共服务优质共享方面的经验将在全国层面具有重要的参考价值。从经济发展的结构性特征来看，2021 年，浙江省三次产业的增加值比例为 3.3∶40.8∶55.9，工业部门中，纺织服装等劳动密集型行业，设备制造和汽车制造等资本密集型行业以及电气机械和计算机通信等技术密集型行业在浙江省均具有一定的规模体量；服务业部门中，批发和零售等低技能劳动力密集的行业和信息技术、金融等高技能劳动力密集的行业在浙江省也都具有较大市场规模；从法人单位登记注册类型来看，私营企业数量占全部企业数量的比例达到了近 90%，同时国有企业、外商投资企业在浙江省也具有较强的活力。因此，在结构性特征方面，浙江省表现出大而全的优势，后续全国层面推动共同富裕可能面临的问题在浙江

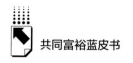

省的先行先试当中均能获得有价值的参照。在发展空间和发展潜力方面，浙江省在提升经济增长的包容性中面临的诸多问题均具有一定的代表性，包括如何更加妥善地处理技术进步与稳定扩大就业、保障更多人具有共建共享机会之间的关系，在追求发展的过程中如何有效化解土地、能源、生态环境约束，在收入调节过程中，如何既不过分损伤先富群体的积极性，又能为后富群体提供更多的保障机制和加速追赶的机会等，这些既是浙江省推动共同富裕面临的问题，也是全国层面推动共同富裕将会遇到的问题。

（三）浙江省建设共同富裕示范区的改革机制基础

推动共同富裕涉及全体人民的切身利益，需要充分团结全体人民，充分激发全体人民共同参与、共同奋斗的积极性，而浙江省在体制机制改革方面具有较强的创新意识和先进经验。在20世纪60年代初，浙江省的"枫桥经验"成为全国推广学习的典型，是"立足基层组织，整合力量资源，就地化解矛盾，保障民生民安"的重要典范。进入中国经济发展新时代，"枫桥经验"仍然在浙江省发挥重要作用。2016年12月，浙江省提出"最多跑一次"改革，随后在全国迅速推开，2018年1月，中央全面深化改革领导小组对浙江省"最多跑一次"改革工作给予了充分肯定，并在2018年3月将其写入了政府工作报告。2021年，浙江省在全国范围内率先布局数字化改革，在短短一年时间里就取得显著成效，再次证明浙江省在推动改革方面具备独特的先进经验。在数字化改革中，浙江省以打造重大应用，树立"最佳应用"典范为抓手，将数字化改革落到实处，切实以社会民生发展需求为突破口，在数字化改革这项复杂的系统性工程中快速精确定位改革路径。此外，数据信息的高效利用是数字化改革的基础，浙江省打造的省市县一体化智能化公共数据平台体现了浙江省在"跨部门""跨区域""跨层级"等多主体协调性改革方面取得了重要成果。这类公共平台的共建共享模式对于基本公共服务改革具有重要参考意义。整体而言，在"最多跑一次""数字化改革"这些重要改革历程中，浙江省积累的工作经验和逐步形成的工作模式，为推动共同富裕奠定了重要的制度基础。

四 构建浙江共同富裕目标指标体系的理论逻辑

扎实推进共同富裕作为一项长期目标需要有一套完整准确反映共同富裕深刻内涵、可监测可落实的目标指标作为指引。根据习近平总书记在系统论述共同富裕中提出的六项推进思路，浙江省推动共同富裕的目标指标由七项一级指标构成，分别是：经济高质量发展、城乡区域协调发展、收入分配格局优化、公共服务优质共享、精神文明建设、全域美丽建设、社会和谐和睦。这里将重点分析扎实推动共同富裕与这七项目标指标之间的理论逻辑。

（一）扎实推进共同富裕与经济高质量发展

进入新发展阶段，我国经济增长的显著特征是由过去的高速增长转变为中高速增长，从重视增长速度转向重视增长质量。共同富裕的重要基础是经济的高质量发展，没有经济高质量发展，共同富裕就可能会陷入"共同停滞"甚至是"共同贫穷"。经济持续稳定地增长代表着国民经济始终有增量发生，而这部分增量能够创造更多的就业岗位，给更多人提供依靠劳动提升收入水平的机会。首先，结合我国国内经济发展基础，面临的资源约束条件，以及国外经济发展环境，经济增量的突破需要更多依靠新技术、新业态、新模式来创造新的经济增长驱动力，因此，实施创新驱动发展是以经济高质量发展推动共同富裕的应有之义。其次，经济高质量发展需要从供需两侧同时发力，一方面持续进行供给侧结构性改革，加快产业升级，通过高水平的产业发展促进经济从粗放式的发展转向集约式的发展，另一方面需要持续加强需求侧管理，提升居民消费水平，不断推动消费升级。最后，在创新驱动、产业升级、消费升级等一系列具体战略推动下，还需要以经济效益来衡量经济高质量发展水平，以整体宏观经济发展的人均水平和劳均水平来体现经济的高质量发展。

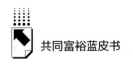

（二）扎实推进共同富裕与城乡区域协调发展

通过新中国成立以来特别是改革开放40多年来党带领全国人民不懈奋斗，我国经济建设已经取得了举世瞩目的成就，在总量方面，成为世界第二大经济体、第一大工业国、第一大货物贸易国、第一大外汇储备国。但同时我们需要清醒认识到，我国发展不平衡不充分问题仍然非常突出，城乡差距和区域差距就是其中非常重要的两方面。在我国过去的经济发展模式中，为了快速推动工业化发展，农业部门和农村地区做出了非常重要的贡献，但是受限于制度性的城乡分割，农村人口从经济高速发展中分享的收益与贡献并不相称。而不同地区之间则受到要素禀赋、地理位置、产业政策等的影响，发展水平也存在较大差异。尽管在推动全体人民共同富裕的过程中，不论是城乡差距还是区域差距，最终都将表现为全体居民收入水平和财富水平之间的差距，但是准确识别城乡差距和区域差距，有助于更加精准定位低收入群体集中的地区，抓住每个阶段需要给予重点关注的对象，从而有的放矢地制定相应政策促进居民收入水平和消费水平不断提升，扎实推进共同富裕。

（三）扎实推进共同富裕与收入分配格局优化

公平和效率之间的平衡一直是经济学领域中的重点问题。在新中国成立初期，我国的发展模式过度强调"平均主义"，对经济发展效率形成了严重制约。而美国等西方发达国家更加信奉"自由市场"，将效率摆在了优先位置，随之而来的是社会不平等和两极分化问题在近年来不断凸显。在我国改革开放以来40多年的快速发展过程中，也伴随着收入不平等问题的加剧。因此，需要构建初次分配、再分配、第三次分配协调配套的制度性安排，实现"扩中""提低""调高"，以形成中间大、两头小的橄榄型分配结构。党的二十大报告也强调："分配制度是促进共同富裕的基础性制度。"[①] 在这

[①] 习近平：《高举中国特色社会主义伟大旗帜　为全面建设社会主义现代化国家而团结奋斗——在中国共产党第二十次全国代表大会上的报告》，人民出版社，2022，第46~47页。

一过程中，值得强调的是，收入分配格局的优化并不仅仅是通过对收入结果进行优化来实现，更重要的是保障更多劳动力和各类经济主体具有更加公平的参与经济活动的机会，通过自力更生实现收入提升，而非单纯依靠转移支付等分配调节手段。因此，在收入分配格局优化层面需要首先关注劳动力就业规模和质量，同时还需考察居民收入水平和财富水平的均值变动趋势，以及不同群体之间的收入差距水平，从而实现对收入分配格局的全面监测。

（四）扎实推进共同富裕与公共服务优质共享

公共服务涵盖了教育、医疗、养老、社会保障等多个方面，是覆盖居民生命全周期的重要保障机制。在我国户籍制度下，不同地区和不同户籍身份的居民享有的公共服务存在较大差距，而公共服务的差距会显著影响居民参与和分享经济社会发展成果的机会。具体而言，托育服务的优质化发展有助于缓解生育压力，降低生育成本，促进我国生育率的回升；高等教育优质发展有助于保障全体人民拥有更加充足的机会去提升人力资本，特别是伴随着产业结构不断升级，享有平等的提升技能水平的机会对于提升就业质量、提高收入水平至关重要；医疗和养老保障的普及普惠有助于缩小居民在身体素质和寿命方面的差距，保障全体人民拥有较为平等的健康生活的权利；社会保障水平的提升则有助于充分发挥政府对于特殊群体和困难群体基本生活的兜底作用，其中保障性住房覆盖范围的扩大有助于缓解大城市中新市民的住房问题，特别是对于财富水平较低，但具备经济发展所需专业技能的年轻群体而言，保障性住房有助于帮助他们建立为经济发展奋斗的"恒心"。因此，推动共同富裕的重要着力点之一就是大力促进公共服务的优质共享，从教育、医疗、养老、社会保障等方面全方位提升对全体居民的均衡性和可及性。

（五）扎实推进共同富裕与精神文明建设

在马克思的哲学著作中曾对人的物质生活和精神生活之间的关系展开深刻分析，马克思认为人的精神生活由人的现实物质生活所塑造，并且对现实物质生产生活具有能动的反作用。马克思还认为，"在资本主义发展过程中，物化结构越来越深入地、注定地、决定地沉浸入人的意识里"①，最终由于劳动力物化导致人的异化，而共产主义下，将充分尊重人的主观创造意识，实现物质生活与精神生活之间的良性互动。中国共产党始终注重物质文明和精神文明的协调发展，特别是党的十八大以来，习近平总书记强调："只有物质文明建设和精神文明建设都搞好，国家物质力量和精神力量都增强，全国各族人民物质生活和精神生活都改善，中国特色社会主义事业才能顺利向前推进"②。因此，推动共同富裕不仅要注重全体人民物质水平的改善，同时也要注重精神文明与物质文明的同步改善，促进人的全面发展。具体而言，在精神文明建设方面，一方面要不断提升文化设施建设水平，为居民的精神生活提供充足的空间场所，另一方面要不断提升居民参与文化生活的规模和质量，从而提升国民体质和科学素养，最终实现全体居民精神文明水平的提升。

（六）扎实推进共同富裕与全域美丽建设

习近平总书记在阐述共同富裕实现思路时指出，要"坚持以人民为中心的发展思想，在高质量发展中促进共同富裕"③。全体人民共同富裕作为中国式现代化的五大特征之一，意味着实现共同富裕的道路必然是与实现中国式现代化这一中长期目标一脉相承的。过去传统模式下高耗能、高污染的生产生活方式无法成为推动共同富裕的发力途径，未来的经济增长和发展模式需要逐渐转向低耗能、低污染，以更小的资源和环境代价换取更大的增长空间。因此，在以全域美丽建设衡量共同富裕发展水平方面，需要重点关注生产生活的耗能及污染水平和环境治理的改善水平，这二者的结合一方面意味着要不断控制新的生产生活行为对能源和环境带来的压力，另一方面意味着要持续降低已经发生的生产生活行为对环境的污染水平。

---

① 转引自〔匈〕卢卡奇《历史与阶级意识》，杜章智、任立、燕宏远译，商务印书馆，1992。
② 《习近平谈治国理政》，外文出版社，2014，第153页。
③ 《习近平谈治国理政》第4卷，外文出版社，2022，第144页。

（七）扎实推进共同富裕与社会和谐和睦

扎实推进全体人民共同富裕是我们党为人民谋幸福的着力点，有助于实现社会的和谐安定，不断夯实党长期执政的基础。因此，共同富裕必然需要社会发展和谐和睦，并且这种和谐和睦并非空中楼阁，而是需要不断提升法治建设水平和保障全体人民平安生产、幸福生活的能力，让广大群众能够从日常的生产生活当中获取更高的幸福感、安全感和满意度。具体而言，提高法治建设水平、扩大法治管理的覆盖面，有助于为居民的生产生活创造一个高效的法治环境。相较于利用其他方式保障居民权益，法律具有长期稳定性、强制性和公开透明性，随着法律普及水平的提升，更为广泛的群体将通过学习掌握法律知识来建立基本共识，对社会运行机制形成一致稳定预期。这将有助于各类经济主体和个人更加关注长期发展，削弱短期行为的影响。同时，不断降低生产活动的风险，保障居民的生命财产安全有助于提升整个社会的和谐发展水平，也是扎实推进共同富裕的重要监测指标。

B.3
以现代化产业体系推进浙江共同富裕

黄群慧　邓曲恒　张午敏*

摘　要： 产业体系现代化是实现共同富裕的重要物质基础。浙江省经过多
年的发展，产业体系现代化水平居于全国前列，有力地促进了经
济增长以及居民收入水平的提高。在新的发展阶段，产业结构的
进一步优化将为浙江省扎实推进共同富裕提供不竭动力。本文从
产业结构、民营经济、块状经济、平台经济等方面分析了浙江省产
业体系的现状，总结了浙江省在构建现代化产业体系方面的经验，
指出了浙江在构建现代化产业体系方面的未来着力点，并探讨了浙
江省产业体系的现代化对全国共同富裕的模板效应和推动作用。

关键词： 共同富裕　产业体系现代化　制造业

建设现代化产业体系不仅有助于提高资源使用效率、经济治理效益和核
心竞争力，推动经济优化升级，夯实共同富裕的物质基础，推动"蛋糕"
做大做好，而且能直接发挥分配效应，助力切好分好"蛋糕"，更好地使经
济社会的发展成果为人民所共享。浙江省不仅经济发展水平领先于全国平均
水平，还较早地开始构建现代化产业体系的实践探索并已经取得较大进展，
在现代农业、装备制造业、高新技术制造业、现代服务业等多个行业具有领

* 黄群慧，中国社会科学院经济研究所所长、中国社会科学院大学经济学院院长，研究员，主
要研究方向为发展经济学和产业经济学；邓曲恒，中国社会科学院经济研究所研究员，主要
研究方向为发展经济学；张午敏，中国社会科学院大学经济学院博士研究生，主要研究方向
为发展经济学。

先地位，产业转型升级已初见成效，市场机制发展较为完善，以民营企业为主的微观企业主体健康稳定发展，为现代化产业体系建设打下了良好基础。

改革开放以来，浙江省产业体系不断优化，有力地促进了经济增长以及居民收入水平的提高。浙江产业体系的发展也具有共享发展的特点，社会整体收入差距水平和城乡区域收入差距水平显著低于全国平均水平。从就业结构、三次产业增加值来看，浙江产业体系现代化水平都高于全国。在块状经济、数字经济和平台经济方面，浙江省充分发挥长期以来在块状经济、数字经济等方面形成的优势，大力发展先进制造业集群，聚焦集成电路、数字安防、网络通信等标志性产业链，促进产业链发展完善，推动制造业产业升级，培育了一系列龙头企业并形成了品牌效应，从而带动全省产业升级、效率提高。浙江省积极推动"中国制造2025浙江行动"，不断完善企业创新体系，加强创新平台建设，积极推动智能化改造，在各地各行业开展智能化改造试点，并发展生产性服务业，推动服务业和制造业共同发展，实施服务型制造工程；对传统制造行业进行改造提升，通过对传统制造业升级方法先试点再推广，提高传统制造业的发展水平和竞争力，推动制造业品牌和龙头企业建设，实现品质化转型升级；出台了《关于推动数字经济发展若干政策意见》等文件，利用在数字经济方面的发展优势，大力发展产业数字化和数字产业化，壮大数字经济基础产业和数字经济新兴产业，完善信息基础设施；因地制宜，利用各地产业特色和优势，进行高质量的数字经济、高端装备制造、经典产业等类型的特色小镇建设，通过培育特色小镇发展现代产业。"十四五"时期，浙江省规划通过加快数字科技创新步伐、发展数字经济核心产业、深化产业数字化转型、打造世界级先进制造业集群、创造消费带动生产新模式、推进数字生态升级演进等途径助力企业转型升级，继续打造具有国际竞争力的现代化产业体系。

本文从产业结构、民营经济、块状经济、平台经济等方面分析了浙江省产业体系的现状，总结了浙江省在构建现代化产业体系方面的经验，指出了浙江省在构建现代化产业体系方面的未来着力点，并探讨了浙江省产业体系的现代化对全国共同富裕的模板效应和推动作用。

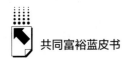

一　浙江省产业体系的现代化对共同富裕的促进

就业结构和三次产业增加值是度量产业结构的重要指标。根据国家统计局的数据，中国 2020 年的三次产业就业人数占比为第一产业 23.6%，第二产业 28.7%，第三产业 47.7%，大致符合中等偏上收入阶段的就业结构特征①。浙江省的人均 GDP 等经济指标高于全国平均水平，相应的就业结构特征也区别于全国整体水平，根据 2019 年的数据，浙江省第一产业就业人数占比为 10.5%，第二产业 45.5%，第三产业 44.0%，农业就业人数占比显著低于全国平均水平；在第三产业就业中，科学研究和技术服务业等高端服务行业占比呈现持续上升的良好趋势。在拉动经济增长方面，浙江省2019 年第一产业增加值占比为 3%，第二产业增加值占比为 42%，其中工业增加值在总体中的占比为 36%；第三产业增加值占比为 54%。从就业结构和三次产业增加值看，浙江省就产业结构整体而言要优于全国水平。但相比于高收入国家，浙江省产业结构依然存在优化的空间。

1. 产业结构还需进一步优化

经典的经济理论一般认为生产要素从低生产率产业或行业流向高生产率产业或行业，这种生产要素在不同产业和行业之间的流动会带来生产率和工资水平的逐渐趋同，生产率的趋同过程代表着经济社会整体生产率的提高。库兹涅茨认为，以劳动力要素为代表的生产要素从第一产业转移到第二产业和第三产业的过程可以使生产率在三个产业之间趋同，并且提高经济整体的生产率水平②。哈里斯和托达罗（Harris and Todaro）指出，在劳动收入差距的作用下，劳动力由农业部门向工业部门转移，从而实现产业结构的调整和

---

① 根据世界银行的分组，中等偏上收入阶段的就业结构大致为第一产业就业人数占比为21.5%，第二产业就业人数占比为25.3%，第三产业就业人数占比为53.2%；高收入阶段的就业结构为第一产业就业人数占比为3.1%，第二产业就业人数占比为22.9%，第三产业就业人数占比为74.1%。资料来源：世界银行，https://data.worldbank.org。

② 参见〔美〕库兹涅茨《各国的经济增长：总产值和生产结构》，常勋等译，商务印书馆，1985。

个人收入水平的提高，并使得两部门之间收入差距缩小[1]。随着工业化的发展，科技水平不断提高，消费结构不断升级，对服务业的需求逐渐上升，产业转型逐渐实现由第二产业到第三产业的转移，制造业的就业份额下降而服务业的就业份额不断上升，出现"去工业化"趋势。进一步的，一些研究认为随着经济发展水平的提升，制造业的就业份额呈现倒 U 形趋势。劳伦斯（Lawrence）利用 1950~2012 年 42 个国家的数据测算得出，制造业的就业占比会随着经济发展水平的提高呈现倒 U 形趋势，且拐点大概出现在人均 GDP 达到 28000 美元左右（按 2016 年不变价计算）[2]。蔡昉在排除极端情形下的国家样本后，认为制造业比重倒 U 形曲线的拐点应该在人均 GDP 达到 20000 美元左右（按 2010 年不变价计算），也即经济进入相对稳定的高收入发展阶段[3]。在现实中，劳动生产率在各产业间和各行业间存在明显差异，其流动方向也可能并未遵循从低生产率产业或行业流向高生产率产业或行业的规律。在发展中国家实现工业化的过程中，由于国际竞争的压力、人口红利的逐渐丧失，可能并未实现工业技术和消费水平升级至相当水平，制造业尚未达到发达国家早期所达到的峰值就出现了下降趋势，也即过早的"去工业化现象"，而制造业增加值占 GDP 比重的下降成为生产率降低的一个重要推动因素，进一步使得人均收入水平难以继续上升，停滞于低位。

浙江省农业就业人数占比显著低于全国平均水平，但相比高收入经济体，其农业就业人数占比仍有较大下降空间，依然可以通过推动农业劳动力向第二产业、第三产业转移从而提高劳动生产率，缩小城乡间收入差距。同时，有别于全国第三产业就业人数占比高于第二产业且差距不断扩大的现象，随着经济发展，浙江省虽然在 2011 年前后第二产业就业人数占比开始呈现下降趋势，但截至 2019 年，第二产业就业人数占比仍略高于第三产业（见图 1a）。

① Harris, J., R., and M., P., Todaro, Migration, "Unemployment and Development: A Two-Sector Analysis," *American Economic Review* 60 (1970): 126-142.

② Lawrence, R., Z., "China, Like the US, Faces Challenges in Achieving Inclusive Growth through Manufacturing," *China & World Economy* 2 (2020): 1-14.

③ 蔡昉：《生产率、新动能与制造业——中国经济如何提高资源重新配置效率》，《中国工业经济》2021 年第 5 期。

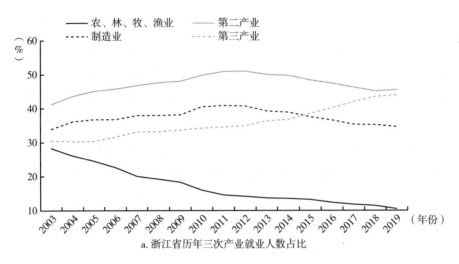

a. 浙江省历年三次产业就业人数占比

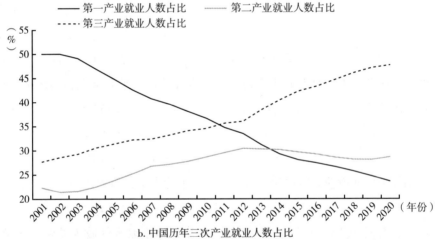

b. 中国历年三次产业就业人数占比

图1　历年三次产业就业人数占比

资料来源：国家统计年鉴、浙江省统计年鉴。

　　根据行业就业情况，虽然科学研究和技术服务业等行业的就业人数占比有所上升（见表1），但第三产业就业人数占比上升的主要来源依然是批发和零售业、租赁与商务服务业等低端服务业，这种就业结构的转换可能会使整体劳动生产率下降，从而不利于整体劳动报酬的提高和低收入群体收入水平的上升。

表 1　2011～2019 年浙江省各行业就业人数占比

单位：%

产业类别	2011 年	2012 年	2013 年	2014 年	2015 年	2016 年	2017 年	2018 年	2019 年
第二产业	50.865	50.956	49.975	49.710	48.325	47.400	46.222	45.120	45.528
采矿业	0.173	0.155	0.107	0.083	0.070	0.059	0.047	0.022	0.033
制造业	40.851	40.718	39.227	38.859	37.515	36.535	35.280	35.205	34.585
电力、热力、燃气及水生产和供应业	0.407	0.408	0.427	0.425	0.361	0.388	0.395	0.390	0.370
建筑业	9.434	9.675	10.214	10.343	10.379	10.418	10.500	9.503	10.541
第三产业	34.567	34.902	36.356	36.781	38.479	40.200	41.979	43.466	43.973
批发和零售业	12.437	12.325	13.130	13.201	13.854	14.319	14.506	14.873	15.074
交通运输、仓储及邮政业	3.963	3.885	3.812	3.923	4.054	4.200	4.375	4.519	2.849
住宿和餐饮业	4.064	3.757	3.213	2.983	3.012	3.068	3.158	3.243	3.810
信息传输、软件和信息技术服务业	1.185	1.065	1.099	1.219	1.566	1.957	2.389	2.550	2.123
金融业	0.875	1.048	1.042	1.060	1.184	1.293	1.330	1.277	1.373
房地产业	0.903	1.070	1.053	1.086	1.148	1.201	1.298	1.359	1.732
租赁与商务服务业	2.061	2.158	2.534	2.562	2.645	2.717	3.129	3.524	4.037
科学研究和技术服务业	0.649	0.735	0.862	0.895	0.978	1.139	1.252	1.317	1.729
水利、环境和公共设施管理业	0.391	0.436	0.445	0.482	0.488	0.551	0.555	0.561	0.542
居民服务、修理和其他服务业	3.192	3.304	3.245	3.334	3.422	3.499	3.584	3.672	3.181
教育	1.798	1.858	1.869	1.917	1.943	1.962	2.033	2.079	2.642
卫生和社会工作	1.034	1.109	1.118	1.150	1.256	1.323	1.393	1.436	1.635
文化、体育和娱乐业	0.416	0.438	0.496	0.508	0.524	0.562	0.576	0.642	0.835
公共管理、社会保障和社会组织	1.598	1.714	2.437	2.462	2.404	2.409	2.401	2.416	2.411

资料来源：历年浙江省统计年鉴。

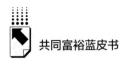

2. "脱实向虚"倾向与收入差距

根据历年统计数据，2008年以后，浙江省第二产业增加值占GDP份额呈逐年下降趋势，工业增加值占比也大致呈现相同趋势，第三产业规模逐渐扩大，就发展阶段而言，浙江省进入了工业化最后阶段。随着劳动力成本和资源要素成本持续上升，实体经济发展出现困境，资源由传统制造业向外不断转移，其中一个重要的表现即为制造业增速下滑。在2015年前后第三产业增加值占比超过第二产业增加值占比并继续上升，其中金融业和房地产业增加值占比整体呈上升趋势。由表2可知，2015年以来各年第三产业增加值指数高于第二产业，其中，作为虚拟经济代表性行业的金融业和房地产业增速在整体上高于第二产业和经济总体水平。浙江省作为民间资本大省，大量资金从事间接投资，经济金融化的趋势一方面促进了资源的配置，另一方面也形成潜在的金融风险，与此同时，实体经济发展的困境加剧，因此认为经济中存在一定的"脱实向虚"倾向。而根据投入产出数据，在2017年金融业和房地产业增加值中，劳动者报酬占比分别仅为25.18%和12.77%，远低于第三产业中其他行业40%以上的水平①，因此金融业和房地产业的扩张对于增加居民工资性收入的作用可能是很有限的。历年三次产业增加值占GDP份额见图2。

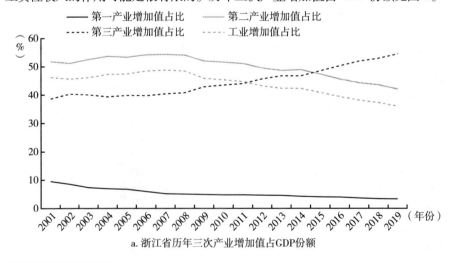

a. 浙江省历年三次产业增加值占GDP份额

---

① 根据浙江省投入产出表（2017年）计算得出。

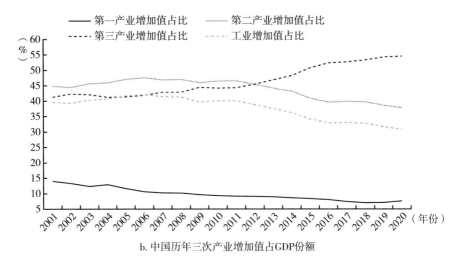

b.中国历年三次产业增加值占GDP份额

图 2　历年三次产业增加值占 GDP 份额

资料来源：国家统计年鉴、浙江省统计年鉴。

表 2　浙江省三次产业增加值指数

单位：%

产业类别	2015 年	2016 年	2017 年	2018 年	2019 年
总体	108.0	107.5	107.8	107.1	106.8
第一产业	101.2	102.3	102.7	101.8	101.8
第二产业	105.9	105.9	106.3	106.3	105.5
第三产业	111.0	109.6	109.5	108.3	108.2
金融业	108.3	107	111.3	112.5	110.2
房地产业	111.8	110.7	112.6	110.3	105.0

资料来源：CEIC 数据库、浙江省统计年鉴。

如表 3 所示，2015 年以来浙江省各行业的年平均工资情况主要有以下特征。在观察期内，大部分行业就业人员年平均工资均呈上升趋势，但不同行业之间的工资收入存在明显差距。在第二产业中，就业占比最高的制造业和建筑业工资收入较低，且在所有行业中也处于较低水平；在第三产业内部，各行业之间收入差距较大，金融业等行业的平均工资持续位于各行业中较高水平，住宿和餐饮业、批发和零售业以及居民服务、修理和其他服务业等低端服务业的平均工资则处于各行业较低水平。结合表1中各行业的就业占比情况，第三产业中占比较高且占比主要增加的批发和零售业、租赁与商务服务业等的平均工资水平处于较低位置，金融业的就业人数占比较低但工资水平处于高位，产业结构的变化并没有使劳动力主要向更高收入的行业转移，以金融业为代表的虚拟经济的扩张在一定程度上扩大了收入差距。

表3 浙江省分行业就业人员年平均工资

单位：元

产业类别	2015年	2016年	2017年	2018年	2019年
农、林、牧、渔业	33658	38164	45247	47160	48672
采矿业	41877	42799	51010	62848	71653
制造业	44474	48539	51998	57274	61990
电力、热力、燃气及水生产和供应业	96647	111050	116147	123422	113841
建筑业	45689	47745	50042	53846	58135
批发和零售业	44332	48822	52711	56363	59803
交通运输、仓储及邮政业	63017	67908	71654	75854	75883
住宿和餐饮业	37523	41404	42693	46219	49190
信息传输、软件和信息技术服务业	90026	92223	104697	114814	129395
金融业	127237	127849	129774	140409	147964
房地产业	54107	58104	61059	66400	72760
租赁与商务服务业	49178	54806	58115	61072	65221
科学研究和技术服务业	74742	75434	83061	88833	91659
水利、环境和公共设施管理业	50065	55573	58589	63232	67690
居民服务、修理和其他服务业	36775	40563	43408	46675	48599
教育	86423	97270	107478	116432	117504
卫生和社会工作	100699	111668	123983	134370	139630
文化、体育和娱乐业	60481	62757	70629	75202	72584
公共管理、社会保障和社会组织	93306	108789	124495	136641	148439

资料来源：历年浙江省统计年鉴。

3.制造业尚未实现高级化

在产业结构升级的过程中，虽然存在就业人员由第二产业向第三产业的流动，但是由于劳动生产率的提高，工业增加值的占比并不一定显著下降，但随着消费结构优化升级，对于服务业的需求增加，服务业增加值份额呈现上升趋势。统计数据显示，2015 年前后浙江省的第三产业增加值已经超过第二产业。在国民核算体系中，增加值反映了产业生产经营创造的全部价值，行业或产业的增加值率代表了单位产出的附加值水平，一般来说，附加值越高也即投入的资源相对节约、技术水平和加工度较高，增加值的提升可以带动产业或行业内劳动报酬的提升。史东辉等计算了 2014 年 72 个国家的制造业增加值率，平均值为 28.99%，其中 30 个中等收入国家的制造业增加值率的平均值为 30.16%，中国处于较低水平，为 20.17%；此外还计算了美国 1947~2017 年制造业增加值率的水平，得出在这一时期美国制造业增加值率平均值为 36.4%，整体上呈现小幅波动，并无明显的上升或下降趋势[1]。根据 2017 年浙江省投入产出表计算，2017 年浙江省制造业增加值率为 24.73%，参照前述各国水平，也处于相对较低位置，说明浙江省制造业尚未实现高附加值、高加工度、高技术含量的升级[2]。在双循环新发展格局下，经济增长越来越重视内需，随着国内消费需求体系的升级，对于制造业产品的消费需求趋于多样化、个性化，这就要求传统制造业持续升级，提升附加值，向高级化发展。

此外，在增加值中一个主要的部分是用于劳动者报酬，根据王勇和沈仲凯利用世界银行数据进行测算，得出新兴市场及发展中国家的劳动收入占比显著低于发达国家，且整体呈现下降趋势，并通过回归分析得出劳动收入占比和收入不平等之间存在线性负相关关系。根据 CEIC 的数据，虽然在过去十年里浙江省劳动者报酬占 GDP 比重有所上升，在 2017 年达到 47.7%，但相较于美国同期 59.6% 的水平仍然有较大上升空间[3]。具体到浙江省的产业和行业数据，在 2017 年浙江省的制造业增加值中，有 35.3% 的比例用于劳

---

① 史东辉、庄华、朱兴邦：《高附加值化是制造业升级的方向么？——基于全球多国数据的经济增长与制造业发展高附加值化的实证检验》，《商业研究》2020 年第 10 期。

② 《"八八战略"引领浙江 一张蓝图赓续奋绘——中国共产党成立 100 周年浙江经济社会发展系列报告》，浙江省统计局网站，http://tjj.zj.gov.cn/art/2021/6/7/art_ 1229129214_ 4653 170. html。

③ 王勇、沈仲凯：《禀赋结构、收入不平等与产业升级》，《经济学》（季刊）2018 年第 2 期。

动者报酬，结合前文对于制造业增加值率的分析，浙江省制造业附加值较低，这两种因素共同造成制造业从业人员的收入增长存在瓶颈，而制造业就业人员仍在就业人口中占最大比例，这一部分劳动者收入无法大幅提升阻碍了中等收入群体的扩大和消费需求的增长，不利于推动内需增长和国内消费结构转型升级，导致内循环不畅。

4. 建设现代化产业体系，逐步实现共同富裕

作为共同富裕示范区，浙江省的目标是在 2025 年实现经济发展质量显著提升，人均地区生产总值达到中等发达经济体水平，提升低收入群体增收能力，实现城乡居民收入差距持续缩小，基本形成以中等收入群体为主体的社会收入结构，这就要求浙江省继续大力建设现代化产业体系，为实现共同富裕提供助力。

首先，要大力提升自主创新能力，为实现共同富裕提供内生动力。浙江省在电子商务、大数据等方面的技术发展已经走在全国前列，应该在产业体系升级过程中继续支持科技基础设施和平台建设，高水平建设杭州、宁波、温州国家自主创新示范区，深化国家数字经济创新发展试验区建设，消除数字鸿沟，实现发展红利的共享。加大对科技成果应用和产业化的政策支持力度，通过技术研发补贴、建设共性技术平台等方式，鼓励市场主体探索创新，并将创新成果运用于产业发展，提升发展质量。

其次，巩固发展实体经济，通过推进产业转型升级尤其是制造业升级，来推动制造业企业的设备更新和技术改造，推动制造业向高附加值、高技术含量的高端化发展。促进中小微企业发展，提升其创新能力和专业化水平。制造业发展对于保障就业、促进增长具有重要意义，应该在构建现代化产业体系的过程中一方面通过技术升级，适当地淘汰低生产率企业，提高制造业生产率，向高端制造业发展，从而提高制造业就业人员收入水平，另一方面通过政策支持，如降低交易成本等方式，提高制造业的盈利能力从而提升制造业劳动者报酬。同时，利用浙江省在电子商务等技术领域的发展优势，促进劳动生产率较高的服务行业快速发展，发展新就业形态，创造更多收入水平较高的就业岗位，实现产业体系升级过程中社会整体的生产率提高和居民收入水平的提高。

再次，提高经济循环效率，在共同富裕进程中实现经济良性循环。在当前双循环的新发展格局之下，精准对接内需，根据国内消费体系升级和对制造业产品以及服务的多样化需求进行产业的转型升级，提高技术水平，对现有产品进行产业链的延伸和附加值的提高，增加优质产品和服务消费供给，并借助电子商务、云计算等技术的发展实现产业融合，消除制约要素在城乡之间双向流动的体制机制壁垒，促进城乡一体化和区域协调发展，推动缩小城乡之间、区域之间的收入差距，实现共同富裕。

最后，从就业政策角度来看，当前产业体系升级带来的就业人口流动主要集中于低端制造业向低端服务业流动，也即低收入群体的流动，应该通过适当的就业政策实现这一群体的收入增长。政府应该完善各项保障制度，促进多渠道灵活就业，创造公平就业环境，努力消除户籍、性别等方面的就业障碍。合理分配职业技能培训资金、就业补助资金等，帮扶困难人员就业，帮助技能水平较低的劳动力在产业体系升级过程中提高技能水平，保障低收入群体的发展机会。同时支持企业通过提高发展质量和效率，提高劳动力报酬占比，从而提高劳动报酬在经济增长中的比重，扩大中等收入群体，实现共同富裕。

二 民营企业助推共同富裕目标的实现

非公有制经济是社会主义市场经济的重要组成部分，是稳定经济的重要基础，是国家税收的重要来源，是技术创新的重要主体，是金融发展的重要依托，是经济持续健康发展的重要力量。民营经济是非公有制经济的主要经济组织形式，是我国经济制度的内在要素[1]。

民营经济是浙江经济的最大特色和最大优势，是浙江发展的金名片。民

---

[1] 中共中央宣传部、国家发展和改革委员会：《习近平经济思想学习纲要》，人民出版社、学习出版社，2022，第74页。

营企业是浙江构建现代化产业体系的重要主体，民营经济为推动浙江经济增长提供了强大动力。在浙江省整体经济中，民营经济占比接近60%，在带动经济增长、增加就业、拉动投资、促进产业升级等多个方面发挥了重要作用。

改革开放以来，民营经济为我国经济发展做出了重要贡献，具体而言，民营经济贡献了总体税收中50%以上的份额，GDP 60%以上的份额，技术创新成果70%以上的份额，城镇劳动就业总数80%以上的份额和企业数量90%以上的份额。相较于全国水平，浙江省民营经济占比更高，并在长期发展中创造了"温州模式"，在经济发展中做出了更大贡献——浙江省97%以上的企业为民营经济，GDP中85%以上由民营经济创造，此外民营经济还贡献了90%以上的税收和技术创新成果，93%以上的城镇劳动就业，均远高于全国平均水平。此外，民营经济还是对外经济的主力。民营经济是推动经济社会发展的重要支撑，也是推动共同富裕取得更为实质性进展的重要力量。

民营经济不仅自身蓬勃发展，也在市场竞争中激发了其他经济成分的活力，使国有企业、外资企业等相互促进、共同发展。浙江省国有企业同样具有较强的竞争力，外向型经济发展程度较高，各种经济成分充分运用自身优势，共同形成浙江经济发展的良好态势。民营经济的发展有利于共同富裕的实现。民营经济的发展极大地推动了浙江省的制度创新发展，在推动浙江省形成"市场主导型"发展模式、不断进行制度创新的过程中，民营资本起到了基础性作用。所有制结构的变革和不同经济成分企业之间较为良好的利益分配制度的发展完善，离不开浙江省民营企业、企业家和人民群众的共同推动。改革开放以来，还有很多浙江人在省外创业，形成了"浙江人经济"现象，近年来，浙江也不断鼓励浙江人走出浙江、发展浙江，通过走出浙江投资创业，为浙江经济发展创造更好的环境，在适当区位发展产业从而对浙江省内产业链的完善发展形成补充；同时积极创造良好环境吸引国内外企业和在外企业在浙投资，将浙江经济和"浙江人经济"融合发展。浙江民营企业和民营企业家的成长对于浙江乃至全国的经济发展都做出了重要贡献。在新的发展时期，要继续坚持"两个健康"，促进非公有制经济健康发展和非公有制经济人士健康成长，发挥民营经济在实现共同富裕中的带动作用。

1. 民营经济对浙江经济社会发展的贡献

在浙江省的经济结构中，民营经济所占比例较高，国营经济占比相对较低，且近年来民营经济活力不断增强，民营经济发展为浙江省经济社会发展做出了重要贡献。《浙江省经济社会发展情况》显示，在 2020 年浙江省生产总值中民营经济增加值贡献约 66.3%。在工业中，规模以上企业中的民营企业增加值比上年增长 5.8%，相较规模以上工业整体而言，增速高 0.4个百分点，增加值在其中占比达到 68.2%，提高了 0.7 个百分点。在服务业中，民营企业在规模以上企业中的营业收入增长 11.8%，相较整体的规模以上服务业企业增速高 1.0 个百分点。在拉动投资方面，2020 年在浙江省固定资产投资总额中民间投资占比为 59.8%；在进出口贸易方面，民营企业货物出口 2.07 万亿元，增长 12.3%，进口 4947 亿元，增长 18.3%，分别占全省总额的 82.1% 和 57.3%，比例比上年提高 2.3 和 3.4 个百分点；在税收方面，民营经济税收在全省税收中占比为 73.9%；在拉动就业方面，民营经济吸纳了大部分就业，是实现共同富裕的重要力量，截至 2020 年，浙江省共计 776 万户民营市场主体，其中 260 万户为私营企业，在企业总量中占比为 92.3%，在全省的就业人口中，民营市场主体就业人口占比为87.5%，民营经济发展为促进浙江省就业做出了重要贡献。民营经济是浙江省经济社会发展的重要动力，是推进供给侧结构性改革、推动高质量发展和建设现代化经济体系过程中的重要主体。

在浙江省的民营经济中，大部分是中小微企业，中小微企业具有较强的活力和创新能力，同时，中小微企业也具有较强的就业吸纳能力，浙江省在中小微企业方面的优势也是浙江能提前实现共同富裕的基础所在。2015 年至今，浙江滚动实施并已完成两轮"小微企业三年成长计划"。统计数据显示，2020 年新增小微企业 42.82 万户，同比增长 4.07%，截至 2020 年末小微企业数量达 250.09 万家，同比增长 12.45%。浙江省第三轮"小微企业三年成长计划"于 2021 年 8 月启动，按照计划将在 3 年内实现新增 60 万家以上小微企业，为推动小微企业实现更高质量、更可持续发展提供更好的资

源环境。总体来说，第三轮计划的主要目标包括实现小微企业体量规模、质量效益、创新能力、金融服务、发展要素五个方面量化目标体系上的突破，将打造未来发展新优势、构建资源要素供给新体系和建设营商环境新高地作为重点任务和亮点特色。

在浙江省经济社会发展过程中，小微企业的贡献不断加大，但也必须认识到，高技能人才、资金、营销资源不足等短板依然长期存在，尤其是由于疫情影响，部分行业小微企业的发展受到冲击，尚未恢复到往年正常水平，盈利难度明显加大，浙江省也有针对性地通过减免房租等政策加大对小微企业的扶持。在第三轮"小微企业三年成长计划"中，针对小微企业在新形势下的发展困境浙江省提出了一系列相关政策。具体来说，包括通过扣除税费的政策鼓励小微企业进行科研创新，在本轮计划实施过程中，浙江省延续企业研发费用加计扣除75%的优惠政策，并进一步提高制造业企业加计扣除比例至100%，鼓励有条件的地区再按25%的研发费用税前加计扣除标准对高新技术和科技型小微企业给予奖励和补助；在资金、人才、土地等企业发展基本要素方面，本轮计划也采取相应的支持政策，如为了缓解小微企业在融资方面的困难，2021年3月浙江省市场监管局、人民银行杭州中心支行联合推出"贷款码"，截至2021年8月累计有11.38万家小微企业通过这一渠道进行了融资申请，已有6.93万家小微企业获得融资2185.35亿元。浙江省的一系列扶持政策将进一步促进中小微企业健康发展，充分激发中小微企业的活力，发挥其在经济高质量发展中的作用，推动实现共同富裕。

2. 浙江省民营经济的活力与效率

浙江社会主义市场经济体制不断健全完善，充分发挥各种所有制经济的自身优势，各展所长、各得其所，共同推动浙江经济社会不断向前发展。"十三五"以来，浙江省国有经济发展质量稳步提升，国资国企战略地位日益凸显，国资布局结构加速优化调整，国有企业改革涌现"浙江模式"，国有经济持续壮大，在重要行业和关键领域占主导地位，在全国综合实力居于前列。浙江省国有经济2019年实现增加值约1.41万亿元，在GDP中占比为22.5%，相较于2002年提高了0.8个百分点。从行业分布来看，金融业，水利、环境和公共设施管理业，教育，卫生和社会工作，公共管理、社会保障和社会组织等行业，以及电力、热力、燃气及水生产和供应业等关系国计民生和垄断性工业行业是国有经济主要的集中领域。2020年，国有及国有控股企业数量在规模以上工业企业中占比为1.8%，总计创造了16.3%的增加值、14.0%的营业收入和14.0%的利润总额。到2020年末，浙江全省国有企业资产总额20.2万亿元，实现营业收入2.4万亿元和利润总额1535.8亿元；其中省属企业资产总额、营业收入、利润总额分别达到1.6万亿元、1.14万亿元、446.2亿元，在净资产收益率、总资产报酬率等方面都居于全国领先水平。浙江省拥有一批大型优质国有企业，资产总额或营业收入超千亿元的国有企业有21家；国有控股上市公司56家，其中8家进入中国企业500强，1家进入世界500强。

浙江民营经济呈现持续壮大的势头。2020年，民营经济实现约4.28万亿元增加值，在GDP中占比达66.3%。其中，个体私营经济的发展尤其迅速，2002~2019年增加值占GDP比重由49.8%提高到62.1%，上升了12.3个百分点（见表4）。在2020年中国民营企业500强中，上榜的浙江企业共计96家，连续22年居全国第一，吉利集团、阿里巴巴集团等一批企业更是进入世界500强企业行列，民营经济对经济社会各个领域做出了越来越大的贡献。浙江省形成了以大量中小型民营企业为主体的市场结构，这种市场结构有利于较好地发挥市场配置资源的功能，使得浙江区域经济形成了企业进入门槛较低从而中小企业林立、市场竞争充分、财富分布相对较为均衡、人均可支配收入较高的发展状态。浙江省一直以来都重视就业和创业、产业发展与升级、技术进步和创新等问题，且在发展模式上不同于其他省份，依赖中小民营企业和民间资本在带动就业和创业方面的优势，相较于其他省份，浙江的财政收入一直持续较快增长，政府可以基于此推行多种全面、高质量的社会福利项目和公共服务。此外，由于民营经济通过自身在体制等方面的优势吸引先进人才、技术和管理经验，提升自身的市场竞争力，能够有力地促进国有企业提高效率，激发全体人民共同参与、共同奋斗，提高经济整体的生产效率，从而促进共同富裕。

表4　2002～2019年浙江省各种所有制经济增加值占比

单位：%

年份	国有经济	集体经济	个体私营经济	港澳台和外商投资经济
2002	21.7	17.0	49.8	11.5
2003	21.0	12.3	53.8	12.9
2004	20.1	9.6	55.9	14.4
2005	20.5	8.6	56.1	14.8
2006	20.6	8.0	54.9	16.5
2007	20.5	7.0	54.5	18.0
2008	20.2	6.0	55.1	18.6
2009	20.2	6.2	56.0	17.6
2010	19.8	6.0	56.1	18.1
2011	19.3	5.8	57.3	17.6
2012	19.6	5.8	58.0	16.7
2013	19.4	5.8	58.6	16.2
2014	19.3	5.6	59.4	15.7
2015	20.4	5.4	59.5	14.6
2016	20.4	4.7	60.5	14.4
2017	20.6	4.4	61.0	14.0
2018	21.9	4.3	61.2	12.6
2019	22.5	4.0	62.1	11.4

注：按所有制经济成分划分，可以将国民经济划分为国有经济、集体经济、个体私营经济、港澳台和外商投资经济。通常将国有经济和集体经济称作公有制经济，个体私营经济、港澳台和外商投资经济称作非公有制经济，集体经济和个体私营经济称为民营经济。

3. 民营企业是现代化产业体系的重要组成部分

浙江省在走新型工业化道路、加快产业结构调整、推动工业转型升级的过程中民营经济也持续发展，改革开放后，以制造业为主的民营经济取得重大发展。2020年，在全国工商联发布的中国民企500强榜单中，浙江省共有96家企业进榜，连续第22年保持全国排名第一，其中绝大多数为工业企业。在过去20年中，民营企业在产业体系中所占比例持续提升，与2000年相比，到2019年，国有及国有控股规上工业企业数由1400家降为832家，占工业总产值的比例由 19% 降为 15%，集体企业由 2200 家降为 24 家，占工业总产值的比例由 16.3% 降到 0.03%，非公有制企业由 1.1 万家上升到 4.5 万家。工业总产值占比由 64% 提升到 85%，其中，私营企业由 4100 家增加到 3.68 万家，工业总产值占比由 16% 提升到 47.4%。近年来，随着产业发展升级，浙江省规模以上工业的内部结构也不断变化，由早年以纺织、服装、皮革、塑料等日用轻工业为主的生产结构，逐步转变为大力发展电气、计算机通信电子、汽车等先进制造业的生产结构。2002~2020 年，按增加值总量排序，浙江省前三大行业由纺织、电气机械、电力转变为电气机械、计算机通信电子、通用设备，新兴产业迅速发展壮大，发挥了越来越强的引领作用。此外，随着浙江省数字经济"一号工程"的深入实施，数字经济的引领、撬动、赋能作用不断增强。2016~2020 年，浙江省规模以上数字经济核心产业制造业增加值年均增长率达 14.1%，相较规模以上工业整体，增速提高 7.3 个百分点。2020 年，数字经济核心产业制造业增加值占规模以上工业比例为 14.5%，比 2015 年提高 4.0 个百分点。2016~2020 年，高技术、战略性新兴、装备制造等产业制造业增速均明显快于规模以上工业，年均增加值分别增长了 14.6%、10.5% 和 10.5%。2020 年，高技术、战略性新兴、装备制造等产业增加值占规模以上工业的比例分别为 15.6%、33.1% 和 44.2%，比 2015 年分别提高 4.9、7.5 和 7.4 个百分点。民营企业通过技术、知识和资本密集型以及集约型的新型发展模式代替劳动力密集型、粗放型发展模式，推动了现代化产业体系发展。

4. "两个健康"

党的十八大以来，党中央对于民营经济健康发展、民营企业家健康成长提出了一系列新论断和新思想，习近平总书记强调"促进非公有制经济健康发展和非公有制经济人士健康成长"[1]，也即"两个健康"。就全国而言，浙江省是民营经济的先发地区，不同于江苏等由于国有企业和乡镇企业改制从而民营经济得到发展的地区，浙江省的民营经济主要由"草根经济"发

---

[1] 《十九大以来重要文献选编》（中），中央文献出版社，2021，第 281 页。

展而来，在这一发展过程中，创造出了被称为"温州模式"的民营企业发展模式，形成了民营经济占据主要地位的发展格局。

一直以来，浙江具有很浓厚的经商文化传统以及良好的营商环境，浙江人具有较强的竞争意识和合作精神，市场本身相对完善，市场经济的成分也多于其他地区，从而持续迸发很强的发展活力，使得长期以来浙江能够保持高速发展态势。改革开放以来，浙江省大力发展民营经济，吸引和培育了一大批民间的创新创业人才，并形成了相应的良好的对于创新创业的包容和激励政策。浙江省民营企业具有外向型程度较高的特点，2019年浙江省外贸依存度达49.4%，其中，民营经济达72%，浙江网络零售增长15%，跨境零售增长35.3%[1]，形成了杭州、宁波、义乌、温州、绍兴、台州等多个跨境电商综合试验区。同时，浙商群体在浙江省内及省外地区投资、创办企业带动产业集群化、品牌化、组织化发展，据统计，有200余万温州人在全国各地经商，在地市级以上城市成立了245家温州商会。协会商会等民间组织在企业与政府的沟通中起着重要的桥梁作用，在支持和服务企业发展中起着重要作用，通过浙商引进并带动发展了一大批产业集群，有利于浙江省形成技术、人才、资本以及管理等多方面的发展优势，依靠民营经济实现区域的内外融合，帮助区域经济高质量发展。

作为民营经济的先发地区，2019年，浙江省将推动民营经济高质量发展的相关指标纳入高质量发展组合拳和高质量发展指标体系，并以温州市作为创建民营经济"两个健康"发展示范区，目标是打造国内一流的创业创新营商环境，塑造引领新时代潮流的企业家精神，树立民营经济高质量发展的新标杆，并推出"青蓝接力"工程，加大年轻一代民营企业家的培养力度，努力打造出一支"政治上有方向、经营上有本事、文化上有内涵、责任上有担当"的新一代非公有制经济代表人士队伍，设定了包括经济活力、质效提升、创新驱动、结构优化、底线能力五个维度共35个指标在内的民

---

① 杨卫敏：《构建新发展格局与"两个健康"评价体系的优化完善——基于温州和常州（武进）两个先行区探索的比较研究》，《中央社会主义学院学报》2021年第2期。

营经济健康发展评价指标体系，重点聚焦中小企业的健康发展，对于相关企业产生了积极的导向和促进作用，引导鼓励民营企业利用自身在机制灵活、贴近市场等方面的天然优势，积极借助数字技术推动企业转型升级加大自主创新投入，引进高端人才，提升企业生产效率和竞争实力。立足于服务民营经济"两个健康"发展的各项政策，进一步优化的营商环境，突出构建亲清新型政商关系，助力经济尤其是民营经济高质量发展，从而实现共同富裕。

三　推动平台经济健康发展

随着数字技术迅速发展，平台经济大大降低了社会交易成本，提升了交易效率，有利于激发创新，为大众尤其是处不利地位的群体提供了相对而言门槛较低的创业机会和就业机会，不断激发产生新兴经济业态。随着经济结构调整，居民的服务消费逐渐增加，平台经济的发展有利于服务消费的扩张，能够催生服务消费新业态，推动服务消费多样化、便利化，激发消费潜能，从而扩大内需。通过营造公平开放、竞争有序、包容共享的数字经济市场环境，互联互通的平台经济能帮助中小企业提供普惠性信息服务设施，降低信息成本，带来数据流量，使之更好地结合市场需求开展生产，积极创新，并通过竞争驱动中小企业快速发展、转型升级，进一步实现产业体系的优化升级。

近年来，电子商务和浙江省小商品贸易耦合发展，加快了专业市场和电子商务的结合，提升了整体竞争力。电子商务使得外生交易成本大幅下降，淘宝网等电商平台的准入门槛较低、技术简单，在农村地区，"互联网+村域经济"模式的"淘宝村"快速发展，帮助一个村庄多个农户借助电商平台完成交易，并通过邻里示范、社交示范等途径带动周边经济共同发展。平台经济发展还推动了智慧农村和数字乡村建设，网络直播平台发挥自身优势，带动农民共享"直播经济""网红经济"的发展成果，打破了传统农业从种植到销售的发展模式，通过直播带货，扩大特色优质农产品的销售渠

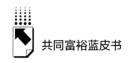
道，打造农业全产业链，打造特色农产品品牌，提升初级农产品的品牌附加值，带动农民增收，缩小城乡收入差距，实现乡村振兴和共同富裕。

与此同时，数字经济的发展也带来了收入差距扩大的风险。一方面，由于年龄、教育程度、经济水平、城乡分布、区域分布等多方面的差异，数字化普及程度有所差别，不同人群对于网络技术的利用水平也存在差异，虽然数字经济极大地推动了经济发展和收入水平提升，但是并未实现在不同人群之间平等分享数字经济发展红利，而是使得收入、福利差距不断叠加，从而扩大了不同群体之间的收入差距，这也是数字鸿沟的一个主要特征。数字鸿沟既体现了不同区域以及城乡之间数字技术的发展差距，更体现了由此产生的不同群体间的收入分化问题。另一方面，由于平台经济自身的特点，行业集中度较高，资源集中于头部企业，在发展中易于通过前期特定的定价策略创造较大的市场需求，随着网络效应凸显，用户规模继续扩大，资本雄厚的平台企业相对易于迅速实现较高的市场占有率并达到临界规模，对用户产生锁定效应，并对同类平台企业造成挤压，形成头部平台企业寡头垄断的状态。在这一过程中，虽然短期可能在低价竞争中增加消费者福利，但长期中平台企业可能会滥用市场支配地位造成福利损失。同时，互联网平台通过流量垄断使之成为具有市场支配地位的中介，依靠垄断地位收取高额的推广费等费用，或者要求平台用户"二选一"等行为，不仅不能帮助实体企业节省交易成本，还会造成交易成本上升从而压缩实体经济利润空间，不利于其加大研发投入、进行自主创新。因此，在平台经济日益壮大的形势下，一方面要充分发挥平台经济的积极作用，另一方面也要妥善处理可能带来的垄断和收入分化等问题。

1. 数字经济与平台经济

数字经济以数字化的知识和信息为关键生产要素、以数字技术为核心驱动力，是一种迅猛发展的新型经济形态。随着新一轮科技革命和产业变革在全球迅速拓展，数字经济规模不断扩张，在经济增长中的贡献也不断增大。长三角、珠三角和京津冀地区是中国数字经济发展先行区，在长三角地区，浙江依托互联网的应用和传统制造业的融合发展，数字经济快速发展。根据

《中国数字经济发展白皮书（2020年）》，浙江省数字经济发展水平在全国处于前列，2019年中国数字经济增加值为35.8万亿元，占GDP的36.2%，名义增长率为15.6%，相较同期GDP名义增速高约7.85个百分点①。浙江省近年深入实施数字经济"一号工程"，2020年数字经济增加值为3.02万亿元，占GDP的比例为46.8%，到2025年，浙江省的目标为数字经济增加值占GDP的比例在60%左右。

作为数字经济的代表，平台经济具有开放性、中介性和互惠性等特征，平台经济的发展为一部分有意愿的劳动力提供了相对灵活的就业机会，也降低了中小微企业的一部分交易成本，为一些创业者降低了参与门槛，各主体之间的网络化协作实现了积极的溢出效应。在平台经济中，平台往往能够提供一定的信息和营销服务，从而帮助市场主体充分发挥其作用，例如帮助打通农产品销售渠道，实现供需双方更有效的信息和产品对接，从而达到扶持就业和推动生产的作用。随着平台数量的增加和规模的扩大，平台经济逐渐形成产业链，在联系供需双方之外，整合物流、第三方支付等第三方资源，帮助实现资源的优化合理配置。此外，随着互联网平台的发展，平台用户规模不断扩大，会产生明显的规模效应和品牌效应，有助于吸引低收入群体进入，并帮助其利用自身优势参与进来，从而实现就业、提升收入，进一步带动共同富裕。阿里巴巴等数字化销售平台推动传统产业在销售环节的数字化发展，降低了传统产业链的销售成本，并较好地解决了信息不对称问题，随着数字经济和平台经济的快速发展，消费市场从"线上线下相争"逐步转变为"线上线下融合"，良性竞争的发展模式日渐形成，由此浙江培育出了一批全球知名的中小企业电子商务平台和网络零售平台。2019年全国互联网平台交易额超7万亿元，占全国消费类网络商品交易总额近70%；截至2020年，浙江省各类网络交易平台共有310个，平台上网店数量超过900万家，浙江网络零售额达22608亿元、跨境电商交易额达1023亿元，均居

---

① 中国信息通信研究院：《中国数字经济发展白皮书（2020年）》，《人民邮电报》2020年5月6日。

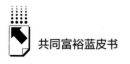
于全国第 2 位，数字经济的发展极大地增强了浙江劳动密集型产业的市场竞争力和发展活力，优化了资源的市场配置，提高了浙江整体的经济效率。此外，数字经济的发展整合共享城乡信息资源，使得城乡之间物流、资金、信息等可以更加合理便捷地进行双向流动，实现城乡资源的优化合理配置，加快了城乡统筹融合发展，有利于城乡一体化发展，从而缩小城乡收入差距，实现共同富裕。

浙江省在信息基础设施建设方面在全国处于领先水平，已率先建成全国首家新型互联网交换中心并已投入使用，2020 年底已实现 5G 基站在县城以上地区和部分重点乡镇覆盖。在互联网普及方面，网民规模和互联网普及率均高于全国水平，根据《浙江省互联网发展报告 2020》，截至 2020 年，浙江省网民规模达 5321.8 万人，其中，手机网民规模占网民总数的 99.7%，全省互联网普及率达 82.4%，高于同期全国 61.2% 的网民普及率水平，基本和发达国家 80% 左右的网民普及率水平相当。尽管如此，数字经济对于特定群体的覆盖程度依然是有限的。根据统计数据，截至 2020 年，浙江省的网民群体的主体依然是 10～49 岁年龄段人群，在网民总体中占比为 72.1%，老年人享受"数字红利"不足。在老龄化社会加速发展的环境下，帮助老年人群体跨越数字鸿沟、共享发展红利具有必要性。对此，浙江省以杭州和宁波为试点，2017 年以来对 45 岁以上市民开展了大规模中老年人智能手机操作技能科普培训活动，取得了较好成果，并在 2021 年发布《关于开展"银龄跨越数字鸿沟"科普专项行动（2021—2023 年）的通知》，提出将围绕交通出行、就医、消费等智能服务应用重点，对浙江省老年人进行 200 万人次以上智能手机应用科普培训，帮助老年人跨越数字鸿沟，更好地共享数字经济发展红利，实现共同富裕。

此外，城乡居民之间的互联网普及率差距虽然在逐年缩小，但也依然存在差异。浙江省整体乡村信息基础建设水平较高，已实现行政村 4G 和光纤全覆盖，信息技术广泛应用于农业生产，农业生产数字化发展水平为 59.5%，高出全国平均水平 35.7 个百分点。但是也仍存在地区发展不平衡的问题，根据统计数据，浙江县域数字农业农村发展水平排名后十位和前十位的县（市、区）平均发展水平分别为 47.1% 和 89.1%①，存在较大差距，数字化技术与生产结合水平的差异会加剧区域发展不平衡。针对此，浙江省持续完善乡村信息基础建设，通过建设数字农业园区、电子商务专业村等方式发展乡村数字经济，推进乡村公共服务数字化普及深化和乡村治理数字化转型，促使数字经济发展红利共享。浙江省还组织开展网上农博商家农村实用人才培训班，目前已经举办了十余期，以"多维度培训+平台实操+公共服务"的基本模式，通过理论教学、现场实操、直播授课、线上跟踪服务等多场景培训实现农产品从标准化到品牌化，最后达到电商化，帮助农业经营主体打通线上线下。网上农博通过开展线上培训，提升农民科技文化综合素质，2021 年下半年，浙江网上农博团队还将在平湖、常山、台州、桐庐等地开展"千人培训"计划，利用日益便捷的数字技术助力开发乡村人力资本，推动共同富裕。

2. 加强对平台经济的监管

近年来，我国数字经济迅速发展，形成一批新业态、新发展模式，成为拉动就业、促进经济增长的新动能，在推动经济高质量发展和实现共同富裕的过程中起到了重要作用，但是，由于平台经济具有显著的规模效应、网络效应，行业市场集中度较高，资源向头部平台企业集中。头部企业在资金及技术水平、业务协同和业务拓展等方面都具有明显的竞争优势，而随着资本环境变化，中小企业进入门槛提高，发展速度放缓，数字经济领域中存在竞争风险。在互联网经济企业间，投资并购活跃且在相关并购交易中存在违反《反垄断法》相关规定的种种行为，互联网头部企业凭借强大的资本力量大量并购初创平台企业，一部分投资并购行为能够对头部企业本身形成有益补充，并通过平台优势抢占市场份额；另一部分则可能通过并购彻底消除存在竞争的处于发展阶段的平台企业，在行业中形成垄断势力。数字经济企业往往拥有较强的创新能力，初创企业发挥自身在技术和商业模式等方面的创新

---

① 《浙江省人民政府关于印发浙江省数字政府建设"十四五"规划的通知》，浙江省人民政府网站，https://www.zj.gov.cn/art/2021/6/18/art_1229019364_2305064.html。

优势，有利于促进行业进步，激发市场活力，头部企业过度的并购行为则会扰乱公平竞争的市场活动，带来资本的无序扩张。此外，互联网平台企业还存在"二选一"等竞争失序问题，随着平台扩大发展，用户增速放缓，新增用户的成本上升，平台企业为了稳固自身用户从而维持平台吸引力和竞争力，出现了滥用市场支配地位强制平台用户"二选一"的行为，也即要求用户不得使用竞争平台产品，这类行为极大地扰乱了市场竞争秩序，不利于技术和商业模式等方面的创新发展，也损害了平台内供需双方的利益，对于平台经济的长期发展产生消极影响。

作为平台经济的发展先行区，在平台经济监管方面浙江省也进行了广泛的有益尝试。在监管方面，推动市场化法治化数字化协同创新监管，优化事前合规、事中审查、事后执法的全链条监管，规范平台企业数据收集使用管理行为，形成规范的市场环境；此外，提供多种服务支持平台企业创新发展，贯彻落实市场监管总局出台的《关于平台经济领域的反垄断指南》，实施平台企业反垄断合规机制，推动企业依法合规经营，推动平台经济企业既有活力又有秩序，公平竞争，健康发展。"十四五"时期，浙江省市场监督管理局将强化平台经济领域反垄断监管与服务，实施平台企业反垄断合规机制，指导平台企业严格执行国家有关平台经济领域反垄断要求，实施平台企业反垄断辅导机制；加强平台经济领域反垄断监管，加大自然垄断行业和民生领域的反垄断执法力度，对平台经济行业宣传、解读反垄断法律法规，督促企业进行自查自纠和反垄断合规审查，防范化解企业反垄断风险，从而促进公平竞争，防止资本无序扩张，使不同市场主体有更多的机会进入行业、发展自身，实现机会公平，激发市场活力，实现共同富裕。

四　做大做强块状经济，着力培育现代产业集群

以产业集群为载体的块状经济是浙江经济发展的又一独特优势，在长期发展中，块状经济有利于产业集聚、提升产品质量、增加产品附加值和发挥带动作用。已有研究基于对浙江台州专业市场的观察发现，基于产业集群发

展的专业市场相对于一般消费品市场而言，具有更强的发展活力，发展也相对迅速。产业集群的发展会和区域内运输成本、物流效率的改善以及行业组织功能的提升相辅相成，在块状经济的长期发展过程中，专业市场和特色产业相互融合，随着专业市场规模扩大，中小企业之间借助商品交易市场所具备的共享型特征，控制交易成本，提高交易效率，产业和市场相互依托、相互促进。专业市场通过集聚优势吸引交易方，提高交易效率，缩短交易时间，降低交易成本，促进专业化生产，企业之间能够协调配合，更好地分工协作，同时也加强同质企业之间的竞争，促使企业不断提升自身实力，加大科研创新投入，推动自主产品快速发展，块状经济整体的竞争力和品牌效应因此不断强化，提升经济效率，带动区域经济发展。

目前，浙江已经根据各地发展历史传统，发挥各地资源禀赋优势，形成了海宁皮革、永康五金、绍兴纺织面料、义乌小商品、宁波服装、诸暨袜业、温岭摩托等典型的块状经济。块状经济遵循产业集聚理论，利用各自优势实现高效率的发展，且随着各个块状经济内部和彼此之间不断发展完善产业链，有利于降低风险，促进区域协调发展。块状经济的早期发展就极大地推动了农村家庭工业、农村工业化的发展，从而促进了在农村地区实现共同富裕；此外，以块状经济为主要形式的民营经济极大地支撑了县域经济的发展，带动区域内就业和经济发展，帮助发挥当地优势，实现更多就业，带动县域经济发展和区域协调发展。

块状经济发展过程中逐渐显现了结构分散、层次低、创新弱、缺少大品牌等困境。随着时代进步，块状经济也在逐渐突破发展瓶颈，转入工业园区建设等新模式，破解缺少品牌效应、附加值不高等问题，创新平台推动，着力培养龙头企业，依靠重大项目带动产业群示范区建设，实现更加高效率的发展。块状经济的科学健康发展有利于培育现代产业集群。早在 2003 年，浙江省在"八八战略"中就提出加快先进制造业基地建设，在此后十余年间，基于块状经济的发展优势，现代产业集群不断发展。杭州数字安防产业集群、宁波新材料产业集群、温州乐清电气产业集群、绍兴现代纺织产业集群和金华现代五金产业集群五个先进制造业集群已入选工业和信息化部组织

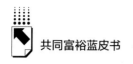

的 2020 年先进制造业集群，浙江省先进制造业集群数量居于全国第一位。块状经济向现代产业集群转型升级，有助于先进制造业发展，促进产业高端化、品牌化、集群化，推动产业转型升级，不断巩固发展制造业新优势，为实现"浙江制造"升级为"浙江创造"提供动力，优化产业结构，提高经济效率，实现共同富裕。

1. 块状经济对效率的提高

块状经济是在一定区域范围内形成的具有明显地方特色、投资主体明确、产品趋同、地域相对集中、专业化生产与分工协作相结合的企业群体，并由其带动当地经济和社会发展的一种区域经济组织形式，也称为区域特色经济。随着社会分工越来越细化，社会各方面的差异日益突出，不同部门、不同地区的发展情况和重点各不相同，在浙江的产业发展中，依托地方民俗和文化传统，形成了明显的具有地理空间分异的块状经济。在 31 个制造业大类中，浙江省现有的块状经济涉及了除石油加工、炼焦及核燃料加工业、烟草制品业和武器弹药制造业之外的全部 28 个制造业部门，形成了典型的"小商品、大市场""小企业、大协作""小区块、大产业""小城市、大经济"的空间集聚特征。

在长期发展中，块状经济逐渐成为浙江区域经济发展的主要支撑，成为浙江经济发展的增长极。在浙江的块状经济发展中，以中小企业为主体，专业市场与特色制造业相互依托、联动发展。统计数据显示，2019 年浙江省工业产值 5 亿元以上的块状经济有 500 多个，包括绍兴轻纺、海宁皮革、嵊州领带、义乌小商品、永康五金、乐清低压电器、诸暨袜业等有名的块状产业集群。在块状经济的发展过程中，同类或相关企业相互集聚，形成了众多特色工业园区，通过集聚弥补缺乏大型企业的缺陷，不同企业之间的竞争合作促进当地产业创新发展，提高发展效率；通过纵向专业化分工协作，形成专业的配套生产体系和完善的产业链；通过同类产品集聚，形成众多的专业市场，如余姚中国塑料城、象山中国水产城等；此外，还在村镇之中形成了"一村一品"的专业村发展模式，通过块状经济的模式发展乡村经济，实现乡村振兴。

块状经济逐渐向技术密集、人才密集、资本密集的高端产业升级，生产系统日益优化，专业化分工日益明确，各个加工制造环节密切联系，形成成熟完善的产业链，且各部分均具备相当的竞争优势，如绍兴化纤在以聚酯和涤纶长丝为主体产业、保持其大规模生产的基础上，向多品种、差异化、高性能发展，且发展了与之配套的纺织机械制造产业，形成了高度专业化、分工明确且密切联系的生产体系；乐清电器由最初的单一低压电器逐步发展到各类电器的专业化、大规模制造，乐清柳市成为"中国电器之都"。

块状经济的不断完善发展有力带动了浙江经济社会发展，但仍在培育核心企业、提升产业层次、建设公共服务平台和配套服务等方面存在提升空间，在新的发展时期，需要推动块状经济向现代产业集群转型发展，立足于各地优势传统产业，科学规划发展产业集群，培育市场占有率更高、竞争力更强的核心企业，支撑和引导产业链内各环节向高技术水平发展，构建公共服务平台，为块状特色经济高质量发展提供相应的物流、金融、信息、人才、营销等多方面的支持，推动块状经济高质量发展，更好地提高浙江经济的发展效率和居民收入水平。

2. 块状经济的安全风险较低

产业链供应链的安全性和竞争力不仅是构建新发展格局的基础，也是统筹发展和安全的需要。在产业相互渗透、交叉融合的现代经济中，单靠产业链某个环节的突破，难以提升产业链供应链的安全性和竞争力，需要整个链条上中下游密切合作、协同发力。目前，我国很多产业链前后相关联不够紧密，上下游协同创新能力有待提升，产业链供应链共生发展的生态尚未形成，比如部分地区企业发展所需的关键材料、原料在本地和周边地区很难找到配套企业。针对上述问题，块状经济的发展对于完善产业链、降低发展风险具有积极作用。块状经济下，产业分工较为明晰，产业配套也较为紧密。在浙江省的经济发展中，中小民营企业和出口导向型企业占据主要份额，易受到外部经济环境影响。2008年国际金融危机以后浙江省出台了一系列政策加快推动以中小民营企业为主体的劳动密集型产业进行转型，推动中小民营企业在空间上的集聚，并在地区层面上形成了一批有利于产业发展的、能

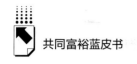

有效降低产业安全风险的、产业链上下游较为完整的大产业集聚区和产业发展平台。在产业结构升级背景下，浙江块状经济逐渐朝技术密集、资本密集的方向发展，在原有的产业主体之上，产业链不断延伸，生产系统不断深化完善，各个加工环节的竞争优势均有所提升。在块状经济内部，产业链上下游之间的产业联系密切，人力、技术资源较为集中，各企业之间的配套能力较强，能够有效提升产业发展能力。

在过去的 20 多年时间里，数以万计的中小企业在浙江形成了众多产值极高的产业集群，不管是义乌小商品、嘉善木材、海宁皮革、绍兴轻纺这些县域性的块状经济，还是濮院羊毛衫、大唐袜业、织里童装这些镇域性的块状经济，它们的发展除了在带来人口聚集、推动区域城镇化及实现全面小康的过程中发挥重要作用，还推动着每个经济领域朝着实现相对完善的上下游产业链供应链的方向不断前进，这不仅有助于补齐双链安全的风险点和制约竞争力提升的短板，还能够提升其自主可控能力和现代化水平。然而，要想真正依靠发展块状经济推动浙江降低双链发展安全风险需要做到：一方面，带动产业集群企业开展科技创新、并购重组、跨境投资，提升国际竞争力，带动产业链创新发展，加快产业链现代化步伐，具体而言，鼓励浙江省汽车、石化、纺织服装、数字经济核心制造业等领域的本土优势企业及研究机构通过自主创新、并购重组、合作开发等方式参与国际竞争合作，才能够广泛嵌入全球产业链、价值链、创新链，建成一批具有核心竞争力的千亿级产业基地，构筑万亿级产业集群；另一方面，鼓励企业拓展工业设计、检验检测、维护管理、仓储物流、技术培训、融资租赁等增值服务，向产业链上下两端延伸，进而推动制造业企业从单一提供产品向提供"产品+服务"转变。支持建设以制造业企业为中心的网络化协同制造服务体系，提升产品的个性化定制设计和企业的柔性制造能力，探索小批量快捷柔性化生产新模式，开发和完善共享生产平台，推动实现生产制造与市场需求高度协同。

3. 块状经济与区域协调发展

2020 年浙江省发改委发布了《浙江省块状特色经济质量提升三年行动

计划（2020-2022 年）》，提出到 2022 年目标实现培育形成具有国际竞争力的千亿级以上块状特色经济 15 个左右，产值 500 亿元以上的 30 个左右，块状特色经济综合竞争力更强，产业基础高级化、产业链现代化步伐加强，同时，浙江省内各县市相互协作、协同发展的趋势也日益明显，以杭州和宁波为核心，推动总部经济、数字湾区、产业通道和生态产业在省内合理布局，发挥各县市优势，引导研发、设计等向杭州、宁波都市区转移，结合各地优势发展和合理分布生产制造，实现省内优化产业布局和产业链的协同发展。

此外，浙江在发展块状经济的过程中，往往会发挥小城镇在地理区位和产业基础上的比较优势，确定主导产业和发展方向，再由此建立工业区等集聚形式，通过税收等方面的政策支持和不断完善基础设施促进形成具有专业化分工和社会化协作的产业集聚区，吸引企业和城乡劳动力进入，并以此带动周边乡镇及农村地区发展，打破城乡二元结构，促进城乡之间各类生产要素的流动和更高效率地结合，从而推动城市化和工业化进程，促进区域协调发展，提升居民收入，实现城乡之间的共同富裕。

县域经济是城市经济和农村经济的结合部，在国民经济发展和乡村振兴中都具有重要作用。浙江省县域经济发展程度居于全国前列，在 2019 年全国综合竞争力百强县（市）中，有 21 个浙江县（市），一些县——如杭州萧山、余杭等地——撤县设区，其他县也迅速发展成为新的强县。此外，浙江以民营企业、块状经济、产业集群等为特色，并以块状经济为基础，融合产业、文化、旅游和社区等元素，推动特色小镇发展，截至 2020 年，浙江省已经形成滨江物联网小镇、余杭梦栖小镇等 42 个命名特色小镇、101 个创建小镇以及 51 个培育小镇，依托特色小镇的最小空间资源优化生产结构布局，培育出实施创新驱动发展战略的新载体，推动高质量发展以及城乡融合发展。2019 年浙江省特色小镇工业企业营业收入占全省的 7.9%，贡献了 7.0% 的税收收入，亩均产出、亩均税收分别达 853.6 万元和 54.2 万元，分别是全省规上工业企业的 1.6 倍和 1.8 倍。脱胎于块状经济的特色小镇模式迅速发展，将逐渐成为国内大循环的支点，形成发展新动

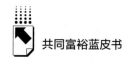
能，提高经济发展效率，促进城乡经济共同发展，实现城乡融合发展，最终实现共同富裕。

五　通过构建现代化产业体系助力全国共富

一条完整的产业链，包括前端的研发、设计、采购、材料部门，中端的加工和组装部门以及后端的物流、销售、品牌等服务部门。产业链的韧性也即产业链在面临内外部风险和挑战时，各生产环节维持自身系统稳定、防止断裂和缺失的能力。为了寻求最优的资源配置，利用最优区位优势和禀赋优势，产业链中的部分环节可能会分布在其他省份甚至国外，各环节适当分布在不同区域，可以在一定程度上提升产业应对突发风险的能力，从而增强产业链韧性。浙江省在建设现代化产业体系、推进全球先进制造业基地的过程中，发挥了共同富裕示范区的模板效应。针对增强产业链韧性、保障产业链安全的发展目标，浙江公布《浙江省实施制造业产业基础再造和产业链提升工程行动方案（2020—2025 年）》，以产业基础再造和产业链提升为核心，建设十大标志性产业链。浙江的各项积极探索将为其他省份提供先进的发展范例，发挥共同富裕示范区的模板效应。

浙江省在长期发展中，一方面形成了外向型经济发展模式，积极融入全球产业链分工，承接国际产业转移，形成了丰富的产业门类和技术水平较高的工业体系，在新的发展时期，企业积极"走出去"，与东南亚国家以及日本、韩国等国家加强产业链合作，为关键原材料拓展供应渠道，降低产业风险，更健康地融入全球开放经济外循环体系；另一方面，各类企业主动参与经济内循环，深化长三角产业链合作，在纺织、电器装备等特色产业领域实现区域内产业链强化合作、就近合作，稳定供应链，降低产业发展风险，消除国内外环境变化对产业发展的不利影响，增强产业链韧性。2003 年以来，浙江积极与上海接轨，与长三角区域和长江经济带城市开展交流合作，推进高水平对外开放，国内贸易市场与国际贸易市场均发展繁荣，服务贸易、跨境电子商务等新业态从无到有，发展壮大，利用外资和对外经济合作规模持续扩大，形成了内外联动的全方位对外开放新格局。随着长三角一体化发展和区域合作的不断推进，长三角地区产业合作和省级毗邻区建设不断加强，区域内各地发挥自身优势，长三角地区协同发展，从而推动实现区域内共同富裕。

浙江省在纺织、化工、医药、机械、电子等产业具有发展优势，通过与省外市县开展合作，深度参与东中西部协作，建设并形成全产业链的协同优势，在自身发展的同时，为其他省份经济发展提供助力。一方面，浙江省可用土地面积较小而企业数量众多，"跳出浙江发展浙江"是浙江经济社会发展的一个重要战略。另一方面，为顺应区域协同发展战略，特别是振兴东北老工业基地、中部崛起以及长江经济带、长三角一体化发展的需要，浙江省充分利用产业链优势，有序引导省内产业向全国转移。例如，利用新疆的生产资料优势与浙江的生产力和生产技术方面的优势在新疆建立了阿克苏纺织工业城，发挥两地各自的比较优势，优化资源配置，形成产业链，带动合作省份的经济发展，实现共同富裕。

在跨省产业链建设之外，浙江省还通过对口工作，对省外欠发达地区进行帮扶支持，同四川等地进行产业合作、劳务协作和消费帮扶，长期开展对西藏、新疆、青海等地的精准对口支援，通过智力支援、产业支援、民生改善、交流交往交融、文化教育支援等对口支援方式帮助受援地经济高质量发展，助力于实现浙江与其他欠发达省份的共同富裕。

B.4
浙江服务贸易高质量发展赋能
共同富裕示范区建设

夏杰长　李銮淏*

摘　要： 服务贸易是对外开放的主要领域和关键抓手，浙江省是我国深化
改革开放和推进制度型开放的前沿阵地和重要窗口，为服务贸易
高质量发展赋能共同富裕社会建设提供省域案例和参考标准。在
明确服务贸易高质量发展基本内涵三个维度的基础上，深刻挖掘
服务贸易对共同富裕社会建设的推动作用，以高质量发展规避服
务贸易加剧收入分配不均和扩大收入差距的不利影响，全面发挥
服务贸易推进共同富裕示范区建设的增长优化、创新驱动和人力
资本三类效应。目前，浙江服务贸易发展取得了阶段性丰硕成
果，也面临着诸多赋能困境和现实挑战。本文通过全面综合分
析，针对性地提出以下优化赋能机制的实施路径：坚持服务业的
转型升级，优化服务贸易高质量发展的产业生态圈；深化服务业
对外开放，精准定位服务贸易发展的具体路径；继续增强数字化
转型赋智赋能，加快推动服务贸易的高质量发展；强化服务贸易
赋能共同富裕理论研究，动态完善顶层制度设计和政策落实。

关键词： 服务贸易　高质量发展　共同富裕

---

* 夏杰长，中国社会科学院财经战略研究院副院长，研究员，主要研究方向为服务经济理论与
政策；李銮淏，中国市场学会研究部主任助理，主要研究方向为国际贸易理论与政策、数字
经济。

党的十一届三中全会以来，依托经济特区的设立创办、沿海城市开放战略的贯彻实施，以及经济开发区、产业园区、高新技术产业区和自由贸易试验区的建设优化，我国对外开放持续深化，开放型经济体制推动中华民族真正的"富起来"和"强起来"。但是，特定阶段采取的、地域性差异显著的开放发展定位，在加快实现我国一部分人、一部分地区率先富起来的同时，地区和城乡之间发展不平衡的严峻矛盾也逐渐显现、日益加剧。我国新发展阶段的对外开放应当如何赋能我国经济社会高质量、高水平发展，有效破解区域、城乡间发展不均衡的严峻困境，深刻挖掘国内国际两个市场、两种资源的深厚潜能，切实发挥好"先富带动后富"的拉动效应，形成我国新时期共同富裕社会建设的全新动能有待探讨。

在经济全球化和经济服务化的时代趋势背景下，服务业的对外开放和国际合作是我国新发展阶段向制度型开放、高水平对外开放转变的关键抓手和重要突破口，服务业开放和服务贸易的高质量发展会成为我国开放型经济体制赋能推进全社会共同富裕的核心环节和重点领域。目前，有三个主要问题亟待研究探讨和深入分析：第一，"服务贸易的高质量发展"的基本内涵和核心本质是什么；第二，服务贸易的高质量发展和服务业高水平对外开放如何夯实强化"共同富裕"的物质基础和财富源泉，赋能"蛋糕"的"做大做好"；第三，服务贸易和服务业对外开放的成果效益如何平等、合理、广泛地惠及全体人民群众，从物质生活和精神领域两个层面"分好蛋糕"。

2021年5月，《中共中央 国务院关于支持浙江高质量发展建设共同富裕示范区的意见》出台，要求推动浙江高质量发展建设共同富裕示范区，打造富有省域特色和示范作用的实践案例，深化丰富和拓宽延伸我国共同富裕的理论基础和研究路径。浙江省是我国改革开放的前沿阵地和对外贸易的重要窗口，更是服务业对外开放领域创新引领、开拓突破的领头羊和试验田。2015年9月，浙江省商务厅发布《浙江省服务贸易发展基地创建办法》，旨在深度释放服务贸易发展基地在推进产业集聚、提升产业规模、加快人才培养等领域的先导作用。2020年8月，商务部印发的《全面深化服务贸易创新发展试点总体方案》将浙江省杭州市作为全国范围内

28 个省、市（区域）全面深化服务贸易创新发展试点之一，赋予杭州市探索服务贸易创新发展体制机制、打造服务贸易发展高地的重大使命。2021 年 5 月，《浙江省服务贸易发展"十四五"规划》指明，以打造全国数字贸易先行示范区为重要契机，全面深化服务贸易创新发展和数字化转型，推动对外贸易的转型升级和高质量发展。因此，浙江省建设共同富裕示范区，以及优化服务贸易高质量发展赋能意义的社会环境和政策保障，为我国如何依托服务贸易的高质量发展加快推动共同富裕社会建设提供了省域样本和典范成果。

本文基于浙江共同富裕示范区的建设现状和发展目标，明晰服务贸易高质量发展基本内涵的三个重要维度，阐述分析服务贸易高质量发展赋能共同富裕示范区建设的作用机制和影响逻辑，全面总结浙江服务贸易的发展现状、主要特征和现实挑战，从"做大做好蛋糕"和"分好蛋糕"两个方面，探讨出提高服务贸易推进共同富裕示范区建设正向赋能效应的实施路径。

一 服务贸易高质量发展赋能共同富裕示范区建设的作用机制

近年来，单纯追求数量和规模的对外贸易发展观念已经无法满足我国经济社会高质量发展和人民追求美好生活的愿景需求。在我国推进实现全社会共同富裕的背景下，有关服务业开放和服务贸易对我国区域经济增长、国内分配优化影响效应的文献研究浩如烟海、包罗万象。

一部分文献认为服务业开放和服务贸易加剧区域间发展的不平衡，加速扩大地区、城乡间的收入差距。戴枫和孙文远提出服务业领域的开放的工资提升效应存在技能异质性，即熟练劳动者的相对工资提高较快容易导致整体收入不平等的扩大[1]。马颖和余官胜、邵建春等学者则指出经济发展和政策

---

[1] 戴枫、孙文远：《对外开放与发展中国家的收入不平等：基于亚洲和拉美国家的比较研究》，《国际贸易问题》2012 年第 1 期。

环境、自然禀赋分配等方面的差异，很可能形成区域间、行业间的服务业开放程度和服务贸易发展水平的先天性失衡，进而演化为地区间收入不平等、区域贸易壁垒等均衡性发展难题①。

另一部分研究则聚焦于服务业开放和服务贸易实现物质和精神双维度"共同富裕"的赋能效应。围绕服务贸易打造要素流动畅通、供给边界持续扩展的广阔市场，姚战琪指出服务贸易带来国内消费产品多样化、高端化，丰富消费者的消费需求清单，有效促进人均消费支出、增加消费者福利②。这种效应还体现在服务业领域消费需求的个性化、定制化和生产柔性化的发展趋势上。同时，通过引进国外的先进技术和模式，提供相对省时、省力的学习模仿机会，高效促进企业的技术进步，提高社会全要素生产率，加快优化相关产业间的要素配置，最终赋能实现国民收入水平的全面提升。

（一）服务贸易高质量发展的基本内涵

"高质量发展"是颇具中国特色的经济学概念，国内学术界针对经济社会领域"高质量发展"的论述各有侧重，但已经基本形成部分共识。

一是"创新""改革""开放"是经济社会高质量发展的"三轮"驱动力。"科技""制度""模式和业态"领域优化升级、变革转型的"创新轮"，高水平的开放型经济体制发展建设的"改革轮"，推进更大范围、更宽领域、更深层次制度型对外开放局面的"开放轮"，形成融合协调、共同发力、协同并进的高质量发展驱动引擎。

二是高水平的"发展任务"和"目标导向"是经济社会高质量发展的根本指引。"系统性""全面性""可持续性""民生指向性"是经济高质量发展的主要方向，国民经济领域的"总量提高""效益提升""结构优化"

---

① 马颖、余官胜：《对外开放与经济发展关系研究新进展》，《经济学动态》2010 年第 4 期；邵建春：《对外开放与我国收入分配不平等——基于国际收支视角的研究》，《经济经纬》2012 年第 5 期。

② 姚战琪：《我国服务业进口对居民人均消费支出的影响研究》，《学术论坛》2022 年第 1 期。

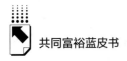

"安全高效""发展可持续性""成果共享"是高质量发展的核心任务和重要目标。

三是"科学理论"和"顶层设计"的高质量协同优化是经济社会高质量发展的赋能合力。深刻认识和解决回应"中国问题",需要"中国学术"引领的"中国道路"来实现。科学理论的现实应用则必须同顶层制度设计匹配运行、动态优化。坚持立足大局、抓住根本,以理论创新和研究应用辅助顶层制度的合理规划,以政策法规的精准实施和动态优化验证发展分析框架和理论内容,二者的共振协同是高质量发展的重要合力。

依此类推,服务贸易高质量发展的三个维度是:一是深层释放和充分发挥"创新""改革""开放"三轮驱动力推进服务贸易高质量发展的重要意义;二是明确规划服务贸易领域"贸易规模稳步提高""贸易效益持续提升""贸易结构优化升级""对外开放兼顾国家安全和可持续性发展""开放合作和经贸成果全球共享"等高水平的发展任务和核心目标;三是形成服务经济领域的中国理论体系,提升服务业对外开放和服务贸易科学理论研究的深度、广度和精度,助力服务贸易领域相关政策的精准制定和贯彻落实,形成新发展阶段我国智库支撑和顶层制度赋能服务贸易高质量发展的深刻合力。因此,服务贸易高水平、高质量、高效益的发展,以及发展成就获得感和人民福祉的显著提升,有赖于多重维度的有机结合和协调运行。

(二)服务贸易高质量发展赋能共同富裕示范区建设:影响逻辑和作用机制

服务贸易高质量发展促进共同富裕示范区建设的赋能效应释放,其影响效应的底层逻辑就是"尽其所长,强其所短",具体包括两个方面:一是挖掘放大服务贸易对于共同富裕社会建设的推动作用和加速效应;二是深化推进服务贸易的高质量发展来缓和规避加深地区或城乡间收入差距、阻滞服务业开放合作成果共享等不利影响。

1. 尽其所长:释放强化服务贸易推动共同富裕建设的积极效应

服务贸易高质量发展将进一步强化服务业开放和服务贸易赋能共同富裕

建设的积极作用。一是放大服务贸易的产业升级和价值链攀升效应。通过推动服务贸易的高质量发展,优化服务业发展环境,释放服务业活力,扩大服务业开放,从而加速服务业和相关产业的转型升级,增强服务贸易国际竞争力,提高"中国服务"在全球产业链、供应链和价值链中的地位与影响力。二是增强服务贸易打破区域贸易和引资壁垒的作用。作为开放的重要环节,服务贸易的高质量发展必然会强化破除贸易和外资壁垒的重要效应,通过有序加快服务贸易开放水平较低地区的服务业对外开放步伐,创造服务业领域开放包容、互利互惠、平等安全的国际合作环境,形成区域间和全球范围内要素的合理、高效流动和配置。三是保持服务贸易激发市场活力、满足和释放消费需求的强大功能。服务产品同广大人民群众的生活息息相关,旅游、电信、教育、医疗等服务更是在提升人民生活幸福感和满足感方面发挥着不可或缺的重要作用,通过服务贸易的高质量发展,推动服务产品实现更大规模、更高品质、更优定位、更多元化的市场供给,更充分地满足广大居民日益丰富和发展的服务消费意愿,进一步释放其服务消费潜能。

2.强其所短:阻断服务贸易加剧分配不均、扩大收入差距的路径

通过服务贸易的转型升级,缓解和调整服务业开放和服务贸易扩大居民收入差距、加速地区发展不平衡和形成共同富裕成果分享鸿沟等负面影响效应,更充分地赋能共同富裕的建设实践。一是弱化服务贸易加剧地区发展不平衡的负面效应。服务贸易的高质量发展旨在突破原有的部分地区"先行先试"的开放制度模式、市场准入限制和隐性壁垒,强调服务贸易目标上的"系统性""全面性""可持续性""民生指向性",循序渐进、因地制宜、因势利导地发展不同地区、不同行业的服务贸易,改变国内各区域服务贸易发展水平差距显著的不均衡局面,打造适宜本地经济发展和共同富裕建设的服务业开放和贸易环境。二是调整服务贸易进出口结构、行业结构和服务业开放结构。长期以来,我国服务贸易进出口结构两极化特征仍然显著,知识密集型服务进出口规模虽然呈现快速扩大趋势,但较发达国家仍存在"质"和"量"上的巨大差距。服务贸易的高质量发展依托创新、改革、开放的高质量"三轮"驱动力,将在保持人力资本密集的服务贸易高速增长

的基础上，优化服务贸易进出口结构以及行业结构，继续强化"知识密集型服务贸易占比提高、传统领域服务贸易优势稳固"① 行业结构持续优化的基本态势，从而提高我国在全球市场中的份额以及服务贸易出口综合竞争力，助力实现经济高质量发展和共同富裕社会的建设实践。

根据上述影响机理的底层逻辑阐述，服务贸易高质量发展促进共同富裕示范区建设的赋能作用机制可归纳为三类效应。

第一，增长优化效应，其表现为服务贸易提高服务业及相关产业的生产效率，形成有利于经济高质量和高速度增长的产业生态圈，赋能高效率和高质量的国民经济增长。共同富裕的物质条件是"富裕"，经济高质量和高速度增长是实现更广阔和更深刻"富裕"的现实基础。服务贸易高质量发展赋能共同富裕示范区建设的增长优化效应具体表现为：一是通过服务业高质量开放和先进技术引入，加快服务业及上下游产业向"低碳""绿色""高效"转型，实现产业链条和产业生态圈的优化升级，形成经济更高质量、高水平发展的生产原动力；二是服务贸易高质量发展进一步满足和激发居民消费意愿和市场需求，在发展好和实现好广大人民群众日益丰富和不断提升的对美好生活追求的同时，也为建设共同富裕社会注入增强市场活力和优化生产供给的需求动能，筑造需求和供给双端平衡互配、协调互促的循环链条。

第二，创新驱动效应，其体现为以云计算、物联网、大数据、人工智能、区块链、虚拟现实等为代表的数字技术，在服务贸易领域的普及运用和广泛渗透，形成跨境电子商务、云展会、数字服务贸易等外贸新形态、新业态和新模式。"高质量发展"所突出的"创新"驱动力，是同新时期我国经济可持续发展理念，以及要素禀赋上创新引领、经济结构上第三产业主导、增长动力上消费贡献日益提高等新发展阶段的发展要求相互协调、紧密联系的。一是服务贸易的高质量发展，通过服务业和数字技术融合的创新途径，

---

① 此处指的是运输、工程建筑等传统优势服务贸易保持稳步增长，金融、文化娱乐、计算机和信息服务、知识产权使用费、其他商业服务等知识密集型服务贸易占比快速提升。

有效打破资源诅咒的传导机制，创造新的增长契机和居民收入增长的新突破口，从根源上打破资源分布不平衡限制共同富裕社会建设的困境。二是数字化转型下的服务贸易高质量发展，推动更大范围、更宽领域和更深层次的服务业开放，加速服务贸易供需双侧的相互匹配和转型升级，通过降低服务贸易的传统成本来扩大贸易效益空间，催生出更多服务业领域的全新业态、产品和模式。

第三，人力资本效应，其展现为服务贸易带来更高品质、多元化、柔性化、高端化的服务产品来实现全体人民精神层面的共同富裕和人的全面发展，为建设社会主义现代化强国和共同富裕社会提供更广阔、更高水平的人力资本蓄水池和培育空间。一是服务贸易的高质量发展所形成的更广阔、更多元化的就业岗位，推动人才流动、闲置劳动力吸纳和人岗匹配，促使全社会人力资源的作用得到最大化的发挥，提供实现共同富裕的基础条件和人力支撑。二是服务贸易的高质量发展所带来的服务产品多元化和高端化，有利于实现对人力资本的提升优化。以认知能力和非认知能力为核心的新人力资本已经逐渐得到国内外学者的重视，充分运用高品质、丰富多样的服务产品是人力资本认知能力和非认知能力培养的必要手段。通过服务贸易的高质量发展，教育、医疗等领域更优质的服务进口和相关行业供给升级是认知能力培养和提升的基本途径，而更加优质、多元的服务产品能够在非惯常环境下通过对认知能力和非认知能力双方面提升来实现人力资本的积累，以旅游、文化为代表的服务产品进口能够在满足广大人民群众基本的教育、生理需求的同时，达到放松身心、锻炼品格、开阔眼界、拓展思维的效果，进而实现自身价值和生产效率的有效提升。三是依托我国博大精深、内涵深厚的优秀传统文化和世界各地的先进文化，服务贸易的高质量发展通过提供优质的服务产品，来丰富人民群众的精神世界，实现物质生活和精神生活两个层面的共同富裕。服务贸易高质量发展赋能共同富裕示范区建设的影响逻辑和作用机制见图1。

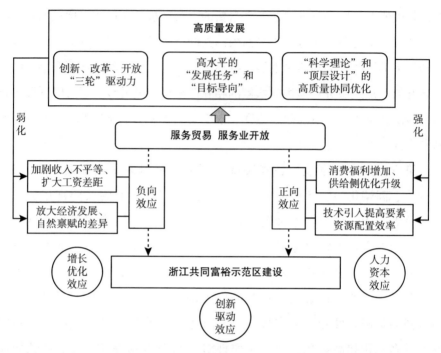

图 1　服务贸易高质量发展赋能共同富裕示范区建设的影响逻辑和作用机制

二　浙江服务贸易发展的阶段性成果和主要特征

根据联合国贸易和发展会议（UNCTAD）的公开数据，2015～2021年，我国服务贸易的总体规模呈现保持高速增长的基本趋势，除2019年和2020年外均保持高速正向增长。截止到2021年，我国服务贸易总规模已经达到8335亿美元，较2015年增长接近28%，保持在世界第二位，远远超过大部分的发达经济体。其中，我国服务贸易进口和出口规模分别超过4413亿美元和3922亿美元，服务贸易逆差较2015年缩小将近78%①。

近年来，浙江省的服务贸易发展亮点纷呈、成绩斐然。根据中华人民共

---

① 相关数据源于联合国贸易和发展会议（UNCTAD）数据库，https://unctadstat.unctad.org/wds/ReportFolders/reportFolders.aspx。

和国商务部统计的数据，2012~2021年，浙江全省服务贸易总额年均增速超过10.9%，较2012年提升2.7个百分点，规模位列全国第四。2021年，浙江省服务贸易进出口总规模突破5490亿元，占我国服务贸易总额的比例约为8.4%，服务外包、数字贸易、服务贸易示范区建设等方面均居于全国领先地位。

（一）服务贸易总体规模保持稳步扩大的发展方向

随着浙江省营商环境的深入优化和文化出口基地、离岸服务外包综合园区、在岸服务外包示范园区等的全面建设，2017~2021年浙江省全省的服务贸易规模从接近3663亿元增长到约5490亿元，在5年内增长了近50%，年均增长率约为10.7%，总体规模增长速度和幅度相对较快和较大。其中，服务贸易进口额从约1234亿元提高到接近2469亿元，出口额则从约2428亿元增长到超过3021亿元，进口和出口额年均增长率分别突破了18.93%和5.61%。

2021年，浙江省服务贸易进出口总额较上一年增长约为28.1%。其中，进口和出口规模同比增长分别约为25.30%和31.80%。与此同时，服务外包作为浙江服务贸易的重要途径和优势领域，以杭州、宁波两个服务外包示范城市为重点，探索发展物联网服务外包、金融服务外包、医药和生物技术研发服务外包等高端服务外包业态，为浙江服务贸易规模稳步扩大注入强大动力。2016~2021年，浙江服务外包离岸执行额从556.93亿元上升到1109.64亿元，整体增幅接近1倍。其中，信息技术外包（ITO）、业务流程外包（BPO）和知识流程外包（KPO）合同接包执行金额分别从约328.45亿元、50.68亿元和176.95亿元，增长到约340.48亿元、211.51亿元和557.66亿元，增长幅度分别接近3.7%、317.3%和215.2%，成为浙江服务贸易高速发展的强大推力。

（二）服务贸易呈现长期总体顺差的主要结构趋势

长期以来，我国服务贸易进出口结构两极化特征相对显著，2015~2019年服务贸易进口额占服务贸易总额比重同出口额所占比重差距超过25个百分点，从2020年开始出现微弱收缩态势，然而仍然存在接近1004亿美元的

服务贸易逆差。

相比之下，浙江省在近五年内却呈现由逆差转顺差的主要趋势。自2011年以来，浙江省服务贸易主要表现出"出口大于进口"的顺差形势。尽管在2018~2019年出现了短暂的"逆差"，即2018年和2019年分别约有1676亿元和1559亿元的差额，但在2020年后迅速恢复了顺差局面，并在2021年服务贸易出口额占服务贸易总额比重同进口额所占比重差距超过10个百分点，顺差差额突破了552亿元，同比增长了2.79%。值得关注的是，顺差领域主要集中在运输、建筑、加工服务等传统优势的劳动密集型服务行业上。除此之外，部分其他项目也逐渐呈现顺差态势，如保险、金融以及个人、文化和娱乐服务等项目，在2021年也分别有约0.1亿元、94.9亿元和138.5亿元的顺差差额，形成浙江省服务贸易国际竞争力的核心来源。

（三）服务贸易行业结构表现出持续优化的基本局面

近些年来，浙江省扩大建设文化、人力资源、地理信息、中医药等特色服务贸易出口基地，货物和服务贸易发展协调基地，离岸服务外包特色园区，等等。在此背景下，浙江省在个人、文化和娱乐服务，以及电信、计算机和信息服务、知识产权使用费等知识密集型服务领域的贸易规模呈现快速扩大的发展态势。另外，在2018~2021年，浙江运输和加工服务贸易的总规模分别从561亿元和59.9亿元，增长至1718.9亿元和73.6亿元，反映出浙江省运输、加工服务等传统优势领域服务贸易稳步提升的增长特征。

根据浙江省商务厅的统计数据，2021年浙江个人、文化和娱乐服务，知识产权使用费，以及电信、计算机和信息服务领域的服务贸易总规模分别达到157.1亿元、134.2亿元和1433.5亿元，较2018年分别增长了1.80倍、1.12倍和1.79倍，年均增速分别超过了114%、29%和40%。其中，个人、文化和娱乐服务，知识产权使用费，以及电信、计算机和信息服务项目的出口规模分别超过了147亿元、31亿元和594亿元，分别占进出口总规模约93.6%、23.1%和41.5%的比重，较2018年的1.4亿元、3.8亿元和333.5亿元增长了104倍、7.2倍和0.78倍，年均增速分别达到372%、

101% 和 21%。整体来看，浙江省"知识密集型服务贸易占比提升，传统领域服务贸易优势强化稳固"的行业结构持续优化的基本局面较为显著。

（四）服务贸易数字化转型的创新动能日益凸显

依托数字自贸区和数字人民币试点探索、商务数字化改革，以及分级分类开展数字生活新服务标杆建设，浙江服务贸易领域不断加快数字化、智能化转型，其产生的创新驱动势能日益凸显。互联网、区块链、大数据、人工智能、5G、虚拟现实和增强现实等数字技术同服务贸易全链条各环节的深度结合，催生出服务贸易和服务业领域的新业务形态和新发展模式，加快推动数字化转型深刻赋能服务贸易的高质量发展。

作为数字订购服务和数字服务产品贸易的重要形态，跨境电子商务成为服务贸易数字化转型的重要途径和主要手段。近年来，浙江省跨境电商市场主体和配套设施体系发展迅速，整体发展呈现明显的集聚化特征。浙江省相继启动了三批共 67 个省级产业集群跨境电子商务发展试点，涌现出一批以杭州全麦、杭州子不语、浙江执御、义乌潘朵、义乌吉茂等为代表的跨境电商领军企业，以及全国最大的跨境电商平台——全球速卖通（AliExpress）。截止到 2021 年，浙江省在主要第三方平台上的出口活跃网店超过 14.9 万家，依托"跨境电商+原产地制造"等出海新模式累计培育跨境电商自主品牌超过 1500 个，跨境电商以 3302.9 亿元进出口总规模占据了全国约 1/6 的份额，较 2020 年增长约 30.7%。除此之外，浙江省还积极探索数字化同文化、医疗、教育、会展等服务业领域的融合。2021 年，浙江实现全省数字贸易进出口总额超过 5279.0 亿元的卓越突破。其中，数字服务贸易总规模接近 1975.6 亿元，同比增长约 12.5%，这之中的数字服务出口规模已经达到 1025 亿元以上，其规模大约是数字贸易出口额的 34.5%。

（五）服务业的开放合作不断延伸和深化

近年来，我国首创性地提出"一带一路"倡议和人类命运共同体理念，主动参与构建《区域全面经济伙伴关系协定》（RCEP）、《全面与进步跨太

平洋伙伴关系协定》（CPTPP）和《数字经济伙伴关系协定》（DEPA）等双边、多边、区域经贸合作协定，积极发挥中国（北京）国际服务贸易交易会、中国高新技术成果交易会、中国国际投资贸易洽谈会、全球数字贸易博览会等会展投资促进、开放合作的平台功能。

乘着深化对外开放和逐步形成"以国内大循环为主体、国内国际双循环相互促进"新发展格局的东风，浙江省相继出台《浙江省服务贸易发展"十四五"规划》《高质量建设全省现代服务业创新发展区的实施意见（2021-2025年）》《浙江省落实区域全面经济伙伴关系协定三年行动计划（2022-2024）》等，强调对标最高服务业领域的国际经贸规则和标准体系，形成更加广阔、更为便捷、更大范围、更多优惠的服务贸易领域和开放的合作环境。同时，浙江省充分发挥数字技术赋能服务贸易的突出优势，举办全球数字贸易博览会、中国浙江投资贸易洽谈会、2021浙江数字服务贸易云展会等，有效实现了政府、商会和企业间的"云论坛""云参展""云对接""云交易""云签约"，极大地减小了传统贸易成本等对经贸往来的消极影响。当前，浙江省在长期维持同中国香港、美国、日本、新加坡、澳大利亚、英国等主要贸易伙伴的服务业领域经贸往来的同时，不断拓展同韩国、东盟十国等RCEP成员国，以及大洋洲、非洲国家（地区）的服务贸易合作，巩固、开拓和深化了浙江省服务贸易领域的友好合作伙伴关系。

三 浙江服务贸易高质量发展赋能共同富裕的现实挑战

尽管浙江省服务贸易呈现良好的发展态势，服务业开放领域也取得了更高水平、全方位的进步和突破，但是浙江省服务贸易和服务业开放还面临诸多现实挑战和复杂矛盾，形成在浙江省服务贸易高质量发展进程和赋能共同富裕示范区建设机制中最主要的阻碍因素。

（一）服务贸易省域内发展较不均衡，地区间差异相对显著

浙江省服务贸易面临省内发展不平衡、省域内各地区间发展存在显著差

距的主要困境。在改革开放以来推行的部分地区"先行先试"开放模式的长期影响下，浙江省部分城市的服务业发展和开放条件具有地理、政策和经济方面的比较优势，从而直接导致了浙江省各地区之间的服务业水平和服务贸易发达程度也呈现不平衡的现象，省内服务贸易发展水平差距较为显著。杭州市和宁波市作为中国服务外包示范城市，长期处于浙江省服务贸易领域的领头羊地位，2021年服务贸易进出口总规模分别达到了3314.3亿元和1412.8亿元，占据浙江省全省服务贸易总规模的60.4%和25.7%，较2020年增长约17.8%和69.4%。相比之下，2021年，温州市、嘉兴市、湖州市、绍兴市、金华市、衢州市、舟山市、台州市和丽水市9个市服务贸易进出口整体规模不到763亿元，仅仅为杭州市和宁波市服务贸易总规模的23.0%和54.0%，占全省服务贸易总规模的份额均低于3%。在服务外包领域，浙江省各地区间的差距更加显著。2021年，服务外包离岸执行额前十名的区县均隶属于杭州市和宁波市，前三十名中隶属于杭州市和宁波市的区县有20个。2020~2021年浙江省各市服务贸易总额和所占比重见图2。

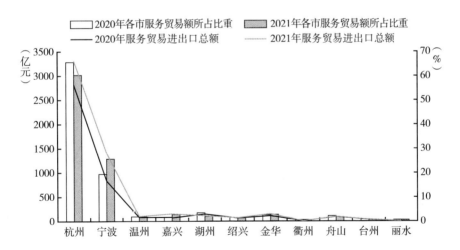

图2　2020~2021年浙江省各市服务贸易总额和所占比重

资料来源：浙江省各市服务贸易进口额和出口额数据来自浙江省商务厅，经作者分析整理所得。

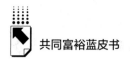
（二）知识密集型服务贸易逆差并未改变，国际竞争力提升潜力较大

虽然浙江省服务贸易整体呈现长期顺差的基本走向，但在不同行业的进出口贸易情况各有差异，主要表现为在运输、建筑、加工服务等传统优势的劳动密集型服务行业保持着"出口大于进口"的顺差形势，而旅行，电信、计算机和信息服务，以及知识产权使用费等服务领域的进出口结构则出现"进口大于出口"的逆差态势。

2018～2021 年，旅游服务贸易一直表现出显著逆差，虽然呈现持续收缩的走向，但截止到 2021 年出口和进口仍有接近 383 亿元的较大差距，旅游服务出口占旅游服务贸易总额比重低于旅游服务进口超过 16 个百分点。除此之外，知识产权使用费服务贸易领域在近年一直处于逆差境况，在 2021 年达到约 70.3 亿元的逆差最大值。相比之下，电信、计算机和信息服务贸易"由顺差转逆差"的发展态势明显，从 2017 年约有 154.4 亿元的贸易顺差规模，到 2021 年已经形成约 243.6 亿元的逆差规模。作为知识密集型服务贸易领域最重要的行业，知识产权使用费，以及电信、计算机和信息服务反映了浙江省高附加值服务领域的国际竞争力的发展空间和上升潜力偏大，这同浙江省知识产权使用费，以及电信、计算机和信息服务贸易的贸易竞争力指数（TC 指数）反映情况基本一致，即两者的 TC 指数长期保持为负，呈现较明显的竞争劣势①，且远低于运输、建筑、加工服务等传统优势服务行业。从整体来看，浙江省的服务贸易竞争力也存在较大的提高空间。2021年，浙江省服务贸易的 TC 指数为 0.10，尽管较 2017～2019 年 TC 指数的数值略有好转，但全省服务贸易竞争优势微弱的基本状况并未得到根本扭转。2018～2021 年浙江省 11 个领域服务贸易差额见图 3。

---

① 贸易竞争力指数（TC 指数）＝ $\frac{出口额-进口额}{出口额+进口额}$。根据浙江省商务厅公开的统计数据，2018～2021 年知识产权使用费服务贸易的 TC 指数分别为：-0.88、-0.85、-0.64 和 -0.52；2018～2021 年电信、计算机和信息服务贸易的 TC 指数分别为：0.30、0.19、-0.09和-0.17。

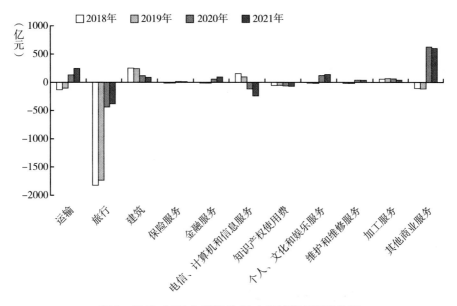

图3 2018~2021年浙江省11个领域服务贸易差额

资料来源：浙江省11个领域服务贸易进口和出口额数据来自浙江省商务厅，经笔者分析整理所得。

（三）贸易顶层制度设计尚待完善，政策扶持深度和精准度不足

近年来，浙江省陆续出台《浙江省服务贸易发展基地创建办法》《浙江省服务贸易发展"十四五"规划》《2022年商务领域优化营商环境工作要点》《中共浙江省委 浙江省人民政府关于大力发展数字贸易的若干意见》等政策制度和规划方案，基本确立了浙江省服务贸易高质量发展的任务目标和服务业营商环境朝市场化、法治化、国际化、便利化方向进一步优化的具体要求。浙江省发改委等14部门联合印发《浙江省关于促进服务业领域困难行业恢复发展的政策意见》《关于金融助力外贸稳增长的若干意见》，重新修订《中国（浙江）自由贸易试验区条例》，等等，各地也相继发布如《杭州市加快服务贸易发展资金扶持政策》《宁波市推动服务贸易创新发展实施方案》等相关指导文件，通过多元化渠道保障服务贸易的有序恢复、加速复苏和稳定发展。

然而，当前有关地方部门在协调和统筹规划方面仍然广泛存在实施口径不统一、管理缺位、贯彻落实不精准等现实问题。一是服务贸易相关政策扶持深度有待提升。专门扶持服务业和服务贸易发展的财政资金使用效率不高，部分财税支持政策审批前置条件过多、手续烦琐、申请时间成本过高，成为政策扶持无法在具体领域充分发挥其深刻作用的重要因素；二是服务贸易有关政策扶持的精确度低。政府和企业间的"数据孤岛"、尚待疏通的信息数据传输梗阻现象、数字贸易统计标准和监测设施发展不足等现实问题，导致数据共享、比照和实时共享面临巨大困难，浙江省各地统计数据遗漏、缺失和发布滞后等现象依旧存在，极大地影响浙江服务贸易相关政策和指导意见研究制定、贯彻落实的合理性、科学性和精准性。

四 浙江服务贸易高质量发展赋能共同富裕示范区建设的政策建议

以服务贸易高质量发展和服务业开放为主要抓手来加快推动开放新格局和共同富裕社会的实现，是由服务经济的主导地位和深化服务业对外开放的独特作用决定的。服务贸易高质量发展是构建形成"以国内大循环为主体、国内国际双循环相互促进"新发展格局的必经之路。共同富裕社会的实现，必须同所处的经济阶段和具体发展背景相结合和匹配，因此，如何依托服务贸易的高质量发展深刻赋能我国共同富裕社会的建设，实现对外开放和国际贸易领域纵向和横向维度上的充分拓展，以更好地实现区域之间、城乡之间的"均衡"发展，是新一轮开放发展战略和模式转型的重要目标与任务。

服务贸易的高质量发展从增长优化效应、创新驱动效应和人力资本效应三个主要路径，强化服务贸易高质量发展缩小区域、城乡间物质和精神财富层面发展差距的积极作用，缩小甚至消除服务业对外开放可能引致的区域和城乡间发展不平衡，以及服务业生产效率和附加值低下等问题。基于服务贸易高质量发展赋能共同富裕建设的基本逻辑和影响机制，政策设计和实施路径需要从当前浙江省服务贸易发展的阶段性成就和现实挑战出发，深刻探讨充分释放服务贸易高质量发展的赋能动力的有效途径和实践方案。

（一）坚持服务业的转型升级，优化服务贸易高质量发展的产业生态圈

现代服务业的发展水平是服务贸易高质量发展的重要基础。浙江省通过服务业的转型升级，加快省域内各地服务业产业基础的强化，缩小各地服务业发展差距，夯实我国服务贸易发展的产业基础，进一步优化全省的服务贸易产业生态圈。

一是积极培育培植强大而富有活力的市场主体。一方面，依托跨境电子商务、数字会展等新业态和互联网、5G、云技术、虚拟现实等数字技术，打造规模庞大的具有自主品牌、自主研发能力和自主营销渠道的优秀先进企业，形成多层次市场主体竞相发展的新格局；另一方面，针对作为劳动就业和满足基本民生主要贡献者的中小微服务业企业，政府要给予帮扶和特殊时期的纾困，通过改善企业投融资条件、提供劳动力培训、实施精准有效的税费优惠、打造高效的公共服务平台等，提升中小微服务业企业的市场竞争力，为服务业高质量发展注入动能和活力。二是加强浙江省服务业创新变革，积极促进全省各地服务业发展的数字化、智能化和高端化，牢牢把握数字时代的历史机遇，大力扶持服务业领域的全新业态，提高全省服务业全要素生产率，减少低效高耗供给，为服务业现代化的转型升级提供重要支撑。三是推动浙江省服务业同各类产业，以及全社会生产链条各环节的有机融合，提升服务业发展和对外开放赋能共同富裕的效应深度。

（二）深化服务业对外开放，精准定位服务贸易发展的具体路径

充分发挥服务贸易高质量发展对共同富裕示范区建设的赋能效应，一是坚持深化服务业开放和服务贸易合作，走更大范围、更深层次和更宽领域的对外开放道路；二是因地制宜、因势利导，科学、合理地规划全省各地服务贸易的发展空间布局。

扩大服务业对外开放是浙江省服务贸易高质量发展的前提条件。对外开放是我国的基本国策，服务业领域的高质量、高水平对外开放是当前我国构建新发展格局的主力军。因此，在确保国家经济安全的前提下，依托浙江省超大规模市场和较发达的产业基础优势，实行更加积极主动的开放战略，坚定不移、积极有序地扩大浙江全省的服务业开放，把握好服务业开放的重点领域，高度重视浙江省内服务业发展和开放相对落后的地区，进一步调整、缩减外资准入负面清单，筑造更加开放、透明、包容、非歧视的地方服务业领域的国际合作环境。

坚持地方特色、合理地错位发展和精准定位是浙江省服务贸易高质量发展赋能共同富裕建设的具体路径。在坚持全省发展一盘棋的前提下，着眼全省各地的服务贸易发展基础和特色优势，精准谋划不同地区的服务贸易发展定位。充分运用杭州市数字贸易的引领地位、舟山市沿海资源的显著优势、丽水市生态城市的独特定位等，做大做强各地区相对优势服务行业的对外开放，形成各地合力以积极推动全省服务贸易的全面发展和数字贸易先行先试，真正实现服务贸易高质量发展以维护好、实现好、发展好各地区人民的根本利益和美好追求，促进服务贸易高质量发展更充分、更全面、更深入地赋能浙江省共同富裕社会的建设实践。

（三）重视强化数字化转型赋智赋能，加快推动服务贸易的高质量发展

随着日新月异、变革升级的数字技术全方位、多层次、高水平地渗透融入服务贸易领域之中，数字化动能赋智赋能服务贸易领域标的、工具和方式的创新变革，加快服务贸易的转型升级进程。正是高速发展的数字技术带来数字化的发展浪潮和重要发展趋势，形成我国服务贸易高质量发展的重要动能，对加速国际服务贸易领域供需双侧优化和相互匹配，全方位降低国际服务贸易的传统成本，扩大国际贸易的效益空间，催生出重塑全球价值链的国际贸易新业态新模式，发挥了极为重要的作用。因此，应深刻把握数字化技术和应用的革命性突破，围绕数字化赋能浙江省对外开放和服务贸易高质量

发展的机制效应，形成推动共同富裕社会实现的有效路径。

一是以数字化加速国际服务贸易供需双侧的相互匹配和转型升级，发挥数字技术畅通服务贸易供需双侧信息数据的传输渠道、有效打破供需双端信息壁垒的作用，加快释放消费端巨大潜能，有效激发服务消费需求快速扩张和升级，形成最高效、最适配、效益最大的生产要素组合。二是以数字化减少国际服务贸易的传统成本，借助服务贸易产品、工具和途径的数字化创新变革，服务贸易营销、谈判磋商、交付、运输等环节的成本支出能够得到有效降低，从"量"上有效扩大浙江全省各地服务贸易主体的效益空间。三是以数字化催生服务贸易领域的新业态和新模式，在巩固运输、建筑、加工服务等传统优势的劳动密集型服务贸易稳步扩大的同时，促进旅行、电信、计算机和信息服务，以及知识产权使用费等知识密集型服务贸易优势的形成，推进浙江省服务业向全球价值链上游延伸，加快服务业要素资源的高效、精准和优化配置，缩短过剩落后产能淘汰的反应时间，从而全面提高浙江省服务贸易的国际竞争力。

（四）强化服务贸易赋能共同富裕理论研究，动态完善顶层制度和政策设计

服务贸易的高质量发展和服务业的高水平对外开放，如何有效赋能推进实现共同富裕，这是构建新发展格局和实现共同富裕社会伟大实践的重大议题和题中应有之义，其所形成的中国学术体系为服务贸易的高质量发展赋能浙江省，乃至全国范围内的共同富裕建设，提供顶层设计和政策法规的参考依据及理论支撑。

目前，国内学术界有关服务业开放、服务贸易高质量发展和贸易数字化等领域的研究层出不穷、丰富多样，但是关于服务业开放和服务贸易高质量发展前沿动态的深入研究尚较为薄弱：一是服务业开放和服务贸易发展的"高质量"或"高水平"的界定框架、衡量标准和具体实施路径，尚未形成具有突破性意义的、"中国版本"的理论文献和体系；二是"高质量"的服务业开放和服务贸易发展如何深刻赋能包容性增长和共同富裕社会建设，是

亟待探讨和研究的重要课题；三是如何在区域性服务贸易赋能共同富裕社会建设的成功经验基础上，形成能够推广至其他地区和全国范围的发展建议与实施路径，也是一片尚待探究的关键领域。因此，应当加强高等院校、智库研究院、相关机构和政府部门间的合作研究，加强对以上领域的深入研究，并构建符合浙江省发展现状和我国具体国情的服务贸易高质量发展的理论框架、分析范式和政策工具，切实提升服务贸易和服务业开发领域相关政策落实的精度和深度，实现服务业领域的制度型开放对共同富裕社会建设的高效赋能。

参考文献

戴枫、孙文远：《对外开放与发展中国家的收入不平等：基于亚洲和拉美国家的比较研究》，《国际贸易问题》2012 年第 1 期。

马颖、余官胜：《对外开放与经济发展关系研究新进展》，《经济学动态》2010 年第 4 期。

邵建春：《对外开放与我国收入分配不平等——基于国际收支视角的研究》，《经济经纬》2012 年第 5 期。

姚战琪：《我国服务业进口对居民人均消费支出的影响研究》，《学术论坛》2022 年第 1 期。

钱海松：《我国技术贸易影响技术进步的理论机制与实证检验》，硕士学位论文，浙江工商大学，2016。

徐紫嫣、夏杰长：《服务业开放、国民收入追赶和跨越中等收入陷阱》，《河海大学学报》（哲学社会科学版）2022 年第 3 期。

中国社会科学院财经战略研究院课题组：《"十四五"时期推进中国贸易高质量发展的问题与对策》，《财贸经济》2021 年第 10 期。

赵剑波、史丹、邓洲：《高质量发展的内涵研究》，《经济与管理研究》2019 年第 11 期。

裴长洪、刘洪愧：《中国外贸高质量发展：基于习近平百年大变局重要论断的思考》，《经济研究》2020 年第 5 期。

李彦军、宋舒雅：《"两山"转化促进共同富裕的逻辑、机制与途径》，《中南民族大学学报》（人文社会科学版）2022 年第 10 期。

夏杰长：《以服务业开放为主要抓手形成全面开放新格局》，《财贸经济》2022 年第

10 期。

徐滢、张琪滟、金银亮：《小微服务业企业纾困思路与对策研究》，《市场周刊》2021 年第 9 期。

夏杰长、李銮淏：《数字化赋能国际贸易高质量发展：作用机理、现实挑战和实施路径》，《国际贸易》2023 年第 1 期。

江小涓、靳景：《数字技术提升经济效率：服务分工、产业协同和数实孪生》，《管理世界》2022 年第 12 期。

夏杰长、姚战琪、张雅俊：《服务业高质量发展助力共同富裕：基于浙江省的经验》，《中国流通经济》2022 年第 12 期。

B.5
绿色发展助力共同富裕：
理念、特色与示范

生态文明研究所课题组[*]

摘　要：　本文旨在展示和提炼浙江省以绿色发展实现共同富裕的创新理念、地方实践及其推进生态文明建设的典型示范意义。第一，阐释了共同富裕与绿色发展的理论内涵与内在关联；第二，回顾了从"两山"理念溯源到美丽浙江建设，一张蓝图绘到底的政策愿景；第三，总结了走上绿色低碳共享高质量发展之路的浙江实践，重点论述了构建生态经济体系的创新路径、区域绿色协作助力全国共同富裕的浙江行动、以"双碳"目标引领绿色低碳转型的具体举措等。浙江绿色共富之路对于践行中国式现代化道路、走向全球生态文明新时代都具有鲜明的先行示范价值。

关键词：　共同富裕　绿色发展　生态文明　浙江模式

* 中国社会科学院生态文明研究所课题组成员及简介：张永生，中国社会科学院生态文明研究所所长，研究员，主要研究方向为生态文明经济学；庄贵阳，中国社会科学院生态文明研究所副所长，研究员，主要研究方向为气候变化经济学；郑艳，中国社会科学院生态文明研究所研究员，主要研究方向为适应气候变化政策；朱守先，中国社会科学院生态文明研究所副研究员，主要研究方向为可持续发展经济学；丛晓男，中国社会科学院生态文明研究所副研究员，主要研究方向为城市与区域经济；张卓群，中国社会科学院生态文明研究所生态文明理论研究室副主任，副研究员，主要研究方向为可持续发展经济学；董亚宁，中国社会科学院生态文明研究所助理研究员，主要研究方向为国土空间发展与生态文明。

一　共同富裕与绿色发展：走上绿色、共享、高质量发展的共富之路

中国式现代化是全体人民共同富裕的现代化①、是人与自然和谐共生的现代化②。中国式现代化，没有教科书，更没有现成答案。共同富裕是习近平经济思想的重要内容，为在新阶段促进共同富裕指明了前进方向、提供了根本遵循③。共同富裕是中国特色社会主义的本质要求，集中体现了我们党全心全意为人民服务的根本宗旨。2021 年 8 月 17 日，习近平主持召开中央财经委员会第十次会议，指出要"坚持以人民为中心的发展思想，在高质量发展中促进共同富裕，正确处理效率和公平的关系"④。可见，新发展理念下的高质量发展是促进共同富裕的重要途径。在新发展阶段，要实现共同富裕，就必须坚持以绿色发展推进高质量发展。"绿色发展"是五大发展理念之一，是以效率、和谐、持续为目标的经济增长和社会发展方式，是全球发展的重要趋势。绿色发展和共同富裕具有紧密的关联，推进绿色发展，对于实现共同富裕具有重要意义。

（一）包括绿色发展在内的高质量发展是推进共同富裕的必经之路

没有高质量发展，就没有共同富裕。我国第一个百年的奋斗目标只是全面建成小康社会，离富裕社会还有很大的差距，这一差距的缩小必须依赖于发展。发展经济、把"蛋糕"做大做好仍然是新阶段我国的重要任务。

绿色发展作为新发展理念的重要内容，在实现共同富裕的道路上不可或缺。绿色发展是工业革命以来最全面而深刻的发展范式的转变。新发展阶段

---

① 习近平：《高举中国特色社会主义伟大旗帜　为全面建设社会主义现代化国家而团结奋斗——在中国共产党第二十次全国代表大会上的报告》，人民出版社，2022，第 22 页。

② 《习近平谈治国理政》第 4 卷，外文出版社，2022，第 164 页。

③ 高培勇：《深刻把握促进共同富裕的基本精神和实践要求》，《人民日报》2022 年 8 月 23 日，第 11 版。

④ 《习近平谈治国理政》第 4 卷，外文出版社，2022，第 144 页。

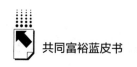

的绿色发展，不只是强调以效率提高、技术进步、产业升级为特征的发展方式转变，更强调包括发展理念、发展内容、发展方式在内的发展范式的深刻转变，从而将传统工业化模式下"环境与发展"之间相互冲突的关系，转变为相互促进的关系。

首先，生态环境本身就是生产力，保护和改善生态环境就是保护和发展生产力。保护生态环境，生产力就可以持续；破坏生态环境，生产力就失去基本的物质资料、生活资料，失去生产的生态安全屏障，发展生产力的前提也就不复存在。绿色发展理念高度重视对生态环境的保护，致力于实现人与自然和谐的现代化建设，构建科学合理的城镇化格局、农业发展格局、生态安全格局、自然岸线格局，推动建立绿色低碳循环发展产业体系。因此，推进绿色发展就是保护生态环境、保护和发展生产力。

其次，寻求生态产品价值实现、促进生态资源的产业化是推进绿色发展的重要内容，也是促进新兴产业发展、推动经济增长的重要方式和途径。生态资源具有较强的地域性，在不同空间里具有较大差异。众多独具特色的气候、水土、生物、景观等生态资源，已经成为发展生产的重要资源禀赋，以此为依托生产的产品和服务，具有较强的不可替代性和环境友好性。因此，生态要素日益成为影响生产函数的重要变量，参与商品和服务生产，从而推动实现高质量发展，而参与生产的生态要素理应获得相应的要素报酬。生态环境要素具有公共物品属性，环境面前人人平等，以生态环境为要素参与生产所实现的相应报酬属于生态要素的所有者。因此，生态资源的产业化是优化收入分配、促进共同富裕的重要动力。

（二）共同富裕是绿色发展的目标和导向

共同富裕是社会主义的本质要求，是坚持以人民为中心的发展思想的体现，是人民群众的共同期盼。贯彻新发展理念，推动高质量发展，归根结底是要实现全体人民共同富裕。但是，实现共同富裕并不仅仅是实现物质财富上的共同富裕，而是实现"五位一体"的全面富裕。庇古在《福利经济学》中明确提出了"经济福利"和"非经济福利"的概念。狭义层面的福利是指经济福利，而广义层面的福利包括经济福利和非经济福利，高质量发展包含绿色发展。因此，共同富裕必须是广义层面的，是建立在经济福利、政治福利、文化福利、社会福利、生态福利所构成的福利体系基础上的共同富裕①。共同富裕必须实现物质丰富、精神富足、生态美丽。这其中，绿色是共同富裕的底色。

绿色发展理念下的共同富裕将带来价值理念、经济核算体系、政绩观、消费理念等一系列变革。价值理念将从以 GDP 为中心转型到以民生福祉为中心，绿色发展的"指挥棒"得以明确，适合于绿色发展导向的国民经济增长核算体系得以构建。新的核算体系将回归高质量发展的本源，充分体现以人民为中心思想，努力实现从以生产总值为导向的目标转向以"人民福祉"为导向的目标上来。与此同时，以 GDP 为导向的政绩观将得以改变，各级政府部门工作考核办法需要进行相应改革，确保地方考核目标与中央制定的绿色发展战略目标相一致。大力倡导绿色政绩观，改变唯 GDP 的考核导向，将绿色发展作为考核评价发展绩效的新标尺，加快形成有利于绿色发展的体制机制。从民众角度看，个体福祉水平的评价不仅要体现物质生活的富足，还应体现"绿水青山"带来的身体健康和精神愉悦，追求大多数人的社会综合福祉最大化，而这也是绿色发展理念下实现共同富裕的要义所在。

二　一张蓝图绘到底：浙江生态文明理念
引领绿色共富之路

（　）"绿水青山就是金山银山"：生态文明理念引领实践

浙江生态省和绿色浙江的建设目标开始于 2002 年底，至今已经创建了 20 年时间，取得了举世瞩目的建设成就。在浙江省的发展历程中，始终贯彻了实现中国式现代化道路的六个坚持。回顾浙江从灰色发展到绿色发展、

---

① 沈满洪：《生态文明视角下的共同富裕观》，《治理研究》2021 年第 5 期。

从生态建设走向生态文明建设的成功探索，为中国式现代化道路提供了典型样板。一是立意高远、锐意实践，通过生态文明理念引领和制度建设，敢为天下先，先行先试，不断总结经验；二是秉承可持续发展理念，率先行动，通过腾笼换鸟、产业升级，走绿色发展和转型之路，持续推进环境、经济与社会的和谐发展；三是注重科学发展和系统发展观，让生态文明理念从政府到企业到全社会参与践行，服务型政府让政策能够真正落地，形成政府、市场和社会共同治理的合力。

浙江是中国革命红船起航地、改革开放先行地、习近平新时代中国特色社会主义思想重要萌发地。回顾浙江改革开放以来的发展，从灰色浙江到绿色浙江，从生态浙江到美丽浙江，在持续打造生态文明发展范式转型示范区的过程中，浙江进行了诸多探索和努力。最重要的经验，是始终有一条绿色发展的理念作为主线，引领着政策与实践不断创新和发展。在理念上，将"绿水青山就是金山银山""良好生态环境是最普惠的民生福祉""山水林田湖是一个生命共同体"作为最根本的发展遵循。在政策上，浙江省以"八八战略"为统领，坚持"一张蓝图绘到底，一任接着一任干"，把生态文明建设始终放在突出的引领地位，探索出了一条经济转型升级、资源高效利用、城乡均衡和谐的绿色高质量发展之路。

（二）"两山论"引领浙江生态省建设20年

其理论和思想渊源来自习近平提出的创新理念"两山论"。2005 年 8 月 15 日，习近平在浙江安吉余村考察时创造性地提出"两山论"，"我们过去讲既要绿水青山，又要金山银山，实际上绿水青山就是金山银山"[1]。在实践中对"两座山"之间关系的认识经过了三个阶段。第一个阶段是用绿水青山去换金山银山，不考虑或者很少考虑环境的承载能力，一味索取资源。第二个阶段是既要金山银山，但是也要保住绿水青山，这时候经济发展和资

---

[1] 《让绿水青山造福人民泽被子孙——习近平总书记关于生态文明建设重要论述综述》，中国新闻网，https://www.chinanews.com.cn/gn/2021/06-03/9491414.shtml。

源匮乏、环境恶化之间的矛盾开始凸显，人们意识到环境是我们生存发展的根本，只有"留得青山在"，才能"不怕没柴烧"。第三个阶段是认识到绿水青山可以源源不断地带来金山银山，绿水青山本身就是金山银山，生态优势变成经济优势，形成了一种浑然一体、和谐统一的关系，这一阶段是一种更高的境界，体现了科学发展观的要求，体现了发展循环经济、建设资源节约型和环境友好型社会的理念①。

2003年7月，习近平在《求是》杂志发表署名文章《生态兴则文明兴——推进生态建设 打造"绿色浙江"》，提出了"生态兴则文明兴、生态衰则文明衰"这一著名论断②，指出以建设"绿色浙江"为目标，以生态省建设为载体和突破口，走生产发展、生活富裕、生态良好的文明发展道路。2003年8月，《浙江生态省建设规划纲要》发布，提出浙江生态省建设的总体目标：充分发挥浙江的区域经济特色和生态环境优势，转变经济增长方式，加强生态环境建设，经过20年左右的努力，基本实现人口规模、素质与生产力发展要求相适应，经济社会发展与资源、环境承载力相适应，把浙江率先建设成为具有比较发达的生态经济、优美的生态环境、繁荣的生态文化、人与自然和谐相处的可持续发展省份。具体工作分三个阶段推进，即2003~2005年为启动阶段，2006~2010年为推进阶段，2011~2020年为提高阶段。

工业化导致的环境污染和破坏，倒逼浙江从依靠高耗能高污染的灰色工业转向低碳绿色高科技产业主导的绿色发展战略。浙江持续推进生态省建设的战略蓝图，生态环境治理从"五水共治"，到加强绿色基础设施建设、生态修复和生态补偿机制，生态经济转型从发展节能环保产业、特色农业等生态产业，到创新生态产品价值实现试点、推动科技攻关和体制创新实验区建设、制定双碳目标等，在国内制定了许多具有开创性的政策并进行了相关实

---

① 习近平：《干在实处 走在前列——推进浙江发展的思考与实践》，中共中央党校出版社，2016，第198页。

② 习近平：《生态兴则文明兴——推进生态建设 打造"绿色浙江"》，《求是》2003年第13期。

践。例如，据"2016年生态文明建设年度评价结果公报"，浙江省排名前三。《绿色之路——中国经济绿色发展报告2018》浙江排名各省第一，报告指出"浙江的经济发展与资源环境的协调度高"。2019年6月，浙江生态省建设通过了生态环境部验收，建成中国首个生态省，在实现了地区国民生产总值快速增长的同时，生态环境质量持续提高，资源能源消耗大幅降低，生态文明制度创新领跑全国，绿色发展处于领先水平。

（三）一张蓝图绘到底：从生态浙江到美丽浙江

浙江省开展生态省建设近20年来，不仅完成了生态环境保护的使命，而且随着时代发展，也将生态建设提升到生态文明建设的新阶段。2014年5月，《中共浙江省委关于建设美丽浙江创造美好生活的决定》指出，建设美丽浙江、创造美好生活，是建设美丽中国在浙江的具体实践，也是对历届政府提出的建设绿色浙江、生态省、全国生态文明示范区等战略目标的继承和提升。"两美"浙江要坚持生态省建设方略，把生态文明建设融入经济建设、政治建设、文化建设、社会建设的各个方面和全过程。2018年5月，浙江省人民政府印发《浙江省生态文明示范创建行动计划的通知》，提出更高水平推进美丽浙江建设和生态文明示范创建，继续当好美丽中国示范区的排头兵①。主要目标为：到2020年，高标准打赢污染防治攻坚战；到2022年，各项生态环境建设指标处于全国前列，生态文明建设政策制度体系基本完善，使浙江省成为实践习近平生态文明思想和建设美丽中国的示范区。2021年5月，《中共中央　国务院关于支持浙江高质量发展建设共同富裕示范区的意见》进一步提出推动生态文明建设先行示范，高水平建设美丽浙江，支持浙江开展国家生态文明试验区建设，绘好新时代"富春山居图"②。

从生态浙江到美丽浙江，塑造了浙江版的现代化"美丽中国"。"美丽

---

① 《浙江省人民政府关于印发浙江省生态文明示范创建行动计划的通知》，浙江省人民政府网站，https://www.zj.gov.cn/art/2018/5/11/art_1229019364_55318.html。
② 《中共中央　国务院关于支持浙江高质量发展建设共同富裕示范区的意见》，《人民日报》2021年6月11日。

中国"愿景立足于时代转折点，是对中华民族生长于斯的大地所承载的自然之美、人文之美、政治之美的统合。浙江省以建设绿色共富国家生态文明试验区为目标，将浙江的山水自然、历史人文、科技创新转化成新的生产力，蕴含在从生态建设到生态文明建设的战略进程之中。以2003年的"八八战略"为发端，二十年来坚持践行"生态惠民利民为民"理念，创新生态产品价值实现转化路径；在生态环境治理机制方面率先探索河长制、五水共治、生态补偿等创新机制，在城乡协同治理方面，以美丽人居和生态建设引领城市更新、以生态资本激发新集体主义经济，激发民间创新动力源泉历久不衰。

"美丽浙江"建设不仅密切衔接党的十九大美丽中国的战略部署，而且对标联合国2030年可持续发展议程的核心目标，在建设过程中不仅要实现"天蓝、地绿、水净"的生态美，还前瞻性地瞄准了"人美、民富"等社会共美共富目标，率先走出了一条生态文明的新道路。2018年，浙江省全面实施富民强省十大计划，秉持"干在实处、走在前列、永立潮头"的浙江精神，努力建设中国生态文明和美丽中国的先行示范区。生态保护意识培育了美丽家园意识，并通过"绿色共富"提升为生命共同体意识。多年的生态环境治理和保护起到了持续改善人居环境的良好效果，通过美丽幸福城乡建设、"千村示范、万村整治"、"数字国土空间"建设等一系列工程，形成全过程、全方位、全社会美丽浙江治理体系。其中，"千村示范、万村整治"工作已持续推进近20年，塑造了优美城乡人居环境，让美丽浙江的目标成为现实；杭州、绍兴、安吉等一系列城市乡镇获得联合国人居贡献奖，为浙江省推动全域旅游、实现绿色共富等目标奠定了扎实的基础。

三 浙江建设生态文明和绿色共富示范区的创新路径

（一）构建生态经济体系，推动经济社会全面绿色转型

生态经济学有三个基本政策目标：可持续规模、公平分配、有效配置。

生态经济学强调社会经济子系统的发展不能超过生态子系统的承载容量，实现可持续发展就是保持社会经济子系统与生态子系统之间的协同进化。一个可持续的生态经济体系，首先必须解决公共资源的开放性使用（公地悲剧）、生态公共物品的可持续增长、经济发展的生态系统阈值三大难题。传统经济学以国民生产总值（GDP）作为一国国民财富的象征，自然资源被当作几乎免费的初级产品和原材料投入，而生态系统服务提供的诸多非经济福利则难以体现。浙江两山论引领生态文明建设取得的丰硕成果，充分体现了"绿水青山就是金山银山""良好生态环境是最普惠的民生福祉"的生态红利效应。

浙江作为"高质量发展建设共同富裕示范区"，在转变经济发展方式、构建绿色经济新动能方面走在了全国前列。2017 年 2 月，浙江发改委印发了《浙江省绿色经济培育行动实施方案》，提出以"八八战略"为总纲，持续壮大绿色经济产业规模，不断增强生态环境友好型的发展新动能，为高水平全面建成小康社会和"两美"现代化浙江建设提供坚实支撑。

1. **腾笼换鸟，绿色俊鸟引领产业生态化**

进入 21 世纪新时期新阶段，人多地少资源有限的浙江，意识到化解经济发展与环境保护两难问题的唯一出路就是"腾笼换鸟"。2004 年习近平敏锐地在省委专题学习会上指出，"以'腾笼换鸟'的思路和'凤凰涅槃'、'浴火重生'的精神，加快推进经济增长方式转变"[1]，"努力培育'吃得少、产蛋多、飞得高'的俊'鸟'"[2]。"凤凰涅槃"就是要拿出壮士断腕的勇气，摆脱对粗放型增长的依赖；"腾笼换鸟"就是要主动推进产业结构的优化升级，积极引导发展高效生态农业、先进制造业和现代服务业。发扬浙江人勇闯天下的精神，跳出浙江发展浙江，按照统筹区域发展的要求，积极参与全国的区域合作和交流，为浙江的产业高度化腾出发展空间；把

---

[1] 习近平：《干在实处　走在前列——推进浙江新发展的思考与实践》，中共中央党校出版社，2016，第 76~77 页。

[2] 习近平：《干在实处　走在前列——推进浙江新发展的思考与实践》，中共中央党校出版社，2016，第 61 页。

"走出去"和"引进来"结合起来，引进优质的外资和内资，促进产业结构的调整，弥补产业链的短项，对接国际市场，培育俊鸟①。

浙江省通过不断深化经济体制改革、创新机制，不断提高全要素生产率，促进实体经济高质量发展。以全国经济百强县级市之一的嵊州市为例，该市长期以领带服装、厨具电器、机械电机为代表性传统产业，体量一度超过嵊州工业经济总量的70%。2020年以来，嵊州市对工业园区（平台）和电机、家具等8个重点行业（"8+1"）开展全面规范整治提升。通过承接来自杭州、宁波等都市区的产业溢出，打造了临杭高端装备智能制造产业园、联甬产业园、多肽产业园、绿色建筑产业园等高能级平台，有效实现区域产业链条式拓展。

2. 促进生态产业化进程，在国内首推生态产品价值实现机制

发展生态文明和生态经济首先需要着力破解绿水青山度量难题，实现生态产业化发展。浙江加快探索完善GEP核算应用体系，彰显生态产品价值。浙江省在全国率先开展了生态产品价值实现的机制试点，率先开展丽水市、县、乡、村四级GEP核算。同时，通过在遂昌、开化、天台、仙居等浙江省第一批大花园示范县创建单位和淳安特别生态功能区等11个县（市、区）开展核算试点，破解绿水青山抵押难题，丰富绿色金融政策工具，支持银行机构创新金融产品，激活沉睡的生态资产，深化"两山合作社"试点建设。

浙江开创性地建立"两山合作社"，对大量"沉睡"的农村存量资产、生态资源、人文资源等进行确权、登记、收储等，将碎片化的资产、资源进行重整，实现存量资产、生态资源的价值创新与再造。例如，安吉在全国率先成立的"两山合作社"借鉴银行分散式输入、集中式输出模式，把碎片化的生态资源进行规模化收储、专业化整合、市场化运作，把生态资源转化为优质的资产包。这种模式被形象地称为："存入"绿水青山，"取出"金

---

① 鲍洪俊、陈穆商：《走科学发展之路 向全面小康迈进（代表团之声）——访浙江省委书记、省人大常委会主任习近平代表》，《人民日报》2006年3月3日，第8版。

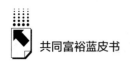

山银山。宁波市下辖的象山县，位于东海之滨，三面环海，两港相拥，通过加速推进海上"两山合作社"改革试点，积极探索海洋生态资源价值转换路径，让更多生态红利转化为富民资本，取得了丰硕成果。

3. 打造绿色低碳循环发展的生态产业体系

浙江是全国经济第四大省，能源对外依存度高，能源自给率不足10%，能源低碳化水平在沿海省份位居中游。为此，浙江大力推进低碳绿色的产业转型，建立完善生态经济体系，从技术、制度、市场等角度综合施策，更好地发挥制度优势、资源条件、技术潜力、市场活力，加快形成绿色新型产业结构、生产方式、生活方式、空间格局。首先，加强高碳低效行业治理。聚焦钢铁、建材、石油、化工、造纸、化纤、纺织七大高耗能行业，加快推动绿色低碳改造，差别化分解能耗"双控"目标，推动能源资源向优势地区、优势行业、优势项目倾斜，对高碳低效行业严格执行产能置换办法。其次，积极培育低碳高效新兴产业。加快数字经济、智能制造、生命健康、新材料等战略性新兴产业集群建设，选择一批基础好、带动作用强的企业开展绿色供应链建设，加快构建绿色制造体系，推动传统企业优化产品设计、生产、使用、维修、回收、处置及再利用流程。最后，出台政策积极扶持和鼓励绿色产业。根据《绿色产业指导目录（2019年版）》，进一步明确绿色产业示范基地主导产业，不断提高绿色产业集聚度，推进绿色产业链延伸，扩大绿色产业规模。提升绿色产业竞争力，积极培育浙江省拥有自主品牌、掌握核心技术、市场占有率高、引领作用强的绿色产业龙头企业，支持符合条件的绿色产业企业上市融资，促进绿色产业基地上下游企业协同发展。

4. 智慧科技助力美丽国土空间规划

习近平总书记指出："规划科学是最大效益，规划失误是最大浪费。"[1]生态文明建设需要体现"天—地—人"生命共同体的和谐共生关系，国土空间规划则是体现这一科学系统发展观的重要落脚点。浙江在美丽浙江建设

---

[1] 《十八大以来重要文献选编》（下），中央文献出版社，2018，第81页。

工作中充分发挥了数字技术优势，打造美丽国土空间规划，为持续优化国土空间开发与保护奠定了基础。主要包括：一是优化省域主体功能区、重要生态系统和保护区的分布，构建生态安全格局；二是建设省域国土空间治理数字化平台，运用数字虚拟空间更好地管理自然空间、人造空间、未来空间，加强国土空间科学化、规范化、精细化治理，从而优化区域人口、资源和产业布局，形成新型和差异化城镇化发展策略，推动加快工农业、城乡之间协调发展。

《自然资源部关于支持浙江高质量发展建设共同富裕示范区意见的函》（自然资函〔2022〕540号）明确表示：支持建设国土空间治理数字化改革先行省，支持浙江率先打造国土空间整体智治省域样板。浙江省自然资源厅印发《浙江省"数字国土空间"建设方案》提出自然资源数字化改革方案和目标，到2025年，"一码管空间"改革覆盖自然资源全领域、全要素、全过程，全面形成"空间数字化、数字空间化、协同网络化、治理智能化"的整体智治新格局。按照急用先行原则，开展码上批地、规划协同、藏粮于地、地灾智治、天巡地查、不动产登记6大场景建设。到2025年底，全省基本形成纵向到底、横向到边、内外联通的自然资源数字化治理架构，助推省域国土空间整体智治、高效协同。

在具体实践中，浙江省各地市也结合自身特点和需求创造性地开发数字国土、美丽国土的规划技术，强化生态管控红线意识，实现美丽山水生态保护和生态经济发展。例如，临海市自然资源和规划局为解决基层防灾"最后一公里"问题，于2021年在全省率先开展1∶2000全域高精度地质灾害风险调查评价，全面摸清风险底数，科学划定风险分区，并以此为基础，创新应用"空间码"，全面关联地质环境、工程建设、不动产登记等多元数据，通过业务多跨协同，实现动态监测监控。推动地质灾害从"防"到"治"的再升级、再拓展，最终形成地质灾害防治全区域、全链条、全过程数智化闭环管理。丽水市将95%的国土空间划为生态功能保护区，建成国家首批生态文明试点示范城市，开创了一条独具特色的绿色发展之路，民众满意度也连续多年位居全省前列。为了守护绿水青山，丽水依托卫星遥感、

物联网监测和基层治理等"四平台",逐渐形成"天眼、地眼、人眼"结合的立体化、数字化、智能化监测网络,"天眼守望"数字平台覆盖了丽水全域及周边6个地市的大气实时监测,能够摸清污染来源,实现溯源分析,为污染联防联控以及本地精细化管控提供科学指导。

(二)推动区域绿色协作,助力全国共同富裕目标

区域协作是党中央着眼推动区域协调发展、促进共同富裕作出的重大决策。党的十八大以来,浙江省委、省政府深入学习贯彻习近平总书记关于区域协作工作的重要论述精神,始终坚持"绿水青山就是金山银山",将绿色发展理念融入区域协作发展全方位全过程,发挥了区域绿色协作助力共同富裕的示范引领作用,为绿色发展助力共同富裕提供了"浙江案例"。下文将介绍浙江省山海区域绿色协作、长三角生态绿色一体化协作、浙江省与中西部地区绿色协作的经验做法。

1.以山海区域绿色协作厚植共同富裕的生态底色

山海协作工程是习近平总书记在浙江工作期间,为加快浙江省欠发达地区发展、促进区域协调发展而作出的重大战略决策,是"八八战略"的一项重要内容。近年来,浙江省委、省政府沿着习近平总书记指引的道路,高质量实施山海协作工程,将其作为新时代破解区域发展不平衡不充分问题、推动山区26县跨越式高质量发展的重要举措。在2002年浙江省全面启动"山海协作"工程的基础上,2019年开始逐步打造"山海协作"工程升级版,更加注重将绿色发展理念融入山海区域协作,形成了区域绿色协作发展模式。升级版的"山海协作"工程根据绿色发展理念和高质量发展要求,将经济协作重点放在了加强生态农业、生态工业、文旅融合等生态经济、绿色经济上,更能够体现和发挥26个山区县的生态优势。在实施过程中将山海协作的重点聚集在生态产品价值的转化利用、生态资源补偿机制的构建以及生态产品的宣传、推介等方面,通过引入沿海地区的资本、技术,与山区26县的生态资源禀赋有机结合,在保护生态资源的基础上实现了经济的发展。自2019年以来,浙江省共实施山海协作产业合作项目近2000个,着力

推进将 9 个山海协作工业产业园打造成山区生态工业发展主平台，积极推进 18 个生态旅游文化产业园打造成大花园建设的标志性平台。

从地市层面看，各地区充分发挥"山""海"优势，依托山区良好生态资源优势，不断补齐生态产业发展的短板，助力生态经济高质量发展。例如，宁波市充分发挥自身开放优势、港口优势、市场优势、渠道优势，利用丽水、衢州、舟山、温州等山海协作地区生态优势、资源优势，聚集特色生态工业、高效生态农业开展产业协作。丽水市聚力平台建设、不断拓展绿色产业合作，全市共建生态类产业园 6 个，按照"一园多点""串珠成链"的模式推进。丽水还借助杭州、宁波、嘉兴、湖州、台州等市场优势，推进丽水生态农产品进入沿海市场，提高"丽水山耕"品牌知名度。"山海协作工程"极大地推动了浙江省的绿色共同富裕进程，也使浙江省成为全国居民人均可支配收入最高、城乡差距最小的省份。山海区域绿色协作模式从示范带动、政府引导到政府与市场双向互动，助力浙江省内区域平衡发展，为促进共同富裕提供了示范引领。

2. 积极为长三角践行"两山"论探索路径、提供示范

习近平在浙江工作期间，大力倡导、大力推动长三角一体化发展。长三角地区包括上海、浙江、江苏、安徽域内的几十个城市，是中国经济发展最活跃、开放程度最高、创新能力最强的区域之一，也是浙江开展区域协作的重点区域。2019 年，中共中央、国务院印发了《长江三角洲区域一体化发展规划纲要》，指出到 2025 年，长三角一体化发展将取得实质性进展，在科创产业、基础设施、生态环境、公共服务等领域基本实现一体化发展。同年，国务院批复同意《长三角生态绿色一体化发展示范区总体方案》；2020年，印发实施《长三角生态绿色一体化发展示范区国土空间总体规划（2021—2035 年）》。浙江省坚持"扬浙所长"，提出建好长三角城市群美丽大花园，捧好绿色发展金饭碗，全面拓展绿水青山就是金山银山的转化通道，推动生态优势转化为经济社会发展的持久优势，为长三角践行"两山"理念探索路径、提供示范。

在共建长三角生态绿色一体化发展示范区协作进程中，浙江省与相关地

区共谋生态环境领域重大事项，统筹推进生态环境共保联治，协同推进大运河文化带、宁杭生态经济带、杭黄生态廊道建设。浙江省注重统筹水资源、水环境、水生态治理，先行建立"一河三湖"联合河湖长制，明确对重点跨界水体实施联合监管、联合检测，健全数据共享、联合防控等举措，不断深化跨界治水合作机制。值得一提的是，十年前浙皖两省在全国率先开展新安江流域生态补偿机制试点，十年间安徽不仅从浙江省获得了57亿元补偿资金，还正在加快打通"绿水青山"向"金山银山"高质量转化的通道。浙江也横向复刻"新安江"模式，推广至省内八大水系和京杭运河的主干流或一级支流中的46个断面，实现了全省流域横向生态补偿全覆盖，构筑成了全省域水生态一体化治理网络。浙江省各地市也主动融入长三角生态绿色一体化战略，如丽水市立足生态最大优势，力推"丽水山耕""丽水山居""丽水山景"，着力打造长三角生态安全农产品供应地和生态旅游目的地，推动长三角生态"绿心"和经济"核心"心心相印、携手共进。

3. 推动绿色发展理念融入东西部区域协作

在新一轮东西部协作工作中，浙江省始终坚持"绿水青山就是金山银山"，与中西部地区携手一同促进绿色发展，重点打造产业协作、数字化转型、消费帮扶、文化交流和援派铁军五张"金名片"，将生态资源持续不断转化为发展红利，力争为东西部协调发展贡献出浙江力量，绿色发展的示范溢出效应持续释放显现。浙江把"五水共治""四换三名"① 等成功经验做法，移植、嫁接到帮助受援地发展的实践，影响和带动当地干部群众树立绿色发展理念，自觉在发展经济的同时保护生态环境。同时，浙江在受援地区有选择地承接东部产业梯度转移项目，高污染、高排放项目禁入，杜绝追求产值和唯 GDP 论，保护好受援地区的山山水水。例如，浙川两地充分发挥比较优势，积极培育高效生态农业，截至 2021 年，累计建成 405 个、100多万亩特色优势和生态高效农业生产基地；深化生态康养旅游和特色文化产

---

① "四换"是指腾笼换鸟、机器换人、空间换地、电商换市；"三名"是指大力培育名企、名品、名家。

业开发合作，积极宣传推介西部地区优质生态要素资源。浙江省始终坚持生态保护战略不动摇，通过"生态飞地"方式不仅输出产业，也输出生态观念，溢出效应日益明显。如浙江省宁波市奉化区萧王庙街道滕头村坚持以党建引领乡村振兴联合体为载体，以滕头乡村振兴学院为平台，首创"连锁滕头"发展模式，把滕头的绿色产业、发展理念、经营思路向外输送，在全国各地建立30多个"滕头飞地"①，不仅输出产业，也输出生态观念，"滕头飞地""溢出"到江西、安徽、湖北等全国十几个省份，投资建设园林苗圃基地的总面积相当于30多个滕头。

无论是"山海协作"工程所构建的区域绿色协作机制，还是东西部协作视域下的绿色协作机制，浙江省始终坚持"绿水青山就是金山银山"，将生态资源持续不断转化为发展红利，在保护生态的同时发展经济，浙江省区域绿色协作发展实践为推进绿色共同富裕提供了示范引领。

（三）"双碳"目标引领，促进浙江低碳绿色发展转型

习近平总书记指出，坚持绿色发展是发展观的一场深刻革命②。2021年12月，浙江省政府出台《关于加快建立健全绿色低碳循环发展经济体系的实施意见》，提出了2025、2030和2035年浙江绿色低碳循环发展的阶段性目标，为构建系统推进、数字赋能、创新引领、市场导向的绿色低碳循环发展经济体系、为高质量发展建设共同富裕示范区、争创社会主义现代化先行省奠定坚实基础。在强有力的制度保障之下，浙江绿色发展在产业结构升级、能源结构优化、绿色技术创新、碳市场与碳金融建设方面取得了一系列富有成效的改革经验，对全国的绿色发展范式变革起到了引领作用。

1. 在产业结构升级方面，数字经济已成为浙江绿色发展的主引擎

2021年，全省数字经济增加值达3.57万亿元，居全国第四，较"十三

---

① 《奉化区萧王庙街道滕头村党委书记傅平均：让"常青树"永葆活力》，中国宁波网，http://news.cnnb.com.cn/system/2021/06/30/030264147.shtml。

② 《习近平关于社会主义生态文明建设论述摘编》，中央文献出版社，2017，第38页。

五"初期实现翻番；占 GDP 比重达 48.6%，居全国各省（区）第一①。全国首创的"产业大脑+未来工厂"发展模式，以产业大脑探索数据价值化，以未来工厂引领企业组织形态变革，融合驱动生产方式转变、产业链组织重构、商业模式创新、产业生态重塑，提升制造业高端化、智能化、绿色化发展水平，推动了更多有条件的制造企业和产业集群实现"智造"升级。此外，"零碳园区"的概念在浙江各地多点开花，苍南依靠自身富集的可再生能源禀赋，提出打造零碳产业园；嘉兴响应"碳达峰、碳中和"对能源电力发展提出的新要求，建设嘉兴电力红船基地"零碳"智慧园区；"杭州亚运低碳氢电耦合应用示范项目"正式启动，成为浙江首个融合柔性直流、氢电耦合、多能互补的"零碳"绿色园区，等等。"零碳园区"建设兼具降碳与经济双重效益，为不同地区基于本地资源禀赋探索差异化的"双碳"实现路径和产业低碳转型方案提供了新的发展模式。

2. 在能源结构优化方面，能源清洁化水平明显提升

"十三五"时期，浙江煤炭消费占比从 52.4%降至 40.1%，清洁能源发电装机 5280 万千瓦，占比为 52.1%，提高 11.8 个百分点。在化石能源方面，浙江严格控制煤炭消费总量、新增耗煤项目，持续推进"煤改气"工程，发展清洁煤电，全省大型燃煤机组和地方燃煤热电机组超低排放改造全部完成。在可再生能源方面，浙江在风电、光伏方面具备显著优势，截至 2020 年底，全省累计核准海上风电项目 14 个，核准装机容量 408 万千瓦；全省累计建成光伏发电装机 1517 万千瓦，比 2015 年增长 827%。此外，全省城镇绿色建筑面积占新建建筑面积的比例达 96%，清洁能源公交车、出租车使用比例达 80%。能源利用效率也出现显著提高，2012~2021 年，浙江省单位 GDP 能耗累计下降 25.8%，以年均 3.7%的能源消费总量增速，支撑了年均 7.2%的 GDP 增速②。三门核电一期、

---

① 《浙江首次编制发布〈浙江省数字经济发展白皮书〉》，浙江网信网，https：//www.zjwx.gov.cn/art/2022/8/5/art_ 1694818_ 58871741.html。

② 《节能宣传月启动仪式！浙江节能降耗呈现浓厚"数改味"》，中国日报中文网，http：//ex.chinadaily.com.cn/exchange/partners/82/rss/channel/cn/columns/6ldgif/stories/WS62a97ddca3101c3ee7adaa5e.html。

舟山普陀6号海上风电、舟山新奥LNG接收站一期、浙江LNG接收站二期等工程等一批重大能源项目建成投产，有力地推动了浙江能源低碳绿色转型升级。

3. 在绿色技术创新方面，着力构建和完善高科技创新中心

2016年8月，杭州正式启动城西科创大走廊建设，2016~2020年，杭州城西科创大走廊产业增加值年均增长23%，高新技术产业增加值年均增长22.6%；启动实施国家重大科技基础设施项目"浙大超重力离心模拟与实验装置"、之江实验室、阿里达摩院、西湖大学、良渚实验室等重大创新平台建设；累计集聚人才突破45万人、全职院士59名、海外高层次人才8531人，正在成为具有国际水准的创新共同体、国家级科技创新策源地和浙江创新发展的主引擎。2022年2月，浙江启动首批6家省技术创新中心建设，即智能工厂操作系统技术创新中心、绿色智能汽车及零部件技术创新中心、高端化学品技术创新中心、现代纺织技术创新中心、CMOS集成电路成套工艺与设计技术创新中心和智能感知技术创新中心[1]。通过聚焦"互联网+"、生命健康、新材料三大科创高地建设，围绕产业链部署创新链、围绕创新链布局产业链，持续强化浙江绿色技术创新能力，建设全球先进制造业基地。此外，国家发改委同意在浙江设立全国首个国家绿色技术交易中心，以绿色技术交易为驱动力，引导技术创新，促进成果转化，加快构建市场导向的绿色技术创新体系。至2022年6月设立满一年以来，已促成189项绿色技术交易，交易额突破3亿元，撬动超百亿元绿色产业投资[2]，有效地促进了绿色技术成果转化落地。

4. 在碳市场与碳金融建设方面，勇于大胆探索、先行先试

2021年7月，浙江能源集团完成浙江全国碳配额交易第一单[3]；2022

[1] 《浙江启动首批6家省技术创新中心建设　加快打造创新策源地》，中国科学技术部网站，https：//www.most.gov.cn/dfkj/zj/zxdt/202203/t20220301_179582.html。

[2] 《189项技术成交额超3亿元　国家绿色技术交易中心晒出周年成绩单》，中国科技网，http：//www.stdaily.com/index/kejixinwen/202206/6592e659fd3442d0a28d38e1effd812e.shtml。

[3] 《浙能成交浙江碳交易首单》，光明网，https：//m.gmw.cn/baijia/2021-07/17/1302410913.html。

年 3 月，浙江纳入全国碳排放权交易市场配额管理的重点排放单位扩展至
153 家，标志着浙江利用市场机制控制和减少温室气体排放的步伐逐步加
快。衢州探索建立碳账户，率先从"碳维度"对经济主体进行价值评估，
2021 年有 27 家金融机构推出 34 个利率更具普惠性的碳金融产品，实现碳
账户贷款规模逾 70 亿元[①]。浙江 5 部门联合出台《关于金融支持碳达峰碳
中和的指导意见》，提出推进全省碳账户体系建设，到 2025 年末，实现排污
许可证重点管理企业全覆盖。2020 年初，中国人民银行丽水市中心支行、
丽水市发改委联合印发《关于金融助推生态产品价值实现的指导意见》，创
新以"生态贷"为代表的生态价值融资体系、以"两山贷"为代表的生态
信用融资体系、以"生态主题卡"为代表的生态支付结算体系，搭建生态
金融服务平台，探索金融助推生态产品价值实现路径，为加快实现丽水高质
量绿色发展提供金融支撑。

在近年来浙江绿色发展全面取得显著进展的同时，2022 年 2 月，浙江
省委、省政府发布《关于完整准确全面贯彻新发展理念做好碳达峰碳中和
工作的实施意见》，提出加快构建"6+1"领域碳达峰体系，设定了到 2030
年，经济社会发展全面绿色转型取得显著成效，二氧化碳排放达到峰值后稳
中有降；到 2060 年，绿色低碳循环经济体系、清洁低碳安全高效能源体系
和碳中和长效机制全面建立。

四　浙江绿色共富之路引领生态文明新时代的示范价值

（一）对全球可持续发展和南南合作的示范意义

浙江绿色发展助力实现共同富裕，不仅为中国式现代化的共同富裕之路
增添了先行地区的成功样板，也将为中国、全球可持续发展和南南合作提供

---

① 《打造双碳时代的基础设施：浙江衢州探索建设碳账户》，百家号·中国新闻网，https：//
baijiahao. baidu. com/s？id=1725556489659917383&wfr=spider&for=pc。

典型示范。工业革命后发达国家建立在传统工业文明基础上的现代化，虽然极大地推动了人类文明进程，中国亦是这种现代化概念的最大受益者之一，但这种基于传统工业化模式的现代化有其内在局限性，即不可避免地导致生态环境发展的不可持续，导致发展目的与手段的背离，难以最终实现全面提高人类福祉这一发展的根本目的。此外，也无法以此实现地球上所有人口共同繁荣的现代化，更遑论以此建立人类命运共同体。在实现第一个百年目标后，中国进入全面开启社会主义现代化建设新征程的新发展阶段，浙江将成为率先实现中国式现代化的排头兵。新发展阶段的绿色发展，实质是工业革命以来人类社会经历的最全面而深刻的发展范式转变，具有新的重大历史意义，也具有更新的内涵、目标和任务。浙江推进绿色发展、实现共同富裕，不是简单地重复发达国家在传统工业文明下一味追求物质财富、将环境与发展相对立的不可持续的发展模式，而是在绿色发展理念下对财富、价值进行重新定义，实现以绿色为底色的共同富裕，在中国和全球建立绿色发展助力共同富裕的范本。

（二）对中国式现代化道路的示范引领意义

浙江以其良好的经济社会发展基础、集中的政策先行先试优势，为全国其他地区开展"双碳"工作，走生态优先、低碳发展的绿色道路树立了典型示范。例如，2021 年 8 月以来，浙江省已启动两批省级低（零）碳试点创建活动，共有 80 个乡镇/街道、632 个城乡社区、18 个单位创建了低（零）碳与减污降碳协同试点；2022 年，浙江海盐县《零碳未来城发展规划》获批，成为全国首个零碳高质量发展示范区规划；2022 年 3 月，浙江发改委牵头开发的"浙江碳普惠"应用，是全国首个省级碳普惠应用，通过规范全省碳普惠核算标准体系和技术体系，为市民和小微企业的节能减碳行为赋予价值并建立激励机制，截至 2022 年 12 月初，注册用户已达 127 万人。2022 年 12 月，浙江省碳达峰碳中和工作领导小组发布 2022 年度绿色低碳转型典型案例，按照产业绿色转型、能源低碳发展、碳汇能力提升、综合集成改革、数字创新引领 5 个大类，"浙江碳普惠"入选全省 40 个优秀

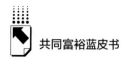

经典案例。浙江的绿色低碳转型之路，立足浙江、面向未来，为全国实现"双碳"目标、建设生态文明提供了创新思路。

浙江绿色发展助力实现共同富裕，是对区域性共同富裕的一次尝试。共同富裕模式从区域走向国家，再推广至全球，浙江的模式在空间上具有示范性，从而为在全球更大范围内以绿色发展推动共同富裕提供了鲜活案例。在工业文明下，虽然出现人类命运共同体的意识，但由于传统工业化模式具有不可持续的内在局限性，也就不可能以此模式为基础构建人类命运共同体。以中国式现代化实现中华民族的伟大复兴，则中华民族的伟大复兴就成为全世界摆脱不可持续的发展危机和实现共同繁荣的历史机遇。以浙江为先行的中国不只是在经济上赶超发达国家，更要以新的发展理念建立新的可持续发展模式，让全球共享繁荣成为可能。

B.6
党建引领共同富裕的浙江实践：
探索、路径与经验

摘　要： 党建引领对于中国式共同富裕道路具有重要意义。深刻领会和践行习近平总书记关于人民美好生活的重要论述，阐析浙江在迈向共同富裕道路上的比较优势和现实挑战，总结浙江高质量发展建设共同富裕示范区的进展及成效。浙江实践表明，中国式共同富裕道路的成功探索，关键在党。只有坚持党建引领，才能始终坚持以人民为中心的发展思想，才能坚持走群众路线，依靠人民、造福人民，合力助推全体人民共同迈向高质量发展、共同富裕的美好生活。

关键词： 党建引领　共同富裕　浙江

实现共同富裕是关系党的执政基础的重大政治问题。党的二十大报告指出："中国式现代化是全体人民共同富裕的现代化。"[1] 我们要始终把满足人民对美好生活的新期待作为发展的出发点和落脚点，在实现现代化过程中不断地、逐步地解决好这个问题。要自觉主动地解决地区差距、城乡差距、收

* 张树华，中国社会科学院政治学研究所所长，研究员，主要研究方向为中国政治、世界政治、比较政治；陈承新，中国社会科学院政治学研究所副研究员，主要研究方向为社会治理、公共政策。

[1] 习近平：《高举中国特色社会主义伟大旗帜　为全面建设社会主义现代化国家而团结奋斗——在中国共产党第二十次全国代表大会上的报告》，人民出版社，2022，第22页。

入差距等问题，坚持在发展中保障和改善民生，统筹做好就业、收入分配、教育、社保、医疗、住房、养老、扶幼等各方面工作，更加注重向农村、基层、欠发达地区倾斜，向困难群众倾斜，促进社会公平正义，让发展成果更多更公平地惠及全体人民。

中国共产党的领导是中国特色社会主义最本质的特征。党的集中统一领导是近百年奋斗历程中积累的宝贵经验，站在"两个一百年"历史交汇点上，无论是党带领人民全面建成小康社会，还是推动全体人民实现共同富裕取得阶段性成果，中国共产党始终是坚强的领导力量。坚持党的集中统一领导，是实现全体人民共同富裕的根本保证。基层党组织是贯彻落实党各项工作部署的战斗堡垒，是党的全部工作和战斗力的基础，坚持高质量发展建设共同富裕示范区，是实现全体人民共同富裕的必由之路。

一　习近平同志在浙江工作期间坚持高质量发展建设共同富裕的党建思想

（一）以人民观为根本遵循，为共同富裕的实践确立思想指导和政治基础

关于人民和人民群众的理论，构成了马克思主义思想体系中的人民思想，也是历史唯物主义的重要内容。中国共产党人不断继承和发展马克思主义人民思想，党的十八大以来，以习近平同志为核心的党中央结合中国特色社会主义事业发展实际，进一步深化了马克思主义人民思想的理论与实践内涵，强调落实以人民为中心的人民观。

习近平同志多次强调，"江山就是人民，人民就是江山"[1]，"让发展成果更多更公平惠及全体人民，不断促进人的全面发展，朝着实现全体人民共同富裕不断迈进"[2]，"让实现全体人民共同富裕在广大人民现实生活中更加

---

[1]　《习近平谈治国理政》第4卷，外文出版社，2022，第63页。

[2]　《十九大以来重要文献选编》（上），中央文献出版社，2019，第431页。

充分地展示出来"①。明确目标宗旨，高质量发展建设共同富裕示范区才会有明确的方向。进入新发展阶段，完整、准确、全面贯彻新发展理念，必须更加注重共同富裕问题。新发展理念中的共享是中国特色社会主义的本质要求，必须坚持发展为了人民、发展依靠人民、发展成果由人民共享，做出更有效的制度安排，使全体人民在共建共享发展中有更多获得感，增强发展动力，增进人民团结，朝着共同富裕方向稳步前进②。

一是开展科学发展观的学习、宣传、教育和理论武装，推进以人民为中心的共同富裕实践。习近平总书记在浙江工作期间，明确提出科学发展观是指导发展的根本指南，是"我们党对社会主义市场经济条件下经济社会发展规律认识的重要升华"③。科学发展观强调以人为本，坚持全面、协调、可持续，促进经济社会和人的全面发展，本质和核心是以人为本，"从理论上来认识以人为本的深刻内涵，应该把握三个基本方面：它是一种对人在社会历史发展中的主体作用与地位的肯定，强调人在社会历史发展中的主体作用与目的地位；它是一种价值取向，强调尊重人、解放人、依靠人和为了人；它是一种思维方式，就是在分析和解决一切问题时，既要坚持历史的尺度，也要坚持人的尺度"④。这深刻揭示了推动浙江共同富裕的本质内涵。

二是结合浙江实践创造性地提出"八八战略"这一总方略、总纲领，落实以人民为中心的科学发展观。坚持科学发展观，"根本要求是统筹兼顾，具体要求是'五个统筹'，即统筹城乡发展、统筹区域发展、统筹经济社会发展、统筹人与自然和谐发展、统筹国内发展和对外开放"⑤。习近平同志在浙江工作期间指出，"实施'八八战略'是科学发展观在浙江的生动

---

① 《十九大以来重要文献选编》（上），中央文献出版社，2019，第391页。
② 习近平：《全党必须完整、准确、全面贯彻新发展理念》，《求是》2022年第16期。
③ 习近平：《干在实处　走在前列——推进浙江新发展的思考与实践》，中共中央党校出版社，2016，第17页。
④ 习近平：《干在实处　走在前列——推进浙江新发展的思考与实践》，中共中央党校出版社，2016，第24页。
⑤ 《中国共产党第十七次全国代表大会文件汇编》，人民出版社，2007。

实践和具体体现"①，"实质上就是要追求全面协调可持续的发展"，成为推动浙江共同富裕建设的总方略、总纲领。为此，要"进一步发挥'八个优势'，推进'八项举措'的决策和部署，致力于在统筹指导下加快发展，在加快发展中实现统筹"，最终实现经济稳步协调发展，以及"经济发展基础上的社会全面进步和人的全面发展"②。习近平同志提出深入实施"八八战略"、把中央部署落实到全省经济社会发展的各项工作中去的具体要求，"始终坚持把不断提高城乡居民生活水平作为落实科学发展观、实施'八八战略'的出发点和落脚点"③。

三是创新民主政治建设，坚持走群众路线，不忘共同富裕初心。共同富裕没有旁观者，人人共建、人人有责、人人共享。习近平同志在浙江工作期间曾指出："我们党历来以实现和发展人民民主为己任。""共产党执政就是领导和支持人民当家作主，最广泛地动员和组织人民群众依法管理国家和社会事务，管理经济和文化事业，维护和实现人民群众的根本利益。"④ 同时，"只有把社会生活的基本方面纳入法治的调整范围，经济、政治、文化和谐发展与社会全面进步才有切实的保障，整个社会才能成为一个和谐的社会"⑤。为此，他始终高度重视发展社会主义民主法治建设，激发广大人民群众的政治参与积极性。

实现共同富裕必须走实群众路线。群众路线是党的生命线和根本工作路线。习近平同志在浙江工作期间要求广大党员干部"让百姓过上富裕安康幸福的生活，不断提高人民群众的生活水平和质量，是我们发展

---

① 习近平：《干在实处　走在前列——推进浙江新发展的思考与实践》，中共中央党校出版社，2016，第 500 页。
② 习近平：《干在实处　走在前列——推进浙江新发展的思考与实践》，中共中央党校出版社，2016，第 75 页。
③ 习近平：《干在实处　走在前列——推进浙江新发展的思考与实践》，中共中央党校出版社，2016，第 78 页。
④ 习近平：《干在实处　走在前列——推进浙江新发展的思考与实践》，中共中央党校出版社，2016，第 371 页。
⑤ 习近平：《干在实处　走在前列——推进浙江新发展的思考与实践》，中共中央党校出版社，2016，第 354 页。

的根本目的"①；既"要相信和依靠群众，又要教育和引导群众"②，"引导广大群众树立正确的发展观"③，要进行细致的研究和扎实有效的推进，真正落实"群众满意""走在前列""确有实效"的要求。④ 习近平同志在浙江工作期间关于巩固党执政的群众基础的论述，深刻揭示了实现共同富裕的出发点、主要方式和基本方法等重要问题。

用科学理论激发欠发达地区干部群众的昂扬状态，促进欠发达地区跨越式发展，这是推动浙江区域协调发展、实现共同富裕的核心。习近平同志指出，促进区域协调发展、实现区域共同富裕，难点在欠发达地区，特别是欠发达乡镇，他强调"现代化建设不能留盲区死角，实现全面小康一个乡镇也不能掉队。要进一步加大对山区、老区、少数民族地区和困难海岛等欠发达地区的扶持力度，加强区域协作，大力实施'山海协作工程'和'欠发达乡镇奔小康工程'，积极探索欠发达地区跨越式发展的新路子"⑤。

（二）巩固党执政的经济基础，为共同富裕的浙江实践夯实经济根基

一是统揽经济工作大局，掌握经济工作主动权，推进共同富裕在浙江的实践。习近平同志在浙江工作期间明确提出加强党对经济社会发展的全面领导，指出"党的建设是保证发展是第一要务、发展是硬道理的一个必要的工作"，强调"进一步加强党对经济领域的领导，按照'把握方向，谋划全

---

① 习近平：《干在实处 走在前列——推进浙江新发展的思考与实践》，中共中央党校出版社，2016，第203页。
② 习近平：《干在实处 走在前列——推进浙江新发展的思考与实践》，中共中央党校出版社，2016，第532页。
③ 习近平：《干在实处 走在前列——推进浙江新发展的思考与实践》，中共中央党校出版社，2016，第515页。
④ 习近平：《干在实处 走在前列——推进浙江新发展的思考与实践》，中共中央党校出版社，2016，第465页。
⑤ 习近平：《干在实处 走在前列——推进浙江新发展的思考与实践》，中共中央党校出版社，2016，第207页。

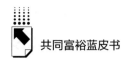

局，提出战略，制定政策，推动立法，营造良好环境'的要求"①，这更加明确了党委领导经济工作的主要职责和任务。

二是重视薄弱村的经济发展，千方百计发展村级集体经济，推进共同富裕在浙江的实践。千方百计发展村级集体经济，努力消除经济薄弱村，这是促进城乡一体化、推动实现城乡共同富裕的重要举措；建强基层党组织是为了更好地发展村级集体经济。习近平指出，"党的基层组织是党全部工作和战斗力的基础，"② 要围绕农业和农村现代化建设推进农村基层组织建设。他提出实施农村工作指导员制度，③ 从各级机关挑选一批高素质的党员干部下农村，基本实现每个行政村都派驻一位农村工作指导员，担当起农村政策宣传、上下信息沟通、群众信访调解、农民致富服务、组织建设监督等职责。

三是坚持两个"毫不动摇"，持续发展国有经济和民营经济，推进共同富裕在浙江的实践。公有制经济、民营经济等多种所有制经济在市场竞争中相互促进、共同发展，保持浙江体制机制的优势。习近平同志在浙江工作期间提出：我们将切实按照"两个毫不动摇"的要求，进一步推进浙江国有经济再创新优势④，

---

① 习近平：《干在实处 走在前列——推进浙江新发展的思考与实践》，中共中央党校出版社，2016，第36~37页。

② 《习近平关于党的群众路线教育活动论述摘编》，党建读物出版社、中央文献出版社，2014，第12页。

③ 习近平：《干在实处 走在前列——推进浙江新发展的思考与实践》，中共中央党校出版社，2016，第434页。

④ 习近平：《干在实处 走在前列——推进浙江新发展的思考与实践》，中共中央党校出版社，2016，第81页。对于如何搞活国有经济，习近平提出："一是要全面完成以产权制度改革和转换职工劳动关系为主要内容的国有、城镇集体企业改革，完善企业内部的分配激励机制，加强企业管理，进一步完善法人治理结构，建立现代企业制度。二是建立健全省市两级权利、义务和责任相统一，管资产和管人、管事相结合的国有资产管理体制。三是加快国有经济布局的战略性调整，进一步'做优做强'国有经济。把推动国企改革和促进企业整合、增强企业活力结合起来，对现有国有企业，进行分类指导，发展壮大一批、优化重组一批、关闭退出一批。在重点领域和优势行业，加快培育一批具有国际竞争力的大企业大集团。四是大胆探索国有经济的多种实现形式。加大外资、民资进入，大力发展混合所有制经济。同时，加强对非经营性国有资产的管理，区别类型，深入推进事业单位改革。"参见习近平《干在实处 走在前列——推进浙江新发展的思考与实践》，中共中央党校出版社，2016，第86~87页。

推进浙江个私经济再上新台阶①，努力营造各类市场主体公平竞争的外部环境，着力提高国有经济和个体私营经济的整体素质，努力把公有制经济和非公有制经济统一于现代化建设的进程中，使各种所有制经济在市场竞争中发挥各自优势，相互促进，共同发展。

（三）巩固党执政的社会基础，为共同富裕的浙江实践厚植和谐社会土壤

和谐社会是共同富裕的内在要求，平安是推动共同富裕建设的必经之路。习近平同志在浙江工作期间把促进社会和谐稳定放在十分突出的重要位置，在加快经济建设的同时，高度重视和扎实推进政治、文化等方面协调发展；将"平安浙江"建设放在和谐社会构建中去部署，把"平安浙江"作为构建和谐社会的重要载体。

一是创造性提出"大平安"的理念。习近平同志在浙江工作期间曾指出，"'平安浙江'中的'平安'，不是狭义的'平安'，而是涵盖了经济、政治、文化和社会各方面宽领域、大范围、多层面的广义'平安'"②。习近平同志在浙江工作期间曾指出："抓经济促发展是政绩，抓稳定保平安同样也是政绩。各级党政领导要切实承担起'促一方发展'、'保一方稳定'的政治责任，主要领导负总责，亲自抓，分管领导具体抓，班子成员协助

---

① 习近平同志提出实现民营经济新飞跃，要着力推进"五个转变"，实现"五个提高"，即"从主要依靠先发性的机制优势，向主要依靠制度创新、科技创新和管理创新转变，提高民营经济的综合实力和国际竞争力"，"从主要集中在传统制造业和商贸业，向全面进入高技术高附加值先进制造业、基础产业和新兴服务业转变，提高民营经济的产业层次和发展水平"，"从主要依靠国内资源和国内市场，向充分利用国际国内两种资源、两个市场转变，提高民营经济的外向发展水平"，"从现有的块状经济、小规模经营逐步向更高层次的集群化、规模经营转变，提高民营经济的集约化和规模化水平"，"从比较粗放的经营方式向更加注重信用、质量、生态和遵纪守法的经营方式转变，提高民营经济的整体素质和可持续发展水平。"参见习近平《干在实处　走在前列——推进浙江新发展的思考与实践》，中共中央党校出版社，2016，第94~97页。

② 习近平：《干在实处　走在前列——推进浙江新发展的思考与实践》，中共中央党校出版社，2016，第235页。

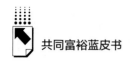

抓，形成打造'平安浙江'的领导合力。"① 二是注重维护和实现社会公平正义。公平和正义是社会文明和进步的重要标志，是维持社会稳定的深层次基础。习近平同志在浙江工作期间曾指出："要认真贯彻效率优先、兼顾公平的原则，在不断激发全社会创造活力的同时，把维护和实现社会公平正义作为构建和谐社会的重要环节，综合运用多种手段，依法逐步建立社会公平保障体系，使全体人民共享改革发展的成果，使全体人民朝着共同富裕的方向稳步前进。"②

（四）巩固党执政的文化基础，为共同富裕的浙江实践涵养文化自信

共同富裕既包括物质富裕，也包括精神富裕。习近平同志在浙江工作期间曾指出："经济发展以社会发展为目的，社会发展以人的发展为归宿，人的发展以精神文化为内核。文化与教育、科技、卫生、体育等事业，集中体现了社会全面进步和人的全面发展的要求。"③ 大力发展先进文化是共同富裕的内在要求，也是巩固党执政的重要基础。以文化创新推动思想进步，以文明提升推动社会进步，以先进文化助力共同富裕。

一是解放和发展文化生产力。习近平同志在浙江工作期间曾指出，"文化生产力是社会生产力的重要组成部分。""文化的力量最终可以转化为物质的力量，文化的软实力最终可以转化为经济的硬实力。"④ 二是激发文化的思想凝聚力。充分发挥浙江的人文优势，积极推进文化与经济的互促共进，不断激励广大党员干部和群众始终保持昂扬向上、奋发有为的精神状

---

① 习近平：《干在实处 走在前列——推进浙江新发展的思考与实践》，中共中央党校出版社，2016，第274~275页。
② 中共浙江省委理论学习中心组：《中国特色社会主义在浙江实践的重大理论成果》，《浙江日报》2014年4月4日。
③ 习近平：《干在实处 走在前列——推进浙江新发展的思考与实践》，中共中央党校出版社，2016，第291页。
④ 习近平：《干在实处 走在前列——推进浙江新发展的思考与实践》，中共中央党校出版社，2016，第294页。

态，不断增强社会发展的生机和活力。三是增强文化公共服务能力。习近平同志在浙江工作期间曾指出："推进文化大省建设就是要把发展先进文化的要求落实到文化建设的各项工作中，建立科学的文化体制，创造丰富的文化产品，提供优良的文化服务，实现好维护好发展好人民群众的文化利益。"[①]

（五）巩固党执政的组织基础，为共同富裕的浙江实践提供组织保证

地方党委政府是地方发展，特别是欠发达地区发展的领导者，健全的领导机制、完善的领导本领是地方实现高质量发展和共同富裕的体制保障。

一是强调县级党委政府的转承作用，推动城乡统筹发展。县级政权在我国政治体系中起着承上启下的作用。习近平指出："一个县就是一个基本完整的社会。"[②]"现在，县级政权所承担的责任越来越大，需要办的事情越来越多，尤其是在全面建成小康社会、全面深化改革、全面依法治国、全面从严治党进程中起着重要作用。"[③] 浙江省县域经济发达，在建设社会主义新农村过程中起着关键作用，是统筹县乡协调发展、实现共同富裕的关键环节。在习近平同志主政浙江期间启动的第四轮强县扩权试点中，县级党委政府经济社会管理权限进一步扩大，除规划管理、重要资源配置、重大社会事务管理等经济社会管理事项外，基本上具备了地级市政府所具有的权限，这为县域高质量发展和共同富裕奠定了制度基础。

二是重视乡镇党委政府的基础作用，推动"技能型政府"建设。乡镇是我国基层的政权，也是指导农村发展、建设社会主义新农村的领导核心。从2004年5月开始，浙江省庆元县开展"培养技能型干部、建设技能型政府"活动，围绕工作重心下移和服务模式创新，乡镇党委和政府把自身在新时期的主要职能定位在服务经济发展、管理社会事务、提供公共服务、维

---

① 《从加快建设文化大省到努力建设文化浙江》，《浙江日报》2017年8月21日。
② 《习近平谈治国理政》第2卷，外文出版社，2017，第140页。
③ 习近平：《做焦裕禄式的县委书记》，中央文献出版社，2015，第3页。

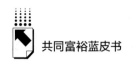

护社会稳定和加强基层党建五个方面，充分发挥了党委政府在新农村建设中的主导作用。

三是强调村级治理主体的战斗堡垒作用，推动乡村振兴。农村基层党组织是动员农民群众推进工程建设的前沿指挥者和组织者。实践证明，凡是新农村建设走在前列的村，都有一个强有力的村级党组织。

四是重视干部、重视人才。群众看党，首先看基层干部。习近平同志在浙江工作期间对欠发达地区领导班子和干部队伍建设提出了"提高领导水平和工作能力"① 和"保持良好的精神状态"② 的要求。人才问题是关系共同富裕目标能否实现的重大问题。

习近平同志到浙江不到 3 个月跑遍全省 11 个市，15 个月跑遍全省 90 个县市区。基于大量和深入的调查研究，习近平同志在浙江工作期间谋划的上述一系列战略部署深刻地反映了浙江经济社会发展的内在规律，符合浙江的实际，也为推动浙江实现城乡和区域均衡发展、走向共同富裕奠定了扎实基础。

二　以人民为中心、坚持高质量发展建设共同富裕示范区的党建探索

面对新时代我国社会主要矛盾的变化，始终坚持人民立场是中国共产党的根本政治立场，坚持立党为公、执政为民，把实现人民幸福作为发展的目的与归宿，把满足人民日益增长的美好生活需要作为党和国家各项工作的重点，不断阐明高质量发展建设共同富裕示范区的奋斗目标与价值取向。在人民观的指引下，浙江坚持以习近平新时代中国特色社会主义思想为指导，以人民为中心，紧紧围绕忠实践行"八八战略"、奋力打造"重要窗口"主题主线，紧紧围绕争创社会主义现代化先行省目标任务，深入贯彻新时代党的

---

① 习近平：《干在实处　走在前列——推进浙江新发展的思考与实践》，中共中央党校出版社，2016，第 523 页。
② 习近平：《之江新语》，浙江人民出版社，2007，第 177 页。

组织路线，突出构建党建统领的整体智治体系，大力推动党的建设和组织工作高质量发展，各项重点任务取得明显进展，交出了组织路线服务政治路线的高分答卷。

（一）以政治建设为统领，坚持高质量发展建设共同富裕示范区的政治引领

以政治建设统领高质量发展建设共同富裕示范区，没有改马克思主义之旗，易科学社会主义之帜，完全符合马克思、恩格斯、列宁的理论指导。党的政治建设是党的根本性建设，事关统揽推进伟大斗争、伟大工程、伟大事业、伟大梦想，决定着高质量发展建设共同富裕示范区的根本方向。坚持以党的政治建设为统领，把政治标准和政治要求贯穿高质量发展建设共同富裕示范区全过程，始终带着强烈的政治担当、特殊的深厚感情，坚定不移沿着习近平同志指引的道路前进，为高质量发展建设共同富裕示范区提供坚强政治引领。

浙江省委始终坚持以政治建设为统领，"五强"领导班子建设扎实有效推进。制定出台《关于加强各级领导班子政治建设的若干意见》，召开省管领导班子政治建设座谈会，着力打造维护力、引领力、担当力、服务力、廉洁力"五强"领导班子。

一是突出全员覆盖加强忠诚教育。深入实施"习近平新时代中国特色社会主义思想教育培训计划"，省级层面举办新思想进修班、轮训班20期，培训4600多人次。把贯彻落实习近平总书记重要指示批示精神作为根本着力点，健全经常性回头看、专题督察问责机制，出台巩固"不忘初心、牢记使命"主题教育成果实施意见，切实提高党员干部政治判断力、政治领悟力、政治执行力。

二是突出党政正职配强各级班子。制定实施《关于贯彻落实〈2019-2023年全国党政领导班子建设规划纲要〉的实施意见》，把打造结构优、功能强的战斗团队作为加强领导班子建设的重中之重。选优配强各级党政正职，注重从各条线、各领域选拔优秀人才。扎实开展第二批高校集中换届，

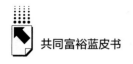
以此为契机对 42 所高校班子进行整体优化。省委全年共研究干部人事事项 12 批次 671 人次。

三是突出唯实惟先营造团队文化。省委召开全省抗疫总结表彰大会，隆重表彰 940 名省抗疫先进个人、300 个省抗疫先进集体和 159 名省优秀共产党员、100 个先进基层党组织。评选表彰第二批 117 名"浙江省担当作为好干部"、106 名全省"最美公务员"，充分激发干部队伍活力。召开 3 次省直单位厅局长工作交流会、县委书记交流会，进一步搭建争先创优平台、实绩赛马舞台。

（二）突出党的组织力提升，坚持高质量发展建设共同富裕示范区的组织引领

基层党组织围绕高质量发展建设共同富裕示范区的目标，发挥领导作用，强化政治引领，发挥党的群众工作优势和党员先锋模范作用，注重提升基层党组织的领导力、组织力，发挥好战斗堡垒作用，筑牢基层执政基础，从而为共同富裕示范区提供坚实的政治保障和组织保障。

浙江省委始终深入实施"组织力提升工程"，上下贯通、执行有力的组织体系一体构建。坚持大抓基层的鲜明导向，深入实施"组织力提升工程"，深化"整乡推进、整县提升"，着力推动我省基层党建全面进步全面过硬。2021 年浙江省基层党组织建设统计情况见表 1。

表 1　2021 年浙江省基层党组织建设统计情况

时间	项目	成果	
2021 年 1 月	村级组织建设	村社组织换届	2.4 万个
		共创强五星村党组织	4187 个
		新建改建村级场所	1830 个
2021 年全年	党员教育管理	新发展党员	9.45 万余名(35 岁以下占 80.58%，在校大学生占 48.8%，高知群体占 5.6%)
		处理问题党员	744 人

一是加强以村党组织为核心的村级组织配套建设和村党组织领导班子建设。一方面，实施"领头雁"工程，努力提高基层党组织的领导能力和工作水平。主动担起全国先行先试任务，适应"一肩挑"带来的基层治理体系深刻变革，奏响干中换、换中干。截至 2021 年 1 月，浙江全程全面高质量完成全省 2.4 万个村社组织换届，"一肩挑"率从 12.23% 提高到 98.43%。村社班子实现致富带头人、回引人才、大专以上学历、全日制大学生占比提升和平均年龄下降"四升一降"。着眼换届后高效运行，制定村级组织工作规则等"1+4"政策制度，全面开展履职大轮训、导师大帮带、全域大联盟，换届"一书一图一系统"、导师帮带制等经验推向全国。另一方面，各领域基层党建高标准推进。习近平同志在主政浙江期间启动的"前村示范、万村整治"是一项富民工程、生态工程、美丽工程，为实施乡村振兴、构建美丽中国提供了丰富的经验启示。其中，关键的一条就是重视发挥农村基层党组织的战斗堡垒和先锋模范带头作用，重视共产党员特别是村党支部书记的领头作用，重视加强对基层干部的培训和培养。浙江部署实施"百县争创、千乡晋位、万村过硬"工程，共创强五星村党组织 4187 个。实施村级班子整固、集体经济巩固、村级组织活动场所建设"三大提升行动"，新建改建村级场所 1830 个，90.5% 的行政村活动场所面积达 300 平方米以上。

二是探索城市党建新路，创造新业态、新群体党建。全面抓实"1+2"文件，深入开展"十街百社"大调研。统筹加强机关、国企、学校、公立医院党建，深入实施机关党支部建设提升工程，制定出台加强和改进国企党建《三十条措施》，开展高校"抓院促系、整校建强"铸魂行动，首次开展省级公立医院年度党建工作质量评价，不断强化各领域党组织的政治功能和组织力。"两新"组织党建也得到高起点深化。围绕"党建强、发展强"，持续深化"争双强、当先锋"工程，部署开展"迭代升级"三年创优行动，深入推进"三整一全"建设，探索加强快递业党建，700 多个小微企业园和 1 万平方米以上商务楼宇实现党组织应建尽建。全面整固提升 1203 家专业市场党组织，推动 1277 个小微企业园、5000 平方米以上楼宇、1 万平方米

以上商圈以及 1218 个省级社会团体党组织全覆盖。纵深推进新业态、新就业群体党建工作,在互联网平台企业、快递企业、货运物流企业新建党组织 871 个,组建新就业群体流动党员党支部 389 个、纳管流动党员 3744 名,推动建立综合性服务平台(站点)7283 个,引导 6.7 万名快递小哥到社区报到、参与基层治理。深入实施新生代企业家"双传承"计划,通过集中培训、导师帮带、直接联系、列席重要会议等方式,加强对新生代企业家的教育引领,近年来全省组织部门累计培训 3.2 万人次,帮助他们接好政治传承、事业传承之班。深入推进党建引领"共富工坊"建设,全省累计建成 3728 家,吸纳农民就业 24.5 万人,其中低收入农户 2.6 万人,人均月增收约 3000 元。

三是抓实党员教育管理。全年共新发展党员 9.45 万余名,其中 35 岁以下占 80.58%,在校大学生占 48.8%,高知群体占 5.6%。深入排查整顿农村发展党员违规违纪问题,在 11 个试点县发现并处理问题党员 744 人。深化党员分类管理试点,线上线下结合抓好党员队伍经常性教育管理。全面推进人才市场挂靠党员清理,各级人才市场挂靠党员降幅达 92.9%。

(三)加强高素质专业化干部队伍建设,坚持高质量发展建设共同富裕示范区的骨干引领

党员干部进一步明确肩负的使命和职责,充分发挥模范带头作用,坚持以思想上带、工作上带、组织上带为主,努力实现带头致富带富、带头文明创建、带头服务群众、带头转变作风、带头遵纪守法。

浙江省委始终全面深化"两个担当"良性互动,选人用人整体智治加快破题。着眼打造堪当新征程重任的干部队伍,深化"两个担当"良性互动机制,全面推进干部工作系统性重塑,谋划提出选人用人"一体系一平台三机制",大力推动形成能者上、优者奖、庸者下、劣者汰的鲜明导向。

一是全面立体透视识人察人。坚持把功夫下在平时,注重"口碑"考

察，注重在经济发展主战场、重大斗争第一线、服务民生最前沿考察了解干部。制定出台"2+3"考核办法，建立健全体现正确政绩观的考核指标体系，实施全领域高质量发展综合绩效考核，注重在重大斗争关键时刻考察考核干部表现，深入开展"两战"、推进经济稳进提质等专项考核，抓住"两头"评出表现优秀和表现一般的领导班子和领导干部。充分发挥考核指挥棒作用，结合"两战"专项考核，省级层面共提拔或进一步使用表现突出干部182名，各地共提拔重用983名，推动干部能上能下、能进能出，形成能者上、优者奖、庸者下、劣者汰的良好局面。

二是深化完善干部大监督机制。整合22家成员单位的干部监督信息资源，优化升级干部大监督系统，形成"2+6"架构体系，汇总运用各类监督信息16.2万余条次。配合做好中央巡视工作，深入推进选人用人专项检查和个人有关事项报告、领导干部违规兼职取酬等专项整治，对省管干部实行"红黄绿"三色动态管理。

三是全链条推进干部成长选育管用。围绕抓好后继有人这个根本大计，大力发现培养选拔优秀年轻干部。坚持集中调研和日常发现相结合，全省上下联动抓好年轻干部常态发现储备。2020年以来，连续举办6期省委党校中青班，培训年轻干部1600多名；省级层面连续组织开展3批年轻干部制度性交流，带动全省年轻干部大交流，有力推进"年轻干部到一线去、优秀干部从一线来"。实施"5年5000名"选调计划，创新选调方式，提高选调质量，吸引更多高校优秀毕业生到浙江工作。

四是着力打造高素质专业化公务员队伍。大力推动公务员工作与干部工作有效贯通，制定出台公务员录用、调任、转任、培训等实施办法，2022年四级联考招录公务员6030名，全省公务员队伍的年龄、性别、学历、专业、经历结构持续优化。持续推进职务与职级并行制度改革，深化法检人员分类管理改革，全面完成公安机关执法勤务、警务技术职级序列调整建立工作。全面完成机关事业单位人员"一件事"改革，惠及全省140万名机关事业单位人员，办件量突破290多万件次。

（四）加强清廉浙江建设，坚持高质量发展建设共同富裕示范区的作风引领

密切党群关系的一大关键是加强党自身的作风建设。党员干部树立和发扬好的作风，既严以修身、严以用权、严以律己，又谋事要实、创业要实、做人要实。要坚守政治底线、道德底线、权力底线、制度底线、法纪底线，常修为政之德，常思贪欲之害，常怀律己之心，以优良党风带政风促民风正家风，为高质量发展建设共同富裕示范区提供山清水秀政治生态环境。

浙江省委深入贯彻落实党中央关于全面从严治党各项决策部署，坚决扛起管党治党政治责任，扎实推进清廉浙江建设，有力推动全面从严治党、作风建设走向纵深。

一是打好纠治"四风"持久战，清风正气不断充盈。坚决整治形形色色的形式主义、官僚主义。驰而不息、深入治理贯彻党中央和省委决策部署只表态不落实、维护群众利益不担当不作为、敷衍塞责、弄虚作假、阳奉阴违等问题。全省共查处形式主义、官僚主义问题2442个，处理3566人，党纪政务处分1667人，同比分别增长30.9%、13%、68.9%。严肃查处嵊州、桐乡、乐清、临海有关领导干部在防范统计造假中的失职失责问题并予以通报，督促党员干部树立正确政绩观。推动落实省委为基层"持续减负40条"，着力解决文风会风不实不正、搞"指尖上的形式主义"、督查检查多等困扰基层的突出问题，切实让基层干部从繁文缛节中解脱出来。

坚决防止享乐主义、奢靡之风反弹回潮。高标准推动落实中央八项规定及其实施细则精神和浙江省"36条办法"，紧盯易发多发老问题和隐形变异新动向，常态化开展正风肃纪，严肃查处顶风违纪行为，持续释放"全面从严、一严到底"的信号。全省共查处享乐主义、奢靡之风问题2537个，处理3432人，党纪政务处分2455人，同比分别增长17.4%、5.7%、16.8%。开展整治餐饮浪费问题专项监督，培育"厉行节约、反对浪费"

的文明风气。持之以恒狠刹"会所中的歪风"，对占用公共资源的会所问题进行"回头看"，全省排查各类场所 86956 处，督促整改问题 403 个。开展"烟票"背后的"四风"问题专项整治，查处违纪违法问题 230 个，处理301 人，党纪政务处分 157 人。

二是坚持"三不"一体推进，腐败治理取得新成效。始终坚持"严"的主基调。保持惩治腐败高压态势不动摇，坚定推进"打虎""拍蝇""猎狐"。全省共立案 20791 件，党纪政务处分 19631 人，移送司法机关 798 人，其中县处级以上 73 人。制定实施《反腐败协调小组追逃追赃协调机制工作规则》，坚持有逃必追、一追到底，"天网行动"成功追回外逃人员 250 名，其中党员和国家工作人员 71 名、红通人员 3 名，追赃挽损 2.78 亿元。深化全省人防系统腐败问题专项治理，全省共查处人防系统腐败问题 90 个，处理 244 人，追回易地建设费 11.5 亿元。

做实做细以案促改。注重挖掘案件背后的深层次问题，充分运用纪检监察建议等方式，由"惩治极少数"向"管住大多数"拓展，实现查处一案、警示一片、治理一域的综合效果。全省共发出纪检监察建议书 3798 份，在健全基层财政资金监管机制、加强地方金融机构内部管理和外部监管、改进开发区和产业集聚区领导及管理体制等方面以案促治。对《浙江省党员领导干部防止利益冲突暂行办法》实施情况开展评估，推动完善制度，强化执行效果。制定下发《关于切实加强全省监狱系统纪检监察工作的实施意见》，组织开展"纸面服刑"问题线索大排查，推动开展集中清理专项工作，坚决遏制"高墙"腐败。

坚持"三个效果"的有机统一。深化运用监督执纪"四种形态"，发挥党性教育、政策感召、纪法威慑的综合效果，全省运用"四种形态"处理68110 人次，同比增长 6.21%，其中第一、第二、第三、第四种形态分别占比 69.77%、21%、4.26%、4.97%。坚持以案说德、以案说纪、以案说法，制作"警钟长鸣"专题警示教育片、"警钟 60 秒"系列短视频，举办具有全国影响力的清廉文化作品大赛，深入开展警示教育。在高压震慑和政策感召下全省共有 677 人主动投案，同比增长 73.6%。认真做好被问责和受处分

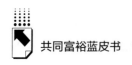

干部回访教育，常态化开展澄清正名，全省纪检监察机关共对 1205 名受到失实检举控告的干部进行澄清，查处诬告陷害行为 42 起 48 人。

三是努力打造清廉主体。清廉浙江建设横贯东西、串联南北，是全方位、无死角的清廉建设。要抓好重点，以清廉机关、清廉国企、清廉民企、清廉村居、清廉学校、清廉医院、清廉交通、清廉文化八个主体为建设示范点，努力推动清廉浙江建设全面发展、齐头并进。要毫不动摇地把成果推广到基层当中去，只有紧紧依靠基层力量，才能建设好、发展好清廉浙江。常态化实施"清廉村居建设"专项行动以来，全省范围内对各级党政干部的信访举报数量明显下降，反映出清廉浙江建设取得阶段性成效。

把握好村党支部书记和村委会主任责任一肩挑、任期延长的新机遇，要持续推广"枫桥经验""后陈经验"，确保村级监察联络站能够有效运转，推动县乡两级纪检监察机构良性互动，常态化推动纪检监察向下延伸，让广大村民在清廉村居建设中获得有保障的幸福感、满足感、安全感。

聚焦重点难点，关注关键领域，打造一些具备示范意义的清廉建设项目。例如，清廉交通建设要把清廉外化于行，贯穿整个建设周期，实现交通领域全覆盖；清廉医院建设要打造内部权力监督制度，树立良好医德作风，切实明确责任归属。要发挥浙江清廉文化的教化作用。浙江历史源远流长，底蕴深厚，弘扬浙江传统文化，发扬清廉浙江文化，提供清廉浙江文化产品与服务，努力营造尊廉崇廉爱廉的文化氛围。

（五）创新党政机关整体智治，坚持高质量发展建设共同富裕示范区的数字化引领

"数字化引领"是新时代党建引领的一大特色，努力把数字化的治理、思维、认知贯穿到党的领导和经济、政治、文化、社会、生态文明建设等高质量发展建设共同富裕示范区全过程，对共同富裕示范区的人事制度、体制机制、方式方法、办事流程等进行系统梳理、全面重塑，从整体上推动省域

经济社会发展和治理能力现代化，提供发展动能、提高发展质量，在根本上实现全省域一体化、协同化发展。

浙江省委聚焦党政机关，以加强党的全面领导、服务省委"总揽全局、协调各方"为主线，推进党政机关协同化、规范化改革，打造系统高效、权责分明的运行体系，保障党的全面领导在高质量发展建设共同富裕示范区中纵深推进。

浙江各县市纷纷结合自身实际，建立政务服务或群众工作服务的数字平台，"富春智联"等地方性平台以党政干部刀刃向内自我革命带动各方服务单位责任落实的方式，形成了一系列当地群众津津乐道的经验。

（六）完善领导基层治理，以服务促引领

重新畅通党政机关与社会、企业的沟通渠道，着力解决体制内外信息不对称、回应效率低、回复难的问题，实现党政机关与外部资源协同化布局。与此同时，重新协调企业与社会之间、企业与企业之间等多元主体之间交流机制，努力解决沟通成本高、交流存在壁垒的问题，实现全社会各主体全方位、一体化发展，实现全领域各要素协同化、制度化流通。

基层党建是基层治理的核心，坚持党对基层治理的全面领导是推进国家治理体系和治理能力现代化的基础性工作，坚持基层党建创新基层治理，能够激发社会治理"人人参与、人人尽责"的巨大活力。

党的十八大以来，习近平同志多次强调，要主动适应社会群体结构和社会组织架构的变化，推进基层党建工作创新，把加强基层党的建设、巩固党的执政基础作为贯穿社会治理和基层建设的一条主线。浙江省委始终围绕中心抓实党建工作，党的全面领导与高质量发展体系契合度不断提升。注重把党建融入发展，切实做到围绕中心找准定位主动服务、发挥优势精准服务、务实求实有效服务。浙江省基层治理成果部分数据统计情况见表2。

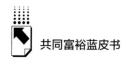

表2 浙江省基层治理成果部分数据统计情况

时间	项目	成果	
2020年2月	抗疫期企业帮扶行动	下沉村社机关党员人数	38.7万名
		驻企蹲点服务人数	7.7万名
		"一对一"帮扶工作组数	2817个
		党员捐款人数	360万名
		党员捐款数额	4.22亿元
		一线人员申请入党数	1.4万名
		一线人员火线入党数	6583人
		联系服务企业数	49.3万家
		驻企服务员、党建指导员数	4万名
2021年1月	干部专业化能力提升行动	举办专题班	102个
		培训干部	1.2万人次
		专业型干部配备比例	53.6%
2021年6月以来	干部专业化能力提升行动	举办市县领导干部专题研讨班	29期
		培训市县党政领导干部	3117人次
		举办基层干部培训班	1.38万个
		培训基层干部	64.93万人次

一是重视抗疫期利企助企。及时推出疫情期"暖心八条",创新开展"一人一帮扶",全省38.7万名机关党员下沉村社,7.7万名驻企服务员蹲点服务,2817个工作组"一对一"帮扶1.1万名一线医务人员,360万名党员捐款4.22亿元,1.4万名一线人员申请入党,火线入党6583人。在复工复产关键时刻,出台实施"助企八条",全面开展"抗疫情、促发展、当先锋"活动,推动各级领导干部联系服务企业49.3万家,4万名驻企服务员、党建指导员下沉企业开展服务,帮助解决问题29.7万个。叠加整合组织工作政策工具,全省共优先晋升职级1997人,对6784个集体、2.9万名个人给予表彰表扬或记功奖励。

二是加强重大战略的组织调配。制定实施强化各级领导班子配备"8条意见"，围绕"六保""六稳"等中心工作加强干部调配，大力选派优秀干部到东西部（扶贫）协作和对口支援合作地区工作，制定出台在助力受援地区决战决胜脱贫攻坚进一步激励担当作为的"若干意见"，目前在岗时间一年以上援派干部人才1799名，实施新"百人计划"和"千名干部交流互派工程"，选派100名省部属单位优秀年轻干部助力长三角一体化发展、舟山群岛新区（自贸区）建设等，开展省部属单位、发达地区与加快发展县（市、区）72山区26县226名干部互派挂职锻炼，完成101名"山海协作"工程挂职干部轮换，有力推动中央和省委重大战略实施。

三是增强党员干部队伍推进现代化建设新能力。深入实施"浙里共富善治"能力提升工程，围绕疫情防控、应急处突、数字化改革、共同富裕、乡村振兴、未来社区等主题，举办专题培训班29期，培训市县党政领导干部3117人次。深入推进新时代基层干部主题培训行动计划，采取省级示范培训、市级重点培训、县级普遍培训、部门专题培训方式，上下联动培训基层干部64.93万人次。在浙里学习平台、浙里干部之家"我的学习"场景上线"数字化改革引领全方位系统性变革""稳经济"等学习专题，更新各类专业化能力培训精品课程830余门，各级干部在线学习500多万人次。

（七）创新民主政治建设

一是听民声、解民意、汇民智、惠民生。习近平同志在浙江工作期间提出各地各部门要"把群众的呼声作为作风建设的第一信号"，他要求党的干部"一定要把群众的安危冷暖挂在心上，以'天下大事必做于细'的态度，真心诚意地为人民群众办实事、做好事、解难事"①。为此，浙江省一方面建立了各级平安建设领导小组，明确和细化各有关部门、单位的职责，形成了齐抓共管的格局，把平安建设的情况作为党政领导干部政绩考评体系的重要内容，促进了各级领导干部压实平安建设责任，为推进共同富裕提供了坚强有力的队伍保证。

---

① 习近平：《之江新语》，浙江人民出版社，2007，第26页。

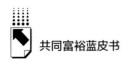

另一方面，在"大平安"基础上引领解决群众急难愁盼。重视城乡和区域的均衡发展问题，有效实施"山海协作""欠发达乡镇小康""百亿帮扶致富工程"，加大对山区、老区、少数民族地区和困难海岛等欠发达地区的支持力度。通过构建具有不同保障水准的多层次、全覆盖的社会保障体系，稳步实施以大病统筹为主的新型农村合作医疗和城乡医疗救助制度等，最大限度地使不同社会群体共享改革发展成果。

着眼于实现教育公平，统筹城乡教育发展，通过突出农村教育、开展合作办学等，推动基础教育均衡发展；建立城乡一体化趋势的现代医疗卫生服务体系，实施农民健康工程、社区健康促进工程、"强院"工程等，让全省人民享有公平、优质、高效的卫生保健服务。通过教育强省、科技强省、卫生强省和体育强省建设，浙江大大增强了文化公共服务能力，体现了精神层面共同富裕的浙江探索与实践。

二是提升公众参与共同富裕的积极性。共同富裕是广大人民群众共同参与的发展之路。习近平总书记强调要"切实疏通民主渠道，拓宽民主途径，丰富民主形式，以党内民主推动人民民主；要善于运用民主协商的方式解决人民内部的矛盾和问题，把矛盾解决在基层，解决在萌芽状态"①。浙江省委在发挥自身"总揽全局、协调各方"作用的基础上，从加强自我管理、凝聚执政合力、维护和谐稳定等方面着手，畅通了民意渠道，创新基层民主政治建设，推行和完善基层民主选举、民主决策、民主管理、民主监督，搭建起干部和群众双向互动的回应性沟通平台。围绕提升公众参与性的目标，浙江各地进行了大量的探索实践，包括诸暨引入基层协商民主的升级版"枫桥经验"以及村务监督的"后陈经验"、玉环的"民主听证会"、路桥的"民情夜谈会"、温岭的"民主恳谈"等，进一步保障群众的知情权、参与权、选择权和监督权。省委制度创新与地方探索实践的良性互动和相互结合，有效提升了浙江政府工作的回应性、透明性、参与性、有效性。

---

① 习近平：《干在实处　走在前列——推进浙江新发展的思考与实践》，中共中央党校出版社，2016，第427~428页。

三是提升人民群众参与共同富裕实践的能力。其一是为共同富裕实践加强人才储备。浙江注重地方政府教育资源的整合，加强对农村各类人才的培训，持续加大农村实用人才培训经费投入，形成多元化投资模式；创新选拔评价机制，积极吸收农村实用人才入党，定期选拔、表彰和奖励农村实用人才，帮扶实用人才发展。其二是为共同富裕实践营造创业干事的氛围。坚持党管媒体原则，完善新闻发布制度和重大突发事件新闻报道制度，加强对互联网等新兴媒体、传统媒体的领导和管理，严肃新闻纪律，做到"守土有责、守土有方、守土有效"，为共同富裕排除"杂音噪音"、唱响"和谐之音"。培育弘扬"求真务实、诚信和谐、开放图强"的浙江精神，以此激励全省人民"干在实处，走在前列"，为共同富裕的探索实践凝聚力量。其三是在民主参与实践中提升共同富裕实践能力。共同富裕要求全体人民按照社会主义公平与正义的原则来共同分享发展的成果，这一过程本身就包含发展社会主义民主政治的内在要求。浙江在全省建立规范的对话和协商机制，搭建多种形式的沟通平台，创新完善党政领导干部和人大代表、政协委员联系群众制度，建立健全领导下访、约访等制度。

三　浙江坚持以党建引领共同富裕的未来展望

加强党的领导。把党的政治建设摆在首位，增强"四个意识"、坚定"四个自信"、做到"两个维护"。把握党总揽全局、协调各方的总方针，把党的领导贯穿到推动共同富裕的全过程中。强化党政机关领导的思想政治建设。深入开展"百县千乡万村"乡村振兴示范创建，继续实施县级领导包乡走村政策。从省级层面出发，严抓落实，完善城乡基层党建机制，推进基层党组织建设，充分发挥基层党组织战斗堡垒作用和党员先锋模范作用。落实选人用人"一体系三机制"，推进干部队伍升级改造，打造一支忠诚度高、工作能力强、理想信念坚定的干部队伍，严格领导干部推进共同富裕的绩效考核，不断推进共同富裕的伟大征程。

建设清廉浙江。坚定实施全面从严治党，落实主体责任，着力打造干部清正、政府清廉、政治清明、社会清朗的清廉浙江，营造风清气正的政治生态。整合打造清廉机关、清廉村社、清廉学校、清廉医院、清廉国企、清廉民企、清廉交通等清廉主体，树立清廉文化排头兵。正风肃纪常态化，打造不敢腐、不能腐、不想腐的政治生态，毫不松懈纠治"四风"，努力推广"后陈经验"，大力肃清群众身边的腐败问题，让群众切实感受到公平正义。健全大监督工作体系，统筹把握"四项监督"制度，强化纪检监察与司法、税务、执法、会计、信访等监督的横向联络，把权力关进制度的笼子里，确保权责分明、权责透明，打造让人民放心的权力监督体系。

强化推进数字治理手段。以共同富裕为目标，强化政府、社会、企业、个人等多元主体之间的协同机制，努力使生产生活方式适配数字化治理新时代。整合数据资源，加快建设系统化综合数据平台，致力于数据共享，不断完善数字化治理手段。推进党和政府数字治理、智慧政务建设，构建全局一屏掌控、政令一键智达、执行一贯到底、服务一网通办、监督一览无余的数字化协同办公场景，促进党政机关治理智慧化、数字化发展。

建设数字政府智能应用，不断改进"浙里问""浙里帮"等应用，完善高效便民的服务体系、协同系统的治理体系、全面细致的监督体系，形成全方位、全天候数字化发展新格局。建设数字经济智能应用，以"产业大脑+未来工厂"为主要目标，推动全产业链、全价值链多方集合，促进资源流动、要素集合，大力发展数字产业。建设数字社会智能应用，以"城市大脑+未来社区"为主要目标，努力实现社区服务智慧化、社会治理智能化。推进数字法治综合应用建设，助力形成全社会学法、懂法、用法的浓厚氛围，实现科学立法、公正司法、科学执法的目标。推进数字化改革理论体系建设，努力建成具有中国特色的数字治理体制机制。重视保障数据安全，防范化解数字风险，努力建设系统化整体性网络空间安全发展新格局。

强化政策制度创新。按照共同富裕导向，推动全域政策制度整体性革新。聚焦重点方面、关键领域，出台配套政策。主动担责任、领任务，力创全国性改革示范点，努力在公共产品价值提升、科技革新、分配制度改革、区域协调发展、产业协调发展、数字化发展、绿色产品价值实现等领域深耕细作，力争实现政策性制度创新成果。

狠抓落实，形成体系。省委、省政府建立高质量发展建设共同富裕示范区领导小组，省委主要领导任组长。明确清单任务，提升工作效率。制定重点改革清单、重点任务清单，细化进度流程，压实压紧责任，追踪落实成效。建设智力支持系统，集全省之力打造智库平台，聘任省委智库顾问，为推动共同富裕示范区建设提供决策服务。各级党政机关坚定理想信念，敢于挑担子，勇于担责任，致力于实现共同富裕的美好蓝图而不懈努力，协同奋进。

鼓励争先，支持试验。有条件的地区可以率先实施创新性政策，进行本土化试验，勇于探索，争先实践，以点带面，提质扩面。建立最佳实践总结推广机制，在广泛实践的基础上，升华理论，形成浙江标本，向全国推广。深化实施"两个担当"交流机制，深度利用省内各级单位领导沟通平台，分享经验、总结教训、互通有无、共同进步，以良性用人机制引领干部勇立潮头、砥砺奋进、争先创优，建立健全识人察人用人考核人的系统化人事制度，完善干部激励制度，鼓励领导干部敢于人先、勇于试验。

完善考核机制。以"发挥八个方面的优势，推进八个方面的举措"为行动指南，坚持主客观结合，定量定性结合，高起点、高标准建立共同富裕示范区，建设评价考核体系，争取归纳总结共同富裕示范区考核要素，真实反映建设情况与进度，全面反映工作成效与质量，让人民群众在迈向共同富裕的征程中"看得见、摸得着、信得过"。实施动态考核机制，完善跟踪督察体系，将实现共同富裕成效如何作为党政机关有关干部绩效考核的重要方面。

团结群众，汇聚合力。坚持人民本位，支持劳动致富、鼓励创新致富，引导先富带动后富。奠定社会各主体实现共同富裕的坚实基础。充分发挥各级党政机关的引领作用，充分发挥各民主党派、工商联、无党派人士的积极作用，充分激发广大人民群众的内生动力，打造全体人民促进共同富裕的强劲引擎，团结全体人民共同奋斗、积极进取、凝心聚力，携起手来向着共同富裕的伟大征程不断迈进。

B.7
高水平开放推动共同富裕建设的浙江实践

姚枝仲　高凌云　陈逸豪*

摘　要： 在"八八战略"指引下,浙江在货物贸易进出口、利用外资和对外投资、对外经济合作等方面实现较快发展,为高质量发展建设共同富裕示范区打下坚实基础。建设共同富裕示范区试点以来,浙江采取了强化陆海统筹、升级山海协作工程等十项标志性措施,较好发挥了高水平对外开放对高质量发展和共同富裕的积极作用,提供了可资借鉴的浙江实践。浙江实践强调通过高水平开放促进区域协调发展、城乡一体发展、公平高效分配、市场活力释放和精神文明建设,推动共同富裕目标的实现,是对传统贸易理论视角下对外开放政策的丰富与完善,具有纲领明确、目标明确、重点明确和路径明确的鲜明特征,为实现共同富裕积累了宝贵经验。

关键词： 开放　高质量发展　共同富裕　浙江实践

以高水平对外开放推动高质量发展,不仅可以为共同富裕打下坚实物质基础,还可以为保障人民群众更好享有发展成果提供有效制度保证。浙江作为我国对外开放的先行省份和经济强省之一,在外贸、外资及与之相

---

* 姚枝仲,中国社会科学院世界经济与政治研究所党委书记、副所长、研究员,主要研究方向为宏观经济学、国际经济学;高凌云,中国社会科学院世界经济与政治研究所国际投资研究室主任、研究员,主要研究方向为国际投资、国际贸易、宏观经济;陈逸豪,中国社会科学院世界经济与政治研究所助理研究员,主要研究方向为产业组织理论、反垄断和规制经济学。

关的平台和制度体系建设等方面成绩突出。《中共中央　国务院关于支持浙江高质量发展建设共同富裕示范区的意见》于 2021 年 8 月正式发布。在之后的先行先试实践探索中，浙江坚持在高质量发展中推动共同富裕，制定实施《浙江高质量发展建设共同富裕示范区实施方案（2021—2025年）》，从十个方面以高水平对外开放推进高质量发展和促进全体人民共享高质量发展的成果，为实现共同富裕积累了宝贵经验，提供了可资借鉴的浙江实践。

一　浙江对外开放的现状

2020 年 3 月 29 日至 4 月 1 日，习近平总书记在浙江省考察时强调，浙江省要坚持以"八八战略"为统领，努力成为新时代全面展示中国特色社会主义制度优越性的重要窗口。浙江在"八八战略"指引下，充分利用国内国际两个市场、两种资源，坚持实施更大范围、更宽领域、更深层次对外开放，货物贸易进出口、利用外资和对外投资、对外经济合作等实现较快发展，实现了从外贸大省到开放大省、开放强省的跨越，为建设共同富裕示范区奠定了坚实的基础。

（一）对外贸易量增质优态势稳固

浙江省进出口贸易及其占全国份额的变动见表 1。

表 1　浙江省进出口贸易及其占全国份额的变动

单位：亿元，%

年份	进出口	出口	进口	进出口占全国份额	出口占全国份额	进口占全国份额
2015	21566.2	17174.2	4392.0	8.8	12.2	4.2
2016	22202.1	17666.5	4535.6	9.1	12.8	4.3
2017	25604.2	19446.0	6158.2	9.2	12.7	4.9

续表

年份	进出口	出口	进口	进出口占全国份额	出口占全国份额	进口占全国份额
2018	28519.2	21182.1	7337.2	9.4	12.9	5.2
2019	30832.0	23070.0	7762.0	9.8	13.4	5.4
2020	33838.3	25170.6	8667.7	10.5	14.0	6.1
2021	41429.0	30121.0	11308.0	10.6	13.9	6.5

资料来源：Wind 数据库。

从规模上看，表 1 显示，浙江省进出口总额由"十二五"末（2015年）的 21566.2 亿元增至"十四五"开局（2021 年）的 41429.0 亿元，位次也由 2015 年的全国第四进至全国第三；其中，进口由 4392.0 亿元增至 11308.0 亿元，出口由 17174.2 亿元增至 30121.0 亿元，出口规模连续十一年居全国第三位，进口规模居全国第六位。2021 年，进出口、出口、进口分别占全国总值的 10.6%、13.9%、6.5%。从结构上看，浙江省机电和高新技术产品出口占出口总额的比重分别由 2015 年的 42.1% 和 6.1% 升至 2021 年的 45.8% 和 9.0%；2021 年，服务贸易进出口总额达 5490 亿元，居全国第一方阵，是 2015 年的 2.0 倍；对"一带一路"沿线国家进出口 14226.8 亿元，占全省进出口的 34.3%，是 2015 年的 2.1 倍[①]。

（二）"引进来"和"走出去"结合紧密

一方面，高质量外资聚集地特色突出。从规模上看，浙江省新设外商直接投资企业从 2015 年的 1778 个增至 2021 年的 3547 个，年均增长 12.2%；外商投资企业总数从 2015 年的 32778 个增至 2020 年的 44024 个，占全国的比重也增加了 0.1 个百分点（见图 1）；合同外资和实际外资分别从 278.2 亿美元和 169.6 亿美元增至 385.2 亿美元和 183.4 亿美元，年均分别增长

———————————

① 数据来自浙江省商务厅。

5.6%和1.3%，实际利用外资规模居全国第五位①。从结构上看，第三产业已成为浙江省利用外资的主力，第三产业外商直接投资的项目数、合同外资和实际外资占比分别从2015年的76.8%、62.8%和57.1%提升至2020年的84.6%、72.0%和65.5%②。另一方面，"走出去"规模不断扩大。境外企业中方（浙江）投资额从2015年的54.0亿美元增至2021年的89.9亿美元，年均增长8.8%。截至2021年12月底，浙江省经审批核准或备案的境外企业和机构共11064家，累计中方（浙江）投资额达1003.93亿美元，涌现了吉利、青山等一批本土民营跨国企业，投资涉及全球151个国家和地区③。国外经济合作营业额从2015年的29.1亿美元增至2021年的79.9亿美元，年均增长18.33%；2021年末，对外承包工程和劳务合作在外人数为20541人④。

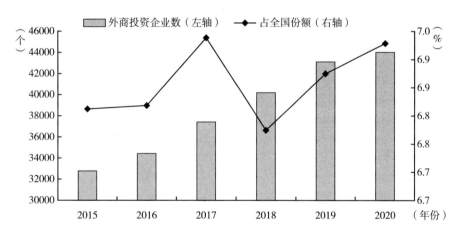

图1 浙江省外商投资企业数量及其占全国份额的变动

资料来源：Wind数据库。

---

① 《2021年1-12月浙江省各市外商直接投资统计表》，浙江省商务厅网站，http://zcom.zj.gov.cn/art/2022/2/28/art_ 1385125_ 58934895.html。

② 数据来自2016年、2021年《浙江统计年鉴》。

③ 《2021年全省对外投资统计快报》，浙江省商务厅网站，http://zcom.zj.gov.cn/art/2022/1/19/art_ 1389604_ 58934283.html。

④ 《浙江省国外经济合作情况汇总表（2021年1-12月）》，浙江省商务厅网站，http://zcom.zj.gov.cn/art/2022/2/28/art_ 1385129_ 58934902.html。

（三）开放平台能级不断提升

浙江建设高能级开放平台的步伐不断加快，"浙江自贸区+联动创新区+辐射带动区"的新格局逐步成型。首先，浙江自由贸易试验区于2017年4月1日正式挂牌成立，实施范围119.95平方公里，由陆域和相关海洋锚地组成，涵盖舟山离岛片区、舟山岛北部片区、舟山岛南部片区三个片区。2020年8月30日，中国（浙江）自由贸易试验区在全国率先实现赋权扩区，新增宁波片区、杭州片区以及金义片区三个扩展区域①。浙江自贸试验区成立以来，形成制度创新成果335项，其中全国首创达113项，31项复制推广到全国②。其次，从2019年12月9日开始，浙江省政府陆续批复设立杭州、宁波、温州、嘉兴、金华、台州、湖州、绍兴、衢州、丽水等联动创新区。截至2021年底，浙江联动创新区总面积达1178平方公里，覆盖了17家国家级经济技术开发区、18家省级经济开发区、8家综合保税区、3家高新技术园区和1家临空经济示范区。各区围绕各具特色的数字经济、民营经济、智能制造、小商品贸易等领域，复制推广全国自贸试验区改革创新经验，改革合力不断加强③。

二　浙江实践的具体内容

2021年8月，《中共中央　国务院关于支持浙江高质量发展建设共同富裕示范区的意见》正式发布，浙江成为建设共同富裕示范区的"探路先锋"，标志着浙江改革开放进入崭新的阶段。为发挥高水平对外开放对共同富裕的积极作用，浙江有针对性地在夯实发展基础、升级发展平台、创新发展方式、丰富发展成果等方面开展集成创新，一方面，以高水平开放激发高

---

① 参见《中国（浙江）自由贸易试验区条例》。
② 杨威等：《海阔风正劲　远航谋先行》，《浙江日报》2022年8月30日，第9版。
③ 李杨、马伟峰、孙俊俊：《高质量创新　驱动高质量发展》，《浙江日报》2020年1月8日，第16版。

质量发展，为共同富裕打下坚实的物质基础；另一方面，以高水平开放带动区域城乡协调发展，促成要素收入公平分配，带动精神文明建设，为共同富裕开展有益的探索。

（一）打造辐射全国、链接全球的技术交易平台

近年来，浙江省技术市场作为科技体制改革的突破口，陆续出台了一系列技术转移政策改革措施，科技成果转移环境持续优化，科技创新活力不断释放，技术市场规模与交易质量大幅扩大和提升，逐渐成为中小企业技术创新的重要平台，对提高浙江区域创新能力发挥了很大作用。2021 年 7 月浙江网上技术交易市场 3.0 版本上线，截止到 2021 年底，已汇集了 11236 项科技成果、1608 项技术需求，入驻了 318 家服务机构，科技成果成交金额 1.89 亿元；"浙江拍"全年已完成 1657 项技术交易，实现交易额 7.02 亿元[①]。2016～2021 年浙江省技术交易情况见表 2，浙江省建设辐射全国、链接全球的技术交易平台的措施见表 3。

表 2　2016～2021 年浙江省技术交易情况

单位：项，亿元

年份	输出技术			吸纳技术		
	合同数	金额	排名	合同数	金额	排名
2016	14826	201.8	13	18120	288.32	11
2017	13736	344.4	11	18444	469.87	9
2018	16189	629.1	10	21272	717.67	7
2019	19220	974.43	9	25302	1115.16	4
2020	25970	1478.24	8	31592	1568.61	5
2021	36970	1855.78	8	42398	2135.86	5

资料来源：《关于公布 2021 年度全国技术合同交易数据的通知》，中国科技部网站，http://www.ctp.gov.cn/kjb/tzgg/202202/a4d545c0462c4f53b9f430599c152eed.shtml。

---

① 浙江省科学技术厅官方平台"创新浙江"：《2021 浙江科技盘点⑧｜成果转化"浙里"先行》。

表3　浙江省建设辐射全国、链接全球的技术交易平台的措施

政策文件	政策目标	具体举措
《浙江省科技创新发展"十四五"规划》	加快建设科技成果转移转化示范区，着力提升科技成果转化效率	完善技术要素市场化配置机制 构建辐射全国、链接全球的技术交易体系
《浙江省技术转移体系建设实施方案》	全面激发创新主体技术转移活力	激发高校院所技术转移活力 发挥企业技术转化主体作用 培育专业化规范化技术转移机构 培养职业化国际化技术转移人才
	拓宽技术转移转化通道	完善各类创新平台的技术转移功能 加强区域间技术转移合作 拓展国际技术转移合作空间
	构建高质量、信息化的技术交易网络	建设全球技术交易大市场 申办中国（浙江）科技成果交易中心 打造网上技术市场3.0
	强化技术转移转化保障支撑	建立以技术转移转化为导向的评价体系 健全提升技术转移效率的政策措施 加强技术转移的诚信监督体系建设 加强知识产权保护和市场监管
《浙江省推进技术要素市场化配置改革行动方案》	打造"浙江拍"，探索技术要素价格发现机制	构建"浙江拍"线上平台 推进"浙江拍"线上线下融合 打造技术市场国际版
	建立挂牌制度，强化技术要素共享使用机制	推进职务科技成果挂牌交易 建立科技成果共享机制
	推进技术入股，完善技术要素市场评价机制	支持高校院所技术入股 支持科研人员携成果创业

（二）打造全球人才蓄水池

浙江全力建设具有影响力、吸引力的全球人才蓄水池，提升创新能力。"十三五"期间，浙江省人才队伍质量齐升。截至2020年底，全省人才资源总量预计达到1410万人，比2015年增长31.2%；累计入选国家级人才工程2160人次，增长151.7%；每万名劳动力中研发人员为148人次，增长50.1%；高技能人才占技能人才比例为31.8%，增长31.4%；新引进各类外国人才25万人次，增长35%。人才效能有效发挥。截至2020年底，每万人

发明专利授权量从 2015 年的 12.9 件增长到 2020 年的 32 件；高新技术产业增加值占规上工业的比例从 2015 年的 37.2% 提升到 2020 年的 59.6%；全员劳动生产率从 11.7 万元/人增长到 16.6 万元/人，年均增速 7.32%。

党的二十大报告指出："教育、科技、人才是全面建设社会主义现代化国家的基础性、战略性支撑。"[1] 高水平人才是浙江扎实推进高质量发展、做大做好经济蛋糕的重要资源。为更深层次推动全球人才蓄水池建设，提升对全球高端人才的吸引力，服务共同富裕，浙江从多个维度开展集成式创新：一方面，以本省包括科技创新、企业经营管理等八大重点领域建设的需求为导向，有针对性地吸引人才，提升人才同推动共同富裕发展目标的契合度；另一方面，全力建设具有国际竞争力的企业为主体、市场为导向、产学研深度融合的技术创新和产业创新体系，以市场化的方式提高人才待遇，促进人才创新成果的转化，推动共同富裕进程[2]（见表 4）。

表 4　浙江省打造人才蓄水池的措施

政策文件	政策目标	具体举措
《中共浙江省委关于建设高素质强大人才队伍打造高水平创新型省份的决定》	全力建设具有影响力吸引力的全球人才蓄水池	• 大力引进国际高端创新人才 • 培育壮大优秀青年人才队伍 • 加快创新型浙商队伍建设 • 实施新时代工匠培育工程 • 全方位激发人才创新活力
	全力建设科技创新与人才生态最优省	• 优化人才创新创业公共服务 • 加大科技创新政策支持力度 • 强化以知识产权保护为重点的法治保障 • 大力培育尊重劳动、尊重知识、尊重人才、尊重创造的创新文化和浓厚氛围

---

① 习近平：《高举中国特色社会主义伟大旗帜　为全面建设社会主义现代化国家而团结奋斗——在中国共产党第二十次全国代表大会上的报告》，人民出版社，2022，第 33 页。

② 《中共浙江省委关于建设高素质强大人才队伍打造高水平创新型省份的决定》，浙江省人民政府网站，https://www.zj.gov.cn/zjservice/item/detail/lawtext.do? outLawId = 9ca50414 - 3dbb - 43d4 - 98b6 - da0debe89b6a&type = 2。

共同富裕蓝皮书

续表

政策文件	政策目标	具体举措
《浙江省人才发展"十四五"规划》	围绕重点领域建设八支人才队伍	• 打造科技创新人才队伍 • 打造企业经营管理人才队伍 • 打造高技能人才队伍 • 打造宣传思想文化人才队伍 • 打造法治人才队伍 • 打造乡村振兴人才队伍 • 打造社会事业人才队伍 • 打造党政人才队伍
	创新体制机制完善十类改革举措	• 构建衔接有序、运转高效的人才管理机制 • 构建近悦远来、包容大气的人才集聚机制 • 构建充分信任、放手使用的人才支持机制 • 构建需求导向、质量导向的人才培养机制 • 构建分类科学、放管结合的人才评价机制 • 构建市场决定、名利双收的人才激励机制 • 构建一体发展、顺畅有序的人才流动机制 • 构建公平竞争、便利高效的人才创业机制 • 构建保护知识、保护产权的人才权益保障机制 • 构建压实责任、容错免责的人才发展保障机制
	营造优良生态办好八件人才实事	• 打造"线上+线下"人才服务综合体 • 完善人才发展金融支持体系 • 建设人才住房保障体系 • 构建学有优教的教育服务体系 • 构建全生命周期健康服务体系 • 创造无处不在的人才交往空间 • 营造包容失败的创新文化 • 加大人才精神激励
《关于加快推进科技创新人才队伍建设的若干意见》	聚力打造三大人才高峰,构建全球人才蓄水池支撑点	• 围绕三大科创高地建设,更大力度地引进国际顶尖创新人才 • 接续推进海内外人才引进计划,抢抓机遇吸引凝聚全球科技创新人才
	系统推进六大引培行动,形成全球人才蓄水池全架构	• 实施基础科学研究人才引培行动 • 实施关键核心技术攻关人才引培行动 • 实施产业技术研发人才引培行动 • 实施科技创业人才引培行动 • 实施乡村振兴科技人才引培行动 • 实施青年科学家引培行动

政策文件	政策目标	具体举措
《关于加快推进科技创新人才队伍建设的若干意见》	着力建设科创平台载体,提升全球人才蓄水池吸附力	• 汇聚高端资源要素打造一批重大科创平台 • 推进长三角区域创新共同体人才一体化建设 • 优化布局一批国际科技合作载体 • 探索构建一批人才创新服务平台
	深化科技创新人才机制创新,激活全球人才蓄水池动力	• 率先建立市场配置海内外人才资源新机制 • 创新科技人才培养机制。谋划建设一批创新人才培养示范基地 • 改革科技人才评价激励机制 • 健全科技人才开发使用机制 • 深化科技管理体制改革 • 构建具有国际竞争力的科技人才管理服务机制

(三)推动海港、陆港、空港、信息港"四港"联动

浙江以海港为龙头、陆港为基础、空港为特色、信息港为纽带,创新性地提出建立"四港"联动联盟,以实体化公司的形式促进"四港"联动发展,成为"一带一路"重要枢纽,为对外贸易领域的高水平对外开放提供强有力的基础设施支持。2021年,浙江省综合运输完成货运量增长9.2%,水路货运量居全国第3位;集装箱海铁、海河、江海联运量分别增长19.8%、27%、30.6%,均排名全国前列。而且,"四港"联动发展还带动了面向共建"一带一路"合作的经贸联系,2021年浙江对"一带一路"沿线国家的进出口总额达到1.42万亿元,增长22.9%;宁波舟山港货物吞吐量连续13年稳居全球第一;中欧(义新欧)班列2021年开行1904列,增长36%,持续服务我国对外贸易(见图2)。

浙江在制度层面推动"四港"联动建设,持续提升流通环节效率。浙江构建"四港联动"智慧云平台,实现"四港"管理的数据化,便于企业使用;基于物流数据实现物流服务的信息化,帮助企业持续降低商品流通成本,使得浙江全省物流成本占GDP比重连续6年下降。浙江省推动"四港联动"建设的措施见表5。

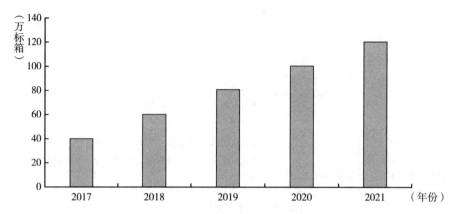

图2 2017~2021年浙江省集装箱海铁联运量变化（万标箱）

资料来源：浙江省交通运输厅。

表5 浙江省推动"四港联动"建设的措施

畅通欧亚海陆空立体对接。浙江机场集团、中国邮政速递物流浙江省分公司与俄罗斯邮政签下了杭州—新西伯利亚全货机航线合作项目。22个国家和地区的使领馆官员、企业代表共同见证14个重大项目的签约，涉及"一带一路"沿线10个国家和地区，总投资额达660多亿元
●海港方面，浙江省组建了省海港委和省海行集团，成立了宁波—舟山港集团，同时积极推进舟山江海联运服务中心建设，全面构建辐射"海上丝绸之路"的海港体系和海上运输大通道
●陆港建设方面，"义新欧"班列，于2014年11月18日开通，截至2022年4月底，已往返运行177班次，发运标箱13953个。目前正在积极构建贯穿"丝绸之路经济带"的陆港体系和陆上运输大通道
●空港方面，以杭州、宁波、温州三地机场为重点，将大力提升航空基础设施水平，拓展和完善航线网络
●信息港方面，发展杭州和宁波的跨境电子商务试验区，全面参与全球电商规则标准的制订，建设网上丝绸之路。推进世界电子贸易平台建设，加快建设面向"一带一路"沿线国家的便捷高效的物流信息走廊

资料来源：《浙江"四港"联动建设"一带一路"枢纽》，《中国交通报》2017年6月20日。

（四）推进国际油气交易中心、石化基地、油气储运基地建设

浙江着力推进油气全产业链发展，打造以油气为核心的大宗商品资源配置基地，取得了较好成效。2021年已建成油品储备规模达4600万吨，LNG

年接收能力达到 600 万吨，油气年吞吐量突破 8800 万吨，这为我国在高水平对外开放条件下实现能源产业的发展、实现建立在能源安全基础上的共同富裕提供保障。浙江省推动油气全产业链建设的措施见表 6。

表 6　浙江省推动油气全产业链建设的措施

项目	举措
国际油气交易中心	《关于支持中国（浙江）自由贸易试验区油气全产业链开放发展的若干措施》开展了保税油混兑、原油非国营贸易、成品油批发无仓储、船舶通关无纸化等百余项全国首创的制度创新探索。吸引集聚了一批重量级的国内外油气企业
	在全国率先破冰原油非国营贸易管理体制，自贸试验区的 2 家企业获批原油非国营贸易进口资质
	全国率先开展油品"批发无仓储"改革试点，推动取消国家成品油批发仓储、原油销售仓储资质审批
	创新油品贸易结算，获准开展跨境人民币结算便利化试点，建立我国船用燃料油价格指数
	《舟山市成品油零售经营管理办法》，承接国务院成品油零售经营审批事权，完善成品油零售体系建设。推动加工贸易项下保税燃料油混兑出口退税试点，中石油国际事业成为首家试点企业
国际石化基地	适度开展成品油出口，允许境外油气企业进入大宗商品现货交易市场交易，在油气等大宗商品特色领域争取更高层次的全面开放试点
	民营企业控股、国有企业参股的混合所有制模式，充分发挥民营控股灵活快捷的决策机制
国际油气储运基地	浙江自贸试验区按照"一亿吨"储存规模的目标，全力推动黄泽山岛油品储运基地项目建设，浙江自贸试验区积极推进 LNG 海上接收中心建设，中石化、浙能六横 LNG 项目已取得项目赋码。未来将形成立足长三角、辐射安徽及江西等长江沿线省份的天然气供应格局
	《成品油零售经营批准证书》，扩大成品油零售终端消费市场。积极招引中化兴中燃料油库扩建项目落地；推动浙江自贸区能源储运基地项目签约；争取 500 万方国储项目落户舟山
	制定《舟山市油气储运基础设施共享调度实施方案》。加快建设基础设施公共信息平台。在江海联运公共信息平台基础上，完成了油气基础设施共享平台的开发，并于 2020 年 8 月上线试运行

资料来源：《浙江自贸区三周年记：油气全产业链改革"快马加鞭"》，《浙江日报》2020 年 4 月 3 日，第 6 版。

在油气全产业链发展制度建设方面,浙江也开展了一系列有益创新。浙江自贸试验区已形成了116项含金量较高、特色鲜明的制度创新成果,其中27项创新经验被全国复制推广。例如,积极吸引外资,鼓励国内外投资商以资源、资金、技术、市场参与建设经营石化基地,允许世界一流石油化工企业以及"一带一路"沿线石油富集国企业参与投资建设。全面对接沙特阿美、BP等世界500强石化企业,立足石化产业链开展国际化招商,积极招引高端化工品产业项目。探索开展油气产业链的延伸,开展前期准备及谋划,重点发展与现代制造业、新能源、生命科学等新兴产业配套的石化新领域,形成世界级大型、综合、现代的石化产业基地。同时,继续推进炼化一体化产业链延伸,加快中下游配套产业项目落地建设①。

(五)打造高质量外资聚集地和高层次对外投资策源地

浙江持续推动营商环境建设,引进高质量外资。浙江的外商直接投资呈现三大特点。一是外商投资产业结构不断优化。高技术产业实际使用外资79.4亿美元,同比增长67.0%;服务业实际使用外资131.5亿美元,同比增长27.1%。二是外资大项目招引落地成效显著,投资领域主要集中在制造业,科学研究和技术服务业,信息传输、软件和信息技术服务业。三是外资来源地保持稳定。中国香港、新加坡、美国为浙江的主要外资来源地。《浙江省商务高质量发展"十四五"规划》吸引外资的措施见表7。

表7 《浙江省商务高质量发展"十四五"规划》吸引外资的措施

发展战略	具体措施
提升利用外资质量和效益	•重点引导外资投向四大世界级产业集群和十大标志性产业链,推动产业链供应链多元化; •强化重大项目外资招引,大力引进世界500强、行业龙头企业、"隐形冠军"等高质量外资企业和项目,重点引进跨国公司地区总部和研发、销售、物流、结算等功能性机构,鼓励存量再投资;

---

① 《国际石化基地》,中国(浙江)自由贸易试验区舟山片区网站,http://china-zsftz.zhoushan.gov.cn/art/2021/3/1/art_1228974582_41515525.html。

续表

发展战略	具体措施
提升利用外资质量和效益	• 完善外资促进体系,创新招商方式,健全全球化招商机构网络,开展云招商和产业链招商,鼓励在北京、上海、深圳等城市设立招商中心,在欧美日等发达国家和地区派驻商务代表; • 完善外资服务体系,健全外商投资投诉管理办法,加强知识产权保护,在解决外商生活、就医、子女教育等方面有所突破; • 加快浙江(台州)、浙江(新昌)、浙江(义乌)境外并购产业合作园建设
践行"地瓜理论"开展国际投资	• 深入实践"地瓜理论",启动浙江本土民营跨国公司"丝路领航"三年行动计划; • 支持本土民营跨国公司并购海外技术、品牌、渠道等优质资源,引导高端产业环节回归浙江,做强企业本土总部,建设一批兼具创新能力、成长性和国际影响力的世界级跨国公司; • 健全以备案为主的境外投资管理制度
畅通国际高端要素流动	• 深入贯彻外商投资信息报告制度; • 全面实施外商投资准入前国民待遇加负面清单管理制度,深化金融、医疗、教育、健康等领域对外开放; • 加快打造全球人才蓄水池,大力引进国际一流的战略科技领军人才和高水平创新团队,打通科研人才与产业人才双向流通渠道; • 稳妥推动数据要素可交易、可流通,探索跨境数据安全有序流动
实现更高层次"跳出浙江发展浙江"	• 健全境外投资政策和服务体系,发挥境外投资服务联盟作用,深入开展"丝路护航"行动; • 推动资产评估、法律服务、会计服务等生产性服务业国际化发展,创新"走出去"金融产品与服务,加大对境外投资合作的信用保险支持; • 创新发展对外承包工程,鼓励联盟拓市和建设营一体化,积极参与第三方市场合作,带动装备、技术、标准和服务走出去; • 充分发挥海外浙商作用,支持温州建设世界华商综合发展试验区、金华建设中非文化合作交流示范区、丽水建设浙江(青田)华侨经济文化合作试验区

为进一步吸引外资,《浙江省商务高质量发展"十四五"规划》提出提升利用外资质量和效益、践行"地瓜理论"开展国际投资、畅通国际高端要素流动、实现更高层次"跳出浙江发展浙江"四项战略。浙江通过引进高质量外资企业和项目、培育具有国际影响力的世界级跨国公司等方式,发挥外资对本地产业集群和标志性产业链发展的支持作用,促进高质量发展;

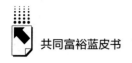

以推动国际高端要素流动的方式，促进要素收入水平和分配效率的提升，为共同富裕提供制度支持。

（六）多维度创新培育外贸新业态

为充分发挥高水平对外开放对带动经济增长、满足人民群众日益增长的物质文化需求的作用，浙江搭建重点进口平台和进口贸易促进创新示范区，落实稳外资稳外贸促消费的工作安排；培育市场采购、跨境电商、外贸综合服务平台等外贸新业态，实现对外贸易的高质量发展。2017~2021年浙江省跨境电商进出口总额及增速见图3。

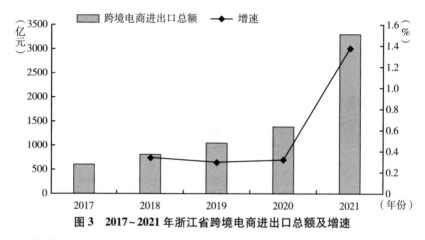

图3　2017~2021年浙江省跨境电商进出口总额及增速

资料来源：浙江省商务厅。

在促进进口贸易方面，浙江自2020年起创建省进口贸易促进创新示范区和重点进口平台，强化进口商品仓储、物流等设施建设，推动进口领域的数字化改革，重点关注进口结构在技术水平、稀缺度和区域层面的优化，拓展进口服务业务。2021年，浙江全省进口总值1.13万亿元，进口总值首次突破1万亿元，增长30.3%，进口增速高出全国8.8个百分点[1]。浙江省设立跨境电商综试区进度见表8。

---

[1] 浙江省统计局：《2021年浙江经济十大亮点——〈2021年浙江省国民经济和社会发展统计公报〉解读》。

表 8 浙江省设立跨境电商综试区进度

2015 年	杭州
2016 年	杭州、宁波
2018 年	杭州、宁波、义乌
2019 年	杭州、宁波、义乌、温州、绍兴
2020 年	杭州、宁波、义乌、温州、绍兴、丽水、嘉兴、台州、衢州、湖州
2022 年	杭州、宁波、义乌、温州、绍兴、丽水、嘉兴、台州、衢州、湖州、金华、舟山

在推动跨境电商、外贸综合服务平台等新业态方面，浙江聚焦新型贸易中心建设，突出平台联动、基础设施联动，补足补强政策机制。跨境电商综试区实现省域全覆盖，交易额居全国第二。深化市场采购贸易方式试点，新增市场采购贸易方式试点 3 个。创建首个国家级数字服务出口基地，发布全国首个省级数字贸易先行示范区建设方案。2021 年，一般贸易全年进出口 3.26 万亿元，增长 21.8%；加工贸易进出口 2992.5 亿元，增长 16.0%；保税物流进出口 2125.4 亿元，增长 51.1%。同期，浙江市场采购出口 3611.6 亿元，继续保持全国首位，增长 21.3%。

（七）深入推进内外贸一体化

为应对境外疫情状况对外贸产业的冲击，浙江深化高水平对外开放，支持适销对路优质外贸产品拓宽内销渠道，通过内外贸一体化进程充分释放高水平对外开放对本地居民收入和社会福利的积极影响。

浙江从品牌建设、销售网络建设、金融支持等方面对外贸企业给予支持，加速形成内外贸联动发展新格局。例如，浙江建立省级"外拓内"产业示范区，鼓励企业内部培育电商、直播人才，在线上打响品牌，拓宽渠道资源。2020 年第二季度，作为"外拓内"产业示范区的永康市实现网络零售额 248.2 亿元，较第一季度环比增长 71.4%。

浙江《关于加快推进内外贸一体化发展的若干意见》进一步提出，要通过发挥品牌引领作用、促进国内国际标准互认、推动产业集群内外协同发

展、强化内外贸主体示范引领等政策措施，带动内外贸一体化的发展。浙江进一步确立以三年时间"培育形成 100 家内外贸一体化改革试点产业基地、1000 家内外贸一体化'领跑者'企业，新增 1 万亿元销售规模"的发展目标，以"领跑者"企业和试点产业基地带动整体发展，实现省域视角下的内外贸一体化发展（见表 9）。

表 9　浙江省推进内外贸一体化的措施

政策文件	具体措施
《关于推动外贸企业开拓国内市场的若干意见》	帮助外贸产品"出口转内销"，从品牌建设、销售网络建设、金融支持等方面对外贸企业给予支持，加速形成内外贸联动发展新格局，做好"六稳"工作
《关于加快推进内外贸一体化发展的若干意见》	力争用三年左右时间，全省内外贸一体化调控体系更加健全，市场主体一体化发展水平显著提升，政府治理和服务能力持续优化。培育形成 100 家内外贸一体化改革试点产业基地、1000 家内外贸一体化"领跑者"企业，新增 1 万亿元销售规模。具体措施如下： 1. 推动内外贸产品供需互促，进一步发挥品牌引领作用； 2. 推动产业集群内外协同发展； 3. 促进国内国际标准互认； 4. 推进"同线同标同质"工程； 5. 强化内外贸主体示范引领，培育国际化双循环企业； 6. 推动商品市场创新融合发展； 7. 深入推进"浙货行天下"工程； 8. 发挥重点贸易促进平台作用； 9. 营造优良一体化生态环境，加强金融服务保障； 10. 打造内外贸融合发展高能级平台； 11. 构建内场外联现代物流网络； 12. 加强人才队伍建设； 13. 实施最严格的知识产权保护制度； 14. 协同建设内外贸信用体系； 15. 全面深化数字化改革

（八）开展数字贸易领域重点项目建设

浙江为推动数字贸易发展，开展了包括跨境电商高质量发展"335"行动计划、建设全省域深化跨境电商综试区、建设世界电子贸易平台（eWTP）在内的专项行动，推动了跨境贸易业务的高质量发展，为夯实共同富裕的物质基础拓宽路径。

《浙江跨境电子商务高质量发展行动计划》提出跨境电商发展"335"行动计划，旨在扩大跨境电商进出口规模，培育具有竞争力的平台与企业，提出包括深化产业集群跨境电商试点、推进跨境电商新模式发展、加快培育跨境电商主体等在内的9项22条举措。在政策支持下，2021年浙江全省实现跨境电商进出口3302.9亿元，同比增长30.7%，规模约占全国的1/6。其中，出口2430.2亿元，同比增长39.3%；同期，通过海关跨境电商管理平台出口大幅增长3.7倍[①]。

在全省域深化跨境电商综试区建设方面，浙江目前共设立12个跨境电商综试区，实现跨境电商综试区省域全覆盖。为落实省级跨境电商高质量发展行动计划，省财政设立2亿元专项激励资金，累计在62个县（市、区）设立省级产业集群跨境电商发展试点。浙江省商务厅测算，2021年第一季度全省实现跨境电商出口449.3亿元，同比增长78.6%。其中，通过海关跨境电商管理平台进出口、出口、进口分别增长1.0倍、15.6倍和20.1%[②]。

在eWTP项目建设上，浙江以杭州作为首个国内合作试点，eWTP把浙江跨境电商的先进模式和经验积极推广到海外试点合作中。截至2021年，eWTP已在全球3个大洲开展合作试点，埃塞俄比亚、卢旺达、马来西亚、比利时等和eWTP合作紧密，重点推广数字电商生态、完善数字物流网络、搭建数字支付网络、形成数字公共服务平台等。由此方式，浙江实现同各大经济体的紧密联系，带动对外贸易的高质量发展。浙江省开展数字贸易领域重点项目的措施见表10。

---

① 浙江省电子商务促进会：《浙江省跨境电商2021年度报告》。
② 《一季度全省跨境电子商务综合试验区建设专题推进会召开》，浙江省商务厅网站，http：//zcom.zj.gov.cn/art/2021/4/23/art_1384591_58930121.html。

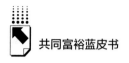

共同富裕蓝皮书

表 10　浙江省开展数字贸易领域重点项目的措施

重点项目	政策文件	具体措施
"335"行动计划	《浙江省高质量推进数字经济发展2022年工作要点》	• 深化产业集群跨境电商试点; • 推进跨境电商新模式发展; • 加快培育跨境电商主体; • 加强高层次人才引进 • 体系化推进全省跨境电商综试区建设等
	2022年一季度全省跨境电子商务综合试验区建设专题推进会	• 加快健全综试区工作机制——建立完善"四大体系""三项机制",对于重点工作和重大项目的推进,要制定详细计划,列出具体清单,明确时间节点; • 谋划综试区数字化改革——以行业、企业、老百姓发展需求为导向,做好核心业务梳理,在建设综合服务平台的基础上,谋划若干应用场景,形成有标杆示范效应的数字化改革项目,积极争取最佳实践; • 加强部门协同推进,进一步加强对综试区工作的指导和支持——坚持对新业态包容审慎的监管原则,出台更多有力度的政策举措; • 推动综试区+自贸区联动建设——奋力打造数字自贸区,努力在制度创新、模式创新、监管创新等方面深度融合,形成改革合力、共享改革成果。营造争先创优的工作氛围,牢固树立"没有走在前列也是一种风险"的忧患意识
"店开全球"跨境电商万店培育	浙江"店开全球"跨境电商万店培育专项行动方案(征求意见稿)	**举办精准对接活动** 采用线上线下相结合的方式,通过资源对接会、高管沙龙、孵化班等形式,在全省范围内举办100场左右跨境电商开店活动。省级层面根据不同平台和市场定位,统一举办10场左右跨境电商平台开店活动;各设区市原则上举办1场以上开店活动;相关县(市、区)根据实际需要组织开展
		整合平台和服务资源 • 培育和引进各类跨境电商服务企业和资源,为企业开店提供支持和配套服务; • 鼓励电商平台在有条件的地区,设立卖家孵化中心和运营中心等服务机构,为平台卖家提供全流程服务; • 支持第三方机构成立"全球电商平台开店服务中心",开发"店开全球一码通",为企业全渠道开店提供专业快捷的绿色通道,着力提升开店效率、降低运营成本

166

重点项目	政策文件	具体措施
"店开全球"跨境电商万店培育	浙江"店开全球"跨境电商万店培育专项行动方案（征求意见稿）	打造跨境电商产业园 ●鼓励各地结合跨境电商综试区建设，根据跨境电商企业经营和青年创业实际需要，高起点高标准规划建设一批产业特色鲜明、功能配套完善的跨境电商产业园（基地、孵化园区），有效承接线上综合服务功能； ●省商务厅将组织一批优质园区纳入省级电商产业基地名录，加大政策扶持和宣传推广力度 开展跨境电商专业培训 ●面向跨境电商企业负责人、管理人员、业务人员及创业青年开展多层次培训，加快培育一批兼具理论能力和实操能力的复合型人才； ●支持第三方机构开发跨境电商培训系统，提供涵盖多平台业务的线上课程资源和实操资源，为企业开店提供技能支持
全球数字贸易中心建设	浙江数字贸易规则标准高峰论坛	在加大政策支持、优化营商环境、推进国际合作等方面持续发力，大力推动数字贸易创新融合，积极打造全球数字贸易中心
eWTP 项目建设	《中国（浙江）浙江自由贸易试验区扩展区域方案》	支持以市场化方式推进 eWTP 全球布局，探索在数据交互、业务互通、监管互认、服务共享等方面的国际合作及数字确权等数字贸易基础设施建设，打造全球数字贸易博览会

（九）实施文化"出海计划"

为推进文化"出海计划"，在高水平对外开放的同时推动精神文明建设，浙江有针对性地采用提升文化产业平台能级、推进文旅融合发展、提升对外宣传的广度深度等方式，实现精神文明层面的共同富裕。

在提升文化产业平台能级方面，浙江以横店为龙头创建国际影视文化创新中心，推动文化产业的集聚；构建浙江数字文化国际合作区，研发新技术新平台，着力开发国产动漫影视剧等文化产品，以数字化技术促进中国文化

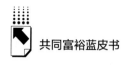

"出海"。

在推进文旅融合发展方面,浙江积极开展各类展会,如中国(杭州)国际动漫节、中国(义乌)文化和旅游产品交易会等,向世界推介高质量文旅产品,以高水平对外开放促进文化产业效益提升。

在拓展对外宣传的广度深度方面,浙江强化对外宣传平台建设,拓宽国际传播平台渠道。实施"浙江文化金名片"工程,制作推出"浙江文化印记"系列纪录片,宣传推广中国悠久的历史文化。同时开展"打卡中国"系列网络活动,在海外获得超1160万人次关注。

(十)强化陆海统筹,升级山海协作工程

实施"山海协作"工程这一重大决策由习近平在浙江工作期间提出。"山"主要指以浙西南山区和舟山海岛为主的欠发达地区,"海"主要指沿海发达地区和经济发达的县(市、区)。这一工程旨在促成发达地区和欠发达地区开展优势互补的经济合作,实现协同发展。

"山海协作"工程的升级版是以"一县一策"等措施,帮助山区26县融入全球产业链价值链。山区26县结合自身经济基础与产业发展特征,有针对性地制定适合本县域的政策,形成同发达地区企业的对接,实现"区域—产业"配对结构,构建起"1+2+26+N"的顶层设计政策体系。目前浙江首批11个先进地区开发区和山区26县开放平台达成合作,以"飞地"模式共同招商并建设项目。发达地区在山区26县建设"飞地",使山区承接新材料、清洁能源等项目上的垂直分工,直接或间接嵌入全球产业链;山区26县在发达地区投资建设"飞地",孵化产业项目,以项目回流带动山区产业发展。2021年全年,浙江山区26县规模以上总产值1536亿元,遂昌金属制品、天台汽车零部件、青田不锈钢等7个"一县一业"产值超百亿元。2021年浙江省部分市山海协作增加产业飞地个数见图4。

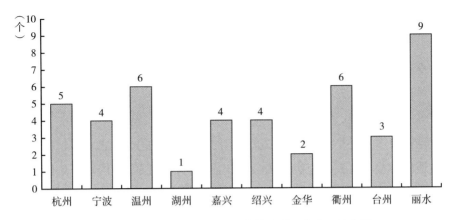

图 4　2021 年浙江省部分市山海协作增加产业飞地个数

资料来源：浙江各市统计局。

三　浙江实践的理论意涵

习近平总书记指出："过去 40 年中国经济发展是在开放条件下取得的，未来中国经济实现高质量发展也必须在更加开放条件下进行。"[①] 党的二十大报告进一步明确"坚持高水平对外开放"[②]。传统的对外开放能够通过扩大市场规模来促进经济增长[③]，但表现为经济全球化的对外开放亦可能导致国家间、区域间或人群间的不平等问题[④]。习近平新时代中国特色社会主义思想指导下的浙江实践则是以更具中国特色、更符合中国实践的开放理念，既通过更有效地释放市场活力，实现高质量增长，丰富传统开放理论内涵；又对传统开放理论进行拓展，以高水平对外开放促进区域协同发展、城乡一体发展和公平高效分配，既做大"蛋糕"，又分好"蛋糕"，推动实现共同富裕。

---

① 《习近平谈治国理政》第 3 卷，外文出版社，2020，第 194 页。
② 习近平：《高举中国特色社会主义伟大旗帜　为全面建设社会主义现代化国家而团结奋斗——在中国共产党第二十次全国代表大会上的报告》，人民出版社，2022，第 28 页。
③ 张宇燕：《中国对外开放的理念、进程与逻辑》，《中国社会科学》2018 年第 11 期。
④ 姚枝仲：《坚定不移推动经济全球化》，《中国外资》2022 年第 3 期。

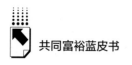

（一）高水平开放有效推动更高质量发展

浙江高水平对外开放释放国内国际两个市场的巨大潜力，为生产和消费环节赋能。一方面，高水平对外开放带来更大规模的要素市场，浙江以此打造全球人才蓄水池，形成具有持续创新能力的人才梯队；构建辐射全国、连接全球的技术交易平台，推动先进技术的引进和市场化进程，带动世界级产业集群的形成与发展，为实现在全球产业链价值链层级上的跃迁创造条件。另一方面，高水平对外开放不仅带来广阔的国际市场，更培育了强有力的国内市场；不仅促进传统贸易开展，更培育和壮大了数字贸易产业。浙江由此推动市场规模在区域和产业维度进一步扩大，用好国内国际两个市场、两种资源，实现更高质量的发展。

高水平对外开放促进文化产业发展，为人民群众精神生活的富裕进行高质量供给。习近平总书记指出："我们说的共同富裕是全体人民共同富裕，是人民群众物质生活和精神生活都富裕。"[1] 一方面，浙江高水平对外开放有助于探索使用先进的文化产品生产与传播技术，带动影视文化产业和数字文化产业集群发展，在中外文化交流过程中实现文化产品的"走出去"，同时满足人民群众对高质量文化产品的需求。另一方面，浙江高水平对外开放有助于在同其他文明的交流互鉴中发挥中华文明的生命力。习近平总书记指出："要立足中国大地，讲好中华文明故事，向世界展现可信、可爱、可敬的中国形象。"[2] 推进文化领域的高水平对外开放，有助于在中外文化的交流中更好地发掘和展示中华民族的独特精神标识，增强人民群众的文化自信和精神力量。

高水平对外开放关注高质量经济基础设施建设，适应高质量发展对流通体系的需要。浙江建设以陆港、海港、空港、信息港为代表的高质量基础设施，一方面大幅提升其参与全球贸易过程中的要素和商品流通效率，进一步

---

① 习近平：《扎实推动共同富裕》，《求是》2021 年第 20 期。
② 习近平：《把中国文明历史研究引向深入　推动增强历史自觉坚定文化自信》，《人民日报》2022 年 5 月 29 日，第 1 版。

释放生产力，为国内国际双循环的高效结合提供重要的支持；另一方面对周边区域和相关产业形成辐射效应，带动服务业等产业领域新经济业态蓬勃发展，为企业发展和居民收入提升提供多元化途径。

高水平制度型开放促进市场化、法治化、国际化营商环境的建设，从制度层面深层激发市场主体活力。第一，针对外资的"准入前国民待遇+负面清单"管理制度的不断完善，浙江省投资自由化便利化水平稳步提升，吸引高质量外资来华兴业，为国内循环和国际循环的相互促进增添活力。第二，高标准市场体系的建设，从夯实市场体系基础制度、推进要素资源高效配置、改善市场环境和质量、实施高水平对外开放、完善现代化市场监管机制等角度出发，畅通市场循环，疏通政策堵点①。这有利于浙江进一步破除阻碍生产力发展的藩篱，促进贸易、投资和技术"引进来""走出去"的进程，释放经济增长的内生动力。第三，高效规范、公平竞争、充分开放的全国统一大市场的建设，通过建立全国统一的市场制度规则，打破地方保护和市场分割，降低市场中的制度性交易成本②。这有助于浙江用好国内市场的高效畅通和规模拓展的制度优势，同时培育市场主体的国际竞争力，为实现在开放环境中维护经济安全提供坚实保障。

（二）高水平对外开放深层服务共同富裕

高水平对外开放促进区域协同发展。浙江在高水平开放过程中，不仅要融入全球产业链、参与产业链垂直分工③，发挥比较优势；更注重以升级版"山海协作"工程等方式，推进开放向更大范围、更宽领域延伸。浙江一方面有针对性地推动开放向先前存在的"开放洼地"纵深，强化同"一带一路"合作国家和地区的经贸往来，发掘"开放洼地"直接嵌入全球产业链的潜力；另一方面引导"先富"区域的产业链向其他区域延伸，以区域间

---

① 中共中央办公厅、国务院办公厅：《建设高标准市场体系行动方案》。
② 《中共中央、国务院关于加快建设全国统一大市场的意见》。
③ 余丽丽、彭水军：《全面对外开放与区域协调发展：基于价值链互动视角》，《世界经济》2022 年第 1 期。

协作带动欠发达地区借助强有力的国内循环，间接嵌入国际分工。从而实现以"双重嵌入"的方式①，享受开放的发展红利，缩小区域间发展差距，实现区域协同发展。

高水平对外开放促进城乡一体发展。浙江采用"一县一策"、科技强农、机械强农"双强行动"等方式，促进发展成果向农业农村部门辐射。第一，高水平对外开放积累的技术经验带动农业生产综合能力提升。在对外开放过程中，制造业的发展壮大为农业科技和机械化升级提供重要的技术支持，将加速农业生产的现代化进程。第二，高水平对外开放为农业服务业的发展提供了可供借鉴参考的经验。对外开放带来的先进管理经验与运营经验的普及，帮助农村产品更有效地融入国内大循环和国际循环，提高农村产业的创富水平，使农村居民的收入和福利水平显著提升。第三，高水平对外开放带来的产业链发展与经济增长，为新型城镇化和乡村振兴提供新的动力：产业发展既为农村劳动力提供更多高质量就业机会，增加其工资性收入②；又带动劳动力增加面向自身和下一代的人力资本投入，缩小城乡居民在教育维度的差距，促进城乡长期均衡发展③。

高水平对外开放促进公平高效分配。第一，高水平对外开放使传统要素收入在新技术赋能下不断提升。浙江服务业的对外开放培育出外贸综合服务企业等新业态，有利于提高传统要素型开放条件下的生产要素与服务要素配置和集聚效率，进一步提高我国各类生产和服务要素的收入水平④。第二，高水平对外开放带动技术和数据等新型生产要素市场迅速发展。浙江技术和数据交易的蓬勃发展带动经贸规则的完善，使劳动者得以在数据交易制度和知识产权制度的保护下扩充要素收入来源渠道。第三，高水平对外开放促进

① 刘志彪、吴福象：《"一带一路"倡议下全球价值链的双重嵌入》，《中国社会科学》2018年第8期。

② 韩军、刘润娟、张俊森：《对外开放对中国收入分配的影响——"南方谈话"和"入世"后效果的实证检验》，《中国社会科学》2015年第2期。

③ 吴要武：《70年来中国的劳动力市场》，《中国经济史研究》2020年第4期。

④ 裴长洪、刘斌：《中国开放型经济学：构建阐释中国开放成就的经济理论》，《中国社会科学》2020年第2期。

企业社会责任建设，促进国内市场主体对标国际市场标准与经营理念。在参与国际竞争和国际交流的过程中，浙江的市场主体愈发重视社会责任建设，其通过产业链帮扶、就业促进等多重机制，在"做大蛋糕"的同时更"分好蛋糕"，更深层次地参与推动共同富裕的进程①。

四　浙江实践的鲜明特点

实现更高水平对外开放，助推高质量发展建设共同富裕示范区，没有成熟的经验、现成的模式可循。2021年5月20日，《中共中央　国务院关于支持浙江高质量发展建设共同富裕示范区的意见》印发实施，浙江被赋予先行探索高质量发展建设共同富裕示范区的重大使命。浙江通过高水平对外开放，为助推高质量发展建设共同富裕示范区扎实开局展开了一系列实践，在纲领、目标、重点、路径等方面的特点日渐突出，可以总结为"四个明确"。

（一）纲领明确，遵循先进思想明晰高水平对外开放方向

习近平同志在浙江工作时，为科学引领浙江发展、统筹推进浙江各项工作，提出了"八八战略"，为浙江开展高质量发展建设共同富裕示范区奠定了坚实的基础和突出的优势。党的十八大以来，党中央把握发展阶段新变化，把逐步实现全体人民共同富裕摆在更加重要的位置上，习近平总书记更是就扎实推动共同富裕作出一系列重要论述、重大部署，开创性地回答了为什么要共同富裕、什么是共同富裕、怎样扎实推动共同富裕等一系列重大理论和实践问题，为扎实推动共同富裕提供了根本遵循和行动指南。支持浙江先行探索高质量发展建设共同富裕示范区，打造新时代全面展示中国特色社会主义制度优越性的重要窗口，是习近平总书记亲自谋划、亲自定题、亲自

---

① 潘亚岚、郎金焕：《共同富裕背景下的企业社会责任》，《浙江日报》2021年10月18日，第6版。

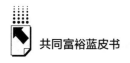

部署、亲自推动的重大战略决策，是综合浙江发展的现实基础，对浙江提出的殷切希望，也必将给浙江带来重大发展机遇。

（二）目标明确，统筹公平效率释放高水平对外开放动能

开放是以服务千百万民众为主体的实现共同富裕的伟大征程，为此既要通过高质量发展把"蛋糕"做大做好，又要通过合理的制度安排正确处理增长和分配的关系，把"蛋糕"切好分好。扩大开放，夯实共同富裕的基础，一方面，浙江坚持以习近平新时代中国特色社会主义思想为指导，贯彻新的开放发展理念，充分利用两个市场、两种要素，内外循环相互促进，把推动高质量发展放在首位；另一方面，浙江也在高质量发展中建设共同富裕示范区，力图通过更高水平对外开放，在推动完善收入分配制度、统筹城乡区域发展、发展社会主义先进文化、促进人与自然和谐共生、创新社会治理等方面探索走出一条高质量发展的新路。

（三）重点明确，力求有的放矢提升高水平对外开放成效

改革开放以来，特别是"八八战略"实施以来，浙江实现了从经济大省到经济强省、从对内对外开放到深度融入全球、从基本小康到高水平全面小康的跃升。在被确立为共同富裕示范区以后，浙江结合国家需要与地方特色，坚持有所为有所不为，详细制定了实施方案，将国家战略转化为地方实践①。在更高水平对外开放助推高质量发展建设共同富裕示范区方面，从要素、平台、市场等角度，提出了要培育世界级先进制造业集群；建设辐射全国、链接全球的技术交易平台；打造全球人才蓄水池；推进国际油气交易中心、国际石化基地、国际油气储运基地建设；建设进口贸易促进创新示范区和重点进口平台以及市场采购、跨境电商、外贸综合服务平台等外贸新业态；打造高质量外资集聚地和高层次对外投资策源地等十余项切实可行的重点工作。

---

① 《奋楫扬帆此其时——浙江锚定方向扎实推进共同富裕》，新华网，http://www.xinhuanet.com/2022-03/18/c_1128483608.htm。

（四）路径明确，坚持勇毅前行推进高水平对外开放工作

为深入学习贯彻习近平总书记抓好浙江共同富裕示范区建设的重要指示精神，全面落实《中共中央　国务院关于支持浙江高质量发展建设共同富裕示范区的意见》，浙江省做出了"每年有新突破、5 年有大进展、15 年基本建成"的安排，用 3 个五年规划时间稳步推进；近期主要是到 2022 年、2025 年的两个阶段性目标，比如积极参与数字领域国内国际规则和标准制定，培育国际消费中心城市、持续放大中国国际进口博览会溢出效应，创新推进国际油气交易中心、国际石化基地、国际油气储运基地建设，打造宁波舟山国家大宗商品战略储备基地和全球资源配置中心，实施油气储备体制改革、新型国际贸易监管、通关一体化改革、数字贸易制度机制建设等系统集成化改革，争取赋予四个片区更大改革自主权，修订《中国（浙江）自由贸易试验区条例》，等等；力争到 2025 年，推动示范区建设取得明显实质性进展；到 2035 年，高质量发展取得更大成就，基本实现共同富裕。

浙江作为改革开放的前沿阵地，以及全国区域发展最均衡、城乡收入差距最小的省份之一，在第二个百年新征程上，正在忠实践行"八八战略"，奋力打造"重要窗口"。我们坚信，浙江一定能在更高水平开放中实现共同富裕的宏伟目标，为全国推动共同富裕提供优秀的省域范例。

专 题 篇
Special Topics

B.8
公共服务高质量发展的浙江实践

王震　李铮*

摘　要： 公共服务普及普惠是共同富裕的主要内容。浙江在"十三五"末已基本实现了基本公共服务均等化，进入推动公共服务高质量发展的新阶段。对此，浙江提出了全生命周期公共服务优质共享的目标。其主要的探索，一是数字赋能助力优质公共服务均衡共享；二是构建以政府权责清晰、发挥市场作用、支持社会力量参与、调动群众自我服务积极性为特征的公共服务治理新机制。

关键词： 共同富裕　公共服务　高质量发展

共同富裕是中国式现代化的主要特征。党的十九届五中全会提出扎实推进共同富裕的战略目标。公共服务的普及普惠既是共同富裕的主要内容，也

---

* 王震，中国社会科学院经济研究所研究员，主要研究方向为公共经济学；李铮，中国社会科学院经济研究所助理研究员，主要研究方向为公共经济学。

是在高质量发展基础上推进共同富裕的主要路径。完善的公共服务及社会保障体系是人民共享发展成果的重要制度安排，是应对社会风险、实现和谐稳定的基础，也是主要的人力资本投资途径。

2020 年习近平总书记亲临浙江考察，赋予浙江"努力成为新时代全面展示中国特色社会主义制度优越性的重要窗口"的新目标新定位。2021 年，《中共中央　国务院关于支持浙江高质量发展建设共同富裕示范区的意见》提出了浙江率先实现共同富裕的目标，并提出了建设共同富裕所遵循的基本原则，要求在"更高水平上实现幼有所育、学有所教、劳有所得、病有所医、老有所养、住有所居、弱有所扶"①。

浙江是我国经济发展的排头兵，也是高质量发展的典范。自"十二五"时期，浙江就将基本公共服务均等化作为重大战略措施纳入发展规划，不断提高对公共服务的投入。近年来浙江基本公共服务均等化实现度不断提升，从 2010 年的 79.8% 上升到 2019 年的 98.7%，基本上实现了基本公共服务的均等化。在此基础上，浙江公共服务的发展也进入高质量发展阶段。浙江省委十四届七次全会强调，要努力建设好 10 个方面的"重要窗口"，其中之一就是努力建设展示坚持以人民为中心、实现社会全面进步和人的全面发展的重要窗口。浙江省委十四届九次全会提出，人民对美好生活的向往是我们的奋斗目标，浙江高质量发展建设共同富裕示范区，要着力推动人的全生命周期服务优质共享，努力成为共建共享品质生活的省域范例。浙江省第十五次党代会报告提出，大力推进公共服务优质共享。

浙江省的公共服务高质量发展的实践，一方面要继续深入推进基本公共服务均等化，率先解决发展不平衡不充分问题，走好共同富裕之路；另一方面要完善人的全生命周期基本公共服务供给机制和制度政策体系，推进公共服务的高质量发展。

---

① 《中共中央　国务院关于支持浙江高质量发展建设共同富裕示范区的意见》，中国政府网，http：//www.gov.cn/gongbao/content/2021/content_ 5621189. htm。

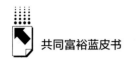

一 浙江推进基本公共服务均等化的成效及经验

（一）浙江基本公共服务均等化的成效

"十二五"时期以来，浙江把基本公共服务均等化作为重大战略措施纳入发展规划，提出了基本公共服务均等化实现度的指标。2016年，省统计局根据省均等化领导小组办公室确定的任务，联合省发改委，对照《浙江省基本公共服务体系"十三五"规划》的具体内容，对基本公共服务均等化指标做了大幅调整。将原有基本生存服务、基本发展服务、基本环境服务、基本安全服务四大领域调整为基本公共教育、基本就业创业、基本社会保障、基本健康服务、基本生活服务、基本公共文化、基本环境保护、基本公共安全八大领域。评价体系中的一级指标由35项增加到60项，其中，32项为浙江基本公共服务体系"十三五"规划的主要发展指标；调高6项保留指标目标值力求更加全面地反映城乡间、地区间和人群间基本公共服务均等化水平，从而建立与浙江省经济发展相适应的高水平基本公共服务体系。同时，增加3项公众评价到基本公共服务均等化实现度评价体系之中。

从结果看，浙江省11个市基本公共服务均等化实现度均有不同程度的提升，地区间实现度差异逐步缩小，趋于均衡发展。截至2019年，八大领域全部达到95%的规划目标，领域差异进一步收窄，呈现高实现度、均衡发展的趋势。从总体上看，浙江省基本公共服务均等化实现度逐年稳步提高，2019年已经达到98.7%（见图1）。

可以说，浙江省基本公共服务均等化已经实现，下一阶段的主要目标是将公共服务高质量发展落到实处，逐步实现"幼有善育、学有优教、劳有厚得、病有良医、老有颐养、住有宜居、弱有众扶"的新局面。

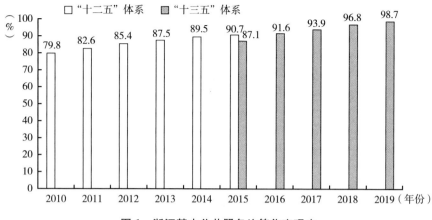

图1　浙江基本公共服务均等化实现度

资料来源：《"十二五"基本公共服务均等化实现度》，浙江统计局网站，http://tjj.zj.gov.cn/art/2018/11/23/art_1544537_33987475.html；《"十三五"基本公共服务均等化实现度》，浙江发改委网站，https://fzggw.zj.gov.cn/art/2020/11/11/art_1620998_58924262.html。

（二）基本公共服务均等化的主要经验

浙江省一直重视基本公共服务"普惠性、保基本、均等化、可持续"的发展道路，基本经验可以归结为以下四点。

第一，提出基本公共服务均等化的发展定位应该从局域均等化上升为全域均等化。一方面，突出区域协调与区域均衡，不仅通过扎实推进新型城镇化建设、深入实施山海协作工程，辐射带动浙南、浙西南及省域周边地区基本公共服务均等化发展，同时还通过东西扶贫协作、对口合作等途径形成辐射力更强的跨省协同、东西均衡效应。另一方面，突出城乡协同与城乡均衡，建立更加完备及更高质量的城乡融合发展体制机制和政策体系，走出一条具有示范效应、引领效应的城乡基本公共服务均等化发展道路。

第二，准确把握两个"均等化"，平衡基本公共服务的投入与产出关系。一方面是面向受益人群的产出均等化，即所有公民都能够公平可及地获得所需的公共服务，且应该保障同类型公共服务在城乡、不同地域以及不同群体之间供给的水平与质量大致相同。在这个过程中，确保人人享有、公平

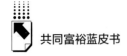

可及。另一方面,从投入层面来看,确保公共资金投入的均等化,既要保证地方特别是基层政府间有大致均等的财政能力,又要将更多的财政资金投向与民生相关的公共服务领域。

第三,兼顾"均衡"与"竞争",完善政府间均等化财政转移支付机制。一方面,重视通过一般性财政转移支付实现地方特别是基层政府间的财力均衡,强化经济发展落后地区的公共服务财政供给能力。另一方面,积极探索市县层面上财政专项资金竞争性分配改革,引入有管理的竞争机制,强化专项资金在引导基层政府竞相提高基本公共服务供给标准与质量上的作用。

第四,强化治理能力,形成多元供给与治理协同的基本公共服务治理新模式。坚持政府在基本公共服务供给中的主体地位;同时在公共服务生产、递送各个环节充分激发市场与社群活力,依托公私合作推动基本公共服务与非基本公共服务有序衔接,形成多层次、多样化的公共服务供给机制。

二 浙江推进公共服务高质量发展的政策框架

(一)共同富裕要求公共服务实现高质量发展

习近平总书记强调:"共同富裕是社会主义的本质要求,是中国式现代化的重要特征"[1],高质量发展关系我国社会主义现代化建设全局,要在高质量发展中促进共同富裕。公共服务的普及普惠是实现共同富裕的基础条件,在此基础上公共服务还需要高质量发展。

首先,高质量、优质的公共服务是居民的迫切需求。我国社会主要矛盾已经转化为人民日益增长的美好生活需要和不平衡不充分的发展之间的矛盾,人民群众对美好生活更加向往,教育、医疗、养老、托育等公共服务保障水平成为影响人民群众获得感、幸福感、安全感的重要因素。在实现基本

---

[1] 《习近平谈治国理政》第4卷,外文出版社,2022,第142页。

公共服务均等化的基础上，居民对公共服务的需求层次不断提高，特别是对优质公共服务的需求不断上升。尤其是对浙江这样的经济社会发展程度较高的地区，优质公共服务供给不能满足需求的矛盾更为突出。

其次，高质量发展还意味着在公共服务供给上要实现高效率、高品质。从高质量发展的角度，公共服务的供给不仅要看投入，而且更要看效率。如果没有有效率的服务产出，那么投入越多带来的负面影响也越大。西方福利国家特别是部分欧洲福利国家，在公共服务方面的投入不可谓不多，但其"高福利"一直面临不可持续性的困境，甚至成为一些福利国家经济增长乏力、社会不稳定的根源。究其原因，大量资源进入公共部门后其使用效率是下降的，投入越多整个社会资源运行的总效率也越低。这也是公共服务长期以来被认为是"消耗性部门""社会负担"的原因之一。

公共服务部门的效率较低，背后主要有两个原因。一是公共服务部门存在的"成本膨胀趋势"。由于公共服务难以进行技术替代，劳动的单位产出长期不变或增长缓慢，但从事这个行业的人员的工资与社会平均工资相挂钩。这就导致在产出不变的情况下，人员工资快速上涨。这也被称为公共服务行业的"鲍莫尔成本病"。二是公共服务的供给在传统上主要是由公共部门提供，但公共部门的治理模式以科层制、行政化为特征，缺乏激励机制，从而导致效率低下。

推动公共服务高质量发展，也要从解决上述两个问题入手。从浙江的探索看，浙江在引入"互联网+"新技术提高公共服务供给效率以及公共治理模式创新方面都进行了一些探索，且已初步形成了公共服务高质量发展的"浙江特色"，特别是在引入"互联网+"方面，更是领全国之风。

（二）人的全生命周期的公共服务优质共享：浙江的探索

浙江省推进公共服务高质量发展有着良好基础。第一，浙江省在全区域内实现了基本公共服务均等化的目标。第二，浙江省经济长期向好，人民生活持续改善的物质基础日趋雄厚。第三，浙江是一个人口流入大省，流动人员生存发展对公共服务的依赖性逐渐增强。第四，大数据、人工智能等新技

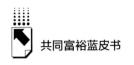

术手段在浙江发展迅猛，科技助推公共服务高质量发展能力强劲。

基于公共服务高质量发展的内在必然性，以及浙江的优良基础，浙江省委确立了"人的全生命周期服务优质共享"的公共服务高质量发展目标。省委全会指出，共同富裕美好社会是人的全生命周期公共服务优质共享的社会形态，要有效扩大高品质公共服务供给，有效破解优质公共服务共享难题，显著提升公共服务质效，形成群众看得见、摸得着、体会得到的幸福图景。

人的全生命周期的公共服务优质共享，意味着高效、公平、均等的公共服务贯穿了每个人的成长周期，在幼有所育、学有所教、劳有所得、病有所医、老有所养、住有所居、弱有所扶上持续取得新进展，让人民群众能公平地共享改革发展的制度成果和实践成果，激发人民群众的积极性、主动性、创造性，在公共服务的优质共享中不断推进生产发展与社会进步。浙江省提出的具体建设目标有以下几点。

第一，大力度建设教育强省，率先实现基础教育均衡优质、高等教育高水平普及和普惠性人力资本提升，加快推进职业教育现代化，支持高校"双一流"建设，以新机制新建成一批高水平大学。

第二，深化健康浙江建设，构建全民全程健康服务体系，着力加强基层医疗卫生体系建设，全面建设高水平县级医院，加快建设国家医学中心、中医药综合改革示范区，打造公共卫生最安全省份。

第三，积极应对人口老龄化，探索"一老一小"整体解决方案，完善普惠性养老、育儿服务和政策体系。

第四，探索构建共富型大社保体系。积极稳妥地推进企业职工基本养老保险提标扩面，完善城乡居民基本养老保险制度，推动个人养老金发展，健全多层次医疗保障体系，发展惠民型商业补充医疗保险，探索建立长期护理保险制度，探索保障性住房建设模式，完善退役军人服务保障体系，健全新时代社会救助体系，提高残疾人等困难群体的保障服务水平，逐步缩小职工与居民、城市与农村的社保筹资和待遇差距。

第五，加快构建橄榄型社会结构。探索构建初次分配、再分配、三次分配协调配套的基础性制度安排，全面实施扩中提低行动，完善高质量就业创业体系，确保零就业家庭动态清零，构建新型慈善体系，推动更多低收入群体进入中等收入群体行列。

第六，全省域推进共同富裕现代化基本单元建设。一体推进城乡风貌整治提升和未来社区未来乡村建设，深化城乡规划建设机制改革，探索基层公共服务新模式，加快城乡社区现代化建设，构建居民幸福共同体。

在具体做法上，浙江的探索紧紧抓住两个线索：一是数字赋能公共服务高质量发展，二是多元参与，激发多个主体的积极性，构建适应共同富裕的公共服务供给治理新模式。一方面，充分利用浙江数字化改革的优势，形成公共服务领域的数治成果。运用大数据平台和信息技术，实现公共服务需求端与供给端的精准对接，提升公共服务的有效性，进一步完善精准化、智能化的公共服务体系。另一方面，加强政府引导，鼓励市场和社会组织参与，充实公共服务的多层次供应。政府负责基本公共服务领域的兜底功能，满足可及性、普惠性、公平性的要求，而基于人们不同需求层次的个性化服务则由市场和社会提供。本文通过具体案例，介绍、总结了浙江省数字赋能与多元参与的实践经验。

三 数字赋能助力优质公共服务均衡共享

近年来，以互联网、云计算、大数据、人工智能等为代表的数字技术不断发展，数字技术的渗透与普及成为推动公共服务均等化、普惠化、高效化、便捷化的重要手段。公共服务资源的数字化供给（如智慧教育、数字健康等），能够大幅降低公共服务的供给成本，提高供给效率，优化区域之间、城乡之间的公共服务资源配置。随着互联网、大数据、人工智能等技术的广泛应用，公共服务逐步实现了移动化、智能化。"掌上办""指尖办"成为政务服务标配，"一网通办""异地可办""跨省通办"越来越普及，大大提升了公共服务的可及性。

浙江有很好的数字化基础。早在2003年，习近平同志以极具前瞻性的

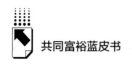

共同富裕蓝皮书

战略眼光提出"数字浙江"建设，其后历届省委接续奋斗。近年来，浙江省先后出台了《浙江省数字经济促进条例》《浙江省数字化改革总体方案》《浙江省数字经济发展"十四五"规划》《浙江省数字化改革标准化体系建设方案（2021-2025年）》等政策文件，围绕建设"数字浙江"的总目标，把数字化、一体化、现代化贯穿到党的领导和经济、政治、文化、社会、生态文明建设全过程各方面。

在推动政府数字化转型的过程中，"浙里办"这款高度集成化的政务服务App是一面代表性旗帜。"浙里办"于2014年6月25日上线，是浙江数字化改革面向企业、群众的总入口，现已集成公积金提取、入学报名、助企纾困、一老一小、教育缴费、疫苗接种、企业开办等1500项便民惠企服务，实现"网上一站办、大厅就近办、基层帮你办、全省统一办"。2022年7月实名注册用户突破8200万，日均280万人通过"浙里办"办理相关业务。随着内容不断更新完善，"长辈版"、亲友代办、无障碍阅读等服务相继推出。

本小节通过"互联网+教育""健康大脑+智慧医疗""未来社区"三个典型案例（都以"浙里办"为依托），介绍浙江省通过数字化建设，支撑全生命周期公共服务，满足群众对高层次、多样化、均等化公共服务需求的先行实践。

（一）互联网助力公共教育资源均等化

浙江省在推进教育均等化的过程中，不仅着力标准化学校建设，实现"硬件"的均衡配置，也注重依托互联网等信息技术优势，促进优质教育资源共建共享。

第一，发展在线教育，扩容优质教育资源。通过建设新时代城乡教育共同体智慧服务平台、职业教育产教融合智慧云平台、高校智慧思政平台和全民数字学习平台等"互联网+教育"一站式服务平台，将优质课程上传至各大服务平台，实现优质教育资源的线上全民共享。同时，推广个性化教学的互联网学校，推进"名校上云"，推出"名师金课"，开展"数字家校"应

184

用，全面普及"一校一师一生一空间"，每年全省超过 25 万名教师参与资源共建共享，年度在线访问量超过 10 亿人次。

鼓励社会机构的优质在线课程资源引入课堂教学，逐步探索构建"公益+市场"的双轨机制，规范在线教育治理，推进在线教育可持续发展，如浙江省联合新华社、省检察院和省科协等多个部门，共享 300 余节社会课程资源。同时，于 2022 年推出"百名科学家进中小学课堂"系列综合育人课程。线上邀请中国科学院院士、西湖大学校长施一公教授开讲"科学第一课"，实现全省 6500 多所中小学 500 多万名师生同上一堂课。通过加速发展高质量在线教育，实现线上优质教育资源的有效扩容。

第二，依托线上帮扶，加强城乡优质教育资源共享。用数字化技术创新实现城乡主体间的结对帮扶，推动城乡优质教育资源的共享。2019 年，浙江省人民政府全面推进"互联网+义务教育"，创新利用"互联网+"等信息化手段，进一步探索城乡义务教育一体化发展的体制机制。全省 1458 所学校参与"互联网+义务教育"有效结对帮扶，建立了县域内城乡、市域内跨县、省域内跨市的三种城乡学校结对模式。2021 年，浙江省"互联网+义务教育"项目实现所有乡村小学和乡村薄弱初中学校结对帮扶的全覆盖。打造以互联网为依托的融合型、共建型、协作型三种模式的城乡教育共同体建设。通过城乡同步课堂、远程专递课堂、教师网络研修、名师网课观摩四种形式，实现城乡学校硬件同步升级、学生同师授课、教师同台竞艺、学校同等发展，进一步推动城镇优质教育资源下沉，整体提升乡村学校教育质量和办学水平。

浙江省坚持抓牢优质公共教育资源共享的主线，通过"互联网+"和"大数据"的技术创新，有效地实现优质公共教育资源的扩容、共享和下沉。数字化改革和数字赋能极大地推动了浙江省基本公共教育服务均等化和教育优质发展。

（二）"互联网+医疗"——"健康大脑+智慧医疗"

"浙里健康"是浙江高质量发展建设共同富裕示范区的一张"金名片"，

其核心是围绕"健康大脑+智慧医疗"体系打造的线上线下一体化、智能化、全方位数智医疗健康服务体系。"健康大脑+智慧医疗"是浙江省在2021年提出的建设目标，并明确了"1+3+N"的健康大脑总体框架，即一个健康大脑，三个子领域：智慧医疗、数字健康管理、智慧公卫，以及N个多跨场景应用。《浙江高质量发展建设共同富裕示范区实施方案（2021—2025年）》中明确提出："全省域推行'健康大脑+智慧医疗'，迭代升级'互联网+医疗健康'新服务，率先推进健康多跨场景应用。""健康大脑+智慧医疗"依托卫生专网和医疗机构信息系统，以"浙里办"为主要载体，极大地解决了就医时遇到的"挂号难""支付难""检查难""购药难"等问题。

第一，通过"健康大脑"归集全省各级各类医疗机构门诊号源资源，形成全省统一号源池，通过手机、网站、座席等多渠道面向社会提供分时段精准预约挂号。通过数字化的号源归集，首先能够将优质号源下沉到基层，引导群众首诊落实在基层，助力分级诊疗制度建设。

第二，通过将国家卫生健康委发行的电子健康卡和人社部签发的电子社保卡合二为一，在"浙里办"中融合成"健康医保卡"，形成看病和结算的"一码通"。"一码通"以一个二维码替代了以往就医需要的社保卡、市民卡和各医院自发的就诊卡，聚合了支付载体，通过扫码付和移动付减少缴费排队，能方便家人帮助老人、小孩完成结算。同时，基于"一码通"建立的患者信用管理体系，使"医后付""信用付"等新型医疗费用结算模式得以实施，实现了诊间不付费直接检查、化验和取药，看完病后一次支付，助推构建安全、通畅的资金流通机制。

第三，"健康大脑"驱动医疗检查数据采集、流转、交换、共享互认，实现流程标准化、资源集约化、服务人性化。"健康大脑"对接各级各类医院信息系统，形成全省统一检查资源池。患者能够一键获取检查排班，一键完成分时预约和临时改约。检查资料一站互认的数智医改模式，实现了检查结果一网查询、依规互认，并通过"浙里办"对外授权认证开放，群众可随时查看自己名下6个月以内的各类检查报告和影像。

第四，互联网助力慢病健康管理。长期以来，"因药就医"是慢病患者面临的主要问题，对面诊购药、复诊续方以及诊后服务等方面的便捷性有极大需求。浙江省互联网医院平台是全国首个"服务+监管"一体化的互联网医院平台，为患者提供便捷的线上医疗服务，成为医疗机构提供互联网医院、互联网诊疗建设的重要基础设施。"互联网+医疗"为患者提供图文咨询、电话问诊、视频问诊、在线处方等服务。同时，"互联网+药事"基于互联网医院平台和处方流转平台，实现"药品线上浏览、在线支付、线下配送"的O2O模式，切实推动医疗、医药、医保三医联动，使群众购药更加安全、便捷，切实提升群众购药的安全感、满意度。

另外智慧医疗、数字健康管理、智慧公卫的场景应用正逐步向家庭医生、养老保障等民生领域拓展。义乌市推出了"数字家医"模块，整合基本公共卫生服务、签约服务、医疗服务及综合办公等功能于一体的卫生健康掌中服务平台。家庭医生团队成员通过"数字家医"，可以完成居民健康档案、专病档案管理、两慢病随访，支持医生在线进行健康咨询、续方处理、退诊审核、诊疗信息查询、转诊预约、出院回访，查询居民签约状态、签约服务享受情况、未及时续方情况以及团队成员工作情况。绍兴市则探索"居家社区+机构+智慧养老"新模式，把智能终端普及到老年人的日常生活中，特别是身体状态监控、防跌倒、防走失等应用场景，为老年人提供了精准化、个性化、专业化的服务，推动养老服务供给侧优质"产出"。

（三）未来社区：数字赋能社区建设

2019年1月，浙江省在政府工作报告中首次提出"未来社区"概念，旨在打造人本化、生态化、数字化的新型生活单元。同年，浙江省政府先后印发《浙江省未来社区建设试点工作方案》《浙江省首批未来社区试点创建项目建议名单公示》《关于高质量加快推进未来社区试点建设工作的意见》等一系列政策文件，围绕"未来社区"提出了"139"系统框架，即以人民美好生活向往为中心，以人本化、生态化、数字化为价值导向，以和睦共治、绿色集约、智慧共享为基本内涵，构建未来邻里、教育、健康、创业、

建筑、交通、低碳、服务和治理九大场景。开展未来社区建设，是忠实践行"八八战略"、奋力打造共同富裕"重要窗口"的内在要求，是构建以人为核心的城市现代化平台、满足人民对美好生活向往的重要举措。

未来社区建设要"数""治"结合，我们在本小节介绍浙江未来社区数字赋能的"智理"实践。党建引领、社会协同、居民参与的"治理"实践在下一小节介绍。

第一，深化数字技术在日常生活中的应用。未来社区试点大多已经实现居民"刷脸"回家，到访人、车相关信息的"云"端监控和数据存储。在社区便民站中普及自助诊疗仪器、智能洗衣柜、智能回收站等设备。结合"最多跑一次"改革和政府数字化转型，养老、医疗保险、社会保障等71项高频服务事项可以通过手机 App 系统实现网上审批和盖章，提高了"指尖上"的服务效率。社区网络交互平台的建设，以数字化分享居民日常生活场景，重铸有市井味、人情味、烟火味的人际关系。

第二，通过社区服务平台，探索社区居民依托平台集体选择有关配套服务。例如，"平台+管家"物业服务模式，费用收取遵循"基本物业服务免费，增值服务收费"的原则。共享停车模式解决停车难、出行不便的问题，并能够减少停车位，为社区腾出大量可利用的公共空间。

第三，推进未来社区数字标准化工作，提升整体智治水平。在保证数据安全、做好风险管控前提下，各个未来社区都建设了信息数据平台，大量场景应用的数据基于省公共数据平台通过社区数字化操作系统共享。例如，社区内党员、"两代表一委员"人员信息的整合是打造共建共治共享"现代社区"的关键钥匙。

数字经济的发展在助力公共服务高质量发展的同时也成为浙江经济发展的新增长点，成为浙江现代经济体系的重要组成部分。在浙江打造未来社区的过程中，涌现出大批龙头企业。阿里云推出了 ET 城市大脑的智能城市解决方案，已成功在杭州、上海、雄安等地落地；网易云在智慧教育和智慧医疗领域已形成了场景化的解决方案；海康威视和浙江大华两家企业占据全国安防领域将近60%的市场；新华三集团推出"数字大脑计划"，在智慧校园、智能家居等领域成为行业领军者。许多传统行业的企业也纷纷踏足数字经济，比如吉利汽车在智慧出行、绿城在智慧物业领域都有迅猛的发展势头。而未来社区所设想的场景将这些领域全部容纳其中，不仅如此，绿色建筑、新能源汽车、光伏发电等各色新兴产业也被整合进来。

四　迈向"共建共享共治"的公共服务治理新模式

公共服务从筹资到服务的提供还需要经过一个生产和递送的过程才能到达居民手中。这个生产和递送过程涉及公共服务供给的治理问题，即在现有资源下如何组织、管理以及与作为消费者的居民互动的过程。理论上，存在公共部门、市场制、自组织供给三种不同的公共服务治理模式。

每种治理模式都有其固有问题。公共部门提供公共服务，存在科层制管控的现象，缺乏相应的激励机制，从而导致公共部门的僵化与低效率。市场制则有"撇脂"行为，也即只对利润较高的地区提供公共服务，或只参与利润率较高的公共服务供给。自组织供给则往往是区域性的，具有一定排他性，不承担普遍服务义务。因此，公共服务的治理模式选择需要因时因地因事而异，应在实践中探索与公共服务高质量目标相匹配的治理结构。

同时，依赖单一治理模式提供公共服务往往会遇到价格、质量、可及性的"不可能三角"问题，也即公共服务的高质量、低价格、高覆盖不可兼得（见图2）。以医疗保障体系为例，英国的全民健保体系以"大病医治，小病自治"为原则，牺牲了医疗服务的可及性；美国的商业医疗保障体系则以高价格闻名于世，66.5%的个人破产是由于医疗问题。因此，培育多元治理主体、构建共建共享共治的治理模式，是实现公共服务发展兼具均等、普惠、高质量的必由之路。

下文通过"社会人员学历提升行动""西湖益联保""浙有众扶""未来社区"四个案例，介绍浙江省探索厘清政府权责边界、发挥市场机制作用、支持社会力量参与、调动群众自我服务积极性方面的实践。

189

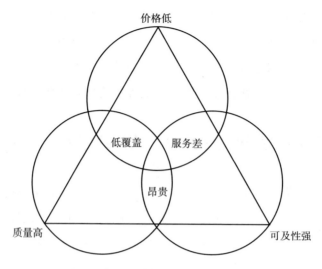

图 2　单一治理模式的"不可能三角"

（一）社会人员学历提升行动：受益人的自我治理

人力资本的积累是我国经济、社会发展以及提升国际竞争力的重要基础和动力，更是满足人民对教育美好期盼的重要方面。与其他公共服务相比，教育更加强调受教育人自身的积极性和能动性。因此，政府应当保障全民学习和终身学习的机会，并有相应的机制和手段促进全民在教育领域的自我治理。为探索终身学习型社会的浙江示范，提升社会各群体尤其是低学历群体的学历层次和受教育水平，有效开发人力资本，服务共同富裕示范区建设，浙江省制定并实施了社会人员学历提升行动计划。

社会人员学历提升行动依托全省中职学校、成人中专（电视中专）、乡镇（街道）成人文化技术学校（社区学校）、符合条件的企业职工学校、社会培训机构等，通过实施初高中两级成人"双证制"教育培训，采取线上线下、理论技能相结合的学习方式，将有学习意愿的相关社会人员学历提升到成人初中或成人高中层次。在管理上，建立统一的管理平台，管理入学注册、学习记录、课程考试、学分认定和成绩证明等，实现社会人员随时随学随认。社会学习者学完规定的必修课程，并通过全省统一的测试，由学分银行出具成人初高中对应层次课程成绩合格证明，经各市教育局审核，可直接作为成人初高中学历证书相关课程成绩。由浙江省开放大学牵头，依托数字浙江建设，进一步健全"学分银行"制度，完善学分银行管理平台建设，扩大学习成果认定覆盖面，为社会学习者开设学分银行账户，建立学习成果登记、认定、存储与累积制度，形成个人可信数字学习档案。建立和完善学习成果转换互认机制，为符合条件的学习者提供学习成果学分认证和转换，为社会人员学历提升工作搭建终身学习"立交桥"。

为了鼓励民众参与和自我治理，学历提升行动对现有专业进行职业化改造，增设契合社会人员职业发展需求和个人自我发展需求的相关专业。加强成人中专、成人大专、成人本科人才培养方案的一体化设计，注重学历与非学历教育课程的融通性，提高教学内容与职业岗位适应性匹配度。进一步扩大面向社会人员的成人单考单招规模。根据不同学历层次的基本要求，结合社会人员的工作和生活实际，依托"浙江学习网"，开发成人初中、成人高中和职业技能培训等相应课程在线学习子平台，支持服务社会人员在线学习和教学教务管理，并衔接应用高校在线精品课程共享平台。与此同时，积极推动地方人民政府建立和完善社会人员学历提升政策保障，完善学历积分入户制度等相关激励措施，增强外来务工人员归属感。加强社会人员学历提升工作经费保障，根据《浙江省人民政府办公厅关于开展成人双证制教育培训工作的通知》规定，落实成人"双证制"教育培训经费及相关工作。鼓励各地创造条件争取对大专及以上学历提升的人员给予补助，积极推动落实企业依法履行职工教育培训和足额提取教育培训经费的责任，鼓励和倡导企业出台支持职工参与学历和技能提升激励政策，包括安排时间确保职工参与学历和技能提升并进行经费补助，对取得学历的人员，根据成绩与学习表现给予一定补助和适当奖励。

社会人员学历提升行动完善了学习型社会建设的体制和机制。第一，健全终身学习经费保障机制、经费分配机制以及加大对重点人群参与终身学习的倾斜支持力度。第二，建成各级各类教育纵向衔接、横向沟通、协调发展的人才成长"立交桥"，满足全民终身学习、全面发展的需求。第三，明确

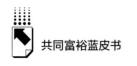

政府、学校、社会和个人在终身学习方面的权利和责任，强调了公共服务受益人的主体责任，激发了自我治理的动力。

（二）普惠保：市场力量与政府的结合

杭州市已基本建成了以基本医疗保险为主体，大病保险为延伸，医疗救助为托底，各类补充医疗保险共同发展的全覆盖、多层次城乡统筹医疗保障体系。在医保市级统筹后，杭州市域范围实现了"制度政策统一、基金统收统支、管理服务一体"。在普惠性、基础性、兜底性医疗服务需求基本得到满足的基础上，杭州市充分调动市场主体的积极性，推出了普惠型补充保险——"西湖益联保"，向"病有良医"迈出了坚实的一步。

2020年12月，杭州市医疗保障局会同有关部门，通过公开招标的方式，综合权衡商业保险机构服务能力、政保合作承办经验和综合实力等因素，确定中国人寿、人保财险、太平洋寿险、泰康人寿、平安产险5家商业保险公司。承保公司以共保体的形式负责承办，有效规避恶性价格竞争；其日常运作接受浙江省医保、银保监部门和杭州市医保等相关部门的监督指导；承保公司以三年为一个承办周期，当年保费收入扣除理赔支出以及合理利润后出现结余的，则滚存到下一年度使用；当年保费收入不足以支付理赔费用的，则由共保体先行垫付，下一年度通过调整产品方案再予以解决。因此，"西湖益联保"抗风险偿付能力强于市场上其他商业健康保险产品，能更好地维护参保群众的医疗保障利益。2021年度共保体公司运营支出约占总保费的7.08%，收支结余符合保本微利的产品设计目标。

"西湖益联保"强调产品的惠民属性。第一，坚持广覆盖原则。将浙江省本级和杭州市基本医疗保险参保人员全部纳入保障范围，覆盖城乡，涵盖所有年龄段人群，不设置既往病史、健康状况等限制投保条件。保障涵盖医保目录内大病补充，住院和规定病种门诊医保目录以外的药品、材料补充，特定肿瘤及危重症创新药品、耗材补充，罕见病专项药品补充等责任，并且保障范围不断扩大、结构不断优化。第二，保费标准适宜。每人每年150元，总保障额度达300万元。第三，明确困难群众资助参保政策。对特困、低保、残保人员全额资助参保；对低边人员，由各区、县（市）政府结合实际按不低于每人保费的50%确定资助标准，各地为困难人员办理集体参保手续。第四，理赔便捷。患者在定点医疗机构可以刷卡实时享受基本医疗保险和"西湖益联保"的报销待遇。对于创新药品及罕见病药品，参保人员可通过"西湖益联保"微信公众号的理赔模块，选择预约购药直付和事后报销两种方式进行理赔，其中预约购药直付方式，在领药时仅需支付个人承担部分的费用。

通过强化"西湖益联保"同基本医疗保障的协同作用，切实减轻了患者，特别是重特大疾病患者的就医负担。2021年，"西湖益联保"总体赔付6.25万人、48.19万人次，赔付5.41亿元，其中，困难群众赔付0.52万人，赔付0.50亿元。

"西湖益联保"是浙江普惠性非基本公共服务实现提质扩容的典型案例。紧扣人民群众"看病贵"的突出问题，坚持社会效益优先，充分激发市场主体参与到普惠性非基本公共服务的供给中，使公共服务内容更加丰富、获取方式更加便捷，推动了普惠性非基本公共服务付费可享有、价格可承受、质量有保障、安全有监管。

（三）"浙有众扶"：激发多元慈善活力

社会救助是社会保障体系的重要组成部分，是国家和社会对陷入生存困境的公民给予财物接济和生活扶助，以保障其最低生活需要的制度。社会救助事业高质量发展是推进共同富裕的有力兜底保障。浙江省在"扩中""提低"的总体要求下，通过完善政策制度，强化数字赋能，加大创新力度，拓展服务项目，不断提升社会救助保障水平。在继续发挥政府主导作用基础上，浙江省提出了"浙有众扶"的救助体系建设，推动市场力量、社会资源来满足不同困难群众的多元化需求。"浙有众扶"改革是多元主体推动公共服务高质量发展的优秀实践。

为从"弱有所扶"到"弱有众扶"，"众"突出了多元参与在高质量社会救助建设中的重要性。"浙有众扶"提供了宝贵的可推广经验。

第一，加强培育慈善主体。浙江省的慈善基地实现省市县三级覆盖，为孵化慈善组织、项目和人才搭建平台，省财政设立 2000 万元财政引导资金支持慈善组织发展。适当放宽要求、降低门槛，鼓励支持更多的企业家、爱心人士参与设立社区基金会或企业基金会。

第二，通过优化财税支持，让捐赠主体依法便捷合理地享受税收优惠。民政、财政、税务部门共同推动慈善组织完成登记和认定，同步开展公益性捐赠税前扣除资格和非营利组织免税资格认定，延长公益性捐赠税前扣除资格有效期等工作。目前，已认定 647 家具备公益性捐赠税前扣除资格的社会组织和群众团体，并将税前扣除资格有效期延长至 3 年。浙江省目前省登记认定慈善组织 1364 家，居全国第二。

第三，构建完善激励体系。自 2018 年 11 月明确省人民政府设立"浙江慈善奖"以来，累计表彰先进个人 300 个、慈善机构 202 个、慈善项目 210 个。2021 年 6 月，出台了《浙江省志愿者激励办法（试行）》，完善了志愿服务政策体系。通过举办志愿服务交流大会、志愿服务典型系列推选、志愿者日宣传等活动，激发志愿者的活力。2022 年，浙江省全国社会工作者职业资格考试报名数达 17.06 万人，连续 3 年位居全国第一；持证社会工作者数从 2012 年的 7250 人发展为 11.2 万人，迅猛增长近 15 倍，数量位居全国第二。

第四，发展慈善信托。"金融+救助"拓延救助资源募集领域，鼓励企业家运用慈善信托方式参与慈善活动，并和慈善组织开展合作，发挥各自优势，能够促进慈善资源最大化、慈善帮扶专业化。杭州设立了慈善信托专项试点，推动慈善组织向慈善信托委托人直接开具公益性捐赠票据，使慈善信托委托人能够享受税收抵扣优惠。杭州市先后出台了《高质量发展慈善信托专项改革试点方案（2021—2025）》和《关于通过慈善信托方式开展公益性捐赠有关问题的通知》，允许慈善组织向慈善信托委托人直接开具公益性捐赠税前扣除票据，并成功落地全国首张有政策文件支持的捐赠票据开立。截至 2022 年浙江省累计慈善信托备案 195 单，资产规模达到 11.93 亿元，位居全国第一。

第五，数字化改革推动全民参与。"支付宝公益""善园网""亲青筹"等一批网络募捐平台发展势头强劲，有力提升了慈善帮扶精准度、透明度和便捷度，打造便民慈善的"指尖公益"。目前已有 511 家慈善组织按照标准上线"浙里有善"应用，上架慈善项目 714 个，汇集 401 条有效需求，实现了慈善资源精准的需求。

"浙有众扶"极大地激发了多元慈善活力，加快处处有善、时时可善、人人向善体系的构建。一方面，政府、市场、社会等慈善力量，得到了积极引导和有机统筹，极大地拓展了"谁来帮"的参与主体。另一方面，专业组织、慈善力量、爱心企业和人士等资源得到整合，分工提供探访照料、精神慰藉、人文关怀、能力提升等各类服务，为困难群众提供多样性的救助帮扶服务，使"帮什么"更加专业和多样。

（四）社区治理：党建引领的多方共建

前文我们介绍了浙江未来社区建设中的数字赋能相关实践，下面我们聚焦基层社区治理。浙江在未来社区的建设中，坚持以党建引领为核心、五社（社区、社工、社会组织、社会企业、社会高校）联动为基础、专业化运营为驱动的协同共建治理模式。

第一，充分发挥基层党组织的领导核心作用，依靠党的政治优势和组织优势，以党建促治理，充分发挥基层党组织在基层社会治理体系中的核心作用。一是围绕社区中心党委、社区党组织、共建单位党组织，充分发挥党的组织协调优势。吸引央企、国资、部委相关资源投入社区建设，实现共赢互惠。二是坚持党组织的全域覆盖，社区党总支、小区党支部、楼道党小组构成了覆盖社区治理各领域的坚强组织网格。二是把政治素质、协调能力、服务水平、作风品行过硬的优秀人才选到社区党组织书记岗位，以带头人凝聚党员、"两代表一委员"、群众积极参与到社区治理的工作中。

第二，以政府有为确保市场有效，充分调动市场主体的积极性，共谋共商共建未来社区，把提供公共服务可持续性作为主攻方向。成立了由阿里巴巴牵头、300 多家企业组成的未来社区产业联盟，成立了由省发展规划研究

院牵头、25家大院名校组成的未来社区发展研究中心，并实现实体化运作，以市场方式集聚各方力量。目前，产业联盟已建立"九大场景"企业库和场景解决方案供应库；发展研究中心深度参与政策制定、标准迭代、试点遴选等工作，有力地推动了试点建设。

第三，大力推动专业化社区工作者、社会组织参与社区治理。浙江省目前有近20万城乡社区工作者参与到社区治理工作中。未来社区的试点为登记注册、业务申请和项目推进等提供便利，构建区、街道、社区三基联动的组织孵化平台，积极培育发展社区社会组织。以社区有场地、公益出服务的模式，动员志愿者、专业化公益组织协同共建未来社区。

第四，群众自治机制建设进一步深化。始终坚持把居民满意度、获得感和方便宜居作为未来社区建设的评价指标。以数字化平台为契机，拓展公众建言献策渠道，把社会期盼和群众智慧吸收到建设方案中。推行居民互助自治，建立积分换服务、服务换积分机制，探索"时间银行"等居民互助模式。鼓励通过社区基金会等公益性组织，对社区居民自治和公益性活动予以支持。

未来社区的建设不仅是浙江数字社会建设的重要载体，更是推进未来社区治理的重要实践。以党建引领为核心、五社（社区、社工、社会组织、社会企业、社会高校）联动为基础、专业化运营为驱动的协同共建治理模式，能够显著提升社区治理效能，为社区治理多元化、服务现代化、功能精准化、参与常态化提供现实路径。

五 结论

浙江省在探索全生命周期公共服务高质量发展中，初步形成了以"互联网+"和"多元参与"为代表的"浙江特色"，成功打造发展建设共同富裕示范区的重要成果。

在数字技术推动下，政府可以跨部门、跨层级进行数据分析，既能提高公共服务支出的公平性和效率，又能促进政府各部门的决策沟通和协同互动，提升公共服务供给的质量和效率。公共资源的数字化，使公共服务的供给跨越区域的限制，实现全面下沉和共享。

多元参与、共建共享是实现公共服务高质量发展的必由之路。服务均等化的基本公共服务由政府负责保障；提升社会整体福利水平的普惠性非基本公共服务则需要市场和社会组织等各种社会力量的广泛参与。一方面能够把财政资金用在民生保障最急需、最迫切的领域，另一方面能够争取更多的社会资源投入公共服务领域。同时，还要调动群众自我管理、自我服务的积极性，形成政府、社会、个人协同发展的格局。

浙江省以数字技术赋能公共服务，构建全民共建共享的公共服务多元供给模式，对我国健全完善公共服务体系，逐步实现"幼有善育、学有优教、劳有厚得、病有良医、老有颐养、住有宜居、弱有众扶"的公共服务高质量发展，具有十分重要的理论及实践意义。

B.9
推动就业高质量发展助力浙江共同富裕示范区建设

都 阳　蔡翼飞*

摘　要： 就业是最大的民生，高质量就业是提高人民收入水平、促进经济健康持续发展的重要条件，只有不断创造越来越多高质量的就业岗位，才能筑牢共同富裕的基础。研究如何更好地推动就业高质量发展，对浙江探索高质量发展建设共同富裕示范区的路径举措具有重要的理论和现实意义。本文从"做大蛋糕"与"分享蛋糕"两个维度探讨了高质量就业与共同富裕的关系，从供给和需求两个角度考察了浙江就业发展基本态势，从产业结构转变、工资结构和社会保障等方面分析了浙江就业高质量发展面临的挑战，最后提出了推动浙江就业高质量发展的目标和路径。

关键词： 高质量就业　劳动力　共同富裕

一　高质量就业与共同富裕的理论关系

（一）高质量就业的内涵

研究共同富裕与高质量就业之间的逻辑关系，必须首先搞清楚高质量就

---

* 都阳，中国社会科学院人口与劳动经济研究所党委书记、副所长，研究员、博士生导师，主要研究方向为劳动经济学、人口经济学；蔡翼飞，中国社会科学院人口与劳动经济研究所副研究员，主要研究方向为人口经济学、区域经济学。

业的内涵。"高质量就业"应从就业形态、就业环境、就业保障和收入水平四方面来理解。从就业形态来看，高质量就业意味着就业的组织化、正规化程度更高，在有组织的生产单位中从事劳动有助于促进劳动分工、知识溢出，因而有助于提高劳动者的劳动生产率和工资水平。从就业环境来看，高质量就业要求劳动者就业稳定性不断提高，劳动场所环境不断改善，福利待遇不断提升，劳动关系更加和谐稳定；从更广泛的意义上说，劳动者学习成长环境应得到改善，工人有不断提升人力资本从而获得纵向流动的机会，而不是锁定在低效率就业岗位上。从就业保障来看，高质量就业要求劳动者利益得到更完善的保护，劳动合同覆盖面更宽且能够有效发挥作用，社会保障体系比较健全，劳动者维护自身合法权益的渠道畅通。从收入水平来看，高质量就业要求劳动者收入不断提高，劳动所得在国民经济产出中的比例不断提升。

（二）"做大蛋糕"离不开高质量就业

劳动是生产力中最活跃的要素，也是劳动者参与社会化大生产的主要形式，因此在财富创造中发挥着至关重要的作用。实现更高质量就业的基础是创造更多就业岗位以保障充分就业。在一定生产力水平下，更充分就业代表参与劳动的人口更多，同等条件下，经济产出总量更大。中国经济发展成功的一个关键就是劳动者广泛参与到工业化城镇化进程中，尤其是几亿农业劳动者转移至非农业、从农村转移至城镇带来劳动生产效率的提高，使经济维持了长期高速增长。1978 年以来，我国就业人口则从 4.15 亿增加到 2020年的 7.05 亿，其中非农就业人口从 1.18 亿增加到 5.73 亿，农业就业占总就业的比重从 70.5% 卜降至 23.6%，而非农业与农业劳动生产率之比均在 5以上①，劳动力的重新配置，为经济增长注入巨大动能。

就业质量是生产条件、生产方式的重要体现，高质量就业对提高劳动生产率有积极推动作用。在就业形态上，就业正规化程度越高，意味着更多劳

---

① 这里劳动生产率用三次产业增加值 1978 年不变价格进行推算得来。

动者在专业化、组织化的部门工作，创造出的生产效率和财富远远高于分散的个体经济。就业环境和就业保障的改善有助于提高劳动者的议价能力和抗风险能力，有助于提高社会纵向流动性，从而激发劳动者的学习动力，提高就业者的人力资本，进而提高劳动者全员劳动生产率。根据《中国劳动统计年鉴》数据计算，中国全部就业人员的平均受教育年限由 2001 年的 8.18 年提升到 2010 年的 9.10 年，2015 年进一步提升到 10.05 年，2018 年已经提升到 10.26 年。随着人力资本水平的提升，劳动生产率不断提高，推动社会财富的蛋糕更快做大。按照可比价格计算，我国劳动生产率从 1978 年的 3472 美元提高至 2019 年的 25108 美元，增长了 6.23 倍，中国 GDP 占世界经济的比重从 1.8% 提高到 17% 以上，GDP 年均增长 9.2%，对世界经济增长的年均贡献率接近 18%①。

促进高质量就业有助于在更高经济发展水平上推动共同富裕。习近平总书记提出"坚持以人民为中心的发展思想，在高质量发展中促进共同富裕"②，要实现高质量发展必须构建新发展格局，而更充分更高质量的就业是畅通国内大循环的重要条件，因而是高质量发展的内在要求。就业在经济循环中发挥着重要的中间桥梁作用，人既是生产者又是消费者，一个人通过就业从事生产并获得收入，再将收入进行储蓄和消费，收入越高，消费能力越强，市场越活越；随着收入增长，储蓄率也会提高，而储蓄会转化为投资，为未来消费支出增加提供物质保障。只有生产和需求相匹配，经济循环才能通畅，物质产品才会增加，社会财富才能够不断积累，从而形成一个螺旋式上升的发展过程。因此，实现更充分和更高质量就业，有助于促进有效需求和产出间的平衡，保障国民经济循环的畅通，并推动在更高发展水平下实现共同富裕。而如果缺乏社会就业岗位，或者大量都是低质量就业，消费和有效需求就会不足，从而阻碍经济循环，甚至导致经济危机，最终共同富裕将难以实现。

---

① 数据来自 Penn World Table version 10.01，https：//www.rug.nl/ggdc/productivity/pwt/。
② 《习近平谈治国理政》第 4 卷，外文出版社，2022，第 144 页。

（三）"分好蛋糕"需要提高就业质量

广大劳动者分享发展成果的主要途径是就业，通过促进就业高质量发展，改善劳动就业环境、提升就业创业能力，促使劳动者在财富分享中的地位得以提升、利益得以保障。

第一，就业是劳动者获得劳动报酬、分享经济成果的主要渠道，对收入分配格局有着基础性的影响。就业在国民收入初次分配中发挥着重要的作用。初次分配是国民收入在资本、劳动力、技术等要素间的分配，高质量就业意味着劳动力要素在做"蛋糕"中的贡献更大，顺理成章其在分"蛋糕"中的话语权也会更大，其分配份额也会更大。中国社会主义国家的性质，决定了按劳分配必然是我国收入分配的主要形式。在经济发展过程中，必须保证劳动价值能够得到合理的补偿，劳动者收入与财富能够同步增加，而实现这一点就要以更高质量就业为基础。

第二，推进高质量就业是扩大中等收入阶层、构建"橄榄型"社会结构的必要条件。中等收入群体是维护社会稳定的中坚力量，"橄榄型"收入分配结构是最有利于经济社会可持续发展的结构，中国实现共同富裕的一个重要目标就是扩大中等收入群体规模，形成"橄榄型"收入分配结构。扩大中等收入群体规模首先要缩小工资收入差距，特别是要努力提高低收入者的工资水平，使更多的人迈入中等收入行列，而要提高低收入者的劳动收入，就必须以更多的人能够获得更高质量的就业岗位为前提。

第三，高质量就业是缩小城乡差距、地区差距和行业差距的重要途径。我国发展不平衡不充分问题仍然突出，城乡区域发展和收入分配差距较大，2020 年的城乡居民收入比率为 2.6，居民收入差距的基尼系数为 0.468，一些垄断行业收入过高的现象仍然存在。新一轮科技革命和产业变革有力推动了经济发展，也对就业和收入分配带来深刻影响，需要有效应对和解决。积极主动推动实现高质量就业，有助于提高农村和欠发达地区的就业水平和工资收入，也有助于缩小行业间工资差距，因而对优化国民收入分配结构有重要推动作用。

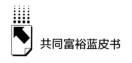

二 浙江就业发展的基本态势与面临的挑战

（一）浙江劳动力供需状况

首先来看浙江劳动力的供给发展态势。2000年以来，浙江劳动年龄人口规模稳步增长，从3417万人增长到2010年的4219万人，第七次全国人口普查数据显示2020年达到4732万人。从增长趋势看，2000~2010年增长了802万人，增长率为23.5%，2010~2020年增长513万人，增长率为12.2%；无论是从劳动年龄人口规模的增长量来看，还是从增长率来看，2010~2020年都比2000~2010年有较大幅度的下降（见图1）。随着人口出生率下降，浙江人口总规模增长放缓，劳动力供给增长也在放缓，但与全国2011年劳动年龄人口绝对规模就开始下降不同，浙江劳动年龄人口规模仍在增长，其劳动供给形势好于全国整体状况。

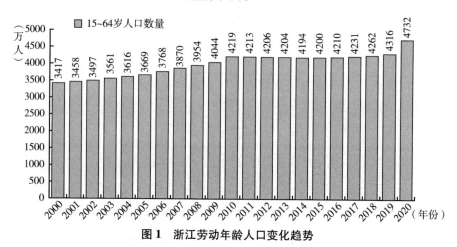

图1 浙江劳动年龄人口变化趋势

资料来源：《浙江省统计年鉴》（各年），2020年人口数据来自浙江省2020年第七次全国人口普查主要数据公报。

劳动力供给质量对经济社会发展更为重要。如果以平均受教育年限反映劳动力供给质量，根据第七次全国人口普查数据，浙江2020年15岁以上人口平均受教育年限为9.79年，比2010年提高了1年，而全国同期提高了

0.83 年，可见浙江增幅要比全国更大。

根据第七次全国人口普查数据，在浙江 2020 年总人口中拥有大学（指大专及以上）文化程度的人口为 1097 万人；拥有高中（含中专）文化程度的人口为 940 万人；拥有初中文化程度的人口为 2112 万人；拥有小学文化程度的人口为 1704 万人。与 2010 年相比，每 10 万人中拥有大学文化程度的人口由 9330 人升至 16990 人；拥有高中文化程度的人口由 13562 人升至 14555 人；拥有初中文化程度的人口由 36681 人降至 32706 人；拥有小学文化程度的人口由 28819 人降至 26384 人。受数据可得性限制，我们无法计算劳动年龄人口平均受教育年限，但根据 6 岁以上人口平均受教育年限变化（见图 2）结合分教育阶段人口分布的变动估计，浙江劳动力的受教育水平也有不小的提升，也就意味着其劳动力供给质量有明显提高。

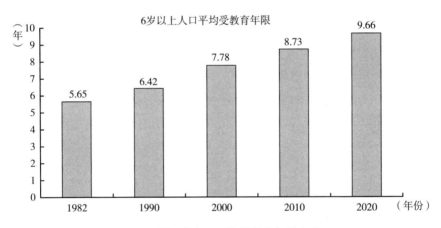

图 2　浙江省人口平均受教育年限变化

资料来源：根据《浙江省 2021 年统计年鉴》计算。

接下来我们再从需求方面来考察浙江劳动力市场发展态势。劳动力需求反映了企业等市场主体雇佣劳动力的意愿，由于意愿无法直接衡量，我们这里用就业数量作为反映劳动力需求的代理指标。根据测算，浙江劳动力需求呈现不断提高的趋势，从 1978 年的 1795 万人提高到 2000 年的 2726 万人，再进一步提高到 2019 年的 3875 万人（见图 3）。从变化趋势上看，各部门

就业增长并不是均匀的，2000 年后是一个先加快后放缓的过程，2008 年以前在加快，之后逐步减速。

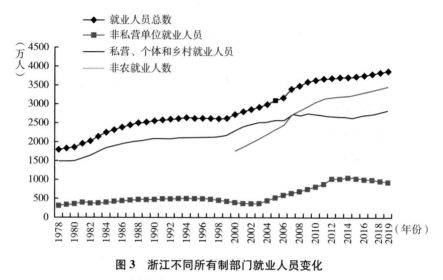

图 3   浙江不同所有制部门就业人员变化

资料来源：根据国家统计数据计算，https：//data. stats. gov. cn。

从就业人员的受教育结构看，根据《中国劳动统计年鉴》数据计算，近年来浙江教育人力资本积累成效显著，初中及以下学历者占全部就业人员的比重从 2010 年的 73.6% 降至 2019 年的 50.6%，高中学历者占全部就业人员的比重从 21.4% 降至 18.8%，大学及以上学历者占全部就业人员的比重则从 9.7% 提高到 30.6%；从数量上看，高学历和低学历就业数量增长呈两极分化特征，初中及以下、高中和大学及以上就业人员分别增加 -692 万人、-41 万人和 848 万人。

从就业人员在不同性质企业中的分布来看，城镇就业人员从 2004 年的 840 万人提高到 2019 年的 2885 万人；城镇就业人员增长远远快于全部就业人员，前者占后者的比重从 28% 提高到 74.4%（见图 4）。在城镇就业人员中个体私营从业人员占比迅速提高，从 2004 年的 45.6% 提高到 2019 年的 65.8%，提高超过 20 个百分点。城镇个体私营从业人员比重快速提高，说明浙江民营企业发展势头良好，其发展为充分就业做出了重要贡献。

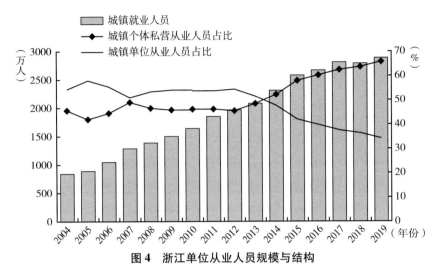

图 4　浙江单位从业人员规模与结构

资料来源：根据国家统计数据计算，https：//data.stats.gov.cn。

　　劳动力市场供需关系最终会反映在劳动力价格即工资上，如果一个地区工资水平较高，说明其就业需求比较旺盛，而如果工资水平较低，则说明其劳动力供给相对过剩或者就业岗位创造不足。为此，我们这里从区域对比和时间变化上考察浙江工资水平（见表1）。在时间趋势上来看，2010年以来，浙江工资快速提升，城镇单位从业人员平均工资2019年是2010年的2.45倍。从区域对比来看，浙江城镇单位从业人员平均工资水平高于全国平均水平，大约是其1.1倍；从长三角范围来看，浙江的工资水平低于上海，但高于江苏；从全国范围来看，浙江工资水平也仅低于北京、上海、天津和西藏，在省域中位列第五。横纵对比可知，浙江工资水平较高、增长较快，劳动力市场需求比较旺盛，这些特征都反映了浙江就业高质量发展的有利因素比较明显。

表 1　各地城镇单位从业人员平均工资及比较

单位：元

年份	全国	上海市	江苏省	浙江省
2010	36539	66115	39772	40640
2011	41799	75591	45487	45162
2012	46769	78673	50639	50197

续表

年份	全国	上海市	江苏省	浙江省
2013	51483	90908	57177	56571
2014	56360	100251	60867	61572
2015	62029	109174	66196	66668
2016	67569	119935	71574	73326
2017	74318	129795	78267	80750
2018	82413	140400	84688	88883
2019	90501	149377	96527	99654

资料来源：根据国家统计数据计算，https：//data. stats. gov. cn。

综合以上分析，改革开放特别是 2000 年以来，浙江劳动力市场呈现供需两旺的局面。伴随着省内劳动力从农业向非农业转移和外来人口持续输入，浙江的劳动力供给实现较快增长；但随着城镇化水平提高，农业转移劳动力的潜力基本挖掘完毕，目前城镇化率提高主要依靠外来人口流入。从劳动力市场需求方面来看，浙江就业增长快于全国平均水平，就业岗位向城镇集中速度更高于其人口城镇化速度，其中个体私营经济做出了很大贡献，高素质劳动力的需求相对大于供给，低素质劳动力反之。总的来说，浙江基本实现充分就业状态，就业质量不断提高，总体质量水平高于全国平均水平。但也应看到，随着产业转型升级和技术进步不断加快，浙江省工资水平升幅较大，劳动力成本上涨相对于其他发达地区更为明显，而工资上升可能会对劳动力需求产生替代效应，影响就业数量和质量。为实现更充分更高质量的就业，应妥善处理扩大就业与技术进步带来的就业替代之间的关系，有效放大科技进步和创新对劳动力需求的促进效应，积极应对结构性失业问题。

（二）浙江推进就业高质量发展的挑战

从实现共同富裕的目标出发，浙江就业发展还存在一些不足和挑战，认清这些挑战和不足有助于明确就业高质量发展的路径，更好地为建设共同富裕示范区提供参考。

第一，产业结构转型升级加快，人力资源供需结构不匹配问题还比较突出。

发展经济学理论和发达国家经验表明，经济服务化是产业结构演进的必然规律。数据显示，浙江经济结构也呈现显著服务化趋势：从产业结构来看，工业增加值比重快速下降，2007~2017年减少8.6个百分点，生产服务业比重增加7.4个百分点，生活服务业增加1.3个百分点；从增长率来看，生产服务业增加值年均增长率达到15.17%，显著高于其他产业（见表2）。与之相对应，工业就业的规模和比重都在下降，2013~2018年下降6.01个百分点，生产服务业就业比重增幅达到3.86个百分点，生活服务业增幅略小，达到2.54个百分点（见表3）。

表2 浙江分产业增加值比重变化

单位：%

项目	增加值比重		增加值年均增长率
	2007年	2017年	
工业	48.3	39.7	8.64
建筑业	5.5	6.1	11.93
重工业	32.9	28.3	9.11
轻工业	15.4	11.5	7.56
生产服务业	15.7	23.1	15.17
生活服务业	21.8	23.1	11.38

资料来源：根据2007年和2017年浙江投入产出表计算。

表3 浙江分产业的全部单位就业人员分布

单位：万人，%

项目	2013年		2018年	
	就业数量	就业占比	就业数量	就业占比
工业	1213	43.39	1074	37.38
建筑业	766	27.41	781	27.16
重工业	746	26.71	706	24.58
轻工业	439	15.70	357	12.42
生产服务业	234	8.37	352	12.23
生活服务业	575	20.59	665	23.13

资料来源：根据浙江2013年和2018年经济普查资料数据计算。

近年来，浙江发展中的一大亮点是数字经济的崛起。数字经济占 GDP 的比重逐年攀升，2020 年浙江省数字经济核心产业增加值总量达到 7020 亿元；2016~2020 年，数字经济核心产业增加值年均增长 15.2%，增速比 GDP 平均增速高 6.7 个百分点；2020 年数字经济核心产业增加值占 GDP 的比重达到 10.9%，比 2016 年提高 2.1 个百分点，对经济增长的贡献不断提高[①]。

产业转型升级加快的同时，对劳动力的知识和技能水平提出了更高的要求。根据全国分产业就业人员受教育比例可以计算出每个产业的平均受教育年限，其中农业就业平均受教育年限为 7.51 年，制造业平均为 10.48 年，建筑业为 9.6 年，服务业为 12.65 年。因此，服务业从业人员的受教育水平比农业、制造业和建筑业更高，其中的生产服务业，如信息产业、金融业、科学研究、教育卫生和公共管理等行业，就业人员的平均受教育年限要达到 14 年以上。从人力资本供给看，根据 2015 年 1% 人口抽样调查计算，浙江 16 岁以上人口平均受教育年限为 9.24 年，而其全部就业人员的平均受教育年限为 10.63 年。显然，浙江人力资本总体上与需求还有一定差距。各地就业人员平均受教育年限变化见表 4。

表 4　各地就业人员平均受教育年限变化

年份	全国	上海	江苏	浙江
2000	8.30	10.54	8.45	7.96
2010	9.13	11.27	9.55	9.21
2015	10.08	12.56	10.77	10.63
2019	10.51	12.88	10.94	11.14
2000~2019	2.21	2.34	2.49	3.18

资料来源：根据《中国劳动统计年鉴》数据计算。

从劳动力人力资本供需绝对数量来看，2010 年以来低学历者供给增加但需求减少，而高学历劳动力数量尽管增长较快，但与需求相比仍远远不

---

① 《"十三五"时期浙江数字经济发展报告》，浙江省统计局网站，http：//tjj. zj. gov. cn/art/ 2021/1/25/art_ 1229129214_ 4439493. html。

够，2010~2020 年浙江拥有大学及以上学历的人口增加了 590 万人，但 2010~2019 年就业人员中大学及以上学历者增加了 848 万人，缺口部分必然是从省外流入的。这显示出，浙江省内高素质劳动力较为紧缺，劳动力市场供给对外来劳动力的依赖程度比较高。

以上分析表明，随着产业加快转型升级和新技术革命影响深入，浙江高技能就业岗位需求增长超过了高技能人才供给增长，而低技能岗位则相反。高技能人才供给相对不足与低技能劳动力相对过剩并存很可能会导致二者工资差距扩大，而工资差距的扩大又会影响收入差距，进而影响共同富裕的进程，这一点是要引起高度重视的。

第二，行业间和群体间工资差距偏大，并呈现持续扩大趋势。

分行业来看，与全国和邻近的江苏省相比，浙江工资差距处于较高水平。浙江平均工资水平最高的信息传输、计算机服务和软件业，2019 年该行业的平均工资达到 22.3 万元，平均工资最低的行业是住宿和餐饮业，仅有 5.5 万元，前者是后者的 4.05 倍。从工资差距的变化趋势上看，2006 年以来，浙江城镇单位从业人员年平均工资行业间的变异系数在 0.35~0.42 波动，2010 年之后行业间的工资差距有所下降，但 2016 年以来差距又在扩大。比较来看，全国和江苏分行业城镇单位从业人员平均工资变异系数均在 0.35 以下，考虑到近年来全国和江苏的系数还在持续下降，这更加凸显浙江分行业工资差距扩大的趋势（见图 5）。

从不同注册类型单位从业人员平均工资来看，浙江差距也比全国更大。如图 6 所示，2019 年浙江城镇国有单位从业人员平均工资与城镇单位从业人员平均工资之比为 1.42，而全国这一水平为 1.09，浙江城镇国有单位的工资水平比其他类型单位的平均工资更高；城镇集体单位从业人员平均工资最低，只相当于城镇单位整体水平的 0.64 倍；浙江其他单位从业人员平均工资也比较低，仅相当于城镇单位从业人员平均工资的 0.85，低于全国 0.96 的水平；但浙江的私营单位平均工资明显更高，相当于城镇单位从业人员平均工资的 0.86，高于全国 0.59 的水平。

工资差距是贫富差距最主要的来源之一，不同群体的工资差距又是整体

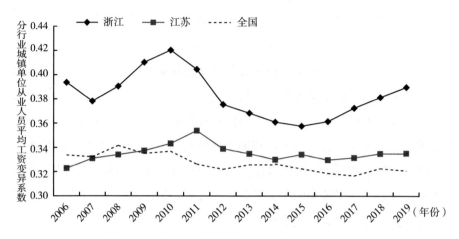

图5 各地分行业城镇单位从业人员平均工资差距

资料来源：根据国家统计数据计算，https：//data.stats.gov.cn。

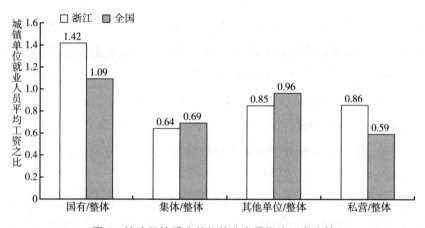

图6 按注册性质分单位从业人员平均工资比较

资料来源：根据国家统计数据计算。

工资差距的重要来源。浙江是人口流入大省，外来劳动力是就业群体的重要组成部分，因此考察浙江户籍劳动力和外来劳动力工资差距状况对了解收入分配格局具有重要意义。根据国家卫计委流动人口调查数据，我们计算了分省外来劳动力年平均工资，2018 年浙江为 61223 元，低于 67285 元的全国平均水平，也低于同为人口流入大省广东 69538 元，以及长三角地区的上海

96455 元和江苏 70429 元的水平（见表 5）。从趋势上看，浙江的工资水平从
2011 年的 32329 元，提高到 2018 年的 61223 元，提高了 89%，这一增幅比
广东 71% 的增幅高，但明显低于上海和江苏 112% 和 97% 的增幅。外来劳动
力为浙江经济发展做出了巨大贡献，是浙江共同富裕示范区建设应关注的重
点群体，尽快缩小外来劳动力与本地就业人员的工资差距也是实现共同富裕
的重要任务。

表 5　浙江外来劳动力年平均工资与其他省份比较

单位：元

年份	全国	浙江	上海	江苏	广东
2011	36735	32329	45428	35676	40733
2012	38773	34570	48964	39233	40975
2013	42718	39974	52537	42893	43066
2014	49479	44371	64284	57860	48866
2015	54757	49514	72413	59702	57633
2016	59030	51702	86833	59044	60499
2017	63024	56536	94059	62201	64287
2018	67285	61223	96455	70429	69538

资料来源：根据卫健委流动人口调查数据测算。

此外，由于在知识技能水平、社会关系网和财富积累等方面和本地劳
动力相比存在先天的劣势，外来务工人员比城镇本地就业者的工资水平低
是普遍和正常的，但从横向对比来看，浙江外来务工人员平均工资与城镇
单位就业人员平均工资的差距明显偏大，2018 年浙江外来务工人员工资
占城镇单位从业人员平均工资比重为 68.9%，明显低于江苏 83.2% 和广
东 78.5% 的水平（见表 6）。由此可见，浙江外来务工人员工资偏低，说
明更多的人在相对低端的行业就业，因此总体来说浙江外来务工人员的就
业质量还偏低。

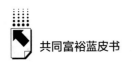

共同富裕蓝皮书

表6 外来务工人员与城镇单位职工平均工资之比

年份	浙江		江苏		广东	
	外来务工/城镇单位	外来务工/城镇国有单位	外来务工/城镇单位	外来务工/城镇国有单位	外来务工/城镇单位	外来务工/城镇国有单位
2011	0.716	0.477	0.784	0.643	0.904	0.755
2012	0.689	0.470	0.775	0.641	0.815	0.690
2013	0.707	0.493	0.750	0.632	0.808	0.687
2014	0.721	0.506	0.951	0.801	0.822	0.710
2015	0.743	0.512	0.902	0.749	0.876	0.750
2016	0.705	0.474	0.825	0.662	0.836	0.702
2017	0.700	0.462	0.795	0.608	0.812	0.655
2018	0.689	0.457	0.832	0.616	0.785	0.624

资料来源：根据卫健委流动人口调查数据和国家统计数据计算。

第三，社会保险覆盖还有提升空间，劳动保护力度还有待进一步加大。

社会保险不仅具有保障生活、预防失业和促进就业的作用，对劳动者获得感、幸福感、安全感的提升也具有重要作用，因而是就业质量的重要方面。在表7中我们计算了2010年以来浙江城镇职工社会保险参保情况，可以看到城镇职工基本养老保险、基本医疗保险和失业保险占城镇单位和私营企业就业人数的比例分别从90%、68%和70.3%降至2019年的75.4%、67.6%和62.2%，这在一定程度上反映出浙江在扩大劳动者社会保障范围方面还有较大提升空间。

表7 浙江城镇职工社会保险参保情况

单位：万人，%

年份	城镇单位从业人员人数	城镇职工年末参保人数			城镇职工参保人数占比		
		基本养老保险	基本医疗保险	失业保险	基本养老保险	基本医疗保险	失业保险
2010	1642	1479	1118	1154	90.0	68.0	70.3
2011	1852	1666	1271	1238	90.0	68.6	66.9
2012	1965	1836	1394	1332	93.4	70.9	67.8

年份	城镇单位从业人员人数	城镇职工年末参保人数			城镇职工参保人数占比		
		基本养老保险	基本医疗保险	失业保险	基本养老保险	基本医疗保险	失业保险
2013	2080	1977	1492	1389	95.0	71.7	66.8
2014	2311	2079	1576	1443	90.0	68.2	62.4
2015	2579	2098	1639	1491	81.4	63.6	57.8
2016	2667	2117	1634	1538	79.4	61.3	57.7
2017	2808	2136	1703	1583	76.1	60.6	56.4
2018	2788	2155	1831	1671	77.3	65.7	60.0
2019	2885	2175	1950	1794	75.4	67.6	62.2

资料来源：根据各年《浙江统计年鉴》数据计算。

对劳动者合法权益进行保护，是其获得合理劳动回报以及改善就业环境的基础，也是实现高质量就业的重要保障。我们这里用劳动争议案件受理情况来考察浙江劳动保护的状况，2010～2019 年，浙江档期案件受理数量从36080 件增加到61530 件，增长了71%，增速在全国排名第 14 位。但从解决劳动争议的结果来看，2019 年上期未结案件数占 2018 年案件受理数的12%以上，是全国平均水平的一倍。浙江是用工大省，外来务工人员规模较大，为保障劳动力市场稳定、实现更高质量就业，应更加注重劳动保护，完善社会保障制度，促进农民工市民化。

三　共同富裕导向下浙江就业高质量发展的目标和措施

习近平总书记指出："高质量发展需要高素质劳动者，只有促进共同富裕，提高城乡居民收入，提升人力资本，才能提高全要素生产率，夯实高质量发展的动力基础。"[1] 在明确浙江共同富裕示范区建设目标任务的基础上，

---

[1] 《习近平谈治国理政》第 4 卷，外文出版社，2022，第 141 页。

应着力做好就业促进机制、就业政策体系、技能素质和人力资本提升、劳动者权益保障等方面的改革。

（一）浙江推动就业高质量发展基本目标

为进一步明确促进浙江就业高质量发展的路径，根据对浙江就业发展态势和面临挑战的分析，结合对相关政策文件、规划的梳理和评估，我们建议"十四五"时期浙江就业高质量发展主要目标包括以下五个方面。一是积极扩大就业容量，保障充分就业，确保"十四五"期间浙江城镇调查失业率控制在5%以下。二是持续缩小工资差距，缩小外来务工人员和城镇单位职工、不同性质注册登记单位就业者的工资差距，遏制传统部门和新兴产业的工资差距加速拉大的趋势。三是培育提升人力资本，2025年浙江就业人员平均受教育年限达到11.9年，2035年达到13.5年[①]，大力开展职业技能培训，"十四五"期间开展培训500万人次以上[②]。四是加快提高劳动报酬比重，到2025年浙江劳动报酬份额不低于50%[③]。五是扩大社会保障覆盖面，扩大职工基本养老保险、职工基本医疗保险和失业保险的覆盖面，到"十四五"期末，实现法定人员社保全覆盖[④]。

（二）浙江就业高质量发展的路径举措

一是提高劳动力市场的包容性，促进外来人口的社会融入。浙江是外来人口流入大省，如何对待包括农民工在内的外来人口，是浙江提高就业质量和推进共同富裕面临的重要问题。提高外来劳动者的保障水平和社会融入能

---

① 依据浙江发展现状和日韩等国发展经验，日本在2010年就业者平均受教育年限已经达到13.42年（日本统计局网站，平成22年国势调查产业等基本集计，www.soumu.go.jp），假如浙江经济发展水平在2035年接近日本2010年水平，就业者平均受教育年限需要每年提高0.15年。

② 全国2020年为52%，浙江建设共同富裕示范区力争不低于这一标准，《浙江高质量发展建设共同富裕示范区实施方案（2021—2025年）》提出的目标为50%以下。

③ 根据《浙江高质量发展建设共同富裕示范区实施方案（2021—2025年）》提出的目标。

④ 浙江省人力资源与社会保障厅：《关于征求〈浙江省"十四五"就业促进规划实施意见（征求意见稿）〉意见的公告》。

力，缩小外来务工人员和本地劳动者的工资差距，既有利于提高劳动力市场配置效率和经济潜在增长率，也是实现区域内常住人口共同富裕的必然要求。为此，要继续深化户籍制度改革，加快实行以居住和社保缴纳年限为主要指标体系的积分落户政策，全面落实租赁房屋落户城市的政策。推进基本公共服务向常住人口全覆盖，深化新型居住证制度，完善积分入学政策，逐步实现农民工随迁子女入学待遇同城化；探索实施积分入住保障房制度。依法消除劳动就业领域的各种歧视行为，打造公平、公正、统一、开放的全省劳动力大市场，促进劳动力合理流动与高效配置。

二是强化就业优先政策，扩大就业容量。推动共同富裕，首先要保障广大劳动者有事可做、有收入可得，这就需要在经济发展过程中能够创造足够数量的就业岗位。为此应将更充分更高质量就业作为经济社会发展的优先目标，加强就业政策与产业、投资、外贸、消费、财税、金融等政策的协同联动，优先发展就业吸纳能力强的行业产业。在产业转型升级中打造更多的就业新增长点，促进制造业和建筑业高质量就业，提升服务业就业提质扩容能力，充分发挥数字经济领域就业创业能力。发挥浙江民营经济活力较强的优势，继续深化改革、推进高水平对外开放，激发市场主体活力，拓展就业空间、提高就业弹性。

三是加大普惠性人力资本投入。要坚持在发展中保障和改善民生，把推动高质量发展放在首位，为提高劳动者受教育程度、增强发展能力创造更加普惠公平的条件，提升全社会人力资本和专业技能，提高就业创业能力，增强致富本领。高质量开展职业技能培训，聚焦重点产业、重点地区，针对农民工、高校应届毕业生等重点群体，开展大规模多层次精准职业技能培训，提升其就业能力。构建产教融合、政企协同的技能人才培育体系。夯实技工教育发展基础，加强技工教育师资队伍建设，打造高水平的技能人才培育高地。深化技能人才评价制度改革，全面推行用人主体、培养主体、评价主体共同参与的职业技能等级机制，加快形成科学的技能人才评价工作体系。

四是强化创业带动就业的作用。创业是就业之源，具有带动就业的乘数效应，是解决就业问题的重要手段，也是勤劳创新致富的重要形式。灵活就业是就业的重要渠道，要完善促进创业带动就业、多渠道灵活就业的保障制度，支持和规范发展新就业形态。聚焦高校毕业生群体，供给优质创新创业教育、培训、实习等资源，帮助高校毕业生提升创业就业能力，创造更多高质量就业机会，缓解结构性就业矛盾。浙江是外来人口流入大省，要积极为有创业需要的农民工提供创业培训，开展创业指导、企业经营管理等培训，建立创业培训与创业孵化对接机制，充分挖掘其人力资源潜力。持续优化营商环境，鼓励个体经营，增加非全日制就业机会，支持发展新就业形态，清理取消不合理限制灵活就业的规定，拓宽低收入者增收渠道。

五是强化对重点群体就业支持。高校毕业生、农民工、就业困难人员等群体是推动就业高质量发展的重点和难点，也是扩大中等收入群体规模的重点拓展群体。拓宽高校毕业生市场化社会化就业渠道，创造更多有利于发挥高校毕业生专长和智力优势的知识技术型就业岗位。强化高校毕业生就业服务，健全校内校外资源协同共享的高校毕业生就业服务体系。深化省际劳务合作长效机制，加强对外来务工人员就业帮扶，组织开展以企业为主的在岗和待岗农民工以工代训。持续开展困难群体就业援助，统筹推进就业困难人员能力提升行动，完善就业困难人员认定办法，优化动态调整机制，实现就业困难人员精准识别，提高援助政策的有效性。

六是提高劳动者收入和权益保障水平。切实维护保障好劳动者合法权益，是社会公平正义的基本要求，也是提高就业质量的基本要求。应合理增加劳动报酬，健全工资合理增长机制，健全技能人才薪酬激励机制，开展工资集体协商，建立技术工人最低工资制度，完善最低工资标准调整评估机制。完善社会保障体系，提升社会保险统筹层级，加快实现法定人员全覆盖，提高企业职工参保率和缴费基数夯实率，积极引导灵活就业人员参加企业职工基本养老保险。提供良好劳动环境，加快制造业企业自动化设备、工业机器人等技术应用，推进建筑工人工作场景转换、工作条件改善，深入开展安全生产专项整治行动。营造公平就业环境，消除户籍、性别等就业歧视，保障农民工、残疾人各类群体就业权益。构建和谐劳动关系，落实新修订的劳动合同法，研究出台劳务派遣规定等配套规章，严格规范劳务派遣用工行为，依法保障被派遣劳动者的同工同酬权利。

B.10
促进共同富裕财税政策的浙江实践
与重点问题

汪德华 鲁建坤 陈心怡 史国建*

摘　要： 本文聚焦于促进共同富裕的财税政策，并以财政支出结构和省以下政府间财政关系作为切入点，通过省际对比，分析浙江省在财税上的共同富裕做法。数据证实，浙江省人均财政支出规模不论是在总量上还是在三大类支出上都处于四省中的领先地位，同时在经济基本面和财政收入上的均等化程度较高，但在社会福利性支出内部结构、财政支出均等化等方面仍有提升空间。分析表明，注重以人为本、推进钱随人走，鼓励勤劳创新、坚持共建共享，强调财力下沉、健全省级调控，科学分类管理、精准激励奖补，善用数字技术、变革财政组织，扶持文化发展、助力精神富裕，优化管理服务、引导公益慈善，是浙江财政为推进共同富裕而取得的主要经验。最后，结合数据与分析，为浙江省建设共同富裕示范区提出相关政策建议。

关键词： 财税政策　共同富裕　浙江实践　省以下财政体制

　　本文主要从财税政策角度，研究浙江省促进共同富裕的已有成功经验和未来要重点关注的若干问题。由于财税政策与共同富裕关联面非常广，本文

---

* 汪德华，经济学博士，中国社会科学院财经战略研究院研究员，主要研究方向为财税理论与政策；鲁建坤，经济学博士，浙江财经大学副教授，主要研究方向为财税体制改革与经济社会发展；陈心怡、史国建，浙江财经大学-中国社会科学院大学浙江研究院硕士研究生，主要研究方向为地方财政管理。报告撰写得到浙江省财政厅的调研支持。

不可能面面俱到，只能选择若干重点问题展开分析。根据中共中央、国务院《关于支持浙江高质量发展建设共同富裕示范区的意见》、财政部《支持浙江省探索创新打造财政推动共同富裕省域范例的实施方案》、浙江省《浙江高质量发展建设共同富裕示范区实施方案（2021—2025 年）》（以下简称"三个文件"）的要求，本文拟聚焦财政支出结构和省以下政府间财政关系两大重点问题。首先主要从七个方面梳理浙江财政在促进共同富裕方面的实践和经验。然后分别从省际比较的视角，讨论浙江省在优化财政支出结构、完善省以下财政体制方面取得的成绩及存在的问题。浙江、广东、江苏、山东四省的地区生产总值在我国所有省份中名列前茅，且均为沿海经济大省，因此本文是以这四省的比较分析为讨论基础的。最后提出若干政策建议。

一　浙江财政促进共同富裕的实践与经验

作为我国高质量发展建设共同富裕示范区的首个省份，浙江省在以往的发展历程中，已经在促进共同富裕方面取得了不俗的成绩。财政是国家治理的基础和重要支柱。浙江省的这些成绩，离不开财政的支持和保障，离不开财税政策领域的改革创新。基于课题组在浙江省财政部门的调研，我们认为，在促进共同富裕的道路上，浙江财政的经验可以总结为以下几点。

（一）注重以人为本、推进钱随人走

让全体人民享受优质的教育、医疗等基本公共服务，既是共同富裕的关键内容，又是推动共同富裕的推动力量[①]。探索以人民为中心的中国特色社会主义公共产品供给模式，是推动共同富裕的制度优势构建的关键，这主要

---

① 李实、朱梦冰：《推进收入分配制度改革，促进共同富裕实现》，《管理世界》2022 年第 1 期；李金昌、余卫：《共同富裕统计监测评价探讨》，《统计研究》2022 年第 2 期；吕光明、陈欣悦：《2035 年共同富裕阶段目标实现指数监测研究》，《统计研究》2022 年第 4 期；马凤岐、谢爱磊：《教育平衡充分发展与共同富裕》，《教育研究》2022 年第 6 期；刘培林等：《共同富裕的内涵、实现路径与测度方法》，《管理世界》2021 年第 8 期。

体现在基本公共服务均等化的财政职能方面[①]。"基本公共服务均等化"不仅是 2035 年远景目标之一，也是当下与实现共同富裕的要求相比存在诸多短板和差距的领域[②]。2021 年 10 月 16 日，习近平总书记在第 20 期《求是》发表重要文章《扎实推动共同富裕》，突出强调"尽力而为、量力而行"的工作原则，要求"统筹需要和可能，把保障和改善民生建立在经济发展和财力可持续的基础之上"，指出重点在于"加强基础性、普惠性、兜底性民生保障建设"[③]。浙江省较好地践行了这一原则。

以标准化促进均等化，打造全生命周期公共服务体系。浙江省发展改革委联合 29 个省级部门出台的《浙江省基本公共服务标准（2021 版）》，明确提出 95 项基本公共服务标准。该标准围绕人的全生命周期展开，涉及"幼有所育、学有所教、劳有所得、病有所医、老有所养、住有所居、弱有所扶、军有所抚、文有所化、体有所健、事有所便"11 个领域。有 13 项服务标准高于《国家基本公共服务标准（2021 年版）》，并且在基本公共服务类型上多了 15 项。在 95 项基本公共服务标准中，70% 以上服务项目覆盖常住人口，如优孕优生服务项目、孕产妇健康服务等项目的服务对象都明确为辖区常住人群对象，推进基本公共服务的全覆盖从户籍人口拓展到常住人口。为确保财政保障不掉队，浙江省级部门出台了 128 个政策文件明确具体支出责任。

为构建以人为核心的转移支付体系，解决好外来人口的公共服务保障问题。2022 年，浙江省财政厅印发《"钱随人走"制度改革总体方案》，率先探索建立系统的"以人为核心的转移支付体系"，着力解决人口流动情况下基本公共服务均等化中的市县财力均衡等一系列问题。首先，按照与人口的密切程度，确定各类财政支出等"钱"是否纳入清单范围。主要以《浙江省基本公共服务标准（2021 版）》明确的 11 个公共服务领域、95 项公共

① 闫坤、史卫：《中国共产党百年财政思想与实践》，《中国社会科学》2021 年第 11 期。
② 李实、杨一心：《面向共同富裕的基本公共服务均等化：行动逻辑与路径选择》，《中国工业经济》2022 年第 2 期。
③ 习近平：《扎实推动共同富裕》，《求是》2021 年第 20 期。

服务项目为基础，结合各类基本公共服务的提供主体、服务内容、服务对象等属性展开。其次，按照各类公共服务所覆盖群体的差异化特征，分类进行改革。例如，普惠型公共服务归为一种类型，特定享受对象领域归为另一种类型，省内转移人口的情况与省外流入人口的情况区分开来，抛弃"一刀切"。再次，充分考虑具体财力状况、务实稳妥推进。优先选择与受益对象直接相关、执行核定标准的运行成本，确定具体的补助标准、赋予的人口因素权重。以义务教育为例，优先选择与学生密切相关（如教材、补助）的项目，再拓展到与学校密切相关（如校园硬件）的项目，按难易程度、轻重缓急、逐步推进。最后，合理确定各级政府在推进改革中的职能分工。按照浙江现行的事权和支出责任划分，省级负责推进对下转移支付资金的相应改革；市县参照省级改革模式，负责推进各自范围内的相应改革。

（二）鼓励勤劳创新、坚持共建共享

促进共同富裕需要实现效率与公平的统一，增长与分配的统一[1]。做大"蛋糕"和分好"蛋糕"相辅相成，推进共同富裕应当在共建共享的基础上，通过做大"蛋糕"让每个人分到更多的"蛋糕"，通过分好"蛋糕"激励整个社会做出更大的"蛋糕"[2]。

针对不同类型劳动者，实行差别化收入分配激励政策，扩大中等收入群体。主要采取支持高校毕业生落户与居住、支持大学生创业、支持省外务工人员就业、设置"爱心岗位"等方式，为差异化的劳动者匹配与其相适应的政策优待。例如，通过给予生活补贴或购房租房补贴（2万~40万元）的方式，让到浙江工作的高校毕业生居住、落户。通过给予政策性贷款、提供有条件代偿性还款的形式支持大学生创业并分担其创业风险。例如，大学生创业贷款额度有10万~50万元，创业失败的贷款不高于10万元的由政府代偿，超过的部分政府代偿其中的80%。通过给予创业补贴和就业补贴的形

---

① 范从来：《益贫式增长与中国共同富裕道路的探索》，《经济研究》2017年第12期；高培勇：《促进共同富裕要力求效率与公平的统一》，《政策瞭望》2022年第3期。
② 李实：《共同富裕的目标和实现路径选择》，《经济研究》2021年第11期。

式鼓励大学生从事家政、养老和现代农业创业、就业，如创业补贴达 10 万元，就业补贴每人每年 1 万元连补 3 年。通过发放生活补贴、求职创业补贴支持外地大学生到浙江实习。相应的服务与优惠政策不与户籍挂钩，省内外劳动者一视同仁。通过设立工资每月不低于 4500 元的"爱心岗位"扶持脱贫人口（不设置技能、学历、年龄限制）。通过打破参加企业职工基本养老保险、基本医疗保险的户籍限制，支持新就业形态劳动者单险种参加工伤保险等方式鼓励灵活就业。

针对不同类型市场主体，用足政策空间，积极引导民营企业当好共富生力军，充分发挥国有资本推动共同富裕的战略功能。浙江的国有企业数量不多，但实力雄厚。2021 年浙江省市两级国资监管企业营业收入 2.2 万亿元、利润总额 974 亿元；年末资产总额 6.6 万亿元、净资产 2 万亿元。通过推动国有资本在山区 26 县基础设施投资和产业布局，开展省属企业与 26 县结对帮扶，实施集体经济巩固落实"千企结千村"行动等方式，浙江省国有资本在聚焦主责主业、夯实共同富裕物质基础，聚焦基础设施、强化基础领域支撑保障，聚焦民生保障、促进发展成果全民共享，聚焦省内消薄、实现乡村振兴共同富裕等方面发挥战略作用。

浙江经济以民营经济、中小企业为主。浙江省在执行国家有关企业税费优惠政策方面的一大特色是"定格落实"，切实、及时为企业发展减负赋能[1]。及时安排资金为中小企业纾困帮扶，对小企业高质量发展进行奖补，大力培育"专精特新"企业，壮大浙江共同富裕根基。充分运用税收优惠，激励"乡贤"民营企业家返乡投资，鼓励民营企业投资发展生态农业、培育农业龙头企业。此外，使用奖励和倾斜政策，对到山区县民营企业就业的高学历人才进行引才补贴。

（三）强调财力下沉、健全省级调控

理论上，层级越低的政府越掌握当地资源禀赋、居民偏好等关键信息，

---

[1] 余丽生等：《共同富裕视角下调节收入分配的税收政策研究》，《经济研究参考》2022 年第 7 期。

在有效提供地方性公共物品、推动当地经济社会发展等方面具有一定优势，应当给予足够的财力以便因地制宜、相机决策，而更具外溢性的公共物品供应、区域发展的平衡等利益协调则需要充分发挥更高层级政府的调控作用，两者综合发力是达到国家治理目标的关键①。在推动共同富裕方面，亦是如此。

提升县级政府财政自主权，有助于提高公共服务效率和居民满意度②。自 1953 年以来，浙江省一直实行"省管县"的财政管理体制，财力下沉程度相对较高。在浙江省下辖的 11 个地级市中，除了宁波市属计划单列市由中央管辖外，其余 10 个设区市、49 个县，共 59 个单位都是归省里进行管理。全省财政收入大部分下放到市县。以 2021 年一般公共预算情况为例，从财政收入看，省本级财政收入仅占全省的 4.2%，大部分集中在市县层面；从财政支出看，省本级仅占全省的 5.9%。从省与市县的财政收入分成安排看，在财政收入增量的分配中，市县留成比例高，实行"二八分成"。当市县收入存在增量时，省级分享 20%，市县保留 80%，这既提升了市县的财力水平，也激励了市县培育财源、提高财政收入的积极性，有利于夯实共同富裕的物质基础。

在直达资金分配时重点向基层倾斜，财力最大限度地下沉市县，有效地提高基层财政保障能力。浙江省 2021 年的中央直达资金分配进度和支出进度分别达到 100% 和 96.8%。其中，省财政将中央下达的全省资金总量的 92.5% 分配下达市县基层，同时市县财政部门支出占全省直达资金支出总额的比例达 92.4%。体现了资金直达基层的政策效用。在落实直达资金时，突出加大惠企利民力度，支持各类型企业发展，激发市场主体活力；帮扶困难群众，坚持兜牢民生底线，满足基本民生需要。直达资金在 2021 年直接

---

① Weingast, B, R., "Second Generation Fiscal Federalism: Political Aspects of Decentralization and Economic Development", *World Development* 53（2014）：14-25；鲁建坤、李永友：《超越财税问题：从国家治理的角度看中国财政体制垂直不平衡》，《社会学研究》2018 年第 2 期。

② 高琳：《分权与民生：财政自主权影响公共服务满意度的经验研究》，《经济研究》2012 年第 7 期。

惠及 6706.9 万人次，6.9 万家市场主体，有效地支持保市场主体和保基本民生。

发挥省级财政资金的引导作用，推动区域结对均衡发展。一是引导欠发达地区到发达地区开展"飞地"建设。浙江省在 2003 年就设立专项财政资金用于"消薄飞地""科创飞地""产业飞地"等基础设施建设、"山海协作乡村振兴示范点"建设等。2021 年，浙江省出台《关于进一步支持山海协作"飞地"高质量建设与发展的实施意见》，支持衢州市本级、丽水市本级和山区 26 县（飞出地）到省内沿海经济发达地区（飞入地）开展异地投资建设，计划到 2025 年"产业飞地实现山区 26 县全覆盖；建成 10 个以上省级标准的科创飞地；消薄飞地实现年返利超过 2 亿"。二是引导发达地区到欠发达地区开展"山海协作产业园"建设。主要围绕欠发达地区的生态优势、绿色资源，由发达地区协助欠发达地区共同开发、共同发展。浙江省财政设立专项资金，2013~2022 年共安排省级资金 27.29 亿元，重点支持 9 个省级山海协作产业园建设及提升工程，积极推进 18 个山海协作生态旅游文化产业园建设；2017~2022 年，浙江省财政每年投入 18 亿元，支持 12 个省内生态屏障地区及国家重点生态功能区县（市、区）在农民增收和公共服务方面加速补齐有效供给的短板，推进乡村振兴和区域协调发展。

（四）科学分类管理、精准激励奖补

推动共同富裕、持续做大"蛋糕"，需要实现各方激励兼容、增强内生发展动力①。从 2008 年开始，浙江省探索建立转移支付地区分档体系，实施"因素法"分配，进行差异化转移支付，提升民生保障和基本公共服务均等化水平。目前，浙江省以各市、县（市）经济社会发展水平、经济动员能力、财力状况等因素为依据，将 59 个市县分为二类六档。经济相对不发达、财力相对不富裕的地区为一类，分成三档，转移支付系数分别赋值

---

① 李实：《共同富裕的目标和实现路径选择》，《经济研究》2021 年第 11 期；郁建兴、任杰：《共同富裕的理论内涵与政策议程》，《政治学研究》2021 年第 3 期。

1、0.9、0.8；经济相对发达、财力相对富裕的地区为二类，分成三档，转移支付系数分别赋值0.6、0.4、0.2。当转移标准为1元时，转移支付系数为1的地区（如庆元等偏远山区的市县）可以得到1元，为0.2的地区（如杭州等发达市县）可以得到0.2元。

探索以增强内生发展动力为目标的财政收入激励奖补政策体系。浙江省自20世纪90年代末以来，就开始探索财政收入激励奖补机制，延续至今，激励形式、挂钩方式随时代而变。现行政策，依据"因素法"对各市县分类，经济相对不发达、财力相对不富裕的一类地区（主要是以山区26县为主），既有"奖"又有"补"。"奖"就是根据各市县当年财政收入增量，将原本应由省级分享的、增收额的15%（按规定，财政收入增量由省级分享20%），返还给市县，激励发展经济、增加财政收入。"补"就是根据上一年财政补助的基数，结合当年度财政收入的增幅，给予市县补助，每年递增，保障财政比较困难的地方。对于相对发达的二类地区，只有"奖"没有"补"。"奖"就是将市县财政收入增量中原本应由省级分享的、增收额的10%，奖励给地方，调动经济发展的积极性。

贯彻落实中央重大决策部署，实施绿色发展财政奖补机制。研究表明，绿色发展可以通过提升生产力水平、缩小贫富差距、提高就业质量等多种途径促进共同富裕①。2005年，习近平同志首次提出"绿水青山就是金山银山"的发展理念。同年，浙江省生态环保财力转移支付制度建立，在全国属于领先。此后，逐步建立了生态公益林补偿机制，出台了系列重点生态功能区财政政策，完善了污染物排放财政收费制度等一系列政策，并于2017年，构建了系统化的"绿色发展财政奖补机制"，有力地推动了绿色发展。一套适应主体功能区布局的财政政策体系得以构建，分区分类的生态环境质量财政奖惩制度得以确立。对非重点生态功能区实行生态环保财政转移支付制度；对重点生态功能区实行与"绿色指数"（基于河流、空气、森林等方

---

① 郑石明、邹克、李红霞：《绿色发展促进共同富裕：理论阐释与实证研究》，《政治学研究》2022年第2期。

面的质量指标构建）挂钩的财政奖惩制度；对特别生态功能区则实行标准更高的奖惩制度。

（五）善用数字技术、变革财政组织

数字技术的发展给公共决策中诸多难题的解决提供了新契机，财政数字化转型能帮助提升政府的公共服务能力和质量[①]。在推动共同富裕的过程中，数字技术有诸多应用场景。例如，浙江省财政厅利用数字技术开发"浙里担+农 e 富"应用平台，支持地方政府与银行、专门担保公司等合作，提供担保贷款，支持乡村产业发展，增强共同富裕的内生动力。到 2021 年底，已有 28 个县（市、区）参与了这项试点，惠及 1.45 万户农业经营主体。不仅如此，浙江省在工作中不局限于提供数字化财政应用平台，而是开展了系统的制度建设，推进财政体系的数字化变革。形成了"一个门户、四个系统"的财政数字化系统。通过数字财政综合应用门户，集中力量办大事系统、预算一体化系统、核心业务事件反馈系统和服务社会应用系统，革新了运行机制，提高了财政部门的内部协作能力和外部协同效率。

探索预算与绩效管理一体化。浙江省财政厅参照财政部《预算管理一体化规范（试行）》，设置 32 项绩效管理业务规范要求，编制了《浙江省预算管理一体化规范实施细则》，制定了《浙江省预算绩效运行监控管理办法》，系统性、集成化地开展预算与绩效管理一体化信息系统建设。在全国率先将绩效业务纳入预算一体化规范，率先建成预算与绩效管理一体化信息系统。该系统已经应用于 2021 年度省级部门预算编制。2022 年 1 月，在嘉兴等地区，预算管理一体化执行系统试点上线，并成功运行。该系统有力地支撑了共同富裕建设相关资金的预算编制、绩效评估、风险预警等。

（六）扶持文化发展、助力精神富裕

共同富裕必然包括精神富裕，应让群众享有多维综合的幸福生活并实现

---

① 王志刚：《财政数字化转型与政府公共服务能力建设》，《财政研究》2020 年第 10 期。

共同富裕蓝皮书

人的全面发展①。浙江财政历来重视对文化事业的投入。

一是打造广覆盖、超便捷、受欢迎的基层公共文化设施网络。基本建成"市有五馆（文化馆、图书馆、博物馆、非遗馆和美术馆）、县有四馆、区有三馆"，乡镇（街道）建立综合文化站，村（社区）里设置文化服务中心。在文化场馆可及性方面，安排专门财政资金，用于补助博物馆的免费开放。在居民体育锻炼方面，构建起覆盖城乡的"15分钟健身圈"，人均体育场地面积居于全国前列，接近《"十四五"时期全民健身设施补短板工程实施方案》中2025年的目标（2.6平方米）。二是集中财力办大事，支持建设了一批重大文化工程。例如，根据《浙江省传承发展浙江优秀传统文化行动计划》，浙江省加大财政支持力度，重点支持建设完成"六大工程"，即"浙江世界级文化遗产培育申报工程、传统村落民居保护工程、非物质文化遗产展示体验工程、浙江优秀传统文化研究阐释工程、浙江优秀传统文化精品创作服务工程、浙江特色传统文化重点提升工程"。此外，注重财政资金对文化产业发展的支持、引导作用。三是注重补齐公共文化服务区域短板，扶持提升落后地区、薄弱环节的公共文化设施和服务。通过重点补助和事后奖补方式支持山区26县等相对不发达地区的文化提升。山区26县实现了乡村文化大礼堂、灯光球场、小镇图书馆等配套齐全。此外，推动山区旅游业"微改造、精提升"计划，挖掘26县当地文化基因，吸引社会资本深度参与山区旅游开发，统筹推进美丽乡村建设，支持打造"四条诗路"等精品旅游线路。

（七）优化管理服务、引导公益慈善

发挥主观能动性，在"放管服"方面进行系列探索，狠抓相关税收优惠政策的落地生效。一是做好社会组织、群众团体的公益性捐赠税前扣

---

① 李实：《共同富裕的目标和实现路径选择》，《经济研究》2021年第11期；郁建兴、任杰：《共同富裕的理论内涵与政策议程》，《政治学研究》2021年第3期；李金昌、余卫：《共同富裕统计监测评价探讨》，《统计研究》2022年第2期；刘培林等：《共同富裕的内涵、实现路径与测度方法》，《管理世界》2021年第8期。

除资格认定工作。在符合国家的改革方向和立法精神的情况下，将社会组织、群众团队是否享受公益慈善捐赠税收优惠政策的资格认定，由事后确认改成事先公告，率先按照这些组织上年的情况来确定而非根据当年运营状况，在年初将名单一次性公告，引导激励社会、企业知道免税资格的情况，确保公益性捐赠税收政策落地生效。二是创新优化公益捐赠票据管理流程。按照慈善法和财政票据管理办法，财政部门负责公益捐赠的票据管理，浙江省在全国创新上线基于区块链技术的捐赠电子票据系统，开通蚂蚁公益、腾讯公益等平台电子票据自动开具功能，有效地解决了传统纸质票据开具速度慢、流程烦琐、管理低效等问题。2021 年共开具捐赠电子票据 30 万张，涉及金额 110 亿元。三是探索慈善信托捐赠票据管理。2022 年，慈善信托捐赠票据在杭州试点落地，并开出全国首张有政策支持的慈善信托捐赠票据。杭州市民政局、财政局、税务局和浙江银保监局联合发布的《关于通过慈善信托方式开展公益性捐赠有关问题的通知》规定，慈善信托受托人在将信托财产用于慈善捐赠活动时，经委托人和受托人协商一致后，由依法接受并用于公益性事业捐赠的公益性单位（含慈善组织），向提供捐赠的自然人、法人和其他组织开具公益性事业捐赠票据。破解了慈善组织原本只能向受托人开具相关慈善捐赠票据导致委托人无法享受税收优惠的难题。

此外，浙江省财政每年在预算中安排专项资金，加大财政资金对公益慈善事业的支持力度，为慈善组织提供资金支持和能力建设服务。设立财政引导资金支持慈善组织发展，支持各地统筹安排资金支持慈善组织开展公益活动和资金募集。支持慈善基地和一些平台的建设，对运营经费进行补助。扩大向符合条件的慈善组织、社会服务机构、志愿服务组织购买服务的范围。

二 财政支出结构

政府履行职能、实施公共政策，都需要财政支出作为保障，而财政支出的具体结构，也就是按照不同的功能分类的各项财政支出的配置，则体现了政府职能与公共政策的侧重点。优化支出结构需要兼顾促进高质量发展和促进共同富裕，首先要通过高质量发展做大做好"蛋糕"，然后再通过切好分好"蛋糕"实现共同富裕。本文选取的时间段为"十三五"期间，以"十三五"期初，即2015年末为起点，以"十三五"结束，2020年末为终点，重点关注浙江省在优化财政支出结构方面做出的努力，通过与广东、江苏、山东三省的比较，分析浙江省在优化财政支出结构方面的潜在空间。

本文参照汪德华、李冰冰[1]的做法，在功能分类的基础上，整理细项财政支出数据，将财政支出分为基本政府职能支出、经济建设性支出、社会福利性支出三大类，省际比较评估浙江省财政支出结构的现状。基本政府职能支出是指国家和政府维持基本运行、行使基本职能所需要的支出。这类支出不直接面向个人或企业，不指向某一类受益人，包括一般公共服务、外交、国防、公共安全、环境保护等支出。经济建设性支出是指与基础设施建设、产业发展、宏观调控、推进市场和经济发展有关等职能所需要的支出，包括农林水、交通运输、资源勘探工业信息、商业服务、金融等事务支出，还包括促进就业、能源经济等事务支出，以及城乡社区事务等支出。这类支出主要目的是促进经济发展。社会福利性支出是指政府提供的面向居民的服务或收入转移所产生的支出，包括教育、社会保障、卫生健康三类支出。本文分析的基础数据，是由课题组通过信息公开申请方式获取的浙江、江苏、山东、广东四省的2015~2020年财政支出决算数据。

（一）"十三五"时期四省财政支出结构的比较分析

1.支出规模的四省比较分析

从财政总体规模来看，浙江省一般公共预算支出逐年增加，从2015年

---

[1] 汪德华、李冰冰：《从单峰到双峰——1953~2019年中国财政支出结构大转型》，工作论文，2022。

的 6646 亿元增加到 2020 年的 10082 亿元，增长幅度达到了 50% 以上，全口径财政支出从 10020 亿元增加到 19757 亿元，几乎增长了一倍。但不论是一般公共预算支出规模还是囊括财政四本预算的全口径财政支出，浙江省财政支出总体规模与其他三个省份都存在不小的差距。在人均量上，浙江省人均一般公共预算支出从 2015 年的 11104 元增加到了 2020 年的 15416 元，增长近 40%，人均全口径财政支出从 16742 元增长到 30210 元，增长了 80%。与其他三省比较发现，浙江省与江苏省、广东省几乎不存在差距，甚至还高于这两个省份；与山东省进行比较，浙江的财政支出总体规模近乎与其持平，在人均层面反而存在一定的优势，反映了人均 GDP 上的差距。从财政支出占 GDP 比重来看，四省一般公共预算支出占 GDP 比重波动较大，浙江省、山东省、江苏省三省在 2015~2017 年一般公共预算支出占 GDP 比重不断下降，2018 年之后又不断提升，仅浙江省在 2020 年有所下降，广东省则在波动中不断下降；而观察全口径财政支出占 GDP 的比重，江苏省还是保持着相同的趋势，支出占 GDP 比重先降后升，而其他三省则保持持续上升的趋势，并且在全口径下较一般公共预算口径下变化幅度更大，浙江省、山东省、广东省三省比重增加值均在 7% 以上，江苏省相对较小，但也提升了近 5% 的水平（见图 1）。

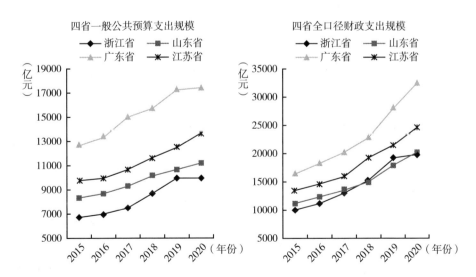

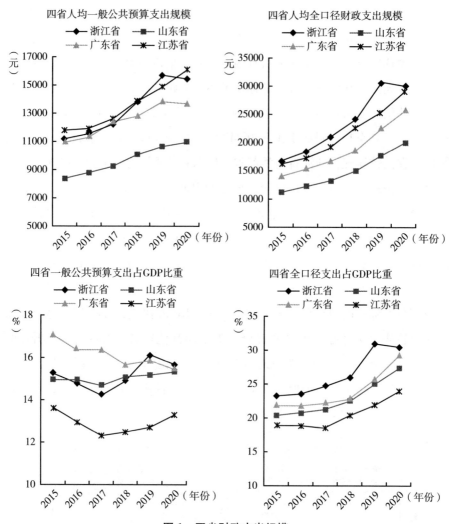

图1　四省财政支出规模

资料来源：作者计算所得。

2．"十三五"期间浙江省财政支出结构的演变

总体来讲，"十三五"时期，浙江省一般公共预算支出以经济建设性支出和社会福利性支出为主。在2015~2020年，浙江省经济建设性支出稳步增长，从2015年的2794亿元逐步增长到2020年的3456亿元，社会福利性支出增长较为明显，从2509亿元增长到4147亿元，基本政府职能支出从

1343 亿元增长到 2479 亿元，增长加快。从比重上看，浙江省经济建设性支出比重总体呈现下降趋势，2015 年为 42%，到 2020 年下降至 34.3%；社会福利性支出逐步提高，从 2015 年的 37.8%逐渐提高至 2020 年的 41.1%；基本政府职能支出呈现上升趋势，从 2015 年的 20.2%上升至 2020 年的 24.6%。经济建设性支出与社会福利性支出是目前最为重要的财政支出大类，并且 2020 年社会福利性支出的占比已经超过了经济建设性支出占比。从占 GDP 的比重来看，浙江省一般公共预算支出占 GDP 的比重先降后升，全口径财政支出占 GDP 的比重逐年上升。2015 年后经济建设性支出占比存在波动，从 2015 年的 6.42%下降到 2017 年的 5.18%，2018 年与 2019 年又有所上升，2020 年又下降到 5.34%；社会福利性支出占比则逐年上升，从 2015 年的 5.77%逐渐上升至 2020 年的 6.42%；基本政府职能支出也呈现上升的趋势，从 2015 年的 3.1%上升至 2020 年的 3.8%（见图 2）。

从图 2 可以看到，考虑全口径财政支出后，财政支出结构的总体变化趋势与一般公共预算支出的趋势很相近；但是在具体的数值上，全口径财政支出结构与一般公共预算支出结构之间存在差异。全口径财政支出下的社会福利性支出包括了社保基金支出，因此 2015 年及以后全口径下社会福利性支出占比高于一般公共预算中的社会福利性支出占比，平均高出 9 个百分点。社保基金支出在扣除了财政补贴后占据了全口径财政支出大约 24%的比重，导致全口径下经济建设性支出与基本政府职能支出所占的比重较一般公共预算口径下的比重更低。

观察浙江省三大类支出占 GDP 的比重（见图 2），在一般公共预算口径下，浙江省经济建设性支出波动较为明显，在 2015~2020 年的这六年间维持在占 GDP 比重 5.7%的水平上波动，社会福利性支出的比重略微上升，从 2015 年的 5.77%逐步上升至 2020 年的 6.42%，基本政府职能支出也保持着相同的趋势，支出占比从 2015 年的 3.1%略微上升至 2020 年的 3.8%。而在考虑全口径财政支出后，浙江省三大类支出变化较为明显，几乎都呈现增加的趋势，经济建设性支出占比波动较大，从 2015 年的 8.5%逐步增加到 2019 年的 12.2%，2020 年又回落到 11.2%，社会福利性支出占比从 11.3%

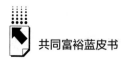

逐步增加到 14.2%，基本政府职能支出占比相对稳定，在 2019 年后才出现较大的增长。

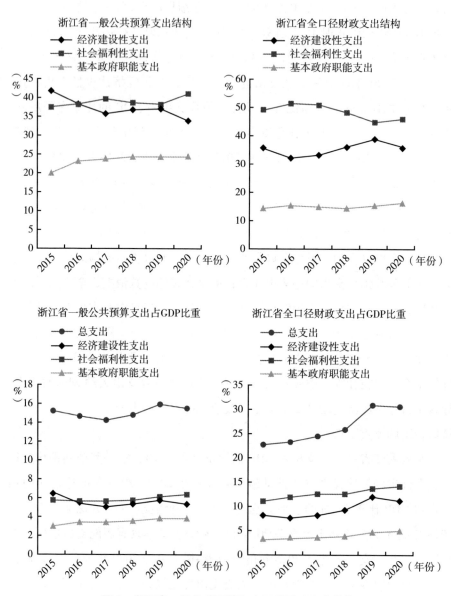

图 2 浙江省一般公共预算和全口径财政支出结构

资料来源：作者计算所得。

对于共同富裕而言，收入、财产与基本公共服务是表达物质丰裕的重要变量①。《浙江高质量发展建设共同富裕示范区实施方案（2021—2025年）》（以下简称《实施方案》）强调："既要率先基本形成更富活力创新力竞争力的高质量发展模式，努力形成经济高质量发展的省域范例，率先基本形成以中等收入群体为主体的橄榄型社会结构，努力成为地区、城乡和收入差距持续缩小的省域范例；要率先基本实现全生命周期公共服务优质共享，努力成为共建共享品质生活的省域范例。"② 这就需要浙江省发力经济建设与社会福利建设。总的来看，浙江省经济建设性支出与社会福利性支出大致呈现逐年递增的趋势，并且社会福利性支出超过经济建设性支出，成为政府财政支出中最大的一项，其发展走向符合在高质量发展进程中推进共同富裕的总体要求。

3. 一般公共预算支出结构变化的四省比较

如图3所示，在一般公共预算口径下，四省财政支出主要结构并没有太大的差别，都是以经济建设性和社会福利性支出为主。在2015~2020年，四省总体趋势都是经济建设性支出占比不断下降，而社会福利性支出占比不断上升。这一时期，浙江省经济建设性支出占比平均为37.5%，江苏省为39.6%，广东省为36.5%，山东省为35.9%。在变化趋势上，浙江省经济建设性支出占比在波动中缓慢下降；江苏省下降较为缓慢，从2015年的45%缓慢下降到2020年的37%；而广东省下降较快，从45%迅速下降到2020年的低于30%；山东省下降相对平缓，由40%一直下降到32%左右。观察社会福利性支出，山东省社会福利性支出占比最高，2015~2020年，山东省社会福利性支出占比平均为43.2%，浙江省社会福利性支出占比平均为39.1%，较山东省低约4个百分点，而略高于同期广东省的38.8%以及江苏省的38.3%，从历史变化来看，四省社会福利性支出占比均有提高，其中广东省更是从2015年的不到35%持续上升至44%。

---

① 李实：《共同富裕的目标和实现路径选择》，《经济研究》2021年第11期。
② 《浙江高质量发展建设共同富裕示范区实施方案（2021—2025年）》，浙江省人民政府网站，https://www.zj.gov.cn/art/2021/7/19/art_1552628_59122844.html。

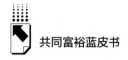
从占 GDP 比重来看，浙江省一般公共预算口径下的经济建设性支出较为稳定，支出占 GDP 的比重维持在 6%上下波动，江苏省也维持在 5%的水平上波动，而广东省与山东省则存在较为明显的下降趋势。广东省经济建设性支出占比从 2015 年的 7.7%持续下降到 2020 年的 4.7%，下降了 3 个百分点，而山东省经济建设性支出占比则从 6.0%下降到 4.9%。四省社会福利性支出占 GDP 的比重都保持着缓慢上升的趋势，其中山东省社会福利性支出占比最高，平均达到 6.5%的水平，而浙江省社会福利性支出占比在 6%，江苏省社会福利性支出占比在 5%水平波动，广东省社会福利性支出占比则保持在 6.2%的水平。在变化趋势上，四省社会福利性支出占 GDP 的比重都呈现上升的趋势，在一般公共服务支出口径下，四省社会福利性支出平稳增长。其中广东省增长速度最快，2015~2020 年这六年期间的增长几乎达到10%，而浙江省、山东省与江苏省社会福利性支出占比保持着较为平稳的增长。

《实施方案》以"高质量发展"为题，通过高质量发展将"蛋糕"做大，从图 3 中可以看到浙江省经济建设性支出占比相对其他三省较高，经济增长也相对较快。但是，另一方面，浙江省社会福利性支出占比在四省中也并没有处于落后的位置，支出占比在四省中一直处于相对的领先位置。

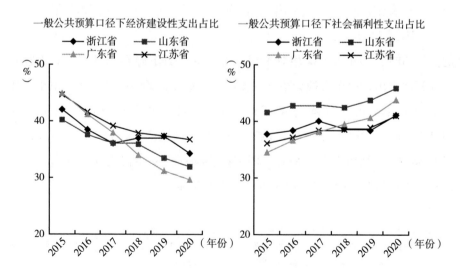

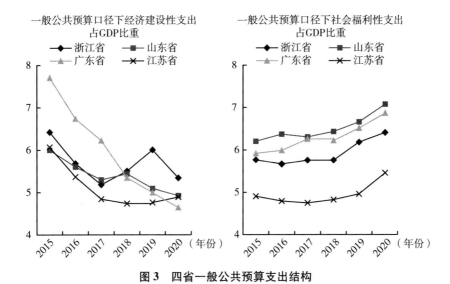

图3 四省一般公共预算支出结构

资料来源：作者计算所得。

4. 全口径支出结构的四省比较

从图4可见，考虑全口径财政支出后，财政支出结构的总体变化趋势与一般公共预算支出的趋势很相近，四省财政支出均以经济建设性和社会福利性支出为主。但是在数值上，全口径财政支出的结构与一般公共预算的结构有差异。在全口径下，四省中经济建设性支出占比仅有广东省呈现较为明显的下降趋势，从2015年的43%一路下降到2020年的27%。而其他三个省份均存在较为明显的波动，浙江省波动较大，一直维持在36%的水平上下变动，山东省占比维持在34%的水平上下波动，而江苏省则在38%的水平波动。

当观察全口径下经济建设性支出占GDP的比重后，可以发现，以2018年为界，浙江省经济建设性支出占比平稳在8%水平上波动，2018年后经济建设性支出占比存在较大的提升，2019年与2020年迅速突破10%，江苏省和山东省也是类似的趋势，2018年前经济建设性支出占比较为平稳，甚至有轻微下降的趋势，2018年后出现上升。广东省则保持着一般公共预算口径下的趋势，经济建设性支出占比持续下降，但是2018年后也表现出上升的趋势。

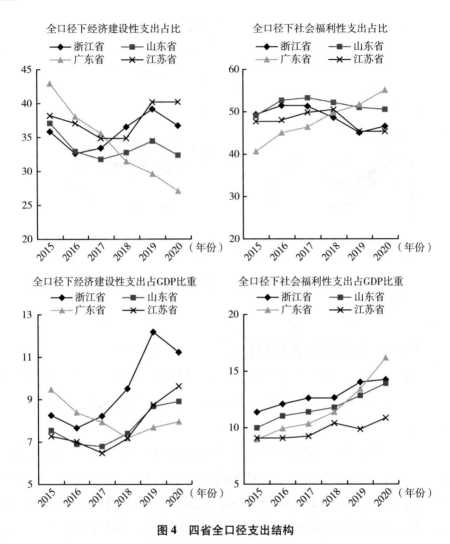

图 4　四省全口径支出结构

资料来源：作者计算所得。

相较于经济建设性支出占比，浙江省全口径下社会福利性支出占比波动较小，比重维持在 49% 左右，而江苏省占比维持在 48% 的水平，山东省占比维持在 51% 的水平，广东省则呈现上升的趋势，2015~2020 年全口径社会福利性支出占比持续上升，比重从 41% 一直上升至 55%。从占 GDP 的比重来看，浙江省社会福利性支出占比是四省中最高的，平均占比达到 12.8%，其次是山东省，达到了 11.8%，江苏省最低，仅为9.8%。从变化趋势上来看，四省社会福利性支出占 GDP 的比重都呈现上升的趋势，广东省保持着最快的增长速度，社会福利性支出占比持续增长，从 2015 年的 9.0% 到 2020 年达到 16.1%，近乎翻倍。而其他三省的社会福利性支出占比增长相对较为缓慢，大致呈现逐年上升的趋势。

从图 3、图 4 中可以看到，在 2018 年、2019 年，浙江省经济建设性支出占比有一个较大的提升。相较于 2017 年，浙江省 2018 年一般公共预算支出与全口径财政支出分别增长了 14.6%、17%，而对应的经济建设性支出增长达到 17.6%、28%，经济建设性支出增长超过财政预算支出的增长，而此前一般公共预算口径下的经济建设性支出增长较为有限。与其他三个省份相比较时，可以发现三个省份一般公共预算口径下的经济建设性支出变动均维持在较低的水平，而浙江省在 2016 年支出不升反降，在 2018 年与 2019 年两年间存在较大的变动。其中一个原因是 2018 年与 2019 年城乡社区事务支出增长幅度达到 27% 与 40%，而城乡社区事务在一般公共预算支出中占比分别达到了 13.4%、16.2%，这一部分支出的快速增长在一定程度上促进了经济建设性支出占比的提高。

（二）浙江省社会福利性支出内部结构

《实施方案》提出，要率先基本实现人的全生命周期公共服务优质共享，努力成为共建共享品质生活的省域范例。就需要更高水平推进幼有所育、学有所教、劳有所得、病有所医、老有所养、住有所居、弱有所扶。为此，本节专门考察与基本公共服务均等化对应的社会福利性支出的内部结构演变。

本文将社会福利支出分为三大类：医疗卫生支出、教育支出、社会保护支出。图 5 是按照汪德华[①]的口径，计算的 2015~2020 年浙江省三项社会福

---

① 汪德华：《"十四五"时期公共服务财政投入展望》，《中国改革》2022 年第 2 期。

利支出及其占 GDP 比重情况。由图 5 可知，2015~2020 年三类支出均呈增长趋势，社会福利性支出总量从 2015 年的 4674 亿元增长到 2020 年的 8502 亿元，其占 GDP 的比重缓慢提高，从 2015 年的 11.6% 提高到 2020 年的 13.2%。但是，这一比重与发达国家 20% 以上的占比相比，仍然存在差距。在三类支出中，社会保护支出占比一直最高，为 54%；教育支出次之，占比为 24%；医疗卫生支出占比为 22%；在平均增速上，六年间社会保护支出增速最高，医疗卫生支出次之，教育支出增速最低。

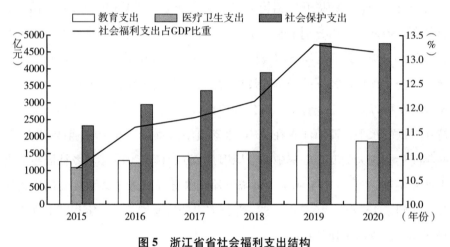

图 5　浙江省省社会福利支出结构

资料来源：作者计算所得。

基本公共服务的水平与共享程度也是评价共同富裕进展的主要指标[1]，在《实施方案》中也提及浙江要探索建立目标明确、步骤清晰、水平合理、保障到位的基本公共服务均等化保障政策框架，浙江省近些年来社会福利性支出各项指标都不断增长，但是内部结构及具体项目的机制设计依然需要优化[2]。

---

[1]　李实：《共同富裕的目标和实现路径选择》，《经济研究》2021 年第 11 期。

[2]　汪德华：《"十四五"时期公共服务财政投入展望》，《中国改革》2022 年第 2 期。

（三）小结

从前文分析可见，浙江省人均财政支出规模不论是在总量上还是在三大类支出上都处于四省中的领先地位，人均经济建设性支出与人均社会福利性支出在 2015~2020 年也都不断增长，并且社会福利性支出取代经济建设性支出成为财政支出最大的部分。但是值得注意的是，全口径下浙江省人均基本政府职能支出规模相对其他三个省份也较高，提高基本政府职能支出效率，降低行政成本成为当下值得关注的一个方面。

在相对量上，浙江省全口径下财政总规模支出、经济建设性支出、社会福利性支出占 GDP 的比重位居四省第一，在一般公共预算口径下各项支出占 GDP 比重在四省中也存在优势。在以财政支出为分母的支出结构中，一般公共预算支出口径下，浙江省没有像其他三省一样表现出较为明显的变化趋势，经济建设性支出与社会福利性支出的占比在不断调整中缓慢下降与上升；在全口径下，浙江省支出结构的波动大致与江苏省、山东省保持一致的趋势。作为共同富裕示范区，浙江省应当做出表率，适度优化财政支出结构，逐步缩小经济建设性支出的规模，继续提升社会福利性支出比重。

在社会福利性支出方面，《实施方案》强调了浙江省要探索并率先实现省域内基本公共服务均等化，而事实上浙江省总体支出已经达到一定水平，并且保持着逐年增加的良好态势，具体各项支出也逐年递增，"钱随人走"制度体系正加快构建，但是以往的以户籍人口为支撑的指标体系需要逐步更换，明确以常住人口为提供各类公共服务和社会保障的基本对象，保障符合条件的外来人口与本地居民平等享有基本公共服务，尽早将相应指标落实到基层。

三 完善省以下财政体制

完善省以下财政体制，提升省以下财力均衡水平，是三个文件均高度

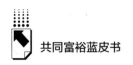

强调的，也是为促进共同富裕需要重点关注的领域。本节同样采用与广东、江苏、山东三省比较的方式，分析浙江省省以下财政体制改革的特点与效果。

（一）省以下财政体制改革的四省比较分析

1. 财政省直管县：江浙与粤鲁的差异化选择

20 世纪 80 年代以来，中国开始实行市管县体制。此后，"中央—省—地级市—县—镇"五级政府的管理模式开始推行，并沿用至今。而财政省直管县体制改革的核心是，将县级政府的收支责任划分、转移支付分配和预算资金调度，跳过地级市"束缚"，交由省级财政直接负责，在财政上，实现了省与县级政府的双向联系。

对四省的行政区划和人口进行分析，可以发现，江苏和浙江区域面积较小，人口分别约为 8500 万和 6500 万。相应地，浙江省下辖 11 个地级市，52 个县级市和县，江苏省下辖 13 个地级市，40 个县级市和县，两省在区域和人口上较为相似。相比之下，山东和广东区域面积更大，且均为人口大省，年末总人口均超过 1 亿，即江浙省级政府需要管辖的市县和人口更少，粤鲁则相对更多。在财政省直管县体制改革时，这可能是省政府是否选择改革以及如何安排改革所要考虑的重要方面。

表 1 展示了四省财政省直管县体制改革进程。概括来说，浙江省未实施 20 世纪 80 年代开始的"市管县"改革，继续保留了省管县财政体制。江苏省在 2007 年全面实施了财政省直管县，粤鲁则采取了试点推进的形式。近年来，山东在持续发力推动改革，广东则停滞在了 2014 年。财政省直管县体制改革被认为是财政分权的表现[①]，即从财政省直管县角度，江浙都完成了完全的分权，山东也在进一步分权，广东相对没有明显的体现。

---

① 谭之博、周黎安、赵岳：《省管县改革、财政分权与民生——基于"倍差法"的估计》，《经济学（季刊）》2015 年第 3 期。

表1　四省财政省直管县体制改革进程

单位：个

省份	年份	财政省直管县数量
浙江	—	全部
江苏	2007	全部
山东	2009	首次试点20
	2017	新增试点17
	2019	新增试点12
广东	2010	首次试点5
	2012	新增试点10
	2013	新增试点6
	2014	新增试点9

资料来源：根据各省人民政府网站公开信息整理。《关于深化省以下财政管理体制改革的实施意见》（鲁政发〔2019〕2号）公告了41个财政省直管县名单，比先前所有改革县之和少了8个县，除垦利县撤县设区外，其他尚不知原因。

2.财政收入分成：增量"二八分成"大势所趋

下文对近年四省除省直管县外的财政体制改革进程进行梳理，主要文件见附录1，这里重点分析各省的财政收入分成。

（1）江苏省。江苏省在2008年文件里，提出"体现财力向下倾斜，在省与市、县收入划分级次和既定利益不变的基础上，有利于在推进科学发展中使新增财力更多地向下倾斜，增强地方统筹发展能力"。可以窥见，在房产税、城镇土地使用税等城镇建设相关税收增量的集中比例上，江苏的改革思路是逐步向市县下放财力，从5∶5到3∶7再到2∶8，下放力度逐渐加大。在2014年的文件中提到的"省级下放财力主要用于推进城镇化发展，提高城镇化水平"，昭示了江苏推进城镇化的努力与决心。2017年，江苏的收入分成形成了较为统一的增量"二八分成"局面（见表2）。

表 2　江苏省省与市县收入划分

共享部分	2008~2013 年		2014~2016 年		2017 年及之后	
	省	市县	省	市县	省	市县
房产税、城镇土地使用税、土地增值税、契税增量	30	70	20	80	20	80
地方增值税增量	50	50	50	50	20	80
地方营业税增量	—	100	—	—	—	—
企业所得税增量	20	80	20	80	20	80
个人所得税增量	—	100	20	80	20	80

资料来源：根据江苏省人民政府网站公开信息整理。

（2）山东省。2013 年，山东省将 2012 年前均由省级分享的一般企业营业税、企业所得税、个人所得税等，全部下划至县作为县级政府的财政收入。2016 年，山东省主要对"营改增"作出了反应，点明所有行业企业缴纳的增值税均实行中央与地方按 50∶50 的比例分享，除省级保留企业外的一般企业增值税地方分享部分，继续按照省与市、省财政直管县（市）15∶85 的比例分成。山东省的增量分成改革可以归纳为：从最初的按 3% 的比例递增，到 2013 年改为增量 15∶85 分成。此次改革着重表明，各市因取消递增上解比例相应增加的财力，要全部用于缓解县乡财政困难。再到 2019 年，对县级收入稍有上收，央地分成比例调整为 20∶80，并对财政困难地区集中的收入给予全额返还。特别注意的是，青岛市自 2019 年起，专项上解省财政的资金增加至 30 亿元，并以此为基数，每年递增上解，上解的财政资金重点用于对财力薄弱地区的转移支付，统筹协调区域发展（见表 3）。

（3）浙江省。2012 年，浙江省主要的改革体现在金融业和电力生产企业税收收入预算分配管理上，对部分进行了下放与上收。此外，异于江苏和山东在近年才推进的增量"二八分成"，浙江省于 2003 年起就已实施，且对少数民族县、少数加快发展县和海岛地区作适当照顾。除了大部分市县为增量分成外，浙江省与杭州市（不含萧山区、余杭区、富阳区）为总额分享，分享比例为 16∶84（见表 4）。

表3　山东省省与市县收入划分

共享部分	2012 年及之前		2013~2016 年		2019 年及之后	
	省	市县	省	市县	省	市县
一般企业营业税	20	80	—	100	—	—
石化企业增值税	100	—	60	40	未知	未知
增值税、企业所得税、个人所得税等增量	未知	3% 递增	15	85	20	80

资料来源：根据山东省人民政府网站公开信息整理。

表4　浙江省省与市县收入划分

共享部分	2003~2012 年		2012 年及之后	
	省	市县	省	市县
省级金融业营业税	100	—	60	40
市县级金融业营业税	—	100	60	40
省级金融业企业所得税	100	—	60	40
省级电力生产企业增值税、企业所得税	100	—	—	100
财政收入增量分成	20	80	20	80

资料来源：根据浙江省人民政府网站公开信息整理。

（4）广东省。广东省的改革与以上三省有明显不同。首先，在历次文件中均未提及增量分成，在此认为广东实施总额分享。其次，在下放财力的趋势下，广东省则对财力进行了部分上收，并多次在文件中强调，要巩固增值税"五五分享"改革成果。广东省也在 2010 年的文件中明确表示，省级因体制调整集中的财力，主要用于支持欠发达地区加快发展、缩小差距，同时制订面向全省的产业发展财政政策，促进珠江三角洲地区提升综合竞争力，带动粤东西北地区加快发展（见表5）。

表5 广东省省与市县收入划分

共享部分	1996~2010年		2011年及之后	
	省	市县	省	市县
企业所得税	40	60	50	50
个人所得税	40	60	50	50
营业税	40	60	50	50
土地增值税	40	60	50	50
增值税(不含省级固定收入部分)	未知	未知	50	50
营改增部分	—	—	50	50

资料来源：根据广东省人民政府网站公开信息整理。

（5）小结。综上，浙江省在财政收入分成的改革方面走在前列，在2003年就已经完成了江苏省和山东省近年才达到的增量"二八分成"。同时，江苏省和山东省有较为明显的下放财力趋势，广东省则与之相反，有一定程度的集权表现。在增量"二八分成"大势所趋的情况下，广东省继续保持了财政收入总额"五五分享"的政策，并有要坚持之意。省以下财政收入划分的"工具化色彩"，本质上是在追求经济增长与平衡省内差距之间进行权衡的结果①，结合四省省内经济发展状况，如此收入分成也尚可理解。

3. 财政事权和支出责任划分：省级统筹力度差异

2016年8月16日，《国务院关于推进中央与地方财政事权和支出责任划分改革的指导意见》（国发〔2016〕49号）发布，这为近年来财政事权和支出责任划分改革奠定了重要基础。财政事权和支出责任常常涉及各级政府有关"事由谁来干"和"钱由谁来出"的问题。按照49号文的精神，国务院统一领导事权和支出责任划分，并明确中央与省级之间的划分原则与具体安排，各省再按照49号文具体负责省以下事权和支出责任划分（见附录2）。

---

① 高琳、高伟华、周瑂：《增长与均等的权衡：省以下财权划分策略的行动逻辑》，《地方财政研究》2019年第1期。

244

财政事权和支出责任划分涉及领域广泛。基本公共服务领域的财政事权和支出责任划分是重头戏，且与推进共同富裕紧密相关。下文以此为例进行分析。

从中央和省级层面来看，国务院将涉及人民群众基本生活和发展需要、现有管理体制和政策比较清晰、由中央与地方共同承担支出责任、以人员或家庭为补助对象或分配依据、需要优先和重点保障的主要基本公共服务事项，首先纳入中央与地方共同财政事权范围，暂定八大类 18 项，并对不同省份的中央与地方分担比例做出了规定（见附录 3）。中等职业教育国家助学金等事项，中央按档各分摊 80%、60%、50%、30%、10%；义务教育公用经费保障，中央按第一档 80%，第二档 60%，其他为 50% 分摊；家庭经济困难学生生活补助等各地均为 50% 分摊；基本公共就业服务等 5 个事项，中央分担比例依据地方财力状况、保障对象数量等因素具体确定。可以发现，文件中涉及的领域主要是义务教育与高中（中职）教育、就业、城乡居民养老和医疗保险、计划生育、住房等方面。之后发布的分领域文件也是从医疗卫生领域开始的，紧接着是教育领域，彰显了中央对医疗卫生和教育的重视。

在国务院的"央地"分摊划分中，江苏、浙江、广东三省同在第四档，山东省则为第三档，即在基本公共服务领域，山东省受到中央的补助相对更多。各省对省与市县的比例也进行了划分，详见附录 4 和 5。而在事项内容上，各省均参考国务院文件，没有较大差异。

在省以下事权和支出责任划分中，各省的选择具有一定的差异性。

广东省人民政府办公厅印发《基本公共服务领域省级与市县共同财政事权和支出责任划分改革方案》并提出，"普通高中教育免学杂费补助分担比例暂按现行规定执行，待我省打赢脱贫攻坚战三年行动方案（2018~2020 年）到期后再按以下分档分担比例执行"。还强调要"提升统筹层次"，逐步探索对部分重点基本公共服务领域项目实行全省统一制度、统一政策、统一标准。市县自行提高保障标准、超过国家和省定标准的，省级对其形成的增支一律不予补助，必要时核减相关转移支付资金，调整到保障水平较低的地区。类似的，山东省也提出"免费提供教科书、受灾人员救助 2 个事项，暂按现行政策执行"（未提及原因），并表明，要完善省对财政困难地区的转移支付制度，"加大对财政困难县（市、区）的补助力度，建立均衡性转移支付稳定增长机制，促进地区间财力均衡"，也提到要继续实施财政省直管县改革。

浙江省在事项分类上，则将"贫困地区学生营养膳食补助"改为"农村义务教育学生营养改善计划"（可能原因是无贫困地区学生营养膳食补助试点），"受灾人员救助"改为"自然灾害生活救助"。附录6表明，有11项完全采取了二类六档的转移支付系数形式，有1项采取三档的划分方式，另有3项采取部分二类六档的转移支付系数形式，省级财政向低档地区倾斜明显。浙江省还提出，要深化财政专项资金管理改革，重点把握好"三个退出"：市场能够有效发挥作用的事项，省级财政专项资金一律退出，过渡期间由政府产业基金通过市场化方式予以支持；对属于市县财政事权的事项，省级财政专项资金建立退出机制；属于省与市县共同财政事权的事项，可以安排省级财政专项资金予以支持，并建立省与市县分担机制。其中，省委、省政府确定特定目标的财政专项（包括存量专项），要明确设定期限，原则上以3年为期；非省委、省政府按程序确定特定目标的财政专项，在2020年前一律退出。江苏省发文与国务院文件较为一致，不再做说明。

总体来看，在社会生产力不断提升的同时，我国居民对教育、医疗卫生、社会保障等方面的公共服务需求增长呈现逐步加速的趋势。然而，我国不同地区在基础教育、公共医疗、社会保障等公共服务方面的差距较大，已经成为社会公平、正义的热点问题之一。如何使公共服务的供给与需求相适应，积极推进均等化进程，将是今后较长时期内面临的重要任务，而财政是均等化中重要的一环。考虑到省内的发展差异，在基本公共服务领域的事权和支出责任划分上，广东省更为强调省级政府的统筹力度，山东省次之，最后是浙江省。浙江省以县级财政支出分权为主，而广东省以地级财政支出分权为主[1]。原因之一是，浙江省因自身的县域经济特点，一直沿袭省直管县财政体制，将支出责任更多地分配给县级政府，并通过"两保两挂"等机

[1] 童幼雏、李永友：《省以下财政支出分权结构：中国经验》，《财贸经济》2021年第6期。

制强化县域财政激励。而广东省所辖的地级市发展不平衡，因此一直致力于通过地级市的辐射作用来带动区域经济发展，因而在培育市场力量的时候，将支出责任更多地分配给地级市政府。可见地区间自身的差异，对财政体制改革有深远且多方面的影响。

（二）浙江省促进平衡发展的财政体制改革探索

以上为省以下财政体制的主要内容。除此之外，浙江省在改革省以下财政体制的进程中，还特别重视促进市县平衡发展，出台了若干专项措施。

1. 市域统筹平衡

为激发地级市扶持所辖各县（市）发展的积极性，增强地级市统筹区域发展能力和辐射功能，引导地级市加大对所辖各县（市）基础设施建设、产业发展以及民生改善等方面的投入，进一步整合区域资源推动区域统筹发展，提高区域竞争力，浙江省在财政体制上打通市与县的通道，在财政省直管县的总体框架下，建立了区域统筹发展激励奖补政策，引导地级市加大对所属县（市、区）的投入，促进区域均衡发展。

一是自 2012 年起，建立地级市对所辖县（市）年度财政补助奖励政策，引导地级市加大对所辖县（市）基本公共服务均等化的支持力度。具体系数如表 6 所示。若丽水、衢州两市对所辖县（市）财政补助资金 1，则省财政相应奖励补助 2，以此类推。2015 年也对此进行修订，杭州等 6 个地级市的奖补系数从 1：0.3 提升到 1：0.5（见表 6）。

二是自 2015 年起，建立地级市区域统筹发展收入激励政策——对地级市的收入奖补，与地级市所辖县（市）地方财政税收收入当年增收额挂钩，进一步调动地级市的积极性，加快推进市域内区域统筹协调发展。具体为：杭州、嘉兴、湖州、绍兴、金华、温州、台州 7 个地级市的比例为 10%，丽水、衢州、舟山 3 个地级市的比例为 15%。奖补资金明确规定用途，必须用于支持所辖县（市）的统筹发展。

不难看出，近十年来，浙江省在推进地级市市内的均衡发展上煞费苦心，积极促进区域内部的均衡发展。

表6 浙江省地级市奖补系数

地区	2012 年	2015 年
丽水市、衢州市	1∶2	1∶2
金华市、舟山市	1∶1	1∶1
杭州市等6个地级市	1∶0.3	1∶0.5

资料来源：根据浙江省人民政府网站公开信息整理。

2. 县域财力平衡

浙江省对县（市）则是实行分档激励经济发展的形式。首先，对于在省内经济较为薄弱的地区，实施奖励与补助相结合的政策，经济较好的地区，则只有奖励政策，提升地区发展的积极性（见附录7）。其次，与2012年相比，2015年的政策更加细化，强调了第三产业的重要性，奖补力度也更大。当然，所有奖补的前提是——确保实现当年财政收支平衡、确保完成政府职责任务。

此外，发现各省均对转移支付按地区进行了划档（见附录4和5），省级分摊比例详见表7。总体而言，财政越困难的市县（位于更低档），转移支付系数越高，转移支付资金进一步向其倾斜，缩小地区间财力差距。在分档上，除广东仅为四档外，其余三省均为六档。从转移支付系数上看，浙江和广东最高转移支付系数都达到了100%。相对来说，江苏省的省级转移支付补助力度较小（系数小），山东省力度较大（低档地区多）。广东是唯一将地级市所辖区也进行分类的省份，即同一个地级市下辖的区可能处于不同的分档之中，其他三省均是放在同一档。

表7 四省转移支付划档

单位：%

省份	第一档	第二档	第三档	第四档	第五档	第六档
浙江	100	90	80	60	40	20
江苏	70	60	50	40	30	20
山东	90	80	70	60	50	40
广东	100	85	65	30	—	—

资料来源：根据各省人民政府网站公开信息整理。

3. 生态补偿平衡

浙江既是陆域面积最小的省份之一，又处于经济总量第一梯队，如何统筹修复、治理"七山一水二分田"，是摆在浙江人面前的时代命题。2017年，浙江按照集中财力办大事的原则，在原有生态环保财政政策的基础上，创新"制度+政策"，具有浙江特色的绿色发展财政奖补机制（以下简称"绿奖"）应运而生。至今，"绿奖"已进行两轮（2017~2019年、2020~2022年）（见附录8）。主要包含主要污染物排放、单位生产总值能耗、出境水水质、森林质量、"两山"建设等与生态环境有关的内容。不论是从奖励还是惩罚角度来看，新一轮明显力度更大，并加入了空气质量财政奖惩制度（针对PM 2.5）和湿地生态补偿试点、生态产品质量和价值相挂钩两个试点项目。在所有项目中，金额数最大的当属"两山"建设财政专项激励政策，是唯一以"亿元"为单位的项目，且收到的奖励资金，可以统筹使用。总体来看，"绿奖"指标客观且奖惩清晰，对于浙江省的生态保护和环境治理以及对山区的财力提升均有重要意义。从数据上看，在"绿奖"实施的五年间，共实现兑现奖补资金近635亿元（见表8），取得了较好的政治效益、社会效益、经济效益和生态效益，有效促进了绿色发展和生态文明建设。

表8　浙江省绿色发展财政奖补资金投入

单位：万元

年份	2017	2018	2019	2020	2021
资金	1197265	1226660	1164311	1358834	1402587

资料来源：由浙江省财政厅提供。

山东省也有类似关于生态保护的财政政策。在《山东省人民政府关于深化省以下财政管理体制改革的实施意见》（鲁政发〔2019〕2号）中提到，自2019年起，根据化学需氧量、氨氮、二氧化硫、氮氧化物4项主要污染物年排放总量，对山东省东、中、西部地区分别按每吨800元、600元、400元的标准（氨氮按每百公斤），向各市政府征收主要污染物排放调

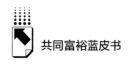
节基金，以后年度逐步提高征收标准。当然，这与浙江省 5000 元/吨（开化、淳安两县 6000 元/吨）的收费标准相去甚远。

4. 小结

从浙江省的财政体制设计上看，其统筹考虑了地级市、县域自身的发展激励和地区间的协调发展问题，并采取适当的激励、奖补、转移支付进行有效引导。同时，也在积极探索与践行以"绿水青山就是金山银山"[①] 为理念的财政政策，创新绿色发展财政奖补机制，调动省以下地方政府生态保护积极性，增强绿色发展的内生动力，同时均衡地区间财力差异。

（三）相关指标分析

从共同富裕的目标来看，省以下财政体制安排需要高度关注市县财力均衡水平，特别是与基本公共服务均等化密切相关的人均财政支出的均衡水平。上文从制度文件上分析了四省财政体制上的差异，本节侧重用财政收支数据来具体展现四省市县财政收支均衡方面的差异。一般说来，经济基本面的差异和收入分成等财政制度共同决定人均财政收入不均等，人均财政收入不均等与转移支付等财政制度决定人均财政支出不均等[②]。为此，本节首先呈现四省人均财政收支县级均等化水平的差异，然后从经济基本面均等化水平、省级财力集中度和转移支付资金分配的角度初步探讨四省县级财力均等化水平存在差异的原因，最后是小结。

1. 财政收支：浙江省财政收入均等化表现优于财政支出

进一步对地方财政收支的均等化水平进行分析。图 6 为使用县级数据，按照人口加权计算的各省财政收入基尼系数。1953~1975 年，四省的基尼系数较为一致。之后，浙江省基尼系数开始下降，并居于四省的最低位。1993~2008 年，四省的差距较大，广东省县级人均财政收入基尼系数明显更高。而在近 20 年，浙江省基尼系数有上升趋势，同期的广东省则有下降趋

---

① 《习近平关于社会主义生态文明建设论述摘编》，中央文献出版社，2017，第 23 页。

② 汪德华、李冰冰：《从单峰到双峰——1953~2019 年中国财政支出结构大转型》，工作论文，2022。

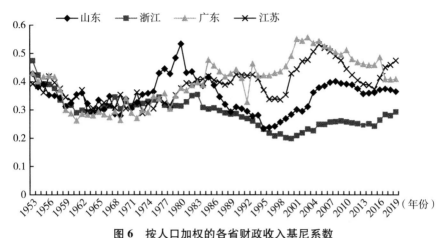

图6 按人口加权的各省财政收入基尼系数

资料来源：作者计算所得。

势。总体而言，浙江省在财政收入基尼系数上表现较好，财政收入的均等化水平较高，但需要注意2000年以来也略有呈现不断攀升的态势。图7是采用另一个指标，即人均财政收入前20%与后20%的比值，来衡量四省财政收入维度均等化水平的差异。类似的是，浙江省仍在财政收入上表现良好，省内差距较小。

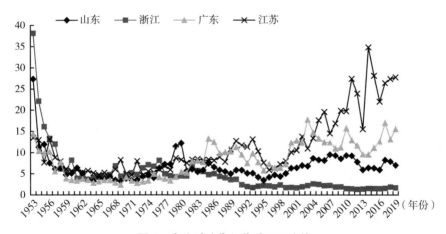

图7 人均财政收入前后20%比值

资料来源：作者计算所得。

图 8 为按照人口加权的财政支出基尼系数。在图 8 时间轴的前半部分，即一直到 20 世纪 80 年代末期，浙江省的县域人均财政支出均等化水平均是处于最低水平。20 世纪 80~90 年代，浙江省有了和其他三省不同的均等化水平显著提高的趋势。和财政收入基尼系数的类似之处在于，浙江省在近 20 年来基尼系数呈上升趋势，山东省和广东省则下降明显。在附录 9 中，展示了不按人口加权的结果。总体来说差别不大，但浙江省的不加权财政支出基尼系数提升趋势更加明显，甚至在近几年位于四省最高水平。在财政支出上，图 9 整体上看则是山东省表现最优，江苏省在 2000 年前也较优，但之后差距不断扩大。浙江省同样在近 20 年有上升，且上升到四省中较高位，与广东省近 10 年比值的相似度高。

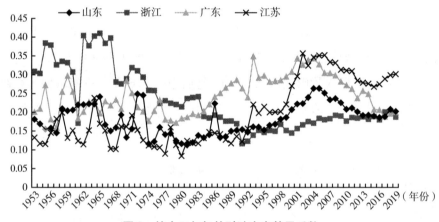

图 8　按人口加权的财政支出基尼系数

资料来源：作者计算所得。

总体来看，从财政收支角度，发现浙江省在财政收入上总体表现良好，可以判断浙江省县域的经济发展和财政收入均等化水平均较高，县域财力差距较小。较为均等的财政收入，使得浙江省县域人均财政支出的均等化程度自 20 世纪 90 年代初以来，整体处于较高水平。但需要注意的是，2000 年以来浙江省县域人均财政支出均等化水平呈略有下降趋势；广东、山东、江苏则是自 2000 年以来呈快速恶化趋势，但自 2005 年之后则有明显改善。由

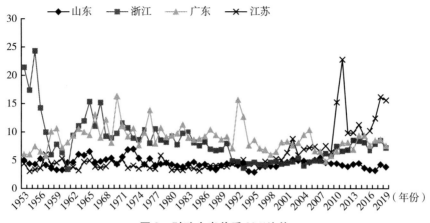

图9 财政支出前后20%比值

资料来源：作者计算所得。

此导致，浙江省县级人均财政支出的均等化程度，近些年来与广东、山东处于同一水平，仅好于江苏省。

2. 县域人均 GDP 均等化水平的差别

图 10 为使用 2000~2019 年的县级面板数据，按照省内各县人均 GDP 以人口加权计算的基尼系数，基尼系数越小，表明地区均等化水平越高。通过分析四省的基本面表现，可以对其经济状况和均衡发展有最基本的把握。从总体上看，江苏省在面板年份中人均 GDP 基尼系数最大，但自 2008 年开始，有不断下降的趋势，也是四省中下降趋势最明显的省份。山东省在近20 年的人均 GDP 基尼系数变化不大，略高于广东省，两省几乎处于平行状态。浙江省在近 20 年中均处于四省最低位，并在近几年有略微下降。由此说明，浙江省人均 GDP 的县域差距最小，即从基本面上看，浙江省县域自身的均等化水平比其余三省更高。与县级人均财政收入基尼系数或前后20% 之比等指标相对照，可以看出浙江省县级人均财政收入均等化水平较高的主要原因是：在经济基本面上县域经济发展更为均衡。

3. 财政集中度：省本级政府的财力差异

为何近些年来浙江省的县域人均财政收入均等化程度处于最高水平，但人均财政支出均等化程度却没有相同地位？从财政集中度上可以窥探一二。

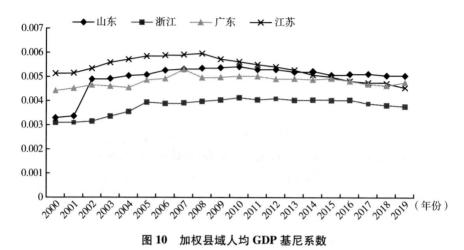

图 10 加权县域人均 GDP 基尼系数

资料来源:《中国县域统计年鉴》。

如图 11 所示,在 2020 年,浙江省财政集中度为 4.06%,山东省为 2.8%,江苏省为 1.66%,广东省则为 25.59%。可以发现,广东省的财政集中度远高于其余三省。2020 年,广东省省本级一般公共预算收入为 3306.9677 亿元,同年的山东、江苏、浙江三省分别为 183.6571 亿元、150.001 亿元、294.5176 亿元,相差 11~22 倍。这也证实了广东省省与市县收入划分强调增值税"五五分享",而其余三省均已实现增量"二八分成"的结果。

财政集中度可以反映省本级的财力集中状况。在四省中,广东的省本级财力更为雄厚,且有逐步增强的趋势,其余三省均较低,且有不断下降的趋势。这与财政收入基尼系数对照来看,可以发现省内差距大的省份,会更注重省本级的财政集中。本部分对于财政集中度的描述与周黎安和吴敏提出的"下辖行政区域的经济发展不平等程度越高,省本级政府分成的税收比例越多"[1] 相一致。省政府可能通过财政集中,并对财政收入进行再次分配——转移支付,企图达到一定的"抽肥补瘦"的均衡化效果。

---

[1] 周黎安、吴敏:《省以下多级政府间的税收分成:特征事实与解释》,《金融研究》2015 年第 10 期。

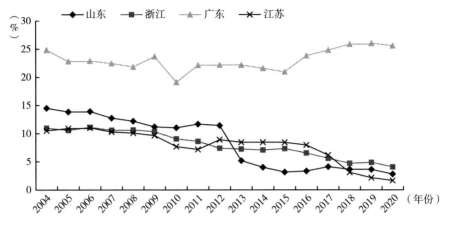

图 11　四省财政集中度比较

资料来源：各省人民政府省级、省本级财政决算文件。财政集中度＝100×省本级一般公共预算收入/全省一般公共预算收入。

4. 转移支付：向低档地区倾斜

一般来说，如果要使财力均衡，对原本财政收入低的地区，省级政府要加大转移支付力度。已有研究证实，转移支付能降低公共支出的融资成本，如果地方官员将转移支付资金用于更好地满足辖区居民的各类需求，那么转移支付在一定程度上可以刺激地方政府更积极地提供公共服务①。

从数据上来看，也确实如此。为了体现均等水平，图 12 同样采取了人均指标的方法。图 12 展示了 2020 年浙江省和山东省人均转移支付收入与人均一般公共预算收入的数值。总体来说，人均一般公共预算收入越高的地级市，人均转移支付收入越低；人均一般公共预算收入越低的地级市，人均转移支付收入越高。如山东省省会济南市，人均一般公共预算收入为 11372.28 元，人均转移支付收入仅有 759.40 元，青岛市也类似。浙江省省会杭州市，人均一般公共预算收入为 25722.67 元，人均转移支付收入仅有 4139.65 元，嘉兴市同样类似。在浙江省省内，位列人均一般公共预算收入中较末的丽水市，

---

① 毛捷、吕冰洋、马光荣：《转移支付与政府扩张：基于"价格效应"的研究》，《管理世界》2015 年第 7 期。

人均转移支付收入最高，转移支付和一般公共预算收入的比值达到了 1.84，同样财政收入较低的衢州市，比值为 1.40。山东省对威海市的补助力度相对最大，比值达到了 1.29，其次是淄博市，为 1.13。附录 10 展示了 2019 年的数据，与 2020 年的结果类似。

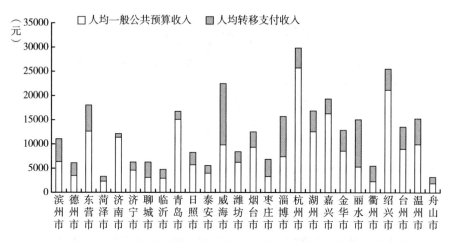

图 12　2020 年两省人均转移支付收入与人均一般公共预算收入

资料来源：转移支付收入＝一般性转移支付收入＋专项转移支付收入。浙江省转移支付数据来自浙江省财政厅，其余数据均来自 Wind 数据库。江苏省与广东省缺失数据较多，在此未予展示。

附录 11 列出了四省 2015~2020 年转移支付收入与一般公共预算收入的比值，该值越大，说明省级转移支付力度越大，转移支付对当地的财政收入有更为重要的补充作用。若按 2020 年数值排序，比值超过 1 的地级市有 9 个。其中广东省的河源市和云浮市超过了 2，而浙江省的丽水和衢州 2 市、江苏省宿迁市、山东省威海、淄博、枣庄和聊城 4 市均超过了 1。附录 12 展示了 2019~2021 年浙江省分市县人均转移支付情况（浙江省财政厅提供），并按 2019 年的数值进行了降序排列。从整体上看，转移支付系数的划档和各县市真实收到的转移支付数额是匹配的。财政压力大、经济发展较为落后的县（市），明显更受到省级财政倾斜。

由此，可以回答前部分提出的疑问。首先，各省在财政收支数据上的差异与其财政体制有明显的相关性，财政收入分成的不同会导致省本级财力的显著差异。省本级财政集中度更高的广东省，在对地方政府转移支付上的力度总体上也更大。各省均对自身财力较弱的地区给予了强度更大的补助，以致力于达到省以下地区间财力的均衡。

从总体上看，三省的财政转移支付均朝着提升地方政府的财力均等化程度的方向努力，即相对落后地区可以获得更多的转移支付，但也存在一些较为特殊的情况。回应前文提出的问题，浙江省为什么人均财政收入均等化水平明显高于广东、山东、江苏省，但近年来人均财政支出均等化水平却差别较小？其中最重要的原因可能在于省级财力集中度上。广东省是典型案例，在其较高的省级财力集中度的支持下，对县（市）政府的转移支付支持力度也更大，由此实现在县（市）人均财政收入基尼系数较高的局势下，人均财政支出基尼系数却处于较低水平。而在转移支付的倾向性上，各省均对自身财力较弱的地区给予了强度更大的补助，以实现省以下地区间的财力均衡。除此之外，也有可能并非县级人均财政支出均等化水平越高越好；在收入维度均等化程度较高的情况下，省本级转移支付无须维持更大力度，以实现激励与均衡的协调。

（四）对浙江省省以下财政体制改革进展的总体评价

高质量发展建设共同富裕示范区是习近平总书记、党中央赋予浙江的光荣使命[①]。从完善省以下财政体制的角度出发，以浙江省为主要研究对象，并加以江苏、广东、山东三省的对比，得出如下结论与建议。

第一，从四省财政省直管县体制改革和财政收入分成的情况来看，浙江、江苏和山东三省向省以下财政分权的意图较为明显。浙江省在时间和力度上均走在最前列，而广东省相对而言没有明显的分权体现，近些年来反而有一定的集权化倾向。类似地，从基本公共服务领域财政事权和支出责任划分上看，广东省和山东省都突出强调了省政府的统筹作用。这与四省自身的省以下发展差异有根本性关系。

---

① 尹学群：《以走在前列的政治担当奋力扛起共同富裕示范区建设探路者和模范生的政治责任》，《中国财政》2022年第6期。

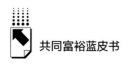

第二，从财政数据上看，浙江省在县级经济基本面和人均财政收入上的均等化程度较高，由此导致县级人均财政支出均等化程度总体处于较高水平。但近些年县级人均财政支出均等化程度有下降趋势，已与广东、山东两省接近。这可能与省本级的财力集中度有关。浙江省对县（市）放权力度较大，省本级的财力较弱，省本级政府的财力会影响其对地方政府的转移支付强度。各省均选择对省内财力较弱的地区进行更有力的转移支付，这将有助于省域内财力均等化的实现。

第三，从浙江省财政促进共同富裕的举措上看，在县（市）层面，有经济发展奖补政策、"绿奖"及转移支付系数的倾斜；在地级市层面，则建立了区域统筹发展激励奖补政策，鼓励地级市加大对所辖县（市）的投入。浙江省从地级市和县（市）两个政府层级入手、从激励和补助两个层次展开，有助于提高地级市的竞争力，并促进省域内县（市）的均衡发展。

四 总结与展望

在中国式现代化的历史进程中，浙江省在推进共同富裕方面走在全国前列。其中，浙江省财政注重改革创新，为此做出重要贡献。概括而言，注重以人为本、推进钱随人走，鼓励勤劳创新、坚持共建共享，强调财力下沉、健全省级调控，科学分类管理、精准激励奖补，善用数字技术、变革财政组织，扶持文化发展、助力精神富裕，优化管理服务、引导公益慈善，是浙江财政为推进共同富裕而取得的主要经验。与若干经济发达省份相比较，浙江省人均财政支出规模不论是在总量上还是在三大类支出上都处于四省中的领先地位，全口径下财政总规模支出、经济建设性支出、社会福利性支出占GDP的比重居四省第一位。从"十三五"时期的变化趋势看，浙江省的全口径经济建设性支出与社会福利性支出占GDP的比重均在提升，社会福利性支出一直处于第一位。作为共同富裕示范区，浙江省还应适度优化财政支出结构，逐步压缩经济建设性支出的规模，继续提高社会福利性支出比重，社会福利性支出内部结构也应进一步优化。浙江省持续推进省以下财政体制改革，在改革取向和具体安排上与广东等省也存在若干差异。浙江省高度重视市域统筹平衡、县域财力平衡、生态补偿平衡，出台了若干专项政策。从县域财力均等化比较分析来看，浙江省在经济基本面和财政收入上的均等化程度较高，财政支出均等化程度总体也处于较高水平，但近些年有下降趋势。这可能受浙江省对县（市）放权力度较大、省本级的财力集中度不高等因素影响。

而财政作为国家治理的基础与重要支柱，承担着收入分配、资源配置等重要职能，在高质量发展和共同富裕中起着举足轻重的作用。习近平总书记指出："坚持以人民为中心的发展思想，在高质量发展中促进共同富裕，正确处理效率和公平的关系，构建初次分配、再分配、三次分配协调配套的基础性制度安排，加大税收、社保、转移支付等调节力度并提高精准性。"[①]作为全国高质量发展建设共同富裕示范区的唯一省份，浙江省还应聚焦重点领域，进一步加大改革创新力度。

（1）适度优化三大类支出结构。尽管浙江省财政支出结构已经转变为以经济建设性支出与社会福利性支出并重的"双峰"态势，经济建设性支出与社会福利性支出实现双增长的良好态势。但是值得注意的是，近些年来，浙江省基本政府职能支出占比还是呈现缓慢上升的态势，应当对此建立优化政府性支出结构的长效机制，降低行政成本。同时，按照推进共同富裕的要求，适应我国基础设施建设高峰期逐渐度过的现实国情，进一步提高社会福利性支出的比重。

（2）注重发挥经济建设性支出的功能。在《实施方案》中就提及要打造山海协作工程升级版，制定实施山区26县跨越式高质量发展实施方案，通过完善山海协作"飞地"建设机制，高水平建设"产业飞地"、山海协作产业园，支持山区海岛在省内外中心城市探索建设"科创飞地"，推行共享型"飞地"经济合作模式，打造助力山区发展高能级平台。在注重缩小地区间差异的同时，城乡之间的差异也应当受到关注。

---

① 《习近平谈治国理政》第4卷，外文出版社，2022，第144页。

（3）优化社会福利性支出内部结构，提高支出效率。浙江省可适度提高医疗和教育等基本公共服务财政支出。医疗和教育作为人力资本凝结的重要因素，对于共同富裕的实现有着关键作用。总结"专项补助与付费购买相结合、资金补偿与服务绩效相结合"的基层机构补偿新机制等方面的成功经验，注重提高社会福利性支出的支出效率。实施针对性的政策，使医疗卫生资源优先向农村及经济较为落后的地区倾斜。在教育服务供给方面，应当优化教育资源配置，缩小城乡和区域间教育水平的差距，重点关注不发达地区资金投入方向，保障偏远山区和农村地区基本教育资源的获得，促进教育公平的实现；也要不断优化教育经费使用结构，平衡把控初等、中等、高等教育经费分配；借助财政投入支持建立高端人才培养体系，全面提高全要素生产率，发挥人力资本在创新驱动发展阶段中的重要作用。

（4）省以下发展积极性与均衡性两手抓，促进地级市与县（市）协调发展。首先，在夯实共同富裕的经济基础上，要坚持走分税制的道路，根据税费属性合理划分收入，保护和调动市县发展积极性。其次，从发展积极性的角度，在增量"二八分成"等财政分权的基础上，完善财政收入奖补机制，将奖补资金向高质量发展的地区倾斜，优化地区发展格局。税收分成比例的提高将直接促使地方政府生产性公共支出增加。同时，在财政上要避免"平均主义"的出现，否则会阻碍地区的发展。最后，从发展均衡性角度来看，在贯彻财政省直管县体制的基础上，适度加大对地级市的配套财政政策扶持力度，在一些省级政府"鞭长莫及"的领域，要充分发挥地级市更了解自身所辖县（市）的作用。

（5）优化基本公共服务均等化实现路径，进一步提升均等化水平。根据财政部《支持浙江省探索创新打造财政推动共同富裕省域范例的实施方案》（财预〔2021〕168号），浙江省要探索建立目标明确、步骤清晰、水平合理、保障到位的基本公共服务均等化保障政策框架，逐步健全基本公共服务保障标准体系，完善与经济发展阶段和财力水平相适应的基本公共服务保障标准确定机制和动态调整机制，推进基本公共服务更加普惠均等可及，保障标准和服务水平稳步提高。此外，结合省级财政专项资金的"三个退出"，浙江省可以创新供给方式，增加公共服务供给主体，通过多主体竞争有效降低公共服务成本，让发展成果惠及全体人民①。财政应坚持尽力而为、量力而行，但不能一味地靠加大财政投入来增加公共产品的供给，而要更多地依靠体制机制创新，充分发挥市场和社会的力量。

（6）完善省以下转移支付制度，适度增强省级调控。浙江省基于已有的转移支付"二类六档"分类分档，根据各县（市）发展，要动态调整转移支付分档体系。特别是在浙江省财政支出均等化水平不断下降的情况下，更要合理地分配财政资金，可以适度增强省本级财力，进而有利于促进省以下财力均衡。同时，建立健全常态化财政资金直达机制，精准高效直接惠企利民。统筹完善现代财政体制，强化其保障社会公平的再分配功能。

附录 1

四省财政体制改革进程

省份	文件名	文号
浙江	浙江省人民政府关于进一步完善地方财政体制的通知	浙政发〔2003〕38 号
	浙江省人民政府关于完善财政体制的通知	浙政发〔2012〕85 号
	浙江省人民政府关于加快建立现代财政制度的意见	浙政发〔2015〕41 号
	浙江省财政厅关于深化财政体制改革的实施意见	浙财预〔2015〕50 号
江苏	中共江苏省委江苏省人民政府关于调整分税制财政管理体制的通知	苏发〔2008〕15 号
	江苏省人民政府关于调整完善省以下财政管理体制的通知	苏政发〔2014〕12 号
	中共江苏省委江苏省人民政府关于深化财税体制改革加快建立现代财政制度的实施意见	苏发〔2014〕16 号
	省政府关于调整完善省以下财政管理体制的通知	苏政发〔2017〕51 号
广东	印发广东省调整完善分税制财政管理体制实施方案的通知	粤府〔2010〕169 号
	广东省人民政府关于印发全面推开营改增试点后调整省以下增值税收入划分过渡方案的通知	粤府〔2016〕60 号
	广东省人民政府关于印发实施更大规模减税降费后调整省以下增值税收入划分改革方案的通知	粤府〔2020〕9 号

---

① 刘培林等：《共同富裕的内涵、实现路径与测度方法》，《管理世界》2021 年第 8 期。

续表

省份	文件名	文号
山东	山东省人民政府关于进一步深化省以下财政体制改革的意见	鲁政发〔2013〕11 号
	山东省人民政府关于印发全面推开营改增试点后调整省以下增值税收入划分过渡方案的通知	鲁政发〔2016〕21 号
	关于深化省以下财政管理体制改革的实施意见	鲁政发〔2019〕2 号

附录 2

财政事权和支出责任划分进程

领域	国务院	浙江	江苏	广东	山东
统领	国发〔2016〕49 号	浙政发〔2018〕3 号	无	粤府〔2017〕27 号	鲁政发〔2017〕3 号
基本公共服务	国办发〔2018〕6 号	浙政办发〔2018〕104 号	苏政办发〔2019〕19 号	粤府办〔2018〕52 号	鲁政发〔2019〕2 号
医疗卫生	国办发〔2018〕67 号	浙政办发〔2019〕66 号	苏政办发〔2020〕14 号	粤府办〔2019〕5 号	鲁政办发〔2019〕16 号
科技	国办发〔2019〕26 号	（征求意见）2020 年 11 月	苏政办发〔2020〕14 号	粤府办〔2019〕22 号	鲁政办发〔2019〕34 号
教育	国办发〔2019〕27 号	（征求意见）2020 年 11 月	苏政办发〔2020〕14 号	粤府办〔2020〕11 号	鲁政办发〔2019〕35 号
交通运输	国办发〔2019〕33 号	浙政办发〔2020〕65 号	苏政办发〔2020〕14 号	粤府办〔2020〕17 号	鲁政办发〔2021〕2 号
生态环境	国办发〔2020〕13 号	（征求意见）2020 年 11 月	苏政办发〔2020〕18 号	粤府办〔2021〕60 号	鲁政办发〔2020〕25 号
公共文化	国办发〔2020〕14 号	（征求意见）2020 年 11 月	苏政办发〔2020〕18 号	粤府办〔2021〕59 号	鲁政办发〔2020〕28 号
自然资源	国办发〔2020〕19 号	浙政办发〔2020〕78 号	苏政办发〔2020〕18 号	粤府办〔2021〕57 号	鲁政办发〔2020〕24 号
应急救援	国办发〔2020〕22 号	（征求意见）2020 年 11 月	苏政办发〔2020〕18 号	粤府办〔2021〕58 号	鲁政办发〔2020〕22 号

附录 3

中央与地方转移支付划档

第一档：内蒙古、广西、重庆、四川、贵州、云南、西藏、陕西、甘肃、青海、宁夏、新疆12个省（区、市）；

第二档：河北、山西、吉林、黑龙江、安徽、江西、河南、湖北、湖南、海南10个省；

第三档：辽宁、福建、山东3个省；

第四档：天津、江苏、浙江、广东4个省（市）和大连、宁波、厦门、青岛、深圳5个计划单列市；

第五档：北京、上海2个直辖市。

附录 4

苏鲁粤三省省与地方转移支付划档

江苏：

第一档：昆山市、太仓市、苏州市、张家港市、无锡市、南京市、江阴市、扬中市、常州市、常熟市；

第二档：镇江市、泰州市、南通市、扬州市、海门市、靖江市、海安市、启东市、宜兴市、溧阳市、丹阳市；

第三档：盐城市、徐州市、仪征市、金湖县、如东县、东台市、句容市、建湖县；

第四档：连云港市、淮安市、泰兴市、如皋市、新沂市、沛县；

第五档：宿迁市、高邮市、邳州市、盱眙县、宝应县、兴化市；

第六档：响水县、睢宁县、灌南县、阜宁县、沭阳县、泗阳县、丰县、泗洪县、滨海县、涟水县、灌云县、东海县、射阳县。

山东：

第一档：郯城县、平邑县、夏津县、冠县、莘县、阳谷县、惠民县、阳信县、郓城县、单县、曹县、巨野县、鄄城县、成武县；

263

第二档：枣庄市、临沂市、菏泽市，金乡县、鱼台县、梁山县、泗水县、汶上县、宁阳县、东平县、蒙阴县、沂水县、兰陵县、临沭县、临邑县、庆云县、平原县、宁津县、乐陵市、临清市、高唐县、无棣县、东明县；

第三档：莱芜市、德州市、聊城市、滨州市，高青县、沂源县、安丘市、临朐县、微山县、五莲县、莒县；

第四档：潍坊市、济宁市、泰安市；

第五档：淄博市、日照市；

第六档：济南市、东营市、烟台市、威海市。

广东：

第一档：汕头市潮阳区、潮南区，韶关市南雄市、乳源瑶族自治县，河源市和平县、龙川县、连平县、紫金县，梅州市兴宁市、梅县区、平远县、蕉岭县、大埔县、丰顺县、五华县、梅江区，惠州市惠东县，汕尾市陆丰市、海丰县、陆河县、城区，清远市连山壮族瑶族自治县、连南瑶族自治县，潮州市饶平县，揭阳市普宁市、揭西县、惠来县；

第二档：汕头市、韶关市、河源市、梅州市、汕尾市、阳江市、湛江市、茂名市、清远市、潮州市、揭阳市、云浮市，惠州市龙门县，肇庆市广宁县、封开县、德庆县、怀集县；

第三档：惠州市及惠城区、惠阳区、博罗县，肇庆市及端州区、鼎湖区、高要区、四会市，以及江门恩平市、台山市、开平市、鹤山市；

第四档：广州市、深圳市（由中央直接补助）、珠海市、佛山市、东莞市、中山市、江门市，江门市蓬江区、江海区、新会区。

附录5

浙江省省与地方转移支付系数

一类一档					
淳安县↓景宁县	泰顺县	松阳县	庆元县	开化县	文成县

		一类二档			
龙泉市 遂昌县 江山市	仙居县 磐安县 永嘉县	缙云县 云和县 龙游县	常山县 岱山县 苍南县	天台县 衢州市 青田县	丽水市 嵊泗县 武义县
		一类三档			
三门县	平阳县	舟山市	兰溪市		
		二类一档			
金华市↑ 新昌县	安吉县↑ 浦江县	建德市 东阳市	桐庐县 临海市	临安市	嵊州市
		二类二档			
诸暨市 嘉善县 乐清市↓	永康市 桐乡市 义乌市↓	德清县 海宁市	长兴县 平湖市	海盐县 玉环县	温岭市↓ 瑞安市↓
		二类三档			
杭州市	嘉兴市	湖州市	绍兴市	台州市	温州市

附录6

浙江省基本公共服务领域财政事权分担方式

共同财政事权事项		中央 与地方	省与县（市）					
			1	2	3	4	5	6
义务教育	公用经费保障	5：5	10：0	9：1	8：2	6：4	4：6	2：8
	免费提供教科书	—	免费提供国家规定课程教科书和免费为小学一年级新生提供正版学生字典所需经费，由中央财政承担；免费提供省级地方课程教科书所需经费，由省级财政承担；其余由市县财政承担					
	家庭经济困难学生生活补助	5：5	10：0	9：1	8：2	6：4	4：6	2：8
	农村义务教育学生营养改善计划	—	国家试点所需经费，由中央财政承担；地方试点所需经费，由地方财政统筹安排，中央财政给予适当奖补。地方分担部分，省与市县按二类六档的比例分担					

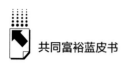

续表

共同财政事权事项		中央与地方	省与县（市）					
			1	2	3	4	5	6
学生资助	中等职业教育国家助学金	3：7	10：0	9：1	8：2	6：4	4：6	2：8
	中等职业教育免学费补助	3：7	10：0	9：1	8：2	6：4	4：6	2：8
	普通高中教育国家助学金	3：7	10：0	9：1	8：2	6：4	4：6	2：8
	普通高中教育免学杂费补助	3：7	10：0	9：1	8：2	6：4	4：6	2：8
基本就业服务	基本公共就业服务	—	省级统筹中央资金，主要根据就业人口、地方财力、重点工作、资金绩效等因素和其他因素进行分配					
基本养老保险	城乡居民基本养老保险补助	5：5	10：0	9：1	8：2	6：4	4：6	2：8
基本医疗保障	城乡居民基本医疗保险补助	3：7	10：0	9：1	8：2	6：4	4：6	2：8
	医疗救助	—	10：0	9：1	8：2	6：4	4：6	2：8
基本卫生计生	基本公共卫生服务	3：7	增量部分按省级标准二类六档比例和最高补助75%分担					
	计划生育扶助保障	3：7	增量部分按省级标准二类六档比例和最高补助80%分担					
基本生活救助	困难群众救助	—	10：0	9：1	8：2	6：4	4：6	2：8
	自然灾害生活救助	5：5	6：4	6：4	6：4	5：5	5：5	4：6
	残疾人服务	—	10：0	9：1	8：2	6：4	4：6	2：8
基本住房保障	城乡保障性安居工程	—	省统筹中央资金，对市县给予适当支持					
	农村危房改造	—	中央对地方给予适当支持，省对市县给予适当支持					

附录7

浙江省县（市）发展激励

2012 年(32+31)		
欠发达地区激励补助政策（补助）	地方财政税收收入每增长1%，省补助按一定系数相应增长	第一档6个县系数0.4；第二档20个市、县（市）系数0.3；第三档6个市、县（市）系数0.2
欠发达地区激励补助政策（激励）	地方财政税收收入当年增收额（环比）的一定比例给予奖励	第一档4个设区市，比例为增收额的10%（9%发展资金+1%考核奖励）；第二档为28个县（市），比例为增收额的10%（8%发展资金+2%考核奖励）
发达地区和较发达地区激励奖励政策	地方财政税收收入当年增收额（环比）的一定比例给予奖励	第一档6个设区市，比例为增收额的7.5%（7%发展资金+0.5%考核奖励）；第二档25个县（市），比例为增收额的5%（4%发展资金+1%考核奖励）
2015 年(29+30)		
丽水等29个市、县（市）补助	第三产业地方税收收入每增长1%，省补助按一定系数相应增长	第一档7个县系数为0.4；第二档18个市、县（市）系数为0.3；第三档4个市、县（市）系数为0.2
丽水等29个市、县（市）奖励	第三产业地方税收收入当年增收额的一定比例给予奖励	第一档3个设区市，挂钩比例为全市第三产业地方税收收入当年增收额的15%；第二档26个县（市），挂钩比例为本县（市）第三产业地方税收收入当年增收额的15%
杭州等30个市、县（市）奖励	奖励与其地方财政税收收入增收额挂钩	市本级、县（市）地方财政税收收入当年增收额的10%

附录8

浙江省绿色发展财政奖补机制

项目	2017~2019 年		2020~2022 年	
	地区及要求	奖惩	地区及要求	奖惩
主要污染物排放财政收费制度	开化、淳安	5000 元/吨	开化、淳安	6000 元/吨
	其他	2017 年 3000 元/吨，2018 年起 4000 元/吨	其他	5000 元/吨

续表

项目	2017~2019 年		2020~2022 年	
	地区及要求	奖惩	地区及要求	奖惩
单位生产总值能耗财政奖惩制度	单位生产总值能耗每比上年降低/提高 1 个百分点	奖励 50 万元/扣罚 100 万元	单位生产总值能耗高于全省平均水平的地区每比上年降低/提高 1 个百分点	奖励 75 万元/扣罚 125 万元
	降幅超过全省平均降幅部分,每 1 个百分点	奖励 100 万元	单位生产总值能耗低于全省平均水平的地区每比上年降低/提高 1 个百分点	奖励 100 万元/扣罚 100 万元
出境水水质财政奖惩制度	开化、淳安Ⅰ、Ⅱ、Ⅲ占比,每年每 1 个百分点/Ⅳ、Ⅴ类占比,每年每 1 个百分点	奖励 180 万元、90 万元、45 万元/扣罚 90 万元、180 万元	同上一轮	奖励 360 万元、180 万元/分别扣罚 180 万元、360 万元
	丽水等Ⅰ、Ⅱ、Ⅲ占比,每年每 1 个百分点/Ⅳ、Ⅴ类占比,每年每 1 个百分点	奖励 120 万元、60 万元、30 万元/扣罚 30 万元、60 万元	同上一轮	奖励 180 万元、90 万元/扣罚 90 万元、180 万元
	Ⅰ、Ⅱ、Ⅲ占比比上年提高/下降每 1 个百分点	奖励/扣罚 1000 万元、500 万元、250 万元	Ⅰ、Ⅱ占比比上年提高/Ⅰ、Ⅱ、Ⅲ占比比上年下降每 1 个百分点	奖励 500 万元、300 万元/扣罚 500 万元、300 万元/200 万元
森林质量财政奖惩制度	森林覆盖率每高于全省平均水平 1 个百分点	开化、淳安奖励 300 万元/丽水等奖励 200 万元	未明确	未明确
	林木蓄积量每比上年增加/减少 1 万立方米	开化、淳安奖励/扣罚 75 万元,丽水奖励/扣罚 50 万元	未明确	未明确

续表

项目	2017~2019 年		2020~2022 年	
	地区及要求	奖惩	地区及要求	奖惩
生态公益林分类补偿标准	省级最低标准	30 元/亩	省级最低标准	33 元/亩
	主要干流和重要支流源头县以及国家级和省级自然保护区公益林	40 元/亩	附加淳安等 26 个加快发展县	40 元/亩
生态环保财力转移支付制度	"绿色指数"	生态环保财力转移支付资金	同上一轮	同上一轮
"两山"建设财政专项激励政策	"两山"(一类)	1.5 亿元激励资金/年	"两山"(一类)	1.5 亿元激励资金/年
	"两山"(二类)	1 亿元激励资金/年	"两山"(二类)非海岛县(市、区)	1 亿元激励资金/年
			"两山"(二类)海岛县(市、区)	3000 万~4000 万元激励资金/年
上下游横向生态保护补偿机制	上下游地区自主协定	500 万元~1000 万元范围内自主协商确定	同上一轮	同上一轮
空气质量财政奖惩制度	—	—	衢州等 PM 2.5 浓度若高于当年全省平均水平	比上年降低 1 个百分点奖励 75 万元/提高扣罚 125 万元
	—	—	衢州等 PM 2.5 浓度若低于当年全省平均水平	比上年降低 1 个百分点奖励 100 万元/提高扣罚 100 万元
湿地生态补偿试点	—	—	生态保护绩效考核达标的省级重要湿地开展试点	30 元/亩

续表

项目	2017~2019 年		2020~2022 年	
	地区及要求	奖惩	地区及要求	奖惩
生态产品质量和价值相挂钩试点	—	—	丽水试行生态产品质量和价值相挂钩的财政奖补机制	—

附录 9

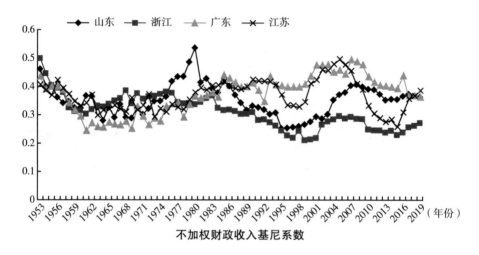

不加权财政收入基尼系数

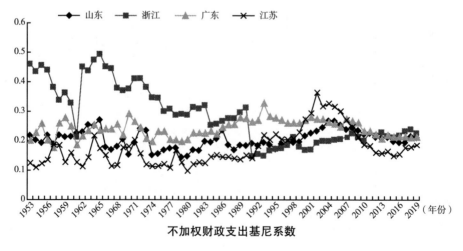

不加权财政支出基尼系数

附录 10

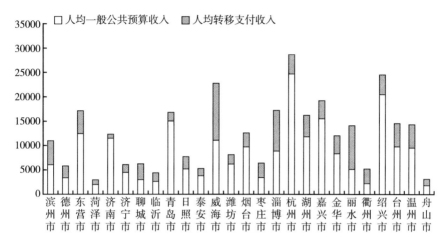

2019 年两省人均转移支付收入与一般公共预算收入

附录 11

四省转移支付收入与一般公共预算收入比值

城市	2015 年	2016 年	2017 年	2018 年	2019 年	2020 年
滨州市	0.51	0.54	0.56	0.64	0.80	0.74
德州市	0.58	0.72	0.64	0.63	0.71	0.76
东营市	0.30	0.36	0.34	0.37	0.38	0.43
菏泽市	—	—	0.45	0.45	0.45	0.44
济南市	0.07	0.07	0.07	0.07	0.06	0.07
济宁市	0.32	0.31	0.32	0.35	0.35	0.36
聊城市	0.75	0.72	0.80	0.92	1.06	1.01
临沂市	0.48	0.52	0.58	0.57	0.64	0.63
青岛市	0.10	0.10	0.11	0.11	0.12	0.11
日照市	—	—	0.58	0.51	0.46	0.45
泰安市	0.33	0.35	0.42	0.44	0.38	0.40
威海市	—	—	0.96	0.95	1.20	1.29
潍坊市	0.28	0.27	0.28	0.30	0.31	0.35
烟台市	0.29	0.27	0.26	0.30	0.31	0.34

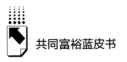
续表

城市	2015 年	2016 年	2017 年	2018 年	2019 年	2020 年
枣庄市	0.65	0.63	0.68	0.80	0.85	1.07
淄博市	—	—	0.82	0.84	0.99	1.13
潮州市	—	—	—	—	—	—
东莞市	0.09	0.10	0.09	0.06	—	0.03
佛山市	0.11	—	—	—	—	—
广州市	—	—	0.11	0.10	0.14	—
河源市	2.72	2.33	2.41	—	—	2.08
惠州市	—	—	—	—	—	0.93
江门市	—	—	—	—	—	—
揭阳市	2.34	2.43	—	—	—	—
茂名市	2.04	1.88	—	—	—	—
梅州市	2.57	2.28	2.53	3.60	3.98	—
清远市	1.61	1.85	—	—	—	0.46
汕头市	0.93	0.84	0.77	1.06	—	—
汕尾市	4.30	4.26	3.83	4.59	—	—
韶关市	1.98	1.79	1.94	—	—	—
深圳市	—	—	—	—	—	0.03
阳江市	1.53	—	1.59	2.21	—	—
云浮市	1.76	1.67	—	—	—	2.85
湛江市	2.05	2.12	1.95	2.53	2.48	—
肇庆市	0.83	—	—	—	—	—
中山市	0.09	0.09	0.09	0.07	0.08	—
珠海市	0.26	0.29	0.28	0.26	0.28	—
杭州市	—	—	—	—	0.16	0.16
湖州市	—	—	—	—	0.38	0.34
嘉兴市	—	—	—	—	0.24	0.19
金华市	—	—	—	—	0.44	0.50
丽水市	—	—	—	—	1.73	1.84
衢州市	—	—	—	—	1.33	1.40
绍兴市	—	—	—	—	0.20	0.21
台州市	—	—	—	—	0.49	0.51
温州市	—	—	—	—	0.50	0.54
舟山市	—	—	—	—	0.71	0.69
南京市	—	0.12	0.15	0.10	0.12	—

续表

城市	2015 年	2016 年	2017 年	2018 年	2019 年	2020 年
无锡市	—	—	0.10	0.07	0.07	0.09
徐州市	0.44	0.47	0.54	0.52	0.61	—
常州市	—	0.17	0.20	0.15	0.19	—
苏州市	—	—	—	—	—	—
南通市	—	—	—	—	—	—
连云港市	—	—	—	—	—	—
淮安市	—	—	—	—	—	—
盐城市	—	—	—	—	—	—
扬州市	—	—	0.37	0.34	0.44	—
镇江市	0.19	—	0.25	0.21	—	—
泰州市	0.32	0.31	0.35	0.33	—	—
宿迁市	—	0.73	0.92	0.89	1.02	1.14

附录 12

2019～2021 年浙江省省对县（市）人均转移支付

单位：元

分档	县（市）	2019 年	2020 年	2021 年
一类二档	嵊泗县	16930.07	20839.38	21060.17
一类一档	景宁县	14716.15	26422.14	15629.1
一类二档	云和县	13357.22	16525.25	16284.6
一类二档	岱山县	12232.63	10352.61	11749.31
一类一档	庆元县	11208.99	18520.39	12258.32
一类二档	遂昌县	10412.86	13191.92	10620.62
一类二档	龙泉市	9598.008	12134.98	9830.328
一类一档	松阳县	9452.282	12914.41	10442.03
一类二档	磐安县	9427.249	11960.23	9738.17
一类一档	开化县	8937.333	15066.51	11896.85
一类一档	淳安县	8437.536	15286.04	9202.807
一类一档	泰顺县	7297.687	11735.13	8520.721
一类一档	文成县	7174.097	12794.19	7247.474

续表

分档	县（市）	2019 年	2020 年	2021 年
一类二档	常山县	6584.595	11809.07	7710.397
一类二档	武义县	6404.327	7525.052	6727.867
一类二档	缙云县	6253.538	8535.661	6378.275
一类二档	龙游县	5590.357	6773.353	5729.995
一类二档	江山市	5139.181	7091.44	5171.471
一类三档	三门县	5124.261	7495.591	5441.78
二类二档	德清县	5104.809	3818.473	3560.835
一类二档	仙居县	5035.137	8260.908	5161.27
二类一档	安吉县	4953.381	4809.073	5110.803
一类二档	青田县	4650.388	8978.631	5336.335
一类二档	天台县	4495.425	6784.814	4071.649
一类三档	平阳县	4147.951	5305.922	4125.133
二类一档	新昌县	3904.664	4680.447	3895.493
二类一档	建德市	3871.352	6239.949	4934.35
二类二档	海盐县	3839.862	2602.491	3036.377
二类一档	浦江县	3749.474	4724.902	4169.538
一类二档	永嘉县	3716.049	4829.642	3747.399
二类一档	桐庐县	3640.502	4451.57	4651.274
二类二档	嘉善县	3597.424	2843.5	3900.451
二类二档	长兴县	3457.67	3789.282	3973.359
二类二档	玉环市	3292.406	2089.442	3879.887
一类二档	苍南县	3259.871	3796.021	3045.063
二类一档	临海市	3257.403	3447.293	3370.172
一类三档	兰溪市	3159.935	5247.646	3908.28
二类二档	桐乡市	2769.979	1918.803	1884.825
二类一档	嵊州市	2744.666	3489.399	2603.787
二类二档	海宁市	2578.323	1879.249	2437.507
二类二档	义乌市	2564.326	1640.711	3094.84
二类一档	东阳市	2556.455	3199.851	2942.849
二类二档	温岭市	2524.712	2041.48	2126.72
二类二档	平湖市	2241.999	1826.753	2510.582
二类二档	永康市	2090.879	1549.582	1836.836
二类二档	乐清市	1717.344	1588.444	1578.279
二类二档	诸暨市	1666.465	1672.769	1691.428
二类二档	瑞安市	1506.657	1445.557	1488.796

B.11
金融发展支持共同富裕的浙江实践

张晓晶　李广子　张　珩*

摘　要：　共同富裕是社会主义的本质要求。作为一种资源配置手段，金融可以在支持共同富裕方面发挥重要作用。自 2021 年 6 月中共中央、国务院发布《关于支持浙江高质量发展建设共同富裕示范区的意见》以来，浙江省在推进金融助力财富积累、缩小分配差距、消除金融发展阴暗面等方面进行了有益探索，为进一步推动金融支持共同富裕示范区建设打下了坚实基础。

关键词：　共同富裕　金融发展　浙江

共同富裕是社会主义的本质要求，是中国式现代化的重要特征。作为一种资源配置手段，金融可以在支持共同富裕方面发挥重要作用。自 2021 年 5 月国务院发布《关于支持浙江高质量发展建设共同富裕示范区的意见》以来，浙江省在推进金融助力财富积累、缩小分配差距等方面进行了有益探索，为进一步推动金融支持共同富裕示范区建设打下了坚实基础。

---

* 张晓晶，中国社会科学院金融研究所所长、研究员，主要研究方向为宏观经济与宏观金融；李广子，中国社会科学院金融研究所研究员，主要研究方向为银行理论与政策；张珩，中国社会科学院金融研究所助理研究员，主要研究方向为农村金融理论与政策。

一　金融发展支持共同富裕的理论逻辑

（一）金融发展如何影响财富积累

共同富裕可以分解为"富裕"与"共享"两个维度。金融发展可以在促进财富积累、提高富裕程度方面发挥重要作用。

从微观个体角度看，个人收入一般有两个来源：一个是通过人力资本获得工资，另一个是通过拥有资产获得资本收益。上述两方面来源又可以进一步分解为人力资本、工资、资产、资本收益率四个要素，而金融发展对上述四个要素均会产生影响，由此增加个人财富。具体来看，金融发展可以通过以下四种路径增加个人财富。一是促进人力资本积累。假定存在一个完善的信贷市场，高能力者一般都会获得好的教育，而无论其父母是否富有，从而人力资本主要取决于个人能力。这样，教育资源的分配就会实现社会有效配置——由于能力回归均值，个人可以通过借贷来资助教育，从而促进人力资本积累。二是提高平均工资水平。金融具有重要的资源配置功能，能够提高经济资源配置效率，进而促进经济总量和社会总财富的增长。当社会总财富的增速高于劳动力的增速时，社会平均工资水平将会提高。三是将不能创造收益的资源转化为可以创造收益的资产。一方面，当金融发展水平较低时，个人所掌握的很多资源无法通过金融市场进行变现和交易，不能形成具有创造收益能力的资产，因此也无法获得收益；另一方面，金融市场的发展将为这些资源提供交易场所，从而形成创造收益的能力。换言之，金融市场可以把那些不能创造收益的资源转化为可以创造收益的资产。以现金为例，当现金没有进入金融体系时，它只是持有人所拥有的一种资源；只有当现金进入金融体系时，才成为一种具备创造收益能力的资产。四是提高资产平均收益水平。与前文的逻辑类似，资产的平均收益水平也取决于一定时期内经济总量的增长。从经济整体角度看，经济增长反映了一定时期内社会总资产所产生的增值部分，因此也决定了该时期资产的平均收益。金融业通过优化资源配置效率促进经济增长，资产平均收益水平因此得到提高。

从宏观角度看，金融发展至少可以通过以下两种路径促进财富积累。首先，金融业发展本身就是财富积累的一部分。从我国情况看，金融业增加值是 GDP 中的重要组成部分，且近年来对 GDP 的贡献不断增加。金融业增加值从 2001 年的 5203 万亿元增加到 2021 年的 91206 万亿元，后者是前者的 17.53 倍；金融业增加值在 GDP 中的比重从 2001 年的 4.69% 上升到 2021 年的 7.97%。其次，金融发展通过促进经济增长积累财富。如果把金融体系简单分为银行体系和资本市场两大类的话，其对经济增长的影响可以概括如下。从银行体系看，银行可以通过多种渠道促进经济增长，包括利用信息优势选择最优项目以提高资源配置效率、发挥债权人的监督作用帮助债务人降低代理成本、将短期资金转化为长期资金为长期投资提供资金支持等。从资本市场角度看，其促进经济增长的渠道包括：降低资产的交易风险和交易成本以便汇集资源进行大额投资，通过提供价格信号引导资源配置到回报率更高的投资项目，引入外部市场约束对企业管理者进行有效监督，等等。

（二）金融发展如何影响财富分配

从"共享"的角度看，金融发展会对财富分配产生影响。这种影响是两方面的：金融发展在一些情形下将会减小收入差距，而在另一些情形下则会加大收入差距。延续前文的分析框架，本文从微观个体和宏观两个角度进行分析。

从微观个体角度看，第一，信贷市场不完善带来人力资本积累的差异。前文已述及，在一个完善的信贷市场，高能力者一般都会获得好的教育。但在现实世界中，由于信贷市场不完善（比如，并不是所有想上学的学生都能获得相应的贷款），受教育年限就受到父辈财富的制约。其结果是，人力资本积累不仅与个人能力有关，也和父辈财富积累有关。其隐含的机制是：信贷市场的完善将有利于缓解因为父辈财富不平等而带来的个人在人力资本积累方面的差距问题。人力资本积累特别是教育方面的平等，实际上是机会平等。而父辈财富往往是影响机会平等的重要因素。完善的信贷市场在一定程度上能突破父辈财富的制约，促使人人享有相对平等的教育机会，是金融

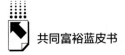

有利于减少不平等的重要机制。从这个角度讲，加强对教育体系的金融支持以实现教育公平对于促进共同富裕是非常重要的。第二，资产（财富）差距会拉大收入差距。一方面，资产差距来自收入差距的积累；另一方面，资产差距也会进一步拉大收入差距。首先，有无资产决定了有无资产收益。除了工资收入，资产收益也是个体分享经济发展成果的重要体现，而没有资产就使得他们无法分享增长所带来的资产增值收益。从实际中看，住房是大多数个人或家庭持有或拟持有的最主要资产。因此，房地产市场的发展以及房屋价格的变动会对个人或家庭财富产生重要影响。其次，资产的差距在很大程度上决定了资产收益率。例如，与高回报投资相关的最低投资要求或固定成本，意味着更富有的个人可以获得更高的回报，这会使得不平等永久化。资产差距因为金融的影响会被进一步放大，并导致收入差距扩大。第三，资产贫困陷阱。如果一个家庭或个人拥有的财富类资源不足以满足他们一定时期的基本需要，那么这样的家庭或个人就可以界定为"资产贫困"。此外，资产贫困者还被体制所排斥，不能分享现行制度的好处。由于穷人没有资产，政府有关家庭资产积累的规定，对房屋资产、退休金和遗产的税收优惠、激励和补贴政策不可能惠及穷人。例如，用于支持房屋所有和退休养老金的税收支出，正在充分和直接地使至少2/3的美国家庭受益。相反，非房屋所有者和没有福利的受雇者则没有参与到这些制度化资产积累的主要形式之中。

从宏观角度看，金融化带来明显的分配效应：金融从业者工资与金融业利润大幅提高、食利性收入快速攀升以及劳动收入份额下降。首先，金融从业者工资与金融业利润大幅提高、国民收入（财富）向金融部门转移。近年来，在全球范围内特别是发达经济体中，金融行业平均工资远远高于社会平均水平，且差距一直在扩大；此外，金融业利润占国内利润比重也大幅提高。金融业的超额工资与超额利润，造成国民收入（财富）向金融部门的转移。其次，食利性收入快速攀升，挤压了实体经济部门收入。食利性收入一般是指来自金融资产的收入，而金融化则推动了食利性收入占比的上升。最后，劳动收入份额下降。在宏观的国民收入分配中，劳动报酬与资本报酬所占份额取决于劳动与资本在社会中的权力。近年来，资本收入份额占比上升、劳动收入份额下降趋势明显。研究表明，1970~2008 年，美国金融化可以解释劳动收入份额下降的一半以上。

（三）金融发展的潜在"阴暗面"

金融的准入门槛，是低收入群体或小微企业无法获得金融服务的重要原因。而所谓的金融包容性就是扩大金融服务的覆盖面（或渗透率），特别是能够抵达低收入人群和小微企业，帮助他们克服受没有账户、缺少抵押等因素影响而无法获得信贷及其他金融服务的困难。全球范围内普惠金融的发展正是金融包容性提升的重要体现。金融包容性需要相应的制度安排和政策导向，也可借技术（特别是金融科技）助推而得到快速发展。金融包容性具有积极作用毋庸置疑，但也要关注其"阴暗面"。首先，金融包容性将大量低收入群体变成债务人，他们往往沦为金融波动（危机）的牺牲品。美国次贷危机就是非常典型的案例。随着更多低收入人群开始负债，居民部门杠杆率不断攀升，信贷大幅增长推升了资产价格（如住房价格、股票价格），这使得拥有更多房产和股票的人财富增长更多，进一步加大了收入差距。其次，金融包容性意在金融普惠，但有时候是普而不惠，甚至会出现掠夺性信贷。金融机构和大科技公司可以通过大数据、机器学习等来进行差别定价、歧视定价，在愿出高价者那里获利更多，从而充分挤压消费者剩余的空间，给部分群体带来更高的信贷成本。

二　浙江省经济金融发展的特点

作为我国改革先行示范区，浙江省经济金融业具有市场化程度高、民营经济活力强、数字普惠金融发展领先等特点，为进一步发展金融支持共同富裕示范区建设奠定了基础。

（一）市场化程度高

市场化程度反映了市场在资源配置中所起的作用。从浙江省的情况看，一是市场化程度在全国处于领先位置。中国经济改革研究基金会国民经济研究所编制的系列中国市场化指数显示，2019 年浙江省市场化指数为 7.95，与上海非常接近，低于江苏和广东，在全国 31 个省份中排名第 4 位（见图 1）。二是构成市场化指数的不同要素发展较为均衡。2019 年，在构成市场化指数的不同要素中，浙江省政府与市场关系、非国有经济发展、产品市场发育、要素市场发育、中介组织发育和法律得分分别为 8.13、10.13、6.87、5.16、9.46，在 31 个省份中分别排名第 4、4、5、5、2 位，不同要素发展较为均衡，在全国中均处于领先位置，没有明显的短板。

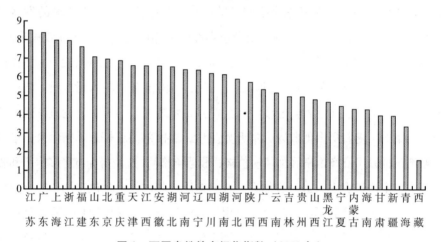

图 1　不同省份的市场化指数（2019 年）

资料来源：Wind 数据库。

（二）民营经济活力强

作为全国民营经济发展的领头雁，浙江省民营企业数量多、活力强。一是成长性高。2019～2021 年浙江省私营企业规模以上工业增加值同比增速分别为 8.0%、4.0%、13.1%，与之相比，同一时期浙江省工业增加值同比增速分别为 6.6%、5.4%、12.9%。除 2020 年受疫情冲击以外，其他两个年度前者均高于后者。二是对经济增长的贡献不断增大。2019～2021 年浙江省私营企业规模以上工业增加值分别为 6335.5 亿元、7870.8 亿元、9798.7 亿元，在全部规模以上工业增加值中分别占比 39.2%、47.1%、48.4%。与 2019 年相比，2021 年私营企业对全部规模以上工业增加值的贡献度提高了 9.2 个百分点（见图2）。三是与其他省份相比处于领先位置。全国工商联经济部发布的《2021 中国民营企业 500 强调研分析报告》显示，2020 年民营企业 500 强中有 96 家来自浙江，占比接近 1/5，延续了之前年度的领先位置（见表1）。不过，从趋势上看，浙江民营企业发展优势相对于其他省份来说有所缩水：2020 年入围 500 强的浙江民营企业数量仅比江苏多 4 家，而 2016 年则要多 38 家。

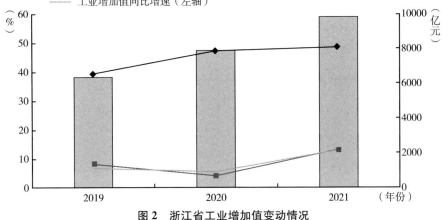

图 2　浙江省工业增加值变动情况

资料来源：Wind 数据库。

表 1　中国民营企业 500 强省份分布

省　份	2016 年	2017 年	2018 年	2019 年	2020 年
浙　江	120	93	92	96	96
江　苏	82	86	83	90	92
广　东	59	60	60	58	61
山　东	58	73	61	52	53
河　北	19	24	33	32	33
北　京	16	15	17	14	22
上　海	13	18	15	16	21
福　建	10	20	22	21	17

省 份	2016 年	2017 年	2018 年	2019 年	2020 年
湖 北	19	15	18	19	16
重 庆	11	14	15	12	13
河 南	15	15	13	15	13
四 川	10	8	11	12	8
湖 南	6	7	7	6	7
天 津	13	7	6	9	6
江 西	7	6	6	7	6
山 西	5	5	7	7	5
安 徽	5	4	2	4	5
陕 西	4	5	5	5	5
内 蒙 古	6	7	4	4	4
辽 宁	6	6	11	8	4
吉 林	2	2	2	2	3
广 西	1	2	2	2	3
宁 夏	3	3	2	1	2
新 疆	2	2	2	2	2
黑 龙 江	1	1	1	1	1
贵 州	—	—	1	2	1
云 南	3	1	—	2	1

资料来源：全国工商联经济部《2021 中国民营企业 500 强调研分析报告》。

（三）数字普惠金融发展领先

近年来，浙江省紧紧把握数字技术与金融业融合的大趋势，涌现一大批行业领先的金融科技企业，传统金融机构纷纷将最新的技术应用于自身的数字化转型，在提高金融服务效率、推进金融普惠等方面取得了明显进展。一是数字普惠金融发展与其他省份相比处于领先位置。2020 年浙江省数字普惠金融指数为 406.88，低于上海和北京，在全国 31 个省份中排名第 3（见图 3）。二是构成数字普惠金融指数的不同要素发展较为均衡。数字普惠金融指数包括数字金融覆盖广度、数字金融使用深度和普惠金融数字化程度 3

个维度。2020 年浙江省数字金融覆盖广度、数字金融使用深度和普惠金融数字化程度的得分分别为 382.07、439.25、429.98，在 31 个省份中均排名第 3 位，低于北京和上海，没有明显的短板。

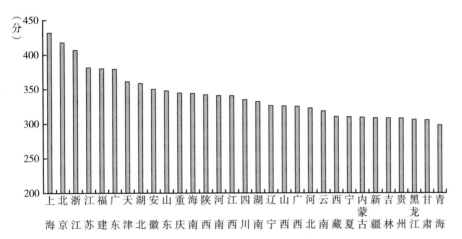

图 3 北京大学数字普惠金融指数（2020 年）

资料来源：北京大学数字普惠金融研究中心。

浙江经济金融业发展的上述特点为建设共同富裕示范区奠定了基础。主要表现在以下几个方面。首先，经济保持较快增长。浙江省 GDP 从 2012 年的 34665 亿元增长到 2021 年的 73516 亿元，近 10 年平均实际增速达到 8.71%，高出全国 0.61 个百分点，2021 年 GDP 在全国 31 个省份中排名第 4 位；人均 GDP 从 2012 年的 6.34 万元增长到 2021 年的 11.30 万元，增长了 78%，2021 年人均 GDP 在全国 31 个省份中排名第 6 位。其次，城乡发展较为均衡。2021 年居民人均可支配收入为 57541 元，是全国平均水平的 1.63 倍；农村居民人均可支配收入占城镇居民人均可支配收入的比例为 51.5%，在全国 31 个省份中排名第 4 位，城乡收入差距处于较低水平。从时间序列上看，浙江省农村居民人均可支配收入占城镇居民人均可支配收入的比例从 2013 年的 47.2% 上升到 2021 年的 51.5%，城乡居民收入差距明显缩小。最后，金融普惠程度高。从覆盖面来看，2021 年，浙江省普惠小微贷款新增 7135 亿元，余额增长 30%；民营经济贷款增量突破 1.1 万亿元，是上年同

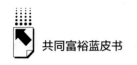

期的 1.1 倍，民企发债量占全国的 22%，位居全国第一；涉农贷款新增 7966 亿元，涉农贷款增量占各项贷款比重达到 36%，与上年相比提高了 5.1 个百分点。从资金成本来看，2021 年浙江省企业贷款平均利率为 4.72%，同比下降 13 个基点。其中，小微企业贷款平均利率为 5.00%，同比下降 17 个基点；普惠小微企业贷款平均利率为 5.61%，同比下降 18 个基点。

三 浙江金融发展支持共同富裕的典型做法

（一）以金融手段助推经济高质量发展

第一，建设多层次资本市场，推动资本赋能科技创新。为建设科创高地，浙江省已试点开展区域性股权交易市场（浙江股权交易中心），并在长兴、嘉善、龙游等多地建立凤凰行动等政府产业主题基金，帮助科创企业规范治理、宣传培训、辅导咨询，探索建立新三板绿色通道，为多层次资本市场互联互通提供有效路径。目前，浙江省科创企业在资本市场获得融资、上市或挂牌的数量位居全国前列。2021 年，浙江股权交易中心已遴选超过 1200 家具有成长性的科创企业进行重点培育，累计推动 120 家企业转板上市。

第二，推进金融机构数字化改革。作为科技强省，浙江省近年来设立了互联网银行，同时推进传统金融机构在大数据、云计算等数字技术方面的创新应用，精准滴灌金融需求、提高风控能力。例如，网商银行通过将卫星遥感、大气传感器和土壤传感器等技术应用到农业信贷领域，获取种植大户的作物全生长周期遥感影像和光照、水肥、温湿等实时数据，为农村金融服务提供精准风险评估支持。2022 年 6 月末，网商银行在浙江省内累计服务涉农客户 66.8 万户，累计投放涉农信贷 2944 亿元。

第三，搭建共享开放的数智金融平台。为促进银企政信用信息共享和应用，浙江省依托信息科技手段，对金融综合服务平台、企业信用信息服务平台和多个政府部门数据等进行对接，并建成国内唯一具有金融行业标准化的公共数据专用指标库"金融专题库"。当地金融机构利用政府部门高价值、动态化的数据（如税务、工商等），精准、高效输血中小企业，弥合数字鸿沟，打破信息孤岛。2021年，浙江省共归集30余个政府部门和公共事业单位信息，覆盖300万余户企业。目前，数智金融平台已为银企提供信息查询2600万余次，撮合24.3万户企业融资1.2万亿元。

（二）发挥金融在缩小差距方面的作用

第一，加大对小微企业和"三农"领域的信贷支持，缩小企业间差距。浙江省银行业金融机构针对不同群体的金融需求创新金融产品，优化金融供给，突破融资"难、贵、慢"瓶颈。作为专业服务小微企业的股份制银行，浙商银行设计了一系列"共富贷"产品，帮助小微企业稳定经营、持续增收。2022年6月，浙商银行普惠型小微贷款余额1073.18亿元，占各项贷款比重达23.64%（省内），近1/4贷款直接投放给单户授信总额1000万元及以下的小微企业。作为服务"三农"的银行代表，浙江农商联合银行不断扩大和提升"三农"金融服务覆盖面、可得性和满意度，加快实现"农户小额普惠贷款"等"富农"产品"一站式"服务，支持农业生产、农村发展和农民增收。2022年6月，浙江农商联合银行累计为956.8万户农户提供授信，授信总额14409亿元，使用贷款农户358万户，贷款余额4855亿元。

第二，助力山区26县实现跨越式发展，缩小地区差距。银行金融机构积极将信贷资源向薄弱地区倾斜，结合当地产业发展特色，按照"一县一策""一县一品"原则创新金融产品和服务，助力山区26县经济跨越式发展。例如，浙商银行针对丽水市龙泉县的龙泉宝剑与龙泉青瓷产业，快速推出"龙泉剑瓷共富贷"，为当地25名剑瓷师傅提供3710万元资金支持。此外，证券机构重点支持有条件的山区县企业上市融资、发行债券和ABS，帮助其提质增效和降本减负，同时在丽水试点开展生猪"保险+期货"项目，在衢州创新设立"两柚一茶"产业共富基金，以资源赋能、投资创新和产融结合等方式助力山区26县特色主导产业发展。截至2022年6月，注册地在山区26县的A股上市企业共有43家。

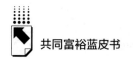

第三，创新普惠型财富管理产品，缩小居民财富差距。浙江银行业积极研发与广大居民收入水平相匹配的理财产品，帮助中低收入群体增加理财收入。2021年，浙江省金融机构人民币表外理财资产余额为11191.6亿元，同比增长9.7%。此外，浙江证券业也积极推进财富管理支持共富，设计与中低收入群体需求相适应的固收、权益、股权等投资工具，同时探索改变代销金融产品的传统收费模式，为中低收入人群提供普惠性财富管理服务。财通证券作为浙江唯一的省属券商，探索创新固收类、低波动"固收+"类、ESG集合计划类、收益凭证类和基金投顾类五类普惠型财富管理产品，平均年化收益率远高于银行一年期存款基准利率。截至2022年6月，累计发行公募固收类产品和收益凭证131.1亿元。

第四，增加农村保险品种和创新保险机制，缩小城乡差距。为完善农村保险保障服务体系，浙江省积极探索以省定险种为主、地方特色险种为辅的农险供给体系，推动发展新型农业经营主体综合保险等险种。2021年，浙江省共新增备案108个农险产品、开办14个地方特色险种；全年农业保险风险保障金额513.3亿元，同比增长9.9%；累计支付赔款15.3亿元，同比增长59.1%。同时，为了盘活小微企业沉睡资金，缓解资金需求压力，浙江省还运用保险机制推进保证金领域改革。2021年，通过保险机制释放的保证金约2731.8亿元，为企业减负约98.4亿元。

（三）推进基本公共服务均等化

第一，完善住房保障体系，缓解房价波动对低收入群体造成的财富缩水压力。为重点解决新市民等群体的住房困难问题，浙江省多渠道增加保障性租赁住房供给，2022年将建设筹集保障性租赁住房30万套（间），并对不同群体实施不同住房的租售制度。目前，针对买不起房的城镇低保、低收入住房困难家庭提供公租房，对存在阶段性住房困难的新市民、青年人提供保障性租赁住房，对买不起商品房的城镇居民提供共有产权住房，对老旧小区居民推进棚户区、老旧小区改造，等等。第七次人口普查数据显示，近10年来浙江省居民家庭住房面积逐步增加，2020年家庭户均住房面积和人均住房面积分别为 111. 27 平方米和 46. 16 平方米，户均住房数为 2. 73 间，与 2010 年相当。进一步看，在 2020 年浙江家庭户中住房自有率为 64. 71%，租房户（租赁廉租房、公租房或其他住房）超过三成（33. 65%），住房难问题依然突出。另外，为促进房地产市场平稳健康发展，浙江省还积极构建房地产发展长效机制、稳妥处置个别头部房企项目风险，努力做到稳地价、稳房价、稳预期。2022 年 6 月浙江部分城市统计数据显示，杭州和宁波等新一线城市商品住宅销售价格环比略涨，金华和温州等二线城市环比下降，商品住宅销售价格整体上出现涨幅回落或降幅提升的局面①。

第二，完善金融支持教育体系，推动教育平等。浙江省金融业主动与高等院校、职业院校等进行对接，通过融资支持学校校园建设，提高学校办学质效，并针对考上大学但家庭经济困难的学生，创新推出助学贷。2021 年，浙江省小学学龄儿童入学率为 99. 99%，与 2016 年持平；高等教育毛入学率由 2016 年的 57. 0% 提升至 2021 年的 64. 8%，高于全国水平 7. 0 个百分点，高于中等偏上收入国家。同时，浙江金融机构还积极履行企业社会责任，定期开展教育公益活动，为山区 26 县适龄困难学生捐赠图书、改善学习环境，推动基础教育均衡发展。此外，浙江省还专门建立金融顾问制度，选派部分金融机构员工作为金融顾问深入小微企业和农村等开展金融咨询工作，在加强金融教育、倡导理性财富观等方面发挥了积极作用。截至 2022 年 5 月，金融顾问已累计走访服务企业 9568 家次，为 2000 多家企业提供各类融资近 2300 亿元，助力 11 家企业成功上市；开展讲座、培训 180 余场，受众面近两万人。

第三，建设多层次、多支柱的社会保障体系，助力老有所养。为破解群众因病致贫返贫问题、为大病患者减轻医疗负担，浙江省丽水、衢州和绍兴等地市探索发展与基本医疗保险相衔接的普惠型商业医疗补充保险（如"浙丽保""惠衢保""越惠保"等），实行无差异保费、能覆盖城乡居民全

---

① 从环比来看，2022 年 6 月，杭州、宁波、金华和温州新建商品住宅销售价格环比涨幅分别为 1%、0. 1%、-3% 和 -6%，二手住宅销售价格环比涨幅分别为 0. 6%、0. 4%、-5% 和 -7%；从同比来看，杭州、宁波、金华和温州新建商品住宅同比涨幅分别为 6. 3%、0. 8%、0. 8% 和 -1. 3%，二手住宅销售价格同比涨幅分别为 1. 4%、-8%、-4. 6% 和 -3. 5%。

生命周期，实现从"兜底型"救助模式转向"发展型"福利保障。2021
年，浙江省普惠型商业补充医疗保险投保人数为 1787.4 万人，县域参保率
57.8%，为城乡居民降低医疗费用综合赔付（报销）率约 10 个百分点。同
时，浙江省保险业还结合本省特点，专门为新产业新业态和灵活就业人员试
点开展专属商业养老保险。试点以来，浙江累计销售专属商业养老保险保单
3.4 万件，保费收入 1.4 亿元，占首批试点地区总量的比例均超过 80%。此
外，浙江省保险业还将"住房抵押"与"终身养老年金保险"相结合，积
极探索老年人住房反向抵押养老保险机制，帮助老年群体盘活养老资源，提
高养老品质。2021 年，杭州共落地 4 户 6 单，累计承保有效保险价值 1000
余万元，累计发放养老金 84 万元。

（四）发展绿色金融支持生态文明建设

第一，创新绿色金融账户和绿色信贷产品。为激发居民践行绿色生活理
念的内在动力，中国人民银行（衢州市中心支行）通过挖掘居民低碳行为
数据，计算个人绿色金融行为碳减排量和碳积分，创立了全国首个"个人
碳账户"。2021 年 8 月，浙江衢江农商银行通过"个人碳账户"发放了全国
首笔绿色贷款 30 万元。在此基础上，衢州又创新推出"碳融通""减碳贷"
等碳账户专属信贷产品 30 余款。另外，围绕"排污权"这一环境权益，浙
江还积极运用碳减排支持工具，因地制宜推出"工业碳惠贷"（湖州）、
"GEP 生态价值贷"（丽水）等环境权益类绿色金融产品，加大绿色贷款投
放力度，助力工业企业绿色低碳转型。2021 年末，浙江绿色信贷余额为
14801 亿元，占各项贷款余额的 8.9%。

第二，有序推进金融机构环境信息披露。湖州、衢州两地率先开展金融
机构环境信息披露工作。目前，两地 68 家银行业金融机构已被全部纳入环
境信息披露试点范围。积极探索金融机构碳核算、环境风险压力测试等信息
披露核心领域。例如，湖州探索开展县域工业企业贷款碳核算，并为纺织印
染、绿色建筑等碳减排重点行业开展环境风险压力测试；衢州基于碳账户探
索开展非项目贷款碳核算，并对火电、钢铁、水泥、造纸等高碳行业开展气

候风险敏感性压力测试。另外，证券公司积极引导上述行业开展 ESG 信息披露，并通过债券融资、并购重组、发行和销售 ESG 基金等方式为其绿色发展提供金融服务。截至 2022 年 6 月，浙江共有 6 家企业发行 6 只绿色公司债券，融资总额 37.2 亿元。

（五）深度推进金融融合社会治理

第一，持续优化地方信用环境。浙江省积极开展农村信用户、信用村、信用乡镇评定工作，推动全数据入信，有效改善农村信用环境，赋能农村金融服务。2021 年，浙江省累计为 1198.4 万农户、30.1 万新型农业经营主体建立信用档案，评定信用农户 991.1 万户、新型农业经营主体 8.07 万户，创建信用村（社区）10013 个，信用乡（镇、街道）539 个。另外，浙江省践行"征信为民"理念，积极开展征信服务网点标准化建设，推出自助查询机、网上银行及手机银行、银联云闪付等查询途径，在打击恶意逃废债群体、净化地方信用环境方面起到极大的促进作用。2021 年，共向浙江省社会公众提供信用报告查询 431.7 万次。

第二，创新"党建+金融"服务网络，"贷"动基层治理。浙江省积极推进农村生产合作、供销合作、信用合作"三位一体"试点改革和农合联综合服务示范点建设，助力各类社会主体参与乡村社区共建共治共享。截至 2022 年 4 月，浙江农商联合银行已为 29041 户农合联会员提供授信 253.79 亿元，发放贷款 156.41 亿元。另外，围绕"党建共建"平台，浙江余姚等地市还因地制宜地创新"共富金融专员""红色合伙人""道德银行"等机制，将银行储蓄理念引入基层治理，采用积分管理模式开展基层治理工作，同时将积分与村民个人信用挂钩，积分达一定层次的村民可以享受支农惠农政策和银行贷款。

四　金融发展支持共同富裕中存在的问题

（一）金融支持创新发展存在短板

一是金融支持科创企业相关制度不完善。不同银行对科技企业的认定标准差异较大，且名单内的部分企业硬科技含量低，加之没有权威评估中介机构对科创企业核心资产价值进行评估，致使市场中的评估价值各异，严重制约科创企业产权变现能力。二是银行服务科创企业积极性不高。银行传统的风险评级、产权质押融资产品与现有科创企业的实际融资需求契合度较低，对科技产品前景、企业市场竞争力较难把握，加之配套的风险补偿基金、政府性融资担保等机制尚不完善，导致银行普遍对科创企业授信较为审慎。三是多层次资本市场建设有待完善。浙江区域股权交易市场尚处于起步阶段，科创企业覆盖范围较小且活跃度不高。四是数智平台的数据质量有待提高。企业经营相关数据来源分散且不统一、不准确，工商、税务数据以及银行自行采集的基础数据存在出入，数据质量有待提高。五是对金融领域内资本运作的监管有待优化。自 2020 年 12 月中央政治局会议首次提出反垄断和防止资本无序扩张以来，国家在防止资本无序扩张、加强对资本运作的监管等方面采取了一系列措施。总体来看，加强监管对于促进市场公平竞争、防范金融风险是必要的、及时的，但在实际中也对市场预期产生了一些负面影响，在一定程度上降低了金融支持创新的积极性。

（二）对外来流动人口的金融服务有待提升

一是外来流动人口住房问题需持续改进。第七次全国人口普查数据显示，在 2020 年浙江家庭户中住房自有率为 64.71%，租房户（租赁廉租房、公租房或其他住房）占比超过三成（33.65%）[①]。而只考虑新市民时，浙江约有新市民 2800 万人，约占常住人口的 43.4%。假设按 1 套房容纳 5 人来计算，那么在浙江 2022 年计划提供 30 万套（间）保障性租赁住房条件下，仍需要 530 万套住房才能解决剩余新市民的住房难问题[②]。二是

[①] 分城乡来看，城乡家庭租房户差异较大：城镇户家庭租房户占比（39.77%）是乡村户家庭租房户占比（18.11%）的 2.2 倍；分地区来看，租房户占比差异更大：金华市租房户占比最高（42.14%），衢州市租房户占比最低（8.89%），前者是后者的 4.74 倍。

[②] 根据第七次全国人口普查数据，浙江省 2020 年流动人口为 2791.97 万人，其中省外流入人口为 1618.65 万人，省内流动人口为 937.10 万人。假设省内流动人口均有房，那么浙江仍要解决将近 2400 万流动人口的住房问题，这依然是一项艰巨的任务。

外来流动人口的金融服务面临多重约束。外来流动人员（如新市民、务工人员）进入浙江的时间较短，工作稳定性差，难以提供有效收入证明和抵质押物，因而经常受到银行的信贷排斥。2022 年中国社会科学院金融研究所的调查数据显示，浙江有 51.92% 的样本新市民有贷款需求且受到过银行供给型排斥。另外，外来流动人口就业范围分散于多个行业，其金融需求涉及就业创业、生活消费、住房、子女教育等多个方面，差异较大，而当前金融机构提供的标准化产品过于单一，很难与外来流动人口的金融需求相匹配。

（三）慈善金融、公益金融发展有待加强

浙江省民营经济发达，企业家资源丰富，高净值人群众多，慈善金融、公益金融供给充分，可以在减少收入分配差距、支持共同富裕等方面发挥重要作用。但从实际中看，目前浙江慈善金融、公益金融发展还处于起步阶段，存在巨大的提升空间。一是配套制度不健全。我国虽然已出台《慈善法》《慈善信托管理办法》等法律，但配套的信托财产转移制度、信托财产登记制度、信托税收制度等尚未出台，制约了慈善公益信托业务的开展，降低了慈善金融的资金供给积极性。比如，用于慈善的资金与其个人财产能否真正实现隔离、能否获得税收优惠等。二是慈善资金运用渠道单一。目前，国内对于慈善项目的社会效益测算还存在短板，部分慈善项目没有经过正规化的社会效果评估，导致慈善资金可以投放的项目非常有限，限制了慈善金融作用的发挥。

（四）金融支持共同富裕的配套政策有待完善

一是中央层面的制度支持有待加强。以试点开展的投贷联动业务为例，尽管中国银保监会鼓励金融机构以投贷联动方式支持科创企业发展，但目前地方监管部门批准设立金融机构投资子公司仍非常谨慎，导致开展投贷联动业务明显受限。二是地方政府政策配套机制和政策支持力度有待加大。尚未建立完善的农村产权抵押贷款配套机制，农村产权登记管理体系不规范、流

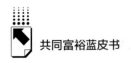

转交易市场不成熟、专业评估机制不健全，严重制约农村金融业务的开展。三是金融监管政策有待优化。金融监管部门既没有针对普惠金融业务开展较好的银行给予一定的支持，比如差别化存款准备金率、再贷款、再贴现和风险容忍度政策等，也未对证券公司设定差异化风险容忍指标来支持其开发更多普惠型财富产品。

（五）金融支持共富的评价体系不健全

一是绿色金融在评价标准、信息披露等方面存在不足。尽管浙江湖州制定多项关于绿色金融方面的地方标准，但这些标准主要适用于大中型企业，专门针对小微企业的绿色金融标准还在探索当中，导致金融机构在提升对"三农"、小微等重点领域的绿色信贷业务支持力度环节还比较薄弱。同时，虽然浙江省已搭建了数智金融平台，但多数地区在该平台中尚未完全接入个人碳账户和企业碳信息等数据，导致金融机构在业务拓展以及开展环境效益核算等方面存在较大难度。另外，由于碳核算、碳金融产品开发和环境信息披露等工作专业性较强，金融机构需要专业人才和系统，其较高的投入成本使金融机构提供绿色金融服务的动力不足。二是金融支持共富的评价考核体系尚未建立。尽管浙江温州创立了"金融支持共同富裕示范区指数"来评价金融服务质效，但省级层面的金融支持共富的评价考核体系尚未建立，导致社会、政府、监管部门不仅无法对金融机构进行反馈和正向引导，也不能科学地评价金融支持共同富裕的成效。

五 优化金融发展促进共同富裕的着力点

党的二十大报告首提"规范财富积累机制"[①]，实际上是回应了中国式现代化对财富积累与财富分配的新要求。一方面，高质量发展是全面建设社

[①] 习近平：《高举中国特色社会主义伟大旗帜　为全面建设社会主义现代化国家而团结奋斗——在中国共产党第二十次全国代表大会上的报告》，人民出版社，2022，第47页。

会主义现代化国家的首要任务。发展是党执政兴国的第一要务。没有坚实的物质技术基础，就不可能全面建成社会主义现代化强国。这凸显了财富积累的重要性。另一方面，共同富裕是社会主义的本质要求，是中国式现代化的重要特征，因此财富分配也是躲不开、绕不过去的坎。金融发展促进共同富裕也将从积累和分配两个维度发挥积极作用。

（一）优化经济高质量发展的金融支持，促进财富积累

习近平总书记强调："发展是解决我国一切问题的基础和关键"①，高质量发展是做大蛋糕、实现共同富裕的前提，现阶段应该把金融支持高质量发展作为首要任务。围绕高质量发展中的关键领域，加大金融支持力度。一是完善科创金融体系。提升银行机构专业化服务能力，推动扩大外部投贷联动、知识产权质押融资、供应链金融融资规模。健全直接融资服务体系，推动完善政府产业基金引领的科创基金体系，深入推进区域性股权市场创新试点。二是加大绿色金融支持。构建完善绿色低碳金融标准体系，建立统一的碳信息采集、碳排放统计核算、碳效评价等标准。逐步扩大碳市场行业覆盖范围和交易主体范围，加快构建多层次碳市场产品体系，推进林业碳汇交易。充分发挥再贷款再贴现等央行政策资金在绿色低碳领域的引导作用。三是以金融手段助力教育服务均等化。教育公平是最大的公平，教育高质量发展将为经济高质量发展提供有效的人力资本支持。在金融支持教育高质量发展方面，要把金融支持乡村教育、新市民群体教育、职业教育作为重点，引导金融机构加大资源投入，开发与上述群体金融需求相匹配的金融产品。包括教育基础设施建设贷款、助学贷款（含职业技术教育、技能培训等）、实习实训保险等。四是构建金融支持房地产业健康发展的长效机制。房地产行业既是国民经济的支柱性产业，也是关系到财富积累和分配的关键性产业，促进房地产行业健康发展在建设共同富裕中发挥着举足轻重的作用。从金融角度看，要坚持房住不炒的原则，禁止资金违规流入房地产行业，防止房产

---

① 《习近平谈治国理政》第3卷，外文出版社，2020，第17页。

投资而导致的财富差距扩大；支持满足房地产企业以及购房者合理资金需求；优化对保障性租赁住房的金融支持，在住房租赁担保债券、住房公积金贷款资产证券化等方面先行先试；探索设立地方层面的房地产平准基金，将民间信用转化为政府信用，发挥房地产平准基金的逆周期调节功能，防止房价大幅波动。五是构建金融支持共富评价体系。共富评价体系在金融支持共同富裕过程中发挥着重要的导向作用。要按照定量与定性、客观评价与主观评价相结合的原则，加快构建具有科学性、普适性、全面性的金融支持共同富裕综合评价指标体系。结合银保监会出台的《银行业保险业绿色金融指引》（银保监发〔2022〕15号），探索建立金融机构ESG评价体系，将支持共同富裕作为评价体系中的一个维度，引导金融机构加大对共同富裕的支持力度。

（二）弥补中低收入群体财富积累的短板

拓宽城乡居民财产性收入渠道，探索通过土地、资本等要素使用权、收益权增加中低收入群体要素收入。丰富居民可投资金融产品，完善上市公司分红制度。鼓励企业开展员工持股计划。深化农村土地制度改革，赋予农民更加充分的财产权益。有序推动农村宅基地出租、流转、抵押，探索实现已入市农村集体土地与国有土地同地同权。深入推进农村集体产权制度改革，巩固提升农村集体经济，探索股权流转、抵押和跨社参股等农村集体资产股份权能实现新形式。支持建立集体经营性建设用地入市增值收益分配机制的试点。

（三）加强对处不利地位群体的金融服务，促进金融普惠

一是加强对新市民群体及外来流动人口的金融服务。以《关于加强新市民金融服务工作的通知》（银保监发〔2022〕4号）的出台为契机，结合浙江省自身特点，对建筑工人、快递骑手、网约车司机等重点人群的金融需求提供有针对性的金融服务。支持保险机构结合新市民群体特点为其提供更加灵活的健康保险产品；提升基础金融服务的便利性和可得性，鼓励商业银行针对新市民流动性强的特点，优化账户开立、工资发放等金融服务；引导

商业银行合理减免新市民个人借记卡工本费、年费、小额账户管理费、短信服务费等费用。二是更好地发挥金融科技的作用。发挥浙江省在金融科技领域的已有优势，进一步推动金融科技在普惠金融领域的应用。引导和规范大型金融机构或外部科技公司对中小金融机构的科技输出，借助外部科技力量对中小金融机构开展普惠金融业务进行赋能；以浙江省联社改革为契机，加大科技投入，提升对县域农金机构的科技支撑能力；发挥数字货币的作用，将数字人民币融入更多普惠金融业务场景，发挥数字人民币可追踪、可溯源的优势，提高普惠金融领域资金投放的精准性。

（四）着力消除金融发展的"阴暗面"，推动金融向善

一是避免经济脱实向虚和过度金融化。金融要回归为实体经济服务本源，满足经济社会发展和人民群众需要。金融创新和发展要围绕提升服务实体经济效能，着力解决发展的不平衡、不充分的矛盾。不宜将金融业自身的扩张当作"政绩"，不搞超越发展阶段的金融化。金融监管要包容审慎，防止金融搞自我循环、出现过度金融化。二是推动各类慈善金融、公益金融发展。发挥各类基金会的作用，尽快制定慈善基金支持共同富裕指导意见，引导各类慈善资金投入金融领域，作为政策性资金和商业性资金的补充。构建慈善信托政策支持体系，对用于慈善信托的资金投放实施税收优惠政策。开展股权慈善信托创新试点，鼓励和支持民营企业家运用股权慈善信托方式参与各类公益活动。推进慈善资管业务创新发展，明确慈善资金保值增值违规行为负面清单，建立尽职免责和容错机制，鼓励金融机构开发符合慈善资产投资规律和特征的服务产品。三是防范支持共富过程中的金融风险。探索完善不良资产处置的相关制度。加快构建以资产管理公司、不良资产处置专业基金为主体，周期性产业基金、实业集团及附属产业投资机构为辅助，律师事务所、会计师事务所、评估公司、拍卖公司等中介机构作用得以有效发挥的多层次不良资产市场体系，提高交易活跃度，逐步形成有效的不良资产市场定价机制。畅通不良资产处置的司法渠道，合理减免不良资产处置盘活过程中的税费。打造"互联网+不良资产"处置平台，鼓励资产管理公司充分

利用互联网平台，提高不良资产处置效率；引导金融机构利用互联网渠道处置不良资产，完善不良资产线上处置各个环节的制度建设。

（五）完善金融支持共同富裕的配套政策

一是完善农地经营权抵押贷款相关配套措施。从国家层面制定权威的农地经营权价值评估办法，包括农地经营权本身以及地上附着物等部分的价值评估，解决农地经营权价值评估的公信力和标准化问题。加快建立农地流转服务平台，完善县乡村三级服务和管理网络，实时、动态监测农地流转情况，为流转双方提供信息发布、政策咨询等服务。由地方财政出资建立农地抵押贷款风险缓释机制，包括风险资金池、代偿补偿机制、成立政策性担保公司等，确保农地经营权抵押贷款模式落地。二是提高监管政策的差异性和精准性。适当提高金融机构在支持共同富裕过程中创新性业务模式的风险容忍度，为金融创新提供容错空间。对于主要服务农村地区的县域中小金融机构，在资本充足率、不良贷款率等方面探索实行更多的差异化监管政策。三是优化对资本在金融领域内运作的监管。强化预期引导，消除预期偏差，提升市场微观主体积极性。坚持以法律制度建设为支撑，将监管要求转化为法律制度，有效界定监管部门的权力边界，做到"监管有节"；同时，监管要以问题为导向，在提高违法违规成本的同时避免资本监管泛化或扩大化，做到"监管有度"。四是做好对外输出工作。对于在试点过程中形成的创新性业务模式，可以采取边试点边推广的做法，对其他地区及时进行输出，更好地发挥浙江省在建设共同富裕过程中的示范带头作用。在对外输出过程中，可以与脱贫攻坚中的跨省帮扶相结合，由政府部门牵头，优先向帮扶对象进行经验输出。

B.12
精神生活共同富裕的浙江经验与启示

冯颜利[*]

摘　要： 共同富裕是社会主义的本质属性，包含物质生活共同富裕与精神生活共同富裕。党的十八大以来，习近平总书记深刻把握精神生活共同富裕的理论内涵和时代特质，对人民精神生活共同富裕提出了一系列的新理念新思想新战略，形成了习近平总书记关于精神生活共同富裕的重要论述，为促进人民精神生活共同富裕提供了根本的思想指导。浙江在高质量发展建设共同富裕示范区新征程中，以习近平新时代中国特色社会主义思想为指导，将浙江丰富的历史文化转化为促进人民精神生活共同富裕的资源财富，推动浙江人民美好精神生活高质量发展，创造了一系列的优秀成绩，为全国人民推进精神生活共同富裕提供了可借鉴、可复制的浙江经验。

关键词： 共同富裕　精神生活共同富裕　美好生活　浙江经验

习近平总书记指出："共同富裕是全体人民共同富裕，是人民群众物质生活和精神生活都富裕，不是少数人的富裕，也不是整齐划一的平均主义。"[①] 可见，我们讲的共同富裕不是单方面强调物质财富，不是单一性的物质生活富裕，而是全体人民物质生活与精神生活的整体性的共同富裕。

---

[*] 冯颜利，中国社会科学院哲学研究所纪委书记、副所长，二级研究员，主要研究方向为马克思主义哲学、国外马克思主义、公平正义、文化哲学、党建等。

[①] 《习近平谈治国理政》第4卷，外文出版社，2022，第142页。

当前，在中国共产党的领导下经过全国各族人民的长期共同努力，我们顺利实现了全面建成小康社会的第一个百年奋斗目标，历史性地彻底解决了困扰中华民族几千年的绝对贫困问题。由此，全国各族人民的物质生活水平得到了极大的提升，人民群众进而提出了美好生活的新的需要。推动和实现精神生活共同富裕是适应我国社会主要矛盾转化的必然要求，是实现共同富裕战略目标不可或缺的重要组成部分。在"八八战略"指引下，浙江在高质量发展建设共同富裕全国示范区新的实践探索中，坚持把不断推动人民群众的精神生活共同富裕放在重要位置，切实丰富了浙江人民群众的精神文化生活，为实现浙江全体人民精神生活共同富裕做出了积极的探索和重要贡献。

一 习近平总书记关于精神生活共同富裕的
重要论述研究

党的十八大以来，以习近平同志为核心的党中央深刻把握新发展阶段的新变化、新特点、新方位，基于国内外发展形势的深刻变化，针对人民群众精神生活共同富裕提出了一系列新理念新思想新战略，形成了关于精神生活共同富裕的重要理论，为我国推进精神生活共同富裕进而实现全体人民共同富裕提供了科学的理论指引。

（一）习近平总书记关于精神生活共同富裕的重要论述的理论基础

习近平总书记关于精神生活共同富裕的重要论述，是马克思主义共同富裕基本原理同中国具体实际尤其是在新时代背景下中国经济社会的新情况新问题新要求紧密结合、同中华优秀传统文化相结合的最新理论成果，是不断推进人民群众精神生活共同富裕的指导思想。深入系统地研究习近平总书记关于精神生活共同富裕的重要论述，首先要准确把握其生成的深厚理论根基。

习近平总书记关于精神生活共同富裕的重要论述，作为习近平新时代中国特色社会主义思想的重要内容和重要组成部分，从根本上来看无疑源于马克思主义的科学理论，是马克思主义共同富裕的科学理论在新时代、在当代中国的创新发展和新的理论飞跃，是马克思主义中国化时代化的最新成果。

第一，马克思主义共同富裕理论，为习近平总书记关于精神生活共同富裕的重要论述奠定了理论根基，是习近平总书记关于精神生活共同富裕重要论述的理论基础。马克思基于唯物史观对人类社会发展规律作了深刻分析，科学证明了共产主义是人类社会发展进步的最高阶段，通过推进共同富裕实现共产主义是人类社会发展的必经之路。马克思深刻地认识到，在资本主义社会中，"工人创造的商品越多，他就越变成廉价的商品。物的世界的增值同人的世界的贬值成正比"①，由此社会贫富差距就必然地不断加大。马克思主义立足于人的需要，进一步指出："人以其需要的无限性和广泛性区别于其他一切动物。"② 可见，具有能动意识的人不仅在物质层面需要得到满足，同时"精神需要和社会需要"③ 也必须得到满足。

第二，中国共产党人对精神生活共同富裕的不断探索为习近平总书记关于精神生活共同富裕的重要论述提供了深厚支撑。我们党历来重视人民群众的精神文化生活，将推动精神生活共同富裕作为实现共同富裕战略目标的重要任务。在新民主主义革命时期，毛泽东就强调："我们的工作首先是战争，其次是生产，其次是文化。没有文化的军队是愚蠢的军队，而愚蠢的军队是不能战胜敌人的。"④ 可见，以毛泽东为代表的共产党人深刻认识到了物质生产与文化生产二者不可或缺。邓小平就把物质文明和精神文明形象地比喻成"两只手"。江泽民指出："使人民群众不断获得切实的经济、政治、文化利益。"⑤ 这里的文化利益指的就是确保人民能够共享丰富多彩的精神生活。胡锦涛指出："物质贫乏不是社会主义，精神空虚也不是社会主

① 《马克思恩格斯文集》第 1 卷，人民出版社，2009，第 156 页。
② 《马克思恩格斯全集》第 49 卷，人民出版社，1982，第 130 页。
③ 《马克思恩格斯文集》第 5 卷，人民出版社，2009，第 269 页。
④ 《毛泽东选集》第 3 卷，人民出版社，1991，第 1011 页。
⑤ 《江泽民文选》第 3 卷，人民出版社，2006，第 279 页。

义。"① 由此将人民群众的精神生活建设提到一个新的高度。党的十八大以来，以习近平同志为核心的党中央继承和发展了中国共产党人对精神生活共同富裕的理论思考和实践探索，形成了适应新时代发展需要的关于精神生活共同富裕的科学思想，为我们推动和创造更加丰富多彩的精神文化指明了发展方向。

第三，中华优秀传统文化中关于人民精神生活的积极成果为习近平总书记关于精神生活共同富裕的重要论述提供了丰富的历史文化财富。中华民族向来是注重精神文化的民族，对精神生活的重要价值有着深刻的认识。同时，在五千多年的文明传承中，中华优秀传统文化沉淀了许许多多、丰富多彩的精神文化财富，在新时代不断转化为提升人民群众精神面貌、丰富人民群众精神生活的重要文化财富。《管子·牧民》从国家的角度提出"四维②不张，国乃灭亡"的思想，《论语·颜渊》从社会的角度强调"自古皆有死，民无信不立"，认为道德诚信是人在社会中生存的根本。总之，中华优秀传统文化中关于精神生活的积极成果，对新时代下中国人民的精神文化生活有着重要意义，是习近平总书记关于精神生活共同富裕的重要论述的重要理论基础。

（二）习近平总书记关于精神生活共同富裕的重要论述的重要内容与哲学意蕴

习近平总书记关于精神生活共同富裕的重要论述，根深于马克思主义关于共同富裕的科学理论，继承了中国共产党人对精神生活共同富裕的理论思考和实践探索，吸收了中华优秀传统文化中的文化精髓，其重要思想具有深刻的哲学内涵与哲学意蕴，是指引全党全军全国各族人民不断推进精神生活共同富裕的重要思想指引。

第一，人民群众精神生活共同富裕是实现共同富裕的重要内容。习近平总书记指出："我们说的共同富裕是全体人民共同富裕，是人民群众物质生活和精神生活都富裕。"③ 物质生活富裕与精神生活富裕是共同富裕的一体

---

① 《胡锦涛文选》第3卷，人民出版社，2016，第163~164页。

② "四维"，即礼、义、廉、耻。

③ 《习近平谈治国理政》第4卷，外文出版社，2022，第142页。

两面，二者互为补充、双向促进。实现共同富裕，不仅要带领人民群众通过社会实践创造丰富的物质资料和社会财富，还要不断丰富和促进人民群众的精神生活。习近平总书记关于精神生活共同富裕的重要论述，高度肯定和重视人民群众的精神生活富裕在推进共同富裕伟大实践中的重要地位和作用，使人民群众的物质生活富裕和精神生活富裕成为一个高度统一的有机整体。

第二，促进人的全面自由发展是促进精神生活共同富裕的最终目标。人的全面发展既包含物质层面的发展，还包含精神层面的富足。马克思主义强调："每个人的自由发展是一切人的自由发展的条件。"[1] 人民群众在精神文化方面实现高度的富裕是共同富裕的重要组成部分，而促进人民群众精神生活的共同富裕最终是要促进人的全面自由发展，这需要在推进精神生活共同富裕的过程中充分满足每一个个体的精神生活需要。习近平总书记指出："促进共同富裕与促进人的全面发展是高度统一的……不断满足人民群众多样化、多层次、多方面的精神文化需求。"[2] 党的十八大以来，以习近平同志为核心的党中央高度重视人民群众的精神生活发展，在系统准确地把握新时代社会主要矛盾转变的基础上强调要实现人的全面自由发展就必须不断推进人民群众精神生活富裕。习近平总书记进一步强调指出："人民群众获得感、幸福感、安全感更加充实、更有保障、更可持续，共同富裕取得新成效。"[3] 这就需要确保人民群众的精神文化需要得到不断的满足，甚至极大的满足，使人民群众具有饱满的精神生活状态、优质的精神生活形式、科学的精神生活方式。

第三，全国各族人民群众是促进精神生活共同富裕的主体力量。"人民对美好生活的向往就是我们的奋斗目标，增进民生福祉是我们坚持立党为公、执政为民的本质要求。"[4] 满足好、维护好人民群众的物质与精神需求

① 《马克思恩格斯选集》第1卷，人民出版社，2012，第422页。
② 习近平：《扎实推动共同富裕》，《求是》2021年第20期。
③ 习近平：《高举中国特色社会主义伟大旗帜　为全面建设社会主义现代化国家而团结奋斗——在中国共产党第二十次全国代表大会上的报告》，人民出版社，2022，第11页。
④ 《中共中央关于党的百年奋斗重大成就和历史经验的决议》，《人民日报》2021年11月17日。

是中国共产党一切工作的出发点和落脚点，我们推进共同富裕，促进人民群众精神生活共同富裕就是为了为人民群众创造美好富裕的幸福生活，进而实现人民群众对美好生活的向往。习近平总书记指出："坚持一切为了人民、一切依靠人民，始终把人民放在心中最高位置、把人民对美好生活的向往作为奋斗目标，推动改革发展成果更多更公平惠及全体人民。"① 习近平总书记关于精神生活共同富裕的重要论述深刻把握了人民群众在推进精神生活共同富裕中的主动性和创造性，强调了要实现这一目标就必须紧紧依靠人民，通过人民群众强大的创造创新能力来不断丰富和提升精神生活。

（三）习近平总书记关于精神生活共同富裕的重要论述的时代价值

习近平总书记关于精神生活共同富裕的重要论述，是习近平新时代中国特色社会主义思想的重要组成部分，这些重要论述凝练着党和人民群众在探索和推进精神生活共同富裕过程中形成的丰富内涵和时代精华，是在新时代下不断推进人民群众精神生活共同富裕，进而实现人民群众共同富裕战略目标的根本遵循。

从理论层面看，习近平总书记关于精神生活共同富裕的重要论述，丰富和发展了马克思主义共同富裕理论，是马克思主义共同富裕理论与新时代中国具体实际相结合、与中华优秀传统文化相结合的理论结晶。随着中国经济社会的高速发展进而高质量发展，尤其是全面建成小康社会奋斗目标的顺利实现，为推进人民群众精神生活共同富裕提供了坚实的物质基础。由此，以习近平同志为核心的党中央立足于马克思主义共同富裕思想的科学内涵，对精神生活共同富裕提出了系统性的认识和指导，使马克思主义在中华大地上又一次得到了丰富和创新发展。一方面，习近平总书记关于精神生活共同富裕的重要论述，实现了对马克思主义共同富裕理论的继承、创新和发展。另一方面，习近平总书记关于精神生活共同富裕的重要论述，延续和推动了中国共产党对共同富裕战略目标的科学认识。人民群众精神生活共同富裕是对

---

① 《习近平谈治国理政》第4卷，外文出版社，2022，第512页。

新时代、新课题、新问题的科学回答，更加彰显了中国特色社会主义现代化强国建设中共同富裕的奋斗目标，更进一步深化了我们对共同富裕的科学认识。

从实践层面来看，习近平总书记关于精神生活共同富裕的重要论述为促进人民群众精神生活共同富裕提供了科学的实践指引。马克思主义理论体系的科学性关键在于其能够科学地指导人民群众的实践活动。习近平总书记关于精神生活共同富裕的重要论述源于中国人民对精神生活共同富裕的实践探索，同时也必将回归于实践，指导中国人民展开新的实践活动。习近平总书记关于精神生活共同富裕的重要论述始终强调物质生活与精神生活同等重要，这指引着我们在推进经济社会发展的同时要不断推进人民群众精神文化生活的丰富发展。当前，我们实现了全面建成小康社会的第一个百年奋斗目标，人民群众的精神面貌焕然一新，展现了高度的奋斗激情和坚定的团结意志，奋力实现精神生活共同富裕正当其时。精神生活共同富裕作为推进中国式现代化的一项重要内容、一个重要目标，有着丰富的深刻内涵和重要的时代特征，对于引领和鼓舞全国各族人民一同投入全面建设社会主义现代化强国建设具有重要的理论与现实意义。

1. 精神生活共同富裕的深刻内涵及其时代价值

深入研究和系统阐述精神生活共同富裕，首先必须准确把握精神生活共同富裕的基本内涵。精神生活共同富裕归根结底是人民群众的精神生活都富裕且丰富多彩，这需要以物质生活共同富裕为基础，通过人民群众的精神创造和创新能力来不断满足其精神生活需要。

第一，人民群众物质生活共同富裕是精神生活共同富裕的物质基础。马克思指出："物质生活的生产方式制约着整个社会生活、政治生活和精神生活的过程。"[①] 精神生活必须以一定的物质生活和生产活动为依靠，脱离了物质资料而独立存在的精神世界是没有任何意义的。人们在社会生产中进行活生生的实践劳动，进而形成反映其实践内容的意识和观念，最终在大脑中

---

① 《马克思恩格斯文集》第2卷，人民出版社，2009，第591页。

系统地构建出人们的精神生活。因此，要实现精神生活共同富裕就必须承认物质生活共同富裕的基础地位，人民群众物质生活共同富裕为精神生活共同富裕创造了根本的实现条件。人类社会发展至今的过程是不断推动社会生产力发展的过程，在这一过程中，社会生产高速发展的同时人们愈加有了空闲时间来开展和享受精神文化活动，从而不断丰富人们的精神生活。"人们还不能使自己的吃喝住穿在质和量方面得到充分保证的时候，人们就根本不能获得解放。"① 可见，要实现人民群众精神生活共同富裕首先必须实现人民群众物质生活共同富裕。

第二，人民群众多样化的精神创造和创新能力是不断满足精神生活共同富裕的动力。马克思指出："有意识的生命活动把人同动物的生命活动直接区别开来。"② 人存在于客观世界，不单单只能受到客观世界及其内在规律的制约，人还可以通过发挥强大的精神创造和创新能力，以自己的实践活动来推动人们物质生活与精神生活的共同发展。人民群众的精神创造与创新能力既是精神生活共同富裕的重要组成部分，也是实现精神生活共同富裕的核心动力。习近平总书记强调："把社会主义核心价值观生动活泼体现在文艺创作之中，把有筋骨、有道德、有温度的东西表现出来，倡导健康文化风尚，摒弃畸形审美倾向，用思想深刻、清新质朴、刚健有力的优秀作品滋养人民的审美观价值观，使人民在精神生活上更加充盈起来。"③ 因此，推进人民群众精神生活共同富裕，就需要通过人民群众的精神创造和创新活动来生产出丰富多彩、积极向上的精神产品。

第三，不断满足人民群众多样化的精神追求和精神需要是精神生活共同富裕的目标。马克思指出："正因为人是类存在物，他才是有意识的存在物，就是说，他自己的生活对他来说是对象。"④ 换言之，人能够通过自己的意识活动来指导自己的实践活动，进而把客观世界改造成能够满足人的精

---

① 《马克思恩格斯文集》第 1 卷，人民出版社，2009，第 527 页。
② 《马克思恩格斯选集》第 1 卷，人民出版社，2012，第 56 页。
③ 《习近平谈治国理政》第 4 卷，外文出版社，2022，第 323~324 页。
④ 《马克思恩格斯选集》第 1 卷，人民出版社，2012，第 56 页。

神需要的世界。人们的精神追求和需要既有共性又有个性，不同的人因各种
因素的影响会提出不同的精神需要，但最终都必将推动人的整体发展。推动
精神生活共同富裕，必须充分尊重和准确把握人民群众的精神追求和需要。
习近平总书记指出："人类社会与动物界的最大区别就是人是有精神需求
的，人民对精神文化生活的需求时时刻刻都存在。"① 因此，人民群众的精
神追求和需要不断得到最大的满足，才是真正的精神生活共同富裕。

2. 精神生活共同富裕的重要特征体现其时代价值

作为共同富裕的重要组成部分，精神生活共同富裕的实现意味着人民群
众在精神生活中的极大满足以及中华民族的精神文明的振兴。精神生活共同
富裕是引领人民群众创造美好生活的着力点，具有客观性与能动性相统一、
多样性与一致性相统一、当前性与长远性相统一的重要特征。

首先，客观性与能动性相统一。共同富裕的战略目标包含物质生活共同
富裕与精神生活共同富裕，二者缺一不可。一方面，精神生活共同富裕具有
客观性，是在物质生活共同富裕基础之上的精神文化生活富裕。在推进人民
群众精神生活共同富裕的过程中，人民群众精神生活共同富裕的实现程度与
当下我国所处生产力发展水平密切相关，人们所达到的生产力的总和决定着
社会发展状况。另一方面，精神生活共同富裕具有能动性，能够鼓舞人民群
众以更加积极的精神状态推进物质生活共同富裕。事实上，物质富裕带来的
快乐是有限的，而精神富裕创造的快乐是无穷的。人民群众精神生活共同富
裕是对物质生活共同富裕的反映，同时人民群众积极健康的精神生活，为经
济社会发展和物质生活共同富裕提供强大的精神动力。

其次，多样性与一致性相统一。精神生活共同富裕反映了人民群众的精
神状态，表现出了一致性与多样性的辩证统一。一方面，精神生活共同富裕
的价值选择具有统一性、一致性。精神生活共同富裕的统一性、一致性不是
指每个人的精神面貌和思想观念都是相同的、均化的，而是人民群众的精神
生活在整体上具有共同的价值选择。另一方面，精神生活是尊重人民群众多

---

① 《习近平谈治国理政》第 2 卷，外文出版社，2017，第 315 页。

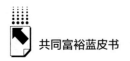

样化的精神追求的共同富裕。在经济社会发展的过程中，不同的人会有不同的精神追求，推进精神生活共同富裕就是不断满足每个个体的精神追求，最终达到精神生活层面上的共同富裕。

最后，当前性与长远性相统一。作为共同富裕的重要部分，人民群众精神生活共同富裕只能在全体人民丰富多彩的当前社会实践活动中实现，但同时也要认识到实现这一目标的过程不是一蹴而就的。一方面，精神生活共同富裕是必然能够实现的战略目标。党的十八大以来，我国经济社会发展取得了令世界瞩目的伟大成就，在社会主义精神文明建设方面，中国文化和中华文明也不断焕发出新的活力，人民精神生活愈加地丰富多彩。党和人民的实践成果证明了精神生活共同富裕是能够实现且正在不断实现的目标。另一方面，实现精神生活共同富裕需要经历一个长远的发展过程。习近平总书记指出："共同富裕是一个长远目标，需要一个过程，不可能一蹴而就，对其长期性、艰巨性、复杂性要有充分估计，办好这件事，等不得，也急不得。"[1] 精神生活共同富裕作为共同富裕的重要部分，要实现其目标也必然要不断解决各种长期性、艰巨性、复杂性的矛盾和问题。

3. 精神生活共同富裕的重大意义彰显其时代价值

不断推进人民群众的精神生活共同富裕是中国共产党人的初心使命，是党带领人民群众实现中华民族伟大复兴的历史必然。精神生活共同富裕是一个整体概念，也是一个远大目标，对于当代中国社会的全面发展具有重要意义。

首先，精神生活共同富裕是人民群众对美好生活向往的积极追求。新时代以来，我国通过全国各族人民的勤力奋斗成功推进了中国式现代化事业。尤其是在中国共产党百年华诞之际全面建成了小康社会，正在继续朝着精神生活共同富裕大步迈进。同时，"人民日益增长的美好生活需要和不平衡不充分的发展之间的矛盾"[2] 对我国现代化事业提出了新任务新要求。对此，

---

① 《习近平谈治国理政》第 4 卷，外文出版社，2022，第 143 页。
② 《习近平谈治国理政》第 3 卷，外文出版社，2020，第 359 页。

以习近平同志为核心的党中央准确把握人民群众对美好生活需要的内涵，把精神生活共同富裕上升到与物质生活共同富裕同等重要的战略高度，积极回应了人民群众对物质与精神全面发展的需要。当前，我们已经解决了绝对贫困这一历史性问题，但从精神层面来看，人民群众中有的难免出现消极观念。对此，推进精神生活共同富裕，引领人民精神状态朝着积极健康方向发展就显得尤为重要。

其次，精神生活共同富裕是实现中华民族伟大复兴的重要标识之一。习近平总书记在中国共产党成立 100 周年之际庄重宣告："今天，中华民族向世界展现的是一派欣欣向荣的气象，正以不可阻挡的步伐迈向伟大复兴。"① 一个民族的强大绝不能缺少精神的强大，中华民族伟大复兴不仅是物质层面的复兴，还包括了中华文明和中华民族精神的复兴。没有人民群众精神生活的富裕，中华民族就难以实现伟大复兴梦想。近代以来，中华民族受到了西方列强的欺辱，中国人民蒙难，中华民族的发展进程严重受阻，中华文明蒙尘。中华文明遭受了前所未有的沉重打击，走向了半殖民地半封建的社会，甚至文明可能中断的历史悬崖边。中国共产党一经成立，中国人民的精神面貌就焕然一新，中国共产党领导全国人民以坚强斗争赢取了革命、建设和改革的一次次伟大胜利。新时代，中国人民的精神意志不断增强，在推进精神生活共同富裕的过程中，为实现中华民族伟大复兴贡献强大的精神力量。

最后，精神生活共同富裕是中国式现代化的重要精神特征。习近平总书记指出："中国式现代化是全体人民共同富裕的现代化。共同富裕是中国特色社会主义的本质要求，也是一个长期的历史过程。"② 中国式现代化是由全体人民共同奋斗才能实现的现代化，也是由人民共享的共同富裕的现代化。中国式现代化不仅注重经济方面的发展，还内在地包含政治、文化、社会、生态等方面的现代化。换言之，只有实现物质生活和精神生活都共同富裕，才能确保中国式现代化的顺利实现。因而，人民群众精神生活共同富裕

---

① 习近平：《在庆祝中国共产党成立 100 周年大会上的讲话》，人民出版社，2021，第 22 页。
② 习近平：《高举中国特色社会主义伟大旗帜 为全面建设社会主义现代化国家而团结奋斗——在中国共产党第二十次全国代表大会上的报告》，人民出版社，2022，第 22 页。

是中国式现代化在精神层面的重要特征。西方国家在推进现代化的过程中，无视作为社会绝大多数劳动者的精神需要，将其视为生产机器，把具有能动意识的人异化成了"单向度的人"。中国式现代化是五大文明协调推进的现代化，即物质文明、政治文明、精神文明、社会文明和生态文明协调推进的现代化，也就是物质生活共同富裕与精神生活共同富裕辩证统一的现代化。中国式现代化在推进物质生产的同时强调人民群众精神生活的重要性，把人民群众精神生活共同富裕作为共同富裕和现代化的核心目标和重要特征。

二 浙江重文的优良传统与众多文化名人研究

自古以来，浙江就是我国江南地区经济与文化的中心地带，传承着悠久的浙江区域文化。浙江有着重视文化、传承文化的优良传统，在促进精神生活共同富裕的进程中，浙江区域文化能够转化为丰富浙江人民精神文化生活的优质"精神粮食"。

1.浙江重文的优良传统

浙江省的文化以其各地区的史前文化为根基，经过夏商时代不同地方文化的融合与整合，逐渐形成了两周时期的越国文化，越国文化与中原文化有三次大的融合与整合，近代又与西洋文化进行交流、交融与整合，最终形成了丰富多彩与独具特色的浙江区域文化。从地理因素来看，浙江省地理特征丰富，山地丘陵、平原、海岛，多种地理环境孕育了具有鲜明地域性的浙江文化。学界一般按照自然环境和文化性质的不同，将浙江地区文化分为浙东北文化和浙西南文化两大区域文化。

浙东北区域文化包括了浙江东部与北部地区的文化，即浙江北部平原水乡文化和浙江东部滨海文化。浙江北部平原地区以杭嘉湖平原和宁绍平原为主，浙江北部平原占据了浙江平原面积的绝大部分，在这个平原上，河网稠密、农田肥沃，各自然乡村依水而建，呈现典型的江南水乡风貌。浙江北部平原素有"鱼米之乡"之称，人杰地灵，孕育了大量的文化名人，如王阳明与鲁迅等，并且这个地区历史遗迹众多，蕴藏着大量的名人故居和古祠堂等乡村传统文化，标志景观丰富多彩。浙江东部滨海地区，濒临海洋，人们面海求生，因而形成了"冒险、大气和创新"的文化特征，具有海洋文化特点，如宁波的海洋文化，是具有创新、大气的海纳百川的地区文化，舟山的海洋文化特征更为明显。

浙江西南部的文化包括了浙江西部与南部地区的文化，即浙江中部盆地文化及浙西南山地文化。浙江中部金华地区，东邻台州，南毗丽水，西连衢州，北接杭州，带有明显的文化过渡性。浙江西南的丽水、衢州与周边山区，人们日出而作、日落而息，是典型的农业山区文化。

重视和传承优秀传统文化是浙江人民始终不变的共识。自 2021 年 7 月，浙江省委在《浙江高质量发展建设共同富裕示范区实施方案（2021—2025）》中提出"打造具有代表性的浙江文化符号和文化标识"以来，浙江省文化和旅游厅在完成首批 1845 项文化基因解码工程的基础上，及时推出"浙江文化标识"培育计划。"浙江文化标识"培育计划是在解码文化基因的基础上，进一步培育、擦亮一批区域性文化标识，以文化标识建设牵引资源普查、基因解码、文化遗产保护传承、文艺精品创作、文化和旅游产业、公共文化服务、国际交流合作等文化和旅游工作模块及流程的整体重塑。目前，已立项"浙江文化标识"培育项目 100 个，计划 5 年建设期合计二级建设任务 1799 项。浙江实施深入推进文化基因解码成果转化利用"1—3—10"计划，即每个县（市、区）完成 1 个示范项目落地投用，制定 3 个项目详细规划或设计方案，面向未来 5 年启动 10 个转化利用项目的前期研究。经过不断努力，浙江共推进文化基因解码工程成果转化利用项目 2179 项，已启动建设 552 项，预计总投资 659 亿元。

2. 浙江具有众多文化名人研究

浙江在新石器时期就有著名的河姆渡、跨湖桥、良渚和马家浜等考古文化，为中华文明发展做出了重要贡献。

浙江有大禹治水的故事，勾践励精图治的故事，岳飞精忠报国的故事，竺可桢科学救国的故事，还有王阳明、王充、蔡元培、龚自珍等人的精彩故事，这些名人及其精彩故事，无不展现着浙江人民勤劳勇敢、求真务实的创

新与创造精神。

浙江文化研究工程，是习近平同志 2005 年在浙江倡导设立的重大文化工程，是全国人文社科领域重要的省级大型学术研究工程，也是迄今国内重大的地方区域文化研究项目。浙江重大文化研究工程，包括"今、古、人、文"四个方面，其中，"人"即浙江名人研究，对在浙江历史上产生重大影响的浙籍名人生平、思想、业绩等进行系统综合研究，撰写出版一系列名人传记。浙江重大文化研究工程在研究内容上，首先，要系统研究和分析浙江历史文化的发展变化规律和区域文化特色，继承和发展创新浙江精神。其次，要深入研究浙江区域文化与其他区域文化的异同，系统地阐释浙江区域文化在中华文明中的地位和重要影响。最后，要深入研究浙江新时代的社会主义实践，系统总结浙江经验，推动浙江进一步发展。浙江重大文化研究工程在研究力量上，首先，要设计重大课题和重点研究基地。其次，要不断加强省内外科研院校合作，整合多学科多部门的研究力量。浙江重大文化研究工程在成果运用上，首先，要注重社会效益，其次要注意经济效益，要充分发挥其服务经济社会的重要作用。

三 浙江精神生活共同富裕的重大成就与面临的挑战

共同富裕是全体人民共同期盼并为之不断奋斗的战略目标，是中国式现代化的重要特征和重要内容。在"八八战略"的指引下，浙江在高质量发展建设共同富裕示范区新征程中，将人民群众的精神生活共同富裕，作为重要的战略目标，在促进精神生活共同富裕的伟大实践中进行了有益探索、做出了重要贡献。

1.浙江精神生活共同富裕的重大成就

坚持在不断推进人民群众精神生活共同富裕的过程中建设中国式现代化浙江，是浙江省探索建设共同富裕示范区的必然举措，顺应了浙江人民群众不断追求美好精神生活的正确方向。浙江人通过努力探索，在精神生活共同富裕的实践创新中积累了一系列重要经验，取得了一系列重大成就。

其一，浙江围绕打造新时代文化高地，搭建了推进社会主义先进文化发展先行先试的"四梁八柱"。习近平总书记指出："文化兴国运兴，文化强民族强。没有高度的文化自信，没有文化的繁荣兴盛，就没有中华民族伟大复兴。"① 社会主义先进文化是以马克思主义为指导的文化，更是具有中国特色、属于中国人民和中华民族的科学文化。推进社会主义先进文化的发展兴盛是促进精神生活共同富裕的重要内容，能够为人民的精神生活奠定文化的主基调和主旋律。2008 年 6 月，浙江省委工作会议通过《浙江省推动文化大发展大繁荣纲要（2008-2012）》；2011 年 11 月，中国共产党浙江省第十二届委员会第十次全体会议通过的《中共浙江省委关于认真贯彻党的十七届六中全会精神大力推进文化强省建设的决定》，将文化强省建设作为浙江发展的战略目标。

其二，浙江围绕凝聚思想共识和智慧力量，积极推进了关于共同富裕的宣传阐释工作。讲好新时代"共同富裕"的浙江故事，促使广大人民了解共同富裕是什么、怎么做、怎么样，能够为促进精神生活共同富裕打好扎实的群众基础。浙江省积极推进了共同富裕的理论研究阐释工作，以浙江省习近平新时代中国特色社会主义思想研究中心、建设共同富裕智库平台等高质量平台为支撑，实施了"习近平关于共同富裕的重要论述在浙江的探索与实践"重大课题研究。浙江积极营造舆论氛围，做好实施"共同富裕"国际传播工程，成功举办"中国共产党的故事——习近平新时代中国特色社会主义思想在浙江的实践"专题宣介会、"中国共产党与世界政党领导人峰会"浙江安吉分会场活动等宣传工作。

其三，浙江坚持以人民为中心、人民至上的发展思想，着力推进文化高质量发展，不断满足人民群众美好精神生活的需要。促进精神生活共同富裕的最终目标是满足人民日益增长的美好精神生活需要，推进人民群众实现全面发展。浙江加大了文艺精品供给，创作了《本色》《革命与复兴：中国共

---

① 《习近平谈治国理政》第 3 卷，外文出版社，2020，第 32 页。

产党百年图像志》等一大批优秀文化产品；打造传承了中华文脉金名片，使古越文化、南孔文化、和合文化、阳明文化等优秀传统文化品牌更加响亮；持续提升公共服务效能，推进了一批文化地标建设；充分激发文化产业活力，印发了《关于推进浙江省文化产业高质量发展的若干意见》，推动了浙江文化产业高质量发展。

其四，浙江坚持共建共享原则，扎实推进了新时代浙江文明和谐高地建设。浙江通过精神文明建设推动构建和谐社会，是人民群众的共同期盼和共同使命。浙江在人民群众不断推进共同富裕的共建共享征程中，引领人民群众自觉参与文明和谐社会建设。浙江省持续擦亮"最美浙江人"金名片，健全完善了最美人物全周期服务机制。浙江通过培育"浙江有礼"省域文明品牌、"文明使者"等特色载体，有效提升了浙江文明实践品牌影响力。浙江积极推进精神文明创建活动，巩固扩大全国文明城市"满堂红"创建成果，推进了新时代文明实践中心试点工作，确定新一轮省示范文明城市参评城市 10 个，省文明县（市、区）参评城市 14 个。

其五，浙江围绕高质量发展，不断创新共同富裕示范区的实践，不断推进精神生活共同富裕的文化创新。文化创新是促进人民群众精神生活共同富裕的题中应有之义，通过文化创新释放创新动能，能够引导和激励人民群众形成积极向上的精神理念。浙江围绕共同富裕的文化创新，制定出台了《关于推进共同富裕文化创新的实施方案》，以共同富裕的精神基因为核心，系统塑造了共同富裕价值理念、核心精神、社会规范、文化标识，并以共同富裕文化创新研究中心为主要平台研究探索文化创新的实践工作，共同富裕的文化力量得到充分释放。

2. 浙江精神生活共同富裕面临的挑战

浙江精神生活共同富裕在实践探索中取得了骄人的成绩，同时也面临着一些风险挑战，制约着浙江精神生活共同富裕的深入推进。

首先，国际形势复杂多变，尤其是西方国家的思想文化和价值观念的渗透持续影响着我国人民的精神生活。当前，世界百年未有之大变局深入演变，各国在文化领域的交流互动愈加紧密。由此，也给了西方国家向我国进行文化输出的机会。西方文化输出的实质在于推销其制度和价值理念，论证其文化的优越性和西方中心论的合理性，进而达到维护霸权和统治世界的目的。浙江作为我国改革开放和推进共同富裕的前沿阵地，难免会在国际合作交流中受到西方不良文化的冲击，这给浙江精神生活共同富裕的实践探索带来一定的风险挑战。

其次，网络信息技术深入发展，导致网络文化安全危机更加难以预测和防控。当前，网络信息技术高速发展、更新换代，5G、大数据、云计算等新兴信息技术正不断影响着人们的生活工作，潜移默化地影响着人们的思想观念。西方发达国家借助其在网络信息技术领域的先发优势，将资本与网络信息技术高度绑定，使网络信息技术沦为其传播西方价值观和政治理念的工具，这对传统的文化建设工作造成了颠覆性的影响。在网络空间中，不法分子往往利用网络的匿名性和传播性大肆宣扬各种与社会主义先进文化相违背的错误思想，这给我国精神生活共同富裕带来了不小的挑战。《浙江省互联网发展报告2021》统计显示，截至2021年底，浙江省网民规模达到5506.7万人，比2020年增加约184.9万人，互联网普及率为84.2%；手机网民规模达5495.7万，较2020年底增长189.9万，占全省网民总数的99.8%。不断增长的网民数量和不断扩大的网络规模给网络监管和风险预警带来了一定的难度和压力，浙江精神生活共同富裕必须辩证认识和准确把握网络信息技术，将网络安全之"危"转化为先进文化发展之"机"。

最后，社会舆情呈现新的复杂发展形势。随着改革开放的深入推进，我国经济社会正持续健康发展。人们开展娱乐活动的方式也越来越多样化，每个人都成为"话语人"，这也导致了各种社会舆情问题时有发生。尤其是在网络技术的加持下，一个小小的社会问题就会迅速成为一个热点问题。对此，习近平总书记强调："一张图、一段视频经由全媒体几个小时就能形成爆发式传播，对舆论场造成很大影响。"[①] 可见，在浙江精神生活共同富裕的推进过程中，一些突发事件和敏感热点问题，如果应对处置不当，便会引

---

① 《习近平谈治国理政》第3卷，外文出版社，2020，第319页。

爆新的舆情，引发系统性"次生危机"，演变成为严重损害党和政府公信力的重大舆情事件，给社会稳定带来难以估量的影响，必须高度重视，提前防控。

四　精神生活共同富裕浙江经验的时代意义与启示

浙江高质量发展建设共同富裕示范区是我国探索和推进共同富裕的一项重要决策部署，浙江在探索促进人民群众精神生活共同富裕的实践过程中总结形成了重要的浙江经验，对全国扎实推进精神生活共同富裕具有重要的时代意义与启示。

1. 精神生活共同富裕浙江经验的时代意义

浙江在高质量发展建设共同富裕示范区的探索中推进和丰富了浙江人民的精神生活，取得了一系列的重要成就，具有重大的理论意义与实践意义。

首先，精神生活共同富裕浙江经验是进一步丰富和践行党的共同富裕理论的重要实践。可以说，中国共产党的百年历史就是一部带领人民追求和探索共同富裕的美好生活的奋斗史。在中国革命、建设和改革的征程中，一代代的共产党人以马克思主义为指导，将人民群众的实践探索总结提炼为科学的共同富裕理论，为实现共同富裕这一战略目标提供了根本的思想遵循。习近平新时代中国特色社会主义思想，作为马克思主义中国化的最新成果，进一步丰富和发展了马克思主义共同富裕的理论。浙江建设共同富裕示范区，推进人民精神生活共同富裕是习近平总书记"促进人民精神生活共同富裕"[①] 重要指示的具体实践，是习近平总书记关于精神生活共同富裕的重要论述在浙江大地上的鲜活展现。

其次，精神生活共同富裕浙江经验是对如何满足人民美好生活需要这一时代主题的成功探索。当前，随着改革开放的深入推进，我国发展不平衡不充分的问题仍然很突出，人民群众物质生活与精神生活之间的差距仍然较

---

① 《习近平谈治国理政》第 4 卷，外文出版社，2022，第 146 页。

大，促进人民群众精神生活共同富裕，带领人民创造美好生活刻不容缓。精神生活共同富裕的浙江实践植根于浙江优秀传统文化和精神追求之中，充分彰显了新时代浙江文明现状和人民精神风貌，展现了未来浙江文化发展趋势和人民的精神需求，浙江人民的美好生活需要正在不断得到实现和满足。通过推进精神生活共同富裕的具体实践，探索出以高质量发展取代不平衡不充分发展的发展新路，使人民群众物质生活和精神生活不断发展且得到满足。

最后，精神生活共同富裕浙江经验为全国推进人民精神生活共同富裕提供了鲜活的省域范例。浙江高质量发展建设共同富裕示范区在地理环境、城乡发展以及市场化发展等方面具有显著优势。浙江在促进人民精神生活共同富裕的实践过程中以"努力成为精神普遍富足的省域范例"为目标，使浙江人民的文化自信和文明素养得到切实提升，总结形成了可复制推广的浙江经验，为全国推进人民群众精神生活共同富裕做出了积极的省域示范。

2.精神生活共同富裕浙江经验的启示

精神生活共同富裕浙江经验凝结了浙江人民在探索美好精神生活过程中的全部理论与实践经验，对全国推进精神生活共同富裕，进而实现全体人民共同富裕都具有重要启示意义。

其一，促进全体人民精神生活共同富裕必须始终坚持党的领导。"中国人民和中华民族之所以能够扭转近代以后的历史命运、取得今天的伟大成就，最根本的是有中国共产党的坚强领导。"[1] 促进全体人民精神生活共同富裕，必须始终坚持和充分发挥中国共产党的领导这一最大优势，将党的强大领导力、凝聚力、指挥力转化为促进全体人民精神生活共同富裕的持久动能，为促进全体人民精神生活共同富裕提供坚强的政治保障。

其二，促进全体人民精神生活共同富裕必须坚持以人民为中心的根本导向。中国革命、建设和改革的全部成就源于人民，也最终属于人民所有。促进全体人民精神生活共同富裕就是为了更好地满足人民群众对美好精神生活的追求和向往，使人民群众不断实现全面自由的发展，这是无论发展到任何

[1] 《中共中央关于党的百年奋斗重大成就和历史经验的决议》，《人民日报》2021年11月17日。

阶段都必须坚持的根本导向。

其三，促进全体人民精神生活共同富裕必须坚持循序渐进的原则与方式方法。习近平总书记强调："要抓好浙江共同富裕示范区建设，鼓励各地因地制宜探索有效路径，总结经验，逐步推开。"① 共同富裕是一项关系到14亿多人的系统性工程，不同地区经济社会发展水平有所差异，促进人民群众精神生活共同富裕的能力也有差距。因此，要准确认识到共同富裕的长期性、艰巨性和复杂性，一步一个脚印，在循序渐进中扎实推进全体人民精神生活共同富裕。

其四，促进全体人民精神生活共同富裕必须坚持改革创新。浙江在推进精神生活共同富裕的过程中通过改革创新，探索打造了"浙江有礼""15分钟品质文化生活圈""志愿浙江"等文化品牌项目，使浙江人民在人人参与、人人尽力、人人共享中切实感受到了精神生活的不断丰富。促进全体人民精神生活共同富裕，需要将改革创新的勇气和智慧贯穿于实践探索的全过程，着力破除影响人民美好精神生活发展的桎梏顽疾，让浙江成为共同富裕特别是精神生活共同富裕的全国典范，进而让新时代的中国成为共同富裕特别是精神生活共同富裕的世界典范。

---

① 《习近平谈治国理政》第 4 卷，外文出版社，2022，第 143 页。

B.13
以"提低"改革推动共同富裕的
浙江经验

蔡晨露　李月　赵海利　魏众*

摘　要： 共同富裕是社会主义的本质要求。农村居民和低收入农户是共同
富裕的底色和底板。擦亮共同富裕的底色、提升共同富裕的底
板，一直是推进共同富裕的重点和难点。浙江省不断探索提低新
路径，通过促进区域之间优势互补、要素流通，搭建内生主动发
展平台，共建共享公共服务等系列改革，走出了一条富有特色的
"提低"改革之路。

关键词： 共同富裕　提低　浙江经验

一　浙江省"提低"改革成效

农村居民和低收入农户是共同富裕的底色和底板。擦亮共同富裕的底
色、提升共同富裕的底板，一直是浙江推进共同富裕的重点和难点。通过不
断探索提低新路径，促进区域之间优势互补、要素流通，搭建内生主动发展
平台，共建共享公共服务等系列改革，浙江走出了一条富有特色的"提低"
改革之路。农村居民，特别是低收入农户在物质生活、精神生活、人居环
境、社会环境等方面都实现了不断提升。

---

* 蔡晨露、李月、赵海利，浙江财经大学财税学院；魏众，中国社会科学院经济研究所，研究
员，主要研究方向为中国经济思想史、经济发展与收入分配、卫生经济学。

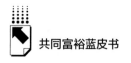

1. 物质生活水平不断提高

物质生活水平的提高，主要依靠四种途径，一是激发低收入农户主体的发展意识和创业热情，提升自身造血能力。为此，浙江持续开展了产业帮扶、异地搬迁、折股量化、来料加工、帮助就业等增收行动。二是强化对重点人群、重点对象的兜底帮扶，筑牢低收入群体的安全屏障。2020年全省最低生活保障标准达到 831 元/月（2022 年 7 月 1 日起为 1014 元/月），高于江苏 126 元/月，高出广东近 200 元/月。三是强化先富对后富的带动作用，转移支付、山海协作、结对帮扶等的帮扶合力不断显现。以"两山"（一类）建设财政专项激励政策为例，2015～2018 年，省财政对淳安等 26 县转移支付累计达 2387.6 亿元，年均增长 12.5%。四是提升山区 26 县、经济薄弱村对低收入群体的支撑作用。推动农业为主的传统乡村产业体系向城乡衔接、三产融合的新型乡村产业体系转变。2019 年，全省村集体经济总收入和经营性收入分别达到 556.83 亿元和 260.57 亿元，年均增幅分别为 13.23% 和 18.32%。其中，6920 个省定薄弱村成功实现集体经济薄弱村全部清零，全部达到年收入 10 万元且经营性收入 5 万元以上的目标。

这些举措，在实现山区 26 县快速发展的同时有效地推动了共同富裕。山区 26 县人均 GDP 从 2015 年的 38270 元增至 2021 年的 65904 元，年均增幅 9.48%，高于同期全省人均 GDP 增速 1.99 个百分点。2021 年山区县人均可支配收入达 42139 元，同期年均增幅 10.11%，高于全省同期人均可支配收入年均增速 1.74 个百分点。城镇居民人均可支配收入连续 21 年，农村居民人均可支配收入连续 37 年居全国省区首位。与此同时，2015 年全省全面消除家庭年人均可支配收入 4600 元以下的绝对贫困现象，在全国率先打赢脱贫攻坚战。自 2009 年以来，低收入农户人均可支配收入年均增长 15%以上，明显高于同期全省农民人均可支配收入增速（见图 1）。2021 年，全省低收入农户人均可支配收入 16491 元，分别是全国农民人均可支配收入（18931 元）、全省农民人均可支配收入（35247 元）的 87.11%、46.79%，年家庭人均可支配收入 9000 元以下情况清零。

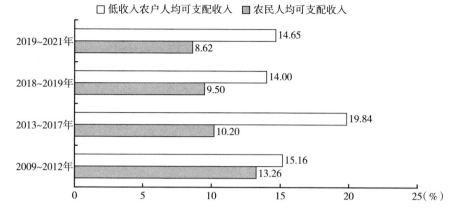

图1　2009年以来浙江农村人均可支配收入与低收入农户人均可支配收入增速

在高质量发展带动下，浙江共同富裕呈现"三个缩小""三个高于"。"三个缩小"：低收入农户与全省农民收入倍差从2.22缩小到2.14，山区26县农民与全省农民收入倍差从1.32缩小到1.28，城乡收入倍差从1.96缩小到1.94。"三个高于"：低收入农户收入增速高于农村居民4.4个百分点，山区26县农民收入增速高于农村居民0.7个百分点，农民收入增速高于城镇居民1.2个百分点。

2. 精神生活不断富足

共同富裕包括物质财富和精神生活共同富裕，物质富裕虽然是精神生活富裕的基础，但全面建成小康社会后，人民对美好生活需要的满足更依赖于精神生活的富裕，因此，精神生活共同富裕不仅是推进共同富裕的重要内容，也是满足人民对日益增长美好生活需要的重要抓手。

浙江高质量发展建设共同富裕示范区，省委省政府和人民群众都高度重视精神生活共同富裕。浙江不断挖掘优秀传统文化、强调先进文化发展先行先试的"四梁八柱"，同时以公共文化服务体系建设、文化产品高质量供给为抓手推进浙江文化高质量发展，以每万人拥有公共文化服务设施面积、居民综合阅读率、文明好习惯养成实现率、社会诚信度、人均文化娱乐消费占比为抓手，推进浙江新时代文明和谐高地建设。

2013年以来，浙江顺应广大农民群众的新期待，连续5年把农村文化礼堂建设纳入当年省政府为民办十件实事项目，加快推动"物的新农村"向"人的新农村"转变。2018 年，有组织地开展"我们的村晚""我们的节日"等活动近 3 万场次，组织文化、卫生、科技等各类服务 10 万场次。2019 年以来，浙江省文化礼堂不断提质增效扩面，尤其注重以共享理念和信息化手段推进智慧文化礼堂建设，创立"礼堂家—浙江农村文化礼堂资讯服务共享平台"，集文化点单、礼堂展示、智慧服务等多元功能为一体，为用户提供全面的资讯动态、翔实的礼堂介绍、丰富的文化菜单、鲜活的经验做法以及科学的管理方式。截至 2021 年，全省共建设农村文化礼堂13384 家，500 人以上行政村文化礼堂覆盖率超过 97%，送戏下乡 14.2 万场，送展览讲座下乡 8.7 万场，送书下乡 1702.8 万册，全省公共文化服务力指数从 2016 年的 100，提高到 2020 年的 131.48。

浙江人民已经深深体会到，农村文化礼堂是实现精神富有、打造精神家园的重要载体，是建设文化强省的重要基石，是巩固农村思想文化阵地的重要保障，是提升农村文化建设水平的重要举措。文化及相关产业增加值由2017 年的 3202.3 亿元增加到 2021 年的 4944 亿元，年均增速 11.47%，高于同期 GDP 增速 2 个百分点。文化产业已成为浙江高质量发展的重要载体。

3. 人居环境不断美化

以"绿水青山就是金山银山"理念为指引，浙江加快建设美丽乡村，支持开化、仙居两县开展国家公园试点，建立健全自然保护地体系，联动推进淳安特别生态功能区、安吉县域"绿水青山就是金山银山"理念综合改革创新试验区和丽水生态产品价值实现机制试点。大力推进农村文化礼堂建设，发挥农村文化礼堂等平台对于乡村文化的提升作用，真正以乡村振兴战略为切入口，建设美丽乡村。

从 2003 年开始推进以"千万工程"为抓手的农村人居环境综合整治，统筹城乡的基础设施建设，到 2008 年又提出把美丽乡村建设作为深化"千万工程"的新目标、新方向，浙江率先走向乡村振兴。2010 年 12 月，《浙江省美丽乡村建设行动计划（2011-2015 年）》发布，提出围绕科学规划布局美、村容整洁环境美、创业增收生活美、乡风文明身心美的目标要求。

2016 年 4 月,《浙江省深化美丽乡村建设行动计划（2016-2020 年）》发布,提出了打造美丽乡村升级版。2017 年 6 月,省委第十四次党代会提出要大力发展全域旅游,积极培育旅游风情小镇,推进万村景区化建设,提升发展乡村旅游、民宿经济,全面建成"诗画浙江"中国最佳旅游目的地。

20 年来,浙江始终把助农增收贯穿于"千万工程"、美丽乡村建设和乡村振兴,坚持生态与经济协调发展的理念,不断挖掘乡村的新价值,通过乡村建设与农民增收的互联互动,把生态优势转化为发展优势,让农业变强、农村变美、农民变富。在国家统计局发布的《2016 年生态文明建设年度评价结果公报》中,浙江省排名前三。在《绿色之路——中国经济绿色发展报告（2018）》中,浙江排名各省第一,并获得"浙江的经济发展与资源环境的协调度高"的赞誉。

截至 2019 年 2 月,浙江省已拥有 27 个中国历史文化名镇、44 个中国历史文化名村,国家历史文化名镇、名村数量居全国前列。截至 2019 年 5 月,浙江省已创成 4876 家 A 级景区村庄（其中 3A 级景区村庄 750 家）,村庄景区化覆盖率达到 20%。2019 年 6 月,浙江生态省建设通过了生态环境部验收,建成中国首个生态省,实现地区国民生产总值快速增长的同时,生态环境质量持续提高,资源能源消耗大幅降低,生态文明制度创新领跑全国,绿色发展处于领先水平。

4. 乡村社会环境更加和谐

构建舒心安心放心的社会环境不仅是社会治理的重要目标,更是共同富裕的重要内容。作为社会治理的神经末梢,基层社会治理不仅是激发社会活力的重要引擎,也是为共同富裕营造良好社会环境的重要根基。

浙江健全各方参与协同机制,积极倡导先富带后富,加快缩小公共服务差距,深入实施基本公共服务均等化行动计划,致力促进教育、医疗卫生、文化等事业均衡发展,着力缩小区域之间基本公共服务差距。充分发挥慈善机构功能,依托工会、共青团、妇联、科协、残联等群团组织优势和民主党派作用,动员各方力量有钱出钱、有力出力、有智出智。发挥省慈善、扶贫、职工送温暖、妇女儿童等基金会组织的扶贫帮困功能,广泛开展扶贫济困活动。

在 20 世纪 60 年代初，浙江省的"枫桥经验"成为全国推广学习的典型，是"立足基层组织，整合力量资源，就地化解矛盾，保障民生民安"的重要典范。进入中国经济发展新时代，"枫桥经验"仍然在浙江省发挥着重要作用。浙江致力打造成为"三治融合"模式的示范地，为全国创新基层社会治理提供浙江样板。通过实施万村善治示范工程，开展善治示范村创建，实施村级班子整固提升行动，推进后进村党组织晋级提升。各地还创新完善了村规民约（社区公约）、百姓议事会、乡贤参事会、百事服务团、法律服务团、道德评判团等新载体。例如，丽水市充分挖掘特色文化、以文育德，让丽水的"三治融合"更贴近地方特色、更融入百姓生活；遂昌长濂村挖掘当地名人郑秉厚的法治典故、道德故事，借助郑氏祠堂开展了"四点半"课堂；松阳县玉岩镇排居口村利用红色文化资源，积极开展各种活动，充分发挥红色文化的育人价值。

从建设"平安浙江""法治浙江"到全面加强党建引领下基层社会治理的转变，城乡基层的社会面貌焕发出新的生机。整体而言，浙江基层治理创新，并非零散地、孤立地推进，而是紧扣基层治理重大需求，坚持整体谋划、系统重塑，用创新的思路和办法，推动治理共性问题的破解，尤其是善用数字化改革新动能、新手段，不断推动和深化区域"整体智治"，把"中国之治"的制度优势转化为"走在前列"的治理效能。2019 年上半年衢州市谋划实施的"县乡一体、条抓块统"集成改革，是浙江省委着眼省域整体破解基层治理难题的重大集成改革。"条抓"可以全面推动职能部门在保障履行"条线"专业职责，更大限度地放权基层、服务基层；"块统"可以把乡镇做强，提高对资源、平台、队伍的统筹协同能力；"县乡一体"则打通了县乡断层，形成扁平高效的治理共同体。在衢州市域先行先试成功后，这一改革在浙江全省域推行实施。

5. 公共服务不断优质共享

基本公共服务均等化是共同富裕的稳定器、助推器，全生命周期的公共服务优质共享，意味着高效、公平、均等的公共服务贯穿了每个人的成长周期，意味着共同富裕看得见、摸得着。

　　浙江省积极完善基本公共服务，促进基本公共服务均等化。持续提升社会事业水平，实施重点欠发达县特别扶持计划和"两山一类"激励政策，加快补齐26县民生短板，让帮扶对象共享教育、医疗等优质资源。持续改善基础设施条件，以实施"千村示范万村整治"工程与建设美丽乡村建设为龙头，全面改善帮扶对象的基础设施。

　　除此之外，浙江还在《国家基本公共服务标准》的基础上建立了《浙江基本公共服务标准》，对每一个服务项目的服务对象、服务内容、服务标准、支出责任和牵头单位予以明确，同时从服务数量和服务对象两个方面对《国家基本公共服务标准》进行了扩充。从数量来看，《浙江基本公共服务标准（2021年版）》比《国家基本公共服务标准（2021年版）》多了15项，增加的是"十三五"期间群众已经普遍享受、但不在《国家基本公共服务标准》范围内的服务项目，如明确为未成年人、老年人、现役军人、残疾人和低收入人群，提供了文物建筑及遗址类博物馆门票减免、文化和自然遗产日免费参观等服务。从服务对象来看，《浙江基本公共服务标准（2021年版）》努力推进基本公共服务从户籍人口向常住人口全覆盖。在95项基本公共服务标准中，75%以上的服务项目覆盖常住人口，如优孕优生服务项目、孕产妇健康服务等。在基本公共服务供给模式上，浙江紧紧抓住数字赋能和多元参与两个抓手，提升公共服务可及性、优质性和便捷性。运用大数据平台和信息技术，实现公共服务需求端与供给端的精准对接，提高公共服务的有效性。加强政府引导，鼓励市场和社会组织参与，充实公共服务的多层次供应。政府负责基本公共服务领域的兜底，满足可及性、普惠性、公平性的要求，而基于人们不同需求层次的个性化服务则由市场和社会提供。除此之外，浙江探索构建了共富型大社保体系。积极稳妥地推进企业职工基本养老保险提标扩面，完善城乡居民基本养老保险制度，推动个人养老金发展，健全多层次医疗保障体系，发展惠民型商业补充医疗保险，探索建立长期护理保险制度和保障性住房建设模式，拓展退役军人服务保障体系，强化新时代社会救助体系，提升残疾人等困难群体保障服务水平，逐步缩小职工与居民、城市与农村的社保筹资和待遇差距。

二 提低改革面临挑战

当今世界处于百年未有之大变局之中，疫情深刻改变国际经济政治秩序，全球力量格局重构，科技创新领域的激烈竞争以及国际贸易规则的颠覆性变化都将给浙江山区 26 县发展、村集体经济壮大、农民和低收入农户增收带来直接影响。"提低"改革中的帮扶对象管理有待进一步优化，制度制约、要素制约依然存在，县域经济、村集体经济发展任重道远，这些都对推动共同富裕形成了挑战。

1. 帮扶对象管理机制有待优化

首先，在帮扶对象认定上，精准度有待提高。受传统文化的影响，低收入农户大多有"藏富"心理，仅靠短时间的入户调查，难以摸清农村家庭收入。同时，全国层面仍存在数据壁垒，仅通过浙江省大救助信息系统，很难完全掌握家庭成员财产与收入状况。此外，各地在农户收入统计的口径上也存在一定差异，不同地区难以比较。例如，国调队在月统计中会剔除合作医疗报销款等在内的收入项目，出嫁女儿的赡养费是否纳入统计口径存在地区差异。

其次，在帮扶对象的管理上，信息孤岛问题依然突出。当前与低收入农户增收相关的数据库系统很多，除浙江省大救助信息系统外，还有财政资金项目管理系统、扶贫数字化管理系统、扶贫信息管理系统、财政扶贫资金动态监测平台，各数据库之间还未能及时转化共享。

最后，返贫预警机制建设还有较大完善空间。将帮扶关口前移，根据返贫、致贫风险等级等因素健全返贫监测跟踪机制，建立致贫预警联动机制，做到早发现、早干预、早帮扶，需要充分利用大数据、物联网、区块链、人工智能、云计算等信息技术，根据返贫、致贫风险等级等因素健全返贫监测跟踪机制，建立致贫预警联动机制，做到早发现、早干预、早帮扶，当前这方面仍需进一步探索完善。

2. 提低改革的制度藩篱依然存在

制度优势是浙江奇迹的最根本原因。在百年未有之大变局、国际形势复杂多变的宏观背景下推进提低改革，对制度建设的系统性、整体性、协同性的要求更强。当前的制度藩篱主要体现在以下三个方面。

一是向农民开放的城市权利不充分。城市权利影响了农民收入水平的提升，主要表现在市民权、居住权和子女教育权。在中国特色户籍制度下，获得城市户籍就是获得城市市民资格。现阶段，中小城市特别是中西部地区中小城市基本放开，但是农业转移人口集聚较多的大城市、特大城市和超大城市，落户政策的精英化取向仍然明显。在"土地—财政—金融"三位一体的城市化发展模式、商品房购买、保障房分配与户籍挂钩政策以及城市政府运动式清理人口的传统治理思维和治理方式的共同影响下，"农二代"的城市居住权难以实现。农民工子女教育面临的制度性歧视及在经济—社会结构中的不利位置，导致农民工子女教育权的实现仍然存在不小的困难。

二是公共服务优质共享问题。尽管浙江的基本公共服务水平在全国处于前列，但均衡配置问题由来已久。以教育为例，主要表现在以下几个方面。①城乡教育发展差距，伴随农村劳动力向城市流动，"乡村空、城镇挤"问题非常突出。②普惠托育机构供给不足问题突出，杭州市财政局联合卫健委针对"3岁以下婴幼儿生育养育成本"问题进行的23625份网络调查数据表明，送托费用较高、由他人照护不放心、附近无托幼机构让很多家庭入托意愿无法满足，品质较好、服务有保障的托幼机构费用每月绝大多数在4000~5000元，有的接近万元。③对于养老服务，在农村青年劳力外流及独生子女政策等因素的影响下，农村留守老人将近四成，城镇空巢家庭超过五成。但根据养老网对全国24428家养老院的调查，只有16%~20%的失能老人可以在养老机构享受照料服务，而其中只有4.15%属于医保定点的养老机构。推动家庭、社区及机构养老的任务已迫在眉睫。

三是农村产权制度的制约。土地是农村经济发展、农民增收的最重要因素，农村"三块地"制度制约依然明显。例如，现代农场要实现生态化、数字化，需要建设视频会议室进行实时监控和管理，发展休闲农业、观光农业需建设厕所、停车场等附属建筑，这些建筑的用地需求，与现行土地政策规定的"设施农用地上只能堆放肥料、农作工具"不相符，更不符合建设

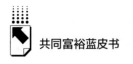

用地要求。此外，当前跨行政村的宅基地流转还缺乏法律保障，甚至是与现行《土地管理法》中仅限于"村内流转"的条款相矛盾。随着城市化进程推进以及农村资源的开发，必有部分宅基地流转价格将快速推高，未来宅基地实际价格将显著高于实际流转价格，形成巨额时间价差，此种显著差价可能导致"事后清算式"的法律诉讼，而"行政认可"与"法律条款"差异也将会给法院判决带来两难。

3. 提低改革的要素制约日益明显

目前，在低收入农户收入构成中，转移性收入占比超过60%，而且这一比例呈现上升趋势。换句话说，转移性收入增加成为低收入农户增收的最重要原因，对收入增加额的贡献率超过70%，其中最低生活保障水平提高对低收入农户增收的贡献率接近30%，与此相对应，低收入农户收入来自经营性净收入的比例不足10%。造成这一现象的主要原因在于：低收入农户中因病因残比例上升明显，丧失或基本丧失劳动能力的低收入农户所占比例大幅度增加。例如，2020年温州市因残和因病占全市低收入农户比例合计为78.39%，比低收入农户收入倍增计划期间（2013~2017年）增长近20个百分点。此外，也存在部分低收入农户增收意愿不强，个别帮扶举措异化为"送钱送物"的落实保障政策，导致部分低收入农户不同程度上产生了"等靠要"思想。据调研，在针对有劳动能力低收入农户的就业帮扶中，固定就业的公益性岗位到岗率偏低。随着帮扶政策由省到县层层加码、帮扶力度逐年加大，增收动力不足的问题在一定程度上提高了低收入农户的返贫风险。低收入农户自身劳动能力下降，对兜底性支出提出了更高要求，但是受经济下行、减税降费、国际形势变化等多种因素叠加的影响，财政收入增速下降与财政支出刚性增长现象并存，财政收支矛盾非常突出。

除此之外，经营性收入的上涨空间亦非常有限。相比工商业，自然资源小农经济的生产要素配置效率较低，农业企业化增加的经营性收入有限。当前，按照农业企业化推进农业规模化、推动农业现代化的做法将农业劳动力成本显性化，提高了外部市场主体与分散农户之间的交易成本，规模化种养业造成大宗农产品、淡水产品、大宗果品均出现不同程度的产能过剩（我国大宗农产品产量是全球的 70%，淡水产品产量接近全球的 70%，大宗果品产量接近全球的 40%），农民特别是低收入农户因农业企业化而增加的经营性收入有限。

4. 山区26县的县域经济增长制约了涓滴效应的发挥

经济增长的涓滴效应，是中国 1979~2014 年减少贫困的重要原因①。但是，山区 26 县经济发展的动力，在新阶段下面临巨大挑战，直接影响了涓滴效应的发挥。

一是山区 26 县产业基础依然薄弱。全省开发区（园区）整合提升后，山区 26 县产值规模超过 100 亿元的开发区平台仅 10 个。2021 年，山区 26 县规上工业亩均税收 19 万元，比全省平均水平低 13 万元，规上工业亩均税收最低的文成县仅 9.9 万元，尚有文成、泰顺、常山、云和、缙云、松阳、景宁 7 个县没有上市公司。2021 年底，山区 26 县高新技术企业仅 1771 家，仅占全省的 6.2%，科技型中小企业 5886 家，仅占全省的 6.8%。

二是山区 26 县基础设施建设相对滞后。公路方面，26 县公路密度为全省平均值的 85%，高速公路密度为全省平均值的 64%，县域公路等级普遍不高；铁路方面，尚有云和、泰顺、景宁、文成 4 县未通铁路，丽水尚未实现省域、市域、城区 3 个"1 小时交通圈"。教育、卫生等优质公共服务供给不足，优秀人才不愿来、留不住问题仍较为突出。

三是山区 26 县的人才相对更加短缺。一方面，科技特派员制度与山区县特色产业的技术需求存在偏差，技术供需对接的有效性不足，科技特派员的技术增值服务没有得到市场的充分认可，阻碍了科技特派员制度效能发挥。例如，因胡柚种植、加工、营销而畅销市场的健跳镇双港村缺少适应现代农业发展的技术、管理、网络直播等方面的人才。缺乏和科技厅、农科院、高校合作的制度化、常态化的技术沟通渠道。对各类人才生产生活保障

---

① 叶兴庆、殷浩栋：《从消除绝对贫困到缓解相对贫困：中国减贫历程与 2020 年后的减贫战略》，《改革》2019 年第 12 期。

性服务提供得不够充分，部分乡镇的科技特派员无法常驻本地进行长期技术指导。另一方面，在人才考核、评价和配套方面，高层次人才考核机制较少考虑对企业的适用性。企业自主评价技能人才成本过高。对大学毕业后到山区26县就业的人才，也缺乏针对其在职称、服务、子女教育方面的专项激励政策。

四是山区26县的绿水青山转化渠道仍需拓宽。绿水青山是源泉，没有绿水青山，就没有金山银山，但绿水青山不会自动转化为金山银山。例如，庆元县的生态系统生产总值（GEP）就相当于GDP总量的5倍多，这些生态环境、山水资源比较优势，是山区26县跨越式发展的宝贵财富，但受地理区位等多方因素影响，将其转化成生态工业、高效生态农业和生态旅游业等生态效益的水平，与发达地区相比，优势并不明显。而沿海发达地区凭借美丽城市、美丽城镇、美丽乡村有机贯通的美丽浙江建设，全域旅游、乡村旅游带来的经济效益十分可观。抢抓碳达峰、碳中和的机遇，进一步推进生态经济化，完善生态产品价值实现机制，山区26县仍需进一步努力。

5. 帮扶合力需进一步凝聚

浙江先富带后富实现共同富裕的主要帮扶力量有三：一是山海协作，二是结对帮扶，三是慈善力量。

山海协作工程自2002年正式实施，是浙江解决区域发展不平衡不充分问题、推进欠发达地区跨越式发展的有效举措。但是，山海协作的紧密程度与实施细节有待进一步优化。例如，双方合作是以"飞地"为主的项目形式，在教育、文化、医疗卫生、科技等领域合作的紧密程度并不高。同时，项目大多集中在交通便捷、经济发展较好的乡镇，对于较偏远的地区辐射带动力不够，导致乡镇之间、村庄之间的发展出现不平衡现象。此外，"山"与"海"的考核不对等，导致受援地区对支援地区帮扶干部的期望与需求存在落差。

省内结对帮扶始于2003年的"欠发达乡镇奔小康工程"。目前帮扶以提供资金、溢价采购当地农产品等短线输血为主，长远造血能力不足。同时，浙江每个乡镇对于所辖村都有自己派出的包片领导与联村干部，但其与"第一书记"等驻村干部的工作有时产生交叉重叠。

慈善力量在推动共同富裕中的作用仍有很大提升空间。首先，慈善事业有缺乏健全的法律法规依据、管理制度及监管不力等诸多改善空间，近年来一些不和谐事件的发生在拷问着慈善组织的公信力。其次，慈善资源的瞄准机制不够，可能出现善款分配与受助者经济条件无关甚至倒挂现象，同样是低收入农户，有些人可能享受了较多善款，有些人可能完全没有享受。

三　政策建议

1. 进一步优化帮扶对象管理机制

首先，健全精准识别机制。建立多维度贫困评估指标体系，对照经济状况、健康状况、教育状况、居住状况、就业状况、社会参与六个维度，运用家境调查和大救助信息系统核对功能，对困难家庭贫困境况和救助需求进行科学调查和综合评估。

其次，完善主动发现机制。构建县（市、区）、乡镇（街道）、村（社区）、网格联动救助网络，延伸基层服务功能，乡镇（街道）驻村干部、村"两委"、网格员等加强排查，对走访中发现的困难群众，及时转介相应的社会救助管理部门。

再次，推进大救助信息系统智慧救助3.0。建立全省统一低收入人群数据库，加强对社会救助对象的更新动态管理。规范工作流程，实施社会救助确认给付档案信息化管理。通过省大救助信息系统对接政务服务中台2.0，升级改造救助"一件事"线上惠民联办功能。统一线上申请端，待民政完成困难确认后，分类推送给专项救助相关部门，实现救助事项"一件事"集成办理落地。

最后，优化数字化防返贫监测体系，打造返贫监测帮扶机制。进一步打通部门、省市县数据壁垒，形成省内帮促综合数据库、低收入农户帮促数字

化应用场景、结对村帮促数字化应用场景、山区 26 县帮促数字化应用场景"一库三应用"。总结平阳县"互联网+社会救助"省级试点经验，打通部门间的"数据孤岛"，加强对因学、因灾、因病、因残、失业等导致支出增加、收入减少农户的监测，及时发布预警信息。充分用好线上监测、线下实证的快速发现和响应机制。

2. 打破提低改革中的制度藩篱

首先，推动城市权利向农民开放，以包容、公平推动进城农民融入城市社会。①充分保障农民土地权利。赋予农民农地和宅基地更完整、更稳定的财产权，以赋权、扩权、限公权保障农民这两类土地的基本权利，在此基础上，顺应农业功能变化和村庄转型，推进承包经营权和宅基地的转让权改革，促进稀缺土地资源的有效配置，提高土地配置效率和农民土地财产权收益。打破城乡二元分割的土地制度，实现集体和国有土地权利平等，赋予农民利用集体土地参与工业化和城市化的权利。②切实保障"农二代"在城市的居住权。城市政府要将符合条件的常住人口纳入公房保障范围和住房公积金制度覆盖范围。允许城乡范围内农民存量集体建设用地建设集体租赁房屋出租，让城乡接合部农民可以长期分享土地增值的好处，为"农二代"提供体面的居住空间，同时减轻城市政府财政负担。

其次，进一步推动公共服务优质均衡。①探索建立与常住人口布局相一致的、城乡一体化公共服务提供保障机制。制定实现农民城市权利的成本分担机制。加快研究建立各级政府、企业、个人实现城市权利的成本分担机制。鼓励地方政府根据本地实际情况，因地制宜、量力而行，逐步提高本地区公共服务保障水平，吸引人口流入。②探索城乡居民基本养老保险制度和最低生活保障制度并轨试点改革，探索低收入农户食品券、消费券等发放机制。③推动基础教育优质资源均衡发展，加大对乡村教育帮扶协作力度，完善"千校（园）结对"帮扶关系，全面推进城乡教育共同体。加快推进教育公平，积极推动实现公办学校全部向随迁子女开放，放宽随迁子女在流入地参加高考限制，切实维护随迁子女平等受教育的权利，努力让每个农民工子女都能享受到公平而有质量的教育。④优化医疗服务均衡长效机制，加强县乡村三级医疗卫生机构基础设施和信息化建设。分层分类推进优质医疗资源精准下沉，深化县域医共体建设，推进乡村一体化管理。推进县级疾控机构标准化建设，提升覆盖城乡的公共卫生防控救治能力，加快公共卫生从以治病为中心向以健康为中心转变。推进以全科医生为主体、全科专科有效联动、医防医养有机融合的家庭医生签约服务。

最后，探索农村产权改革。①从国家层面对现行《土地管理法》等法律中的相关条款予以修订，承认跨村宅基地流转的合法性，切实保护流转交易中相关方利益，为来之不易的改革成果保驾护航。②引导低收入农户充分盘活承包地、宅基地、房屋等资产，通过流转、出租、入股等形式，增加低收入农户财产性收入。③建立宅基地增值收益分配制度，确保集体成员分享土地收益，使土地红利真正惠及广大农民，增加农民财产性收入①。如可通过股份合作的方式开发古村落、民俗村、休闲农庄等，打造新的产业链；发展共享房屋、共享庭院、共享村落等共享经济形式，打造乡村振兴新业态。④利用财政资金进行宅基地的置换、整理与修复，由此撬动和放大社会资本的注入，使农民闲置住房成为发展乡村旅游、农业观光、民俗休闲、文化体验以及养老、文化、教育等产业的有效载体②。

3. 释放农民和低收入农户生产要素动能

首先，构建致力于乡村现代化、生态资源开发的新型集体经济组织，释放集体经济组织动能。人多地少的现实客观上制约了提高农村居民收入水平不可能单纯依靠大规模的土地集中、转移农村人口来实现。第九次全国人口普查结果表明，浙江乡村人口为2088.63万人，占总人口的38.4%。即使城镇化率提高到75%，仍然有960万乡村人口，不考虑城镇化带来的粮食耕作面积减少，人均粮食作物播种面积也只有1亩。与此同时，山水林田湖草作为一个不可分割的生态系统，需要统筹考虑自然生态各要素。所以，借鉴

---

① 曹益凤、耿卓：《共同富裕目标下宅基地财产价值显化的制度路径》，《社会科学动态》
2022年第8期。

② 罗必良：《农村宅基地制度改革：分置、开放与盘活》，《华中农业大学学报》（社会科学版）2021年第1期。

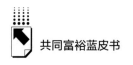

"日韩台"模式，联合单家独户的分散农户构建具有地缘特征的新型集体经济组织，开展生态文明的一体化建设显得更为重要。①增加政府对新型集体经济组织的资金投入，增强农民互助合作。②对新型集体经济组织开放所有农业生产之外的涉农经济领域，如投资、保险、购销、加工等，以低税甚至免税方式扩大农户的经营领域。③通过农业基础设施项目、扶贫项目等投资形式扶持新型集体经济组织，并将政府投资收益定向用于农村各项事业发展、低收入农户增收，反哺农业生产。

其次，以资本深化提高乡村生态资源的增值潜力，释放绿水青山的转化动能。坚持以人与自然和谐共生的生态文明理念，有机整合生态资源和人文资源，以资源资本化增加农村居民财产性收入。①在全域生态系统调研基础上进行全域生态系统规划，紧密结合村庄布局和山系水系，以生态资源的空间安全和空间正义作为"资源变资产"的起点。②新型集体经济组织以集体资产折股量化到户，同时吸引农户把各自经营的农地、山地和其他资源型资产折股加入新型集体经济组织，同时将有待进一步开发的水、空气等资源折算成价值化资产，完成一级市场内部定价，实现"村民变股东"。③新型集体经济组织委托村资产管理公司，统一对外在二级市场招商，以提高资源资产的谈判地位。④筛选二级市场优质资源，设立县级生态资源投资基金，利用省产权交易所吸引过剩金融资本加入，通过资本深化进一步提高农村居民资源性资产收益。

最后，以市民下乡、大学生回乡、乡贤返乡等人流回乡政策带动产业兴乡，释放城乡融合发展动能。在深入推动城镇化建设的基础上，吸引精英人才下乡创业，发展壮大农民企业家队伍，实现城镇化和逆城镇化相得益彰、相辅相成。①充分借助大数据、区块链、人工智能等数字技术，建立消费数据平台。通过数据挖掘、智能分析，掌握城市中产阶级消费特征及其变化，以更好地满足城市中产阶级物质产品、精神产品和文化产品的多样化、个性化需求。②完善落实财政补助、金融信贷、税费优惠等政策，创新破解市民下乡、大学生回乡、乡贤返乡、企业兴乡过程中项目落地难、资金筹措难和用地保障难等问题，按照全面落实农业农村优先发展和就业优先政策，开创市民下乡、大学生回乡、乡贤返乡与本土精英、农民联合创业的局面。③大力发展教育文化产业。利用教育部将研学旅行正式纳入学校课程体系的机遇，挖掘和整合乡村民俗、节日、手工艺、古建筑等优秀文化资源，培育文化产业，开发文化产品，创建文化产业品牌，同时，促进乡村文化振兴和繁荣，移风易俗，传承优秀历史文化。④积极融入长三角一体化发展规划，发展医养、寿养和康养等生命产业，推进长三角全域范围内生命产业服务一体化建设，推进长三角范围内生命产业服务信息管理平台全面覆盖，及时总结、推广各地培育连锁生命产业的成功经验。

4. 发挥山区优势，推动山区高质量发展

首先，提质升级绿色生态工业。①探索在杭州等地设立"26县科创园"和在26县设立"之江实验室26县产业园"，用足用好杭州科创资源，承接上海、杭州外溢转移的优质产业和项目，构建"杭州研发，26县量产"的发展模式。引导高校、科研机构到山区26县设立研究院或共建现代产业学院。②支持26县建设特色生态产业平台，提高山区工业平台能级，重点推动衢州、丽水打造"千亿级规模、百亿级税收"高能级战略平台，支持丽水市申报国家高新技术产业开发区。③围绕"一县一业"，引导山区26县充分利用生态资源优势，培育具有地方特色的"生态+"产业，建设绿色产业发展示范区。做强"一县一业"，打造百亿级特色优势产业规模，通过数字化、智能化、绿色化改造升级山区传统制造业，打造"名品+名企+名产业+名产地"，加快推进山区企业走"专精特新"发展之路。

其次，全域布局文旅产业。①深度挖掘26县红色旅游资源，引入情景化、体验式等方式，推进红色旅游与生态游憩、古村落体验、民族风情等融合发展。②完善山区26县"一站式、智能化、个性化"智慧旅游服务系统，支持26县创建省级和国家全域旅游示范区，培育康养旅游、研学旅游、古村落旅游等新业态。③推动山区26县与老年人口密度大、人均养老资源紧张的发达地区合作，以连锁机构模式发展养老养生产业、医疗康养产业和银发经济。④加快布局文化科技和数字文旅产业，依托数字科技拓展文化和旅游领域智慧化应用场景，创造数字化文旅消费新热点。

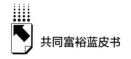

再次，加快建设重大基础设施。①重点推进一批普通国省道待贯通路段和市域公路网、"四好农村路"建设，打造26县一级的综合交通枢纽，畅通内部区域交通网。②优化调整抽水蓄能电站规划布局，支持山区26县打造华东抽水蓄能基地。③加快建设覆盖山区26县乡镇以上地区和有条件行政村的"双千兆"网络基础设施，实现5G基站乡镇以上地区全覆盖。④加快推进低功耗广域网在山区26县农村地区的部署和覆盖，支持重点农业企业综合利用5G、4G窄带物联网和光纤等技术，打造适合农业物联网发展的良好生态体系。

最后，加大人才、土地、科技、资金等要素资源向山区26县倾斜。①建立全面、动态、开放的人才引进机制，打破地域、编制、身份等限制，鼓励和引导现代化服务人才、农业领军人才等重点领域人才落户山区26县。②完善农村用地保障机制，创新土地利用政策，给予山区26县的基础设施、民生项目、优质文旅项目新增建设用地计划指标支持，统筹安排"产业飞地"建设用地规划指标，保障农业和乡村产业发展合理用地需求。③加强对山区26县的科技支撑，推进农业领域高水平创新创业平台载体建设，深化科技特派员制度改革。④建立健全财政投入保障制度，完善涉农资金统筹整合长效机制，健全多层次、广覆盖、可持续的农村金融服务体系，加大对农业农村信贷支持。⑤完善山区26县财政转移支付分配制度，全面推进预算绩效管理，完善转移支付地区分档体系以分类分层预算绩效管理加强转移支付资金统筹，强化绩效评价结果的运用。

5. 构建先富带后富的长效机制

首先，围绕"山""海"两个增长极，对接国家海洋经济、生态经济战略，打造山海协作工程升级版。①将山区26县与协作帮扶地区的经济增长指标、生态指标纳入统一考核，激励发达地区对山区26县的帮扶从"外生"转向"内生"。②帮扶内容从经济增长向基本公共服务延伸，将教育、文化、医疗卫生、科技、旅游、消费等纳入山海协作内容。③注重发挥市场作用，建立企业合作平台，打造以"飞地经济"实现"研发在发达地区，转化在山区26县"开放平台。

其次，深化打造新型帮扶共同体。①加快在大湾区新区、省级高能级战略平台等产业平台，为山区 26 县布局以先进制造业为主的"产业飞地"，建设"科创飞地"，进一步规范山海协作"消薄飞地"。②研究制定符合山区 26 县发展实际、可操作性强的重大产业项目准入标准，突出分类入库导向，降低山区 26 县的入库门槛，支持山区 26 县重大产业项目优先纳入省级计划，强化用地、用林、用能、排污、资金等方面的保障。③支持山区 26 县向海借势，打造义甬舟大通道及西延战略支点平台载体，积极参与"一带一路"倡仪，共享浙江自贸试验区政策红利。④建设"帮扶共同体"平台，以信息化为依托提升精准帮扶配对效率，丰富帮扶内容，拓展帮扶职责。建设"1 对 1""1 对多""多对多"帮扶共同体，加快集成多元化帮扶力量，注重凝聚民营企业、群团组织和社会群体帮扶力量，形成参与山区 26 县现代化发展的合力。

最后，优化公益慈善帮扶。①培养公益组织。依托工会、共青团、妇联、科协、残联等群团组织优势，发挥民主党派作用，积极利用全国性乃至国际性公益平台，培育本地公益组织，并广泛动员社会力量，实现各类公益帮扶的优势互补。②充分发挥浙江民营企业多、群众生活富裕的经济优势和群团社团强、海外华侨多的网络优势，引导激励越来越多的行业、企业和有志之士等社会力量投身帮扶事业。③通过信贷支持、财政补贴、扶持资金倾斜等优惠政策，鼓励各类企业广泛参与帮扶，通过设立专项基金、乡情基金、结对帮扶等形式助弱、助学、助老、助残、助医。④通过智慧物流、大数据、VR 技术、区块链等技术，开发完善全过程透明、阳光、高效的捐赠平台，让公益慈善物资和需求精准匹配。实现"用户一键捐赠、爱心物资直送"。

B.14
共同富裕与养老保障

张 翼 韩克庆[*]

摘 要: 养老保障是社会保障的核心组成部分,不论从保障对象、发挥的作用还是实现路径上来看,提供公平、可持续的高质量养老保障都是实现共同富裕的必然要求。浙江作为省级共同富裕示范区,在完善养老保障各项制度、提升老年人口生活质量等方面做出了有益探索。本文从覆盖范围、支出情况、准入条件、待遇水平、财政补助五个方面,对浙江的养老保障状况进行描述,认为浙江养老保障制度的目标定位需要更加明确、统筹层次需要提升、身份与户籍限制需要打破、制度之间需要进一步整合、筹资与待遇机制有待完善、财政支出责任边界需要厘清,并提出调整目标定位、提高统筹层次、打破身份与户籍限制、加强制度衔接与部门协同、完善筹资与待遇调整机制等政策建议。

关键词: 养老保障 共同富裕 城镇职工基本养老保险 城乡居民基本养老保险 浙江省

党的二十大报告提出:"健全覆盖全民、统筹城乡、公平统一、安全规范、可持续的多层次社会保障体系。"[①] 完善基本养老保险全国统筹制度,

---

* 张翼,中国社会科学院社会学研究所社会发展战略研究院院长、研究员,主要研究方向为工业社会学;韩克庆,中国社会科学院社会发展战略研究院研究员,社会风险研究室主任,主要研究方向为社会政策。
① 习近平:《高举中国特色社会主义伟大旗帜 为全面建设社会主义现代化国家而团结奋斗——在中国共产党第二十次全国代表大会上的报告》,人民出版社,2022,第48页。

发展多层次、多支柱养老保险体系。扩大社会保险覆盖面,健全基本养老、基本医疗保险筹资和待遇调整机制。养老保障是国家通过国民收入再分配的方式,满足社会成员在老年时期生活需要的制度运行系统,其基本实现形式是以税收(缴费)和财政支出为基础的货币发放和服务购买。当前养老保障的制度安排主要由城镇职工基本养老保险制度、机关事业单位工作人员养老保险制度、城乡居民基本养老保险制度、老年人社会救助制度、老年人福利补贴制度共同组成。

本文旨在考察浙江养老保障的发展现状,分析共同富裕目标下养老保障存在的问题与产生原因,从而为完善养老保障的制度设计、改善收入分配状况、促进共同富裕提出政策建议。

一 共同富裕与养老保障

养老保障是社会保障的核心组成部分,不论从保障对象、发挥的作用还是实现路径上来看,提供公平、可持续的高质量养老保障都是实现共同富裕的必然要求。

目前针对群体收入差距的研究,大多从要素禀赋、劳动力流动、经济发展等视角展开,且多以在岗劳动人口作为研究对象,忽视了老年人群体这一保障对象;但由于部分老年人缺乏基本收入且健康状况欠佳,其面临基本生活、医疗保健、照护支出等压力,在经济状况上具有其特殊性,更容易在风险面前陷入贫困状态,需要完善的养老保障制度的支持①。另外,在老年人生命周期中,收入差距呈现着不同的影响。老年人比劳动力人口的收入分配更加不平等,且城乡类别、受教育水平等早期社会经济差异在不平等的形成过程中具有传递作用②。有学者具体分析了我国低收入与高收入群体占比,发现在低收入组之中农村 60 岁以上老年人占比较高,高收入组之中城镇 60

---

① 杨菊华:《人口转变与老年贫困问题的理论思考》,《中国人口科学》2007 年第 5 期。
② K., Hanewald, R., Jia and Z., Liu, "Why is Inequality Higher among the Old? Evidence from China", *China Economic Review* 66 (2021): 101592.

岁以上老年人占比较高，这印证了我国老年人群体内部城乡收入不平等现象的存在①。此外，随着人口年龄结构的转变，老龄化程度的加深，我国的城乡收入差距会呈现扩大态势②。这种客观存在，使老年人口成为共同富裕社会建设的重要目标群体。要实现中国式现代化，扎实推进共同富裕，就需要建立健全全生命周期的养老保障体系，在"提低"与"扩中"中有所作为。

新发展阶段扎实推动共同富裕，意味着要促进基本公共服务均等化，让全体人民共享国家发展成果。养老保障作为社会保障的重要组成部分，在发展理念、价值和目标导向上与共同富裕存在共通之处，亦有学者直接将人均预期寿命、基本养老保险参保率等指标作为衡量公共服务普惠均等化的重要指标来评价"共同富裕"，并提出共同富裕需要解决"老有所养"这一焦点民生问题③。养老保障，有着缓解贫困、提升老年人生活质量、帮助老年人过上有尊严的生活的目标和功能，主要通过收入补偿解决老年人的后顾之忧。以惠及面最广、所需资金量最大、社会关注度最高的基本养老金制度为例，基本养老金制度基于国民生存权而设置，旨在让社会成员在年老之后有一笔稳定的收入，用于购买基本生活资料，保障其晚年基本生活，防止其陷入贫困④。此外，在收入再分配方面，公共养老金计划能够有效缓解老年人收入不平等，依据发达国家的经验，在拥有全面、普遍和慷慨的公共养老金制度的国家，老年人收入分配更为平等，⑤ 充分说明了作为公共转移收入的养老金对缩小收入分配差距有着积极的作用⑥。我国的研究也表明，养老保险制度在减少收入不平等方面的作用大于其他社会保障制度，而且从代际

① 岳希明、范小海：《共同富裕：不同的收入分配目标需要不同施策》，《国际税收》2022年第1期。

② Z., Dong, C., Tang and X., Wei, "Does Population Aging Intensify Income Inequality? Evidence from China", *Journal of the Asia Pacific Economy* 1 (2018): 66-77.

③ 杨宜勇、王明姬：《共同富裕：演进历程、阶段目标与评价体系》，《江海学刊》2021年第5期。

④ 何文炯、潘旭华：《基于共同富裕的社会保障制度深化改革》，《江淮论坛》2021年第3期。

⑤ R., L., Brown and S., G., Prus, "Social Transfers and Income Inequality in Old Age", *North American Actuarial Journal* 4 (2004): 30-36.

⑥ T., L., Hungerford, "The Redistributive Effect of Selected Federal Transfer and Tax Provisions", *Public Finance Review* 4 (2010): 450-472.

内的收入转移来看，以年度收入评价的当期再分配效应小于以个人终生收入评价的长期再分配效应[1]，因此在制度设计时应综合这两种再分配效应[1]。亦有学者利用国家城调总队的调查数据，基于终生收入法衡量了我国基础养老金的再分配效应，研究发现工资收入越低，基础养老金的再分配效应越大；实施《关于完善企业职工基本养老保险制度的决定（国发〔2005〕38 号）》后，高收入者再分配效应的增量高于低收入者，降低了养老保险制度的代内再分配效应[2]。从总体上看，不论是优化收入分配格局的视角，还是实现老有所养、增加老年人福祉的视角，发展养老保障都是实现共同富裕的重要基础。

发展养老保障是实现共同富裕的重要基础和必然要求，但不合理的制度设计会在扩大转移支付规模的同时加剧不平等[3]，甚至成为实现共同富裕的阻碍。现阶段我国社会面临着不同群体之间、区域之间、城乡之间、经济与社会之间等发展不平衡等突出问题[4]。上述问题同样体现在我国养老保障的制度建设之中。我国养老保障在收入保障体系上面临着结构不均衡、财务不可持续的挑战[5]。由于社会养老保险覆盖面较窄、财政投入有限、制度设计不健全，不论是从城乡视角、区域视角还是行业视角，调节贫富差距的能力都十分有限，甚至存在"逆向调节效应"[6]。从统筹层次上来看，较低统筹层次的养老金体系，亦无法适应我国人口老龄化程度与经济发展水平地区差异大的现实国情，从而破坏了养老金制度的公平性、可持续性和便携性[7]。在人口老龄化的压力等不利影响下，我国养老保险体

---

① 何立新、佐藤宏：《不同视角下的中国城镇社会保障制度与收入再分配——基于年度收入和终生收入的经验分析》，《世界经济文汇》2008 年第 5 期。

② 张男：《中国养老保险制度的再分配效应研究》，《财经论丛》2010 年第 4 期。

③ M. ,Cai and X. , Yue, "The Redistributive Role of Government Social Security Transfers on Inequality in China", *China Economic Review* 62 （2020）：101512.

④ 张来明、李建伟：《促进共同富裕的内涵、战略目标与政策措施》，《改革》2021 年第 9 期。

⑤ 董克用、王振振、张栋：《中国人口老龄化与养老体系建设》，《经济社会体制比较》2020 年第 1 期。

⑥ 王树文、刘海英：《社会养老保险收入分配效用分析及改革政策建议》，《学术研究》2016 年第 5 期。

⑦ 林宝：《积极应对人口老龄化：内涵、目标和任务》，《中国人口科学》2021 年第 3 期。

系在未来甚至还可能出现较大的养老金缺口，养老金体制还存在制度碎片化、转移接续困难、地区间财务不平衡、竞争不公平等问题，需要通过全国统筹、国有资产划转、完善多层次养老保险建设、完善待遇调整机制、渐进延迟退休年龄来保障养老保险公平可持续发展①。此外，养老保障在地区与城乡之间差异大，也是老年人收入保障不平等的重要制约因素，特别是农村地区呈现老年人口基数大、老龄化速度快、家庭空巢化等突出问题，农村养老保障在制度设计上仍存在城乡分治、政策碎片化等方面的短板②，农村养老保障长期供给不足，导致城乡统筹的"转轨"成本持续增长。扎实推进共同富裕，需要养老保障充分关照人口老龄化和各地区经济发展水平地区差异显著的现实国情，建立符合积极老龄观、健康老龄化、促进人口长期均衡可持续发展观念的养老保障③，在中国特色积极应对人口老龄化道路上重点关注提升老龄工作质量、解决城乡和地区之间发展不充分不平衡的问题，为人口老龄化背景下实现共同富裕做出贡献④。

综述之，学者们对于养老保障的理解仍存在差异，部分学者对于养老保障的理解仅限于收入保障方面，亦有学者将养老金体系视为养老保障体系。总结学界关于养老保障的理论观点可知，学者们既肯定了养老保障对于满足老年人福利需求、促进社会平等、实现共同富裕的积极作用，也对不合理的制度设计所造成的逆向分配效应提出了批判。因此，有必要进一步明确养老保障和共同富裕的关系，并在实践层面对共同富裕目标下养老保障的现状、问题和优化路径做出归纳总结。

二　浙江养老保障的制度结构

浙江作为省级共同富裕示范区，在完善养老保障各项制度、提升老年人

---

①　郑秉文等：《养老金改革的前景、挑战与对策》，《国际经济评论》2021年第4期。
②　陆杰华等：《新时代农村养老制度设计：历史脉络、现实困境与发展路径》，《中国农业大学学报》（社会科学版）2021年第4期。
③　林宝：《积极应对人口老龄化：内涵、目标和任务》，《中国人口科学》2021年第3期。
④　杜鹏：《中国特色积极应对人口老龄化道路：探索与实践》，《行政管理改革》2022年第3期。

口生活质量等方面做出了有益探索。下面将从覆盖范围、支出情况、准入条件、待遇水平、财政补助五个方面，对浙江的养老保障状况进行描述。

（一）养老保障覆盖范围持续扩大

从目标群体上来看，共同富裕是指全体人民的共同富裕，需要针对不同的收入群体精准施策，重点帮扶低收入群体，推动更多人迈入中等收入行列①。当前，我国人口结构已发生了重大转变，老龄化程度不断加深。2020年，我国 60 岁及以上人口达到了 2.64 亿人，占全国总人口的 18.70%，浙江 60 岁及以上人口也达到了 1207.27 万人，占全省总人口的 18.70%②。在人口老龄化背景下，养老保障在满足老年人生活需求方面发挥着越来越重要的作用，并通过基本养老保险制度、社会救助制度和老年人福利补贴制度来提高老年人生活质量。从基本养老保险制度来看，2017 年以来，我国基本养老保险制度覆盖面不断扩大，2020 年三项制度已覆盖 99864.90 万人，基本养老保险的参保率也逐年提高，2020 年达 88.90%。浙江基本养老保险参加人数也从 2017 年的 3913.07 万人提高到 2020 年的 4355.03 万人，参保率从 2017 年的 73.69% 提高到 2020 年的 79.57%（见表 1）。

除基本养老保险制度外，社会救助制度也起到了缓解老年人贫困、维持老年人基本生活的重要作用。从表 2 可以看出，我国享受社会救助的老年人数总体上呈下降趋势，2020 年为 1875.99 万人，老年人社会救助人数占老年人口的比例逐年下降，2020 年为 7.11%。浙江老年人社会救助的人数和覆盖率也在逐年下降，2020 年分别为 26.52 万人和 2.20%。从老年人福利补贴制度的覆盖情况看，我国享受老年人福利补贴的人数呈现上升趋势，2020 年达到 3720.79 万人，占老年人口的比例为 14.09%。浙江老年人福利补贴制度的覆盖率则有所下降，从 2017 年的 11.42% 下降到 2020 年的 10.59%（见表 2），这与浙江老年人福利补贴准入条件更为严格、制度精准

---

① 习近平：《扎实推动共同富裕》，《求是》2021 年第 20 期。
② 《第七次全国人口普查公报（第五号）——人口年龄构成情况》，国家统计局网站，http：//www.stats.gov.cn/xxgk/sjfb/zxfb2020/202105/t20210511_1817200.html。

表 1　基本养老保险制度的覆盖范围

单位：万人、%

年份	参加人数						应参保人数		参保率	
	城镇职工基本养老保险制度		机关事业单位工作人员养老保险制度		城乡居民基本养老保险制度					
	全国	浙江	全国	浙江	全国	浙江	全国	浙江	全国	浙江
2017	35316.70	2500.66	4976.60	211.71	51255.00	1200.70	113471.46	5309.83	80.68	73.69
2018	36483.00	2664.68	5418.60	218.73	52391.70	1197.80	113685.84	5302.62	82.94	76.97
2019	37905.00	2807.34	5582.90	224.38	53266.00	1199.40	114001.10	5425.14	84.87	77.99
2020	39907.90	2989.29	5713.20	221.84	54243.80	1143.90	112335.75	5473.29	88.90	79.57

资料来源：国家统计局编《中国统计年鉴 2018》，中国统计出版社，2018，第 42、801 页；国家统计局编《中国统计年鉴 2019》，中国统计出版社，2019，第 42、788 页；国家统计局编《中国统计年鉴 2020》，中国统计出版社，2020，第 42、787 页；国家统计局编《中国统计年鉴 2021》，中国统计出版社，2021，第 33、34、53、797 页；国家统计局人口和就业统计司、人力资源和社会保障部规划财务司编《中国劳动统计年鉴 2021》，中国统计出版社，2021，第 353、354 页；中华人民共和国教育部发展规划司编《中国教育统计年鉴 2017》，中国统计出版社，2018，第 203、211 页；中华人民共和国教育部发展规划司编《中国教育统计年鉴 2018》，中国统计出版社，2019，第 205、213 页；中华人民共和国教育部发展规划司编《中国教育统计年鉴 2020》，中国统计出版社，2021，第 191、199 页；中华人民共和国教育部发展规划司编《中国教育统计年鉴 2019》，中国统计出版社，2020，第 191、199 页；浙江省统计局、国家统计局浙江调查总队编《浙江统计年鉴 2021》，中国统计出版社，2021，第 512 页。

注：①基本养老保险应参保人数=总人口数减去 0~14 岁人口数。②2017~2019 年浙江的 0~14 岁人口数根据 2018~2020 年《中国统计年鉴》公布的全国人口变动情况抽样调查样本数据推算。③基本养老保险参保率由城镇职工基本养老保险参保人数、机关事业单位工作人员养老保险参保人数、城乡居民基本养老保险参保人数之和除以应参保人数得到。普通本专科在校学生数、研究生在校学生数。

342

性更高密切相关。总体来看，由于经济发展程度较好，浙江老年人社会救助制度与老年人福利补贴制度的覆盖率低于全国水平。

表2 老年人社会救助制度和老年人福利补贴制度的覆盖范围

单位：万人，%

年份	老年人社会救助制度						老年人福利补贴制度			
	救助人数		老年人口数		覆盖率		补贴人数		覆盖率	
	全国	浙江	全国	浙江	全国	浙江	全国	浙江	全国	浙江
2017	2191.89	33.22	24090.00	1069.20	9.10	3.11	3098.01	122.06	12.86	11.42
2018	1893.22	30.42	24949.00	1124.40	7.59	2.71	3568.83	132.37	14.30	11.77
2019	1832.98	28.04	25388.00	1205.10	7.22	2.33	3545.63	128.05	13.97	10.63
2020	1875.99	26.52	26401.88	1207.27	7.11	2.20	3720.79	127.88	14.09	10.59

资料来源：中华人民共和国民政部编《中国民政统计年鉴2018》，中国统计出版社，2018，第469、484、487、488、490页；中华人民共和国民政部编《中国民政统计年鉴2019》，中国统计出版社，2019，第370、371、380、383、384、386页；中华人民共和国民政部编《中国民政统计年鉴2020》，中国统计出版社，2020，第376、390、393、394、396页；中华人民共和国民政部编《中国民政统计年鉴2021》，中国统计出版社，2021，第382、396、399、400、402页。

注：①全国和浙江的老年人口数量，采用国家统计局官网和浙江省统计局官网公布的历年统计公报中的数据；②老年人社会救助制度的覆盖率由低保老年人数与特困供养老年人数之和除以老年人口数得到；③老年人福利补贴制度的覆盖率由高龄补贴人数、养老服务补贴人数、护理补贴人数之和除以老年人口数得到。

（二）养老保障支出逐年提升

改革开放以来，我国经济社会发展取得重大成就，国内生产总值（GDP）逐年上升，2020年，我国GDP已超过100万亿元。同样，浙江全省生产总值也逐年上升，2020年达到6.46万亿元，增长率为3.60%（见表3）。随着经济的增长，我国基本养老保险基金支出及其占GDP的比重亦逐年增加，2020年分别为54656.50亿元和5.38%。具体到浙江的情况来看，基本养老保险基金支出及其占全省生产总值的比重均逐年增加，2020年分别为4191.32亿元和6.49%，基本养老保险基金支出的增长率也呈现逐年下降的趋势，但总体上浙江基本养老保险基金支出增长率仍高于全国水平（见表3）。

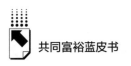

表3 生产总值与基本养老保险基金支出情况

单位：亿元，%

年份	生产总值		生产总值增长率		基本养老保险基金支出		基本养老保险基金支出增长率		基本养老保险基金支出/生产总值	
	全国	浙江	全国	浙江	全国	浙江	全国	浙江	全国	浙江
2017	832035.90	52403.13	6.90	7.80	40423.70	2856.36	18.88	24.97	4.86	5.45
2018	919281.10	58002.84	6.70	7.10	47550.40	3327.45	17.63	16.49	5.17	5.74
2019	986515.20	62462.00	6.00	6.80	52342.40	3799.68	10.08	14.19	5.31	6.08
2020	1015986.20	64613.34	2.30	3.60	54656.50	4191.32	4.42	10.31	5.38	6.49

资料来源：国家统计局编《中国统计年鉴2017》，中国统计出版社，2017，第793页；国家统计局编《中国统计年鉴2018》，中国统计出版社，2018，第801页；国家统计局编《中国统计年鉴2019》，中国统计出版社，2019，第788页；国家统计局编《中国统计年鉴2020》，中国统计出版社，2020，第787页；国家统计局编《中国统计年鉴2021》，中国统计出版社，2021，第78、84、797页；国家统计局人口和就业统计司、人力资源和社会保障部规划财务司编《中国劳动统计年鉴2021》，中国统计出版社，2021，第353、354页；浙江省统计局、国家统计局浙江调查总队编《浙江统计年鉴2021》，中国统计出版社，2021，第16、19页；浙江财政年鉴编辑委员会编《浙江财政年鉴2017》，中华书局，2017，第223页；浙江财政年鉴编辑委员会编《浙江财政年鉴2018》，中华书局，2018，第237页；浙江财政年鉴编辑委员会编《浙江财政年鉴2019》，浙江人民出版社，2019，第224页；浙江财政年鉴编辑委员会编《浙江财政年鉴2020》，中华书局，2020，第232页；浙江财政年鉴编辑委员会编《浙江财政年鉴2021》，中华书局，2021，第238页。

注：基本养老保险基金支出为城镇职工基本养老保险基金支出、机关事业单位工作人员养老保险基金支出、城乡居民基本养老保险基金支出之和。

在社会救助支出与老年人福利补贴支出上，表4显示，我国老年人社会救助支出呈上升趋势，2020年为2432.21亿元，占GDP的0.24%。我国老年人福利补贴支出逐年增加，2020年为292.20亿元，占GDP的0.03%，老年人福利补贴支出的增长率在2018年下降为4.95%，之后有所回升。浙江老年人社会救助支出逐年上涨，2020年为63.97亿元，占全省生产总值的0.10%，浙江老年人社会救助支出增长率高于全国水平。2020年，浙江老年人福利补贴支出为8.43亿元，占全省生产总值的0.01%，老年人福利补贴支出的增长率呈下降趋势，2020年为0.36%。

表4 老年人社会救助支出与老年人福利补贴支出情况

单位：亿元，%

年份	老年人社会救助支出		老年人社会救助支出增长率		老年人社会救助支出/生产总值		老年人福利补贴支出		老年人福利补贴支出增长率		老年人福利补贴支出/生产总值	
	全国	浙江	全国	浙江	全国	浙江	全国	浙江	全国	浙江	全国	浙江
2017	1982.83	45.15	2.22	18.36	0.24	0.09	240.21	7.59	29.60	27.24	0.03	0.01
2018	1968.47	49.08	-0.72	8.70	0.21	0.08	252.09	8.52	4.95	12.15	0.03	0.01
2019	2029.70	52.66	3.11	7.30	0.21	0.08	271.60	8.40	7.74	-1.42	0.03	0.01
2020	2432.21	63.97	19.83	21.48	0.24	0.10	292.20	8.43	7.58	0.36	0.03	0.01

资料来源：国家统计局编《中国统计年鉴2021》，中国统计出版社，2021，第84页；中华人民共和国民政部编《中国民政统计年鉴2017》，中国统计出版社，2017，第266、269、270页；中华人民共和国民政部编《中国民政统计年鉴2018》，中国统计出版社，2018，第250、253、254页；中华人民共和国民政部编《中国民政统计年鉴2019》，第196、200、202页；《中国民政统计年鉴2020》，中国统计出版社，2020，第197、202、203、204页；中华人民共和国民政部编《中国民政统计年鉴2021》，中国统计出版社，2021，第197、204、205、206、207页；浙江省统计局、国家统计局浙江调查总队编《浙江统计年鉴2021》，中国统计出版社，2021，第19页。

注：老年人社会救助支出为最低生活保障支出与特困人员供养支出之和；老年人福利补贴支出为高龄补贴支出、养老服务补贴支出、护理补贴支出之和。

总体来看，浙江和全国的养老保障支出均逐年上升，浙江养老保障支出的增长率总体上高于全国水平，浙江养老保障支出占全省生产总值的比重高于全国养老保障支出占 GDP 的比重（见表 5）。

表 5　生产总值与养老保障支出情况

单位：亿元，%

年份	生产总值		生产总值增长率		养老保障支出		养老保障支出增长率		养老保障支出/生产总值	
	全国	浙江	全国	浙江	全国	浙江	全国	浙江	全国	浙江
2017	832035.9	52403.13	6.90	7.80	42646.74	2909.10	18.04	24.87	5.13	5.55
2018	919281.1	58002.84	6.70	7.10	49770.96	3385.04	16.71	16.36	5.41	5.84
2019	986515.2	62462.00	6.00	6.80	54643.70	3860.73	9.79	14.05	5.54	6.18
2020	1015986.2	64613.34	2.30	3.60	57380.91	4263.72	5.01	10.44	5.65	6.60

资料来源：国家统计局编《中国统计年鉴 2017》，中国统计出版社，2017，第 793 页；国家统计局编《中国统计年鉴 2018》，中国统计出版社，2018，第 801 页；国家统计局编《中国统计年鉴 2019》，中国统计出版社，2019，第 788 页；国家统计局编《中国统计年鉴 2020》，中国统计出版社，2020，第 787 页；国家统计局编《中国统计年鉴 2021》，中国统计出版社，2021，第 78、84、797 页；国家统计局人口和就业统计司、人力资源和社会保障部规划财务司编《中国劳动统计年鉴 2021》，中国统计出版社，2021，第 353、354 页；中华人民共和国民政部编《中国民政统计年鉴 2017》，中国统计出版社，2017，第 266、269、270 页；中华人民共和国民政部编《中国民政统计年鉴 2018》，中国统计出版社，2018，第 250、253、254 页；中华人民共和国民政部编《中国民政统计年鉴 2019》，中国统计出版社，2019，第 196、200、202 页；中华人民共和国民政部编《中国民政统计年鉴 2020》，中国统计出版社，2020，第 197、202、203、204 页；中华人民共和国民政部编《中国民政统计年鉴 2021》，第 197、204、205、206、207 页；浙江省统计局、国家统计局浙江调查总队编《浙江统计年鉴 2021》，中国统计出版社，2021，第 16、19 页；浙江财政年鉴编辑委员会编《浙江财政年鉴 2017》，中华书局，2017，第 223 页；浙江财政年鉴编辑委员会编《浙江财政年鉴 2018》，中华书局，2018，第 237 页；浙江财政年鉴编辑委员会编《浙江财政年鉴 2019》，浙江人民出版社，2019，第 224 页；浙江财政年鉴编辑委员会编《浙江财政年鉴 2020》，中华书局，2020，第 232 页；浙江财政年鉴编辑委员会编《浙江财政年鉴 2021》，中华书局，2021，第 238 页。

注：养老保障支出为城镇职工基本养老保险基金支出、机关事业单位工作人员养老保险基金支出、城乡居民基本养老保险基金支出、最低生活保障支出、特困人员供养支出、高龄补贴支出、养老服务补贴支出以及护理补贴支出之和。

（三）城乡居民养老保险更趋完善

不同的养老保障制度安排有不同的准入条件，表 6 呈现了它们的准入条件。浙江在完成城镇职工基本养老保险全国统筹之前，企业职工单位缴费率为 15%，2023 年起将统一升至 16%。相较于全国城乡居民基本养老保险标准，浙江城乡居民基本养老保险个人缴费最高档次金额更高，最高可达每年 5000 元。

表 6   现阶段各项养老保险制度的准入条件

制度类别	全国	浙江
城镇职工基本养老保险制度	企业职工的单位缴费率为工资总额的 16%；个人缴费率为缴费工资的 8%，计入个人账户；灵活就业等人员的缴费率为当地上年度社平工资的 20%，其中 8% 计入个人账户	企业职工的单位缴费率为工资总额的 15%（2023 年起调整为 16%），个人缴费率为缴费工资的 8%，计入个人账户；灵活就业等人员的缴费率为当地上年度社平工资的 20%，其中 8% 计入个人账户
机关事业单位工作人员养老保险制度	单位缴费率为工资总额的 16%；个人缴费率为缴费工资的 8%，计入个人账户	单位缴费率为工资总额的 16%；个人缴费率为缴费工资的 8%，计入个人账户
城乡居民基本养老保险制度	基础养老金由政府全额支付；个人缴费标准为每年 100 元～1000 元、1500 元、2000 元共 12 个档次，计入个人账户	基础养老金由政府全额支付；个人缴费标准为每年 100 元～1000 元、1500 元、2000 元、3000 元、5000 元共 9 个档次，计入个人账户

资料来源：《中华人民共和国人力资源社会保障法律法规全书》编写组编《中华人民共和国人力资源社会保障法律法规全书第 3 册社会保障》，中国民主法制出版社，2019，第 2324～2327 页；《国务院关于完善城镇职工基本养老保险制度的决定》，中国政府网，http：//www.gov.cn/zhengce/content/2008-03/28/content_ 7376.htm；《中华人民共和国社会保险法》，中国人大网，http：//www.npc.gov.cn/npc/c30834/201901/4a6c13e9f73541ffb2c1b5ee615174f5.shtml；《国务院关于建立统一的城乡居民基本养老保险制度的意见》，中国政府网，http：//www.gov.cn/zhengce/content/2014-02/26/content_ 8656.htm；《国务院关于机关事业单位工作人员养老保险制度改革的决定》，中国政府网，http：//www.gov.cn/zhengce/content/2015-01/14/content_ 9394.htm；《国务院办公厅关于印发降低社会保险费率综合方案的通知》，中国政府网，http：//www.gov.cn/zhengce/content/2019-04/04/content_ 5379629.htm；《浙江省人力资源和社会保障厅等 3 部门关于降低社会保险费率有关问题的通知》，浙江省人民政府网站，https：//www.zj.gov.cn/art/2021/5/20/art_ 1229519648_2285094.html；《浙江省人力资源和社会保障厅 浙江省财政厅关于建立城乡居民基本养老保险待遇确定和基础养老金正常调整机制的实施意见》，浙江省人民政府网站，https：//zhengce.zj.gov.cn/policyweb/httpservice/showinfo.do？infoid＝6a8c5a9fdd754a7eada3cba0aabe9a19；《浙江省人力资源和社会保障厅关于进一步做好灵活就业人员参加城镇职工基本养老保险工作的通知》，浙江省人民政府网站，https：//zhengce.zj.gov.cn/policyweb/httpservice/showinfo.do？infoid＝c41f0f7d5b4b4e7fbcf5aaa0fe0bed4d；《浙江省人力资源和社会保障厅 浙江省财政厅 国家税务总局浙江省税务局关于调整全省城镇职工基本养老保险参保用人单位缴费比例的通知》，浙江省人民政府网站，https：//zhengce.zj.gov.cn/policyweb/httpservice/showinfo.do？infoid＝263a4eab49df49919ba772d1bc687691。

在社会救助制度方面，老年人享受特困人员供养的准入条件主要是无劳动能力、无生活来源且无法定赡养、抚养、扶养义务人，或者其法定赡养、抚养、扶养义务人无赡养、抚养、扶养能力；最低生活保障制度的准入条件为共同生活的家庭成员人均收入低于当地最低生活保障标准，且符合当地最低生活保障家庭财产状况规定的家庭①。表7结果显示，浙江城市低保月平均标准和农村低保月平均标准均高于全国水平，2020年分别为882.30元和879.29元。2020年，浙江城市低保标准占比和农村低保标准占比分别为16.89%和33.05%，均低于全国水平。2017~2020年，浙江的城市低保标准占比低于农村的低保标准占比。

表7　最低生活保障制度的城乡标准

单位：元/月，%

年份	城市低保平均标准		城市低保标准占比		农村低保平均标准		农村低保标准占比	
	全国	浙江	全国	浙江	全国	浙江	全国	浙江
2017	540.60	706.20	17.82	16.53	358.39	670.05	32.02	32.22
2018	579.70	762.60	17.72	16.47	402.78	756.94	33.07	33.27
2019	624.00	811.50	17.68	16.18	444.63	811.70	33.30	32.60
2020	677.60	882.30	18.55	16.89	496.86	879.29	34.80	33.05

资料来源：国家统计局编《中国统计年鉴2021》，中国统计出版社，2021，第187页；中华人民共和国民政部编《中国民政统计年鉴2018》，中国统计出版社，2018，第52、55页；中华人民共和国民政部编《中国民政统计年鉴2019》，中国统计出版社，2019，第50、53页；中华人民共和国民政部编《中国民政统计年鉴2020》，中国统计出版社，2020，第52、55页；中华人民共和国民政部编《中国民政统计年鉴2021》，中国统计出版社，2021，第52、第55页；浙江省统计局、国家统计局浙江调查总队编《浙江统计年鉴2021》，中国统计出版社，2021，第176页；浙江省统计局、国家统计局浙江调查总队编《浙江统计年鉴2020》，中国统计出版社，2020，第181页。

注：城市低保标准占比为城市低保平均标准与城镇居民人均可支配收入之比；农村低保标准占比为农村低保平均标准与农村居民人均可支配收入之比。

---

① 《社会救助暂行办法》，中国政府网，http://www.gov.cn/zhengce/content/2014-02-27/content_8670.htm。

　　高龄、经济困难和失能是老年人福利补贴制度的重要准入条件，具体到各项补贴制度而言，高龄津贴制度主要针对 80 周岁以上的低收入老年人①，养老服务补贴制度主要针对经济困难的老年人，护理补贴制度主要针对经济困难的失能老年人②。浙江对享受城乡居民养老保险待遇的、年满 80 周岁的高龄老人，给予高龄补贴③，并对具有本省户籍低收入家庭的 60 周岁以上失能、失智及生活能够自理的高龄（80 周岁以上）老年人提供养老服务补贴④。现阶段，浙江省内尚未出台统一的老年人护理补贴政策，但部分地区已建立起护理补贴制度，如丽水市云和县为具有本县户籍，未享受困难残疾人生活补贴、重度残疾人护理补贴和养老服务补贴的低保、低边家庭的失能失智人员提供护理补贴，帮助解决他们的长期照护困难⑤。

（四）养老保障待遇水平显著提升

　　养老保障的各项制度安排具有不同的目标定位，在不同程度上满足老年人的需求。就基本养老保险制度而言，表 8 结果显示，我国城镇职工的月人均养老金逐年上升，从 2017 年的 2514.09 元上升到 2020 年的 2906.44 元，但养老金替代率逐年下降，2020 年为 34.70%；机关事业单位工作人员的月人均养老金和替代率在 2020 年有所下降，分别为 5766.94 元和 64.00%；城乡居民月人均养老金和替代率均呈上升趋势，2020 年分别为 174 元和 6.49%。2020 年，全国机关事业单位工作人员的养老金替代率是城镇职工

---

① 《中华人民共和国老年人权益保障法》，中国政府网，http：//www.gov.cn/guoqing/2021-10/29/content_ 5647622. htm。

② 《国务院关于印发"十四五"国家老龄事业发展和养老服务体系规划的通知》，中国政府网，http：//www.gov.cn/zhengce/content/2022-02/21/content_ 5674844. htm。

③ 《浙江省人民政府关于加快实施城乡居民社会养老保险制度的意见》，浙江省人民政府网，https：//www.zj.gov.cn/art/2012/7/14/art_ 1229019364_ 63462. html。

④ 《浙江省民政厅　浙江省财政厅关于印发浙江省养老服务补贴制度实施办法的通知》，浙江省人民政府网，http：//mzt.zj.gov.cn/art/2021/9/18/art_ 1229266175_ 2360840. html。

⑤ 《云和县民政局　云和县财政局　关于印发〈云和县失能失智困难群众生活补贴和护理补贴实施办法〉的通知》，云和县人民政府网，http：//www.yunhe.gov.cn/art/2022/7/5/art_ 1229426527_ 2410713. html。

表8 各项养老保险制度的替代率水平

单位：元/月，%

年份	城镇职工基本养老保险制度				机关事业单位工作人员养老保险制度				城乡居民基本养老保险制度			
	人均养老金		替代率		人均养老金		替代率		人均养老金		替代率	
	全国	浙江	全国	浙江	全国	浙江	全国	浙江	全国	浙江	全国	浙江
2017	2514.09	2506.93	39.63	36.40	5063.14	8435.76	74.90	82.69	126.74	246.20	5.86	7.03
2018	2630.18	2847.58	37.24	37.61	6027.73	7847.62	80.84	70.28	152.30	267.68	6.47	7.01
2019	2777.86	—	35.70	—	6344.16	—	76.98	—	161.88	280.39	6.32	6.74
2020	2906.44	3398.05	34.70	36.50	5766.94	7402.65	64.00	55.50	174.00	315.23	6.49	7.22

资料来源：国家统计局编《中国统计年鉴2018》，中国统计出版社，2018，第124、187、189、801页；国家统计局编《中国统计年鉴2019》，中国统计出版社，2019，第118、788页；国家统计局编《中国统计年鉴2020》，中国统计出版社，2020，第120、787页；国家统计局编《中国统计年鉴2021》，中国统计出版社，2021，第131、796、797页；国家统计局人口和就业统计司、人力资源和社会保障部规划财务司编《中国劳动统计年鉴2021》，中国统计出版社，2021，第353、354页；浙江财政年鉴编委会编《浙江财政年鉴2018》，中华书局，2018，第237页；浙江财政年鉴编委会编《浙江财政年鉴2019》，浙江人民出版社，2019，第224页；浙江财政年鉴编辑委员会编《浙江财政年鉴2020》，中华书局，2020，第232页；浙江财政年鉴编辑委员会编《浙江财政年鉴2021》，中华书局，2021，第238页。

注：①浙江省人力资源和社会保障厅官网，http://rlsbt.zj.gov.cn/art/2018/7/16/art_1229249828_2139805.html，《2018年度浙江省人力资源和社会保障事业发展统计公报》（浙江省人力资源和社会保障厅官网，http://rlsbt.zj.gov.cn/art/2019/8/13/art_1229249828_2139804.html），《浙江省2020年老年人口和老龄事业统计公报》（浙江省健康服务业促进会官网，http://www.zchsp.com/home/news/info.html?id=88&catId=32）中公布的数据。②企业职工人均养老金由城镇职工基本养老保险基金支出除以离退休人数得到；机关事业单位人员人均养老待遇计算中，机关事业单位养老保险基金支出除以城乡居民基本养老保险基金支出之比；城乡居民人均养老金除以城乡居民基本养老保险基金支出之比。③城镇职工基本养老金与城乡居民固有替代率为城镇职工人均养老金在岗职工平均工资之比；机关事业单位人员养老保险替代率为机关事业单位工作人员人均养老金与城乡居民人均养老金可支配收入之比。

的 1.84 倍，是城乡居民的 9.86 倍，这说明各项基本养老保险制度的待遇水平存在较大差异。

具体到浙江基本养老保险待遇水平，表 8 的数据显示，浙江城镇职工的月人均养老金呈上升趋势，2020 年为 3398.05 元；机关事业单位工作人员的月人均养老金和养老金替代率呈下降趋势，2020 年分别为 7402.65 元和 55.50%；城乡居民月人均养老金逐年上升，替代率也呈上升趋势，2020 年分别为 315.23 元和 7.22%，相较而言，浙江城乡居民月人均养老金和替代率均高于全国水平。2020 年，浙江机关事业单位工作人员养老保险的替代率是城镇职工基本养老保险的 1.52 倍，是城乡居民基本养老保险的 7.69 倍，但相较于全国制度间待遇水平差距来看，浙江不同养老保险制度间待遇水平差距更小。值得一提的是，浙江多次提高城乡居民基本养老保险的基础养老金最低标准，2021 年提高至每人每月 180 元①，在一定程度上缩小了不同养老保险制度间的待遇差距，其中嘉善县城镇企业职工和城乡居民养老金收入差距更小。

在老年人社会救助制度中，最低生活保障制度承担着保障老年人基本生活的兜底责任。表 9 结果显示，全国城市和农村低保人均支出水平均逐年上升，2020 年分别达到 556.18 元和 328.26 元，城乡低保支出水平差距较大；城市和农村低保支出占比也呈上升趋势，2020 年分别为 15.23%和 22.99%。浙江的城市和农村低保人均支出水平均逐年上升，2020 年分别为 956.18 元和 776.06 元，浙江的城市和农村低保支出占比逐年上升，2020 年分别为 18.30%和 29.17%，浙江城乡低保人均支出水平高于全国水平，农村低保支出占比也高于全国水平，低收入老年人群体整体待遇水平较高。

---

① 《浙江省人力资源和社会保障厅　浙江省财政厅关于 2021 年提高城乡居民基本养老保险基础养老金最低标准的通知》，浙江省人民政府网，https：//zhengce.zj.gov.cn/policyweb/httpservice/showinfo.do？infoid=ff542fd706dc445fb2fee13593af1404。

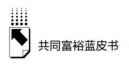

表9　最低生活保障制度的支出水平

单位：元/月，%

年份	城市低保人均支出水平		城市低保支出占比		农村低保人均支出水平		农村低保支出占比	
	全国	浙江	全国	浙江	全国	浙江	全国	浙江
2017	407.98	487.38	13.45	11.41	210.80	393.33	18.83	18.91
2018	460.10	531.48	14.07	11.48	244.05	501.76	20.04	22.05
2019	477.80	605.75	13.54	12.08	260.29	567.63	19.50	22.80
2020	556.18	956.18	15.23	18.30	328.26	776.06	22.99	29.17

资料来源：国家统计局编《中国统计年鉴2021》，中国统计出版社，2021，第187页；中华人民共和国民政部编《中国民政统计年鉴2018》，中国统计出版社，2018，第267页；中华人民共和国民政部编《中国民政统计年鉴2019》，中国统计出版社，2019，第208页；中华人民共和国民政部编《中国民政统计年鉴2020》，中国统计出版社，2020，第210页；中华人民共和国民政部编《中国民政统计年鉴2021》，中国统计出版社，2021，第212页；浙江省统计局、国家统计局浙江调查总队编《浙江统计年鉴2020》，中国统计出版社，2020，第181页；浙江省统计局、国家统计局浙江调查总队编《浙江统计年鉴2021》，中国统计出版社，2021，第176页。

注：城市低保支出占比为城市低保人均支出水平与城镇居民人均可支配收入之比；农村低保支出占比为农村低保人均支出水平与农村居民人均可支配收入之比。

在老年人福利补贴制度的待遇水平上，全国和浙江的高龄补贴人均支出水平均逐年上升，2020年分别为64.96元和39.94元；全国和浙江的养老服务补贴人均支出水平逐年下降，2020年分别为49.97元和99.68元（见表10）。2017~2020年，全国和浙江的护理补贴人均支出水平变动较大。从各项制度的待遇水平来看，浙江的养老服务补贴支出水平高于全国水平，高龄补贴和护理补贴的支出水平低于全国水平。

（五）养老保障财政补助加大

在养老保障的财政补助方面，表11数据显示，我国城镇职工基本养老保险制度的财政补助与财政补助占比均呈上升趋势，2020年分别为11719.66亿元和26.41%；城乡居民基本养老保险制度的财政补助逐年上涨，2020年为3134.59亿元，但财政补助占比在2020年下降为64.59%。

表 10　老年人福利补贴制度的支出水平

单位：元/月

年份	高龄补贴人均支出水平		养老服务补贴人均支出水平		护理补贴人均支出水平	
	全国	浙江	全国	浙江	全国	浙江
2017	53.52	26.09	143.47	185.71	93.98	28.97
2018	56.41	30.93	70.25	134.52	77.00	52.50
2019	64.59	38.35	54.36	104.82	103.76	81.04
2020	64.96	39.94	49.97	99.68	185.49	33.83

资料来源：中华人民共和国民政部编《中国民政统计年鉴2018》，中国统计出版社，2018，第250、469页；中华人民共和国民政部编《中国民政统计年鉴2019》，中国统计出版社，2019，第196、370、371页；中华人民共和国民政部编《中国民政统计年鉴2020》，中国统计出版社，2020，第197、376页；中华人民共和国民政部编《中国民政统计年鉴2021》，中国统计出版社，2021，第197、382页。

表 11　城镇职工与城乡居民基本养老保险制度的财政补助

单位：亿元，%

年份	城镇职工基本养老保险制度				城乡居民基本养老保险制度			
	财政补助		财政补助占比		财政补助		财政补助占比	
	全国	浙江	全国	浙江	全国	浙江	全国	浙江
2017	—	174.12	—	5.63	2319.19	131.11	70.19	82.71
2018	9377.41	193.64	18.33	5.98	2775.74	151.79	72.33	85.96
2019	10318.86	246.06	19.50	6.85	2880.51	155.99	70.14	88.43
2020	11719.66	328.93	26.41	13.68	3134.59	185.94	64.59	61.85

资料来源：国家统计局编《中国统计年鉴2018》，中国统计出版社，2018，第801页；国家统计局编《中国统计年鉴2019》，中国统计出版社，2019，第788页；国家统计局编《中国统计年鉴2020》，中国统计出版社，2020，第787页；国家统计局编《中国统计年鉴2021》，中国统计出版社，2021，第797页；国家统计局人口和就业统计司、人力资源和社会保障部规划财务司编《中国劳动统计年鉴2021》，中国统计出版社，2021，第353、354页；中国财政年鉴编辑委员会编《中国财政年鉴2019》，中国财政杂志社，2019，第331页；中国财政年鉴编辑委员会编《中国财政年鉴2020》，中国财政杂志社，2020，第312页；中国财政年鉴编辑委员会编《中国财政年鉴2021》，中国财政杂志社，2021，第305页；浙江省人力资源和社会保障厅《关于有关资料的函》相关数据，内部资料。

注：①2017年全国城乡居民基本养老保险的征缴收入，采用《关于2017年全国社会保险基金决算的说明》（中国政府网，http://www.gov.cn/xinwen/2018-10/31/content_5336284.htm）中公布的数据；②财政补助占比为财政补助与基金收入之比。

浙江城镇职工基本养老保险制度的财政补助和财政补助占比均逐年上升，2020 年分别为 328.93 亿元和 13.68%；城乡居民基本养老保险制度的财政补助均逐年上升，2020 年为 185.94 亿元，财政补助占比在 2020 年下降为 61.85%。由此可以看出，浙江不同养老保险类别的财政补助占比相差较大，养老保险制度间的财政补助公平性有待提高。

社会救助和老年人福利补贴的资金源于中央和地方的财政转移支付，表 12 的数据显示，全国对最低生活保障、特困人员供养的财政补助均呈上升趋势，2020 年分别为 1963.59 亿元和 468.63 亿元；全国对高龄补贴、护理补贴的财政补助呈上升趋势，2020 年分别为 242.01 亿元和 18.10 亿元，对养老服务补贴的财政补助从 2017 年的 61.02 亿元下降到 2020 年的 32.08 亿元。浙江对最低生活保障和特困人员供养的财政补助逐年上升，2020 年分别为 58.47 亿元和 5.50 亿元；对高龄补贴的财政补助逐年上升，2020 年为 4.44 亿元，对养老服务补贴的财政补助呈下降趋势，2020 年为 3.87 亿元，对护理补贴的财政补助在 2020 年有所下降，为 0.12 亿元。总体来看，养老保障的财政补助呈上涨趋势，财政投入力度逐步加大。

表 12　老年人社会救助制度与老年人福利补贴制度的财政补助

单位：亿元

年份	最低生活保障制度		特困人员供养制度		高龄补贴制度		养老服务补贴制度		护理补贴制度	
	全国	浙江	全国	浙江	全国	浙江	全国	浙江	全国	浙江
2017	1692.30	42.13	290.53	3.02	172.27	3.13	61.02	4.38	6.92	0.09
2018	1632.10	45.71	336.37	3.37	201.19	3.75	43.98	4.59	6.92	0.18
2019	1646.70	48.42	383.00	4.24	229.67	4.41	33.68	3.77	8.26	0.22
2020	1963.59	58.47	468.63	5.50	242.01	4.44	32.08	3.87	18.10	0.12

资料来源：中华人民共和国民政部编《中国民政统计年鉴 2018》，中国统计出版社，2018，第 250、253、254 页；中华人民共和国民政部编《中国民政统计年鉴 2019》，中国统计出版社，2019，第 196、200、202 页；中华人民共和国民政部编《中国民政统计年鉴 2020》，中国统计出版社，2020，第 197、202、204 页；中华人民共和国民政部编《中国民政统计年鉴 2021》，中国统计出版社，2021，第 197、204、206 页。

三 健全浙江养老保障制度

时至今日，我国养老保险制度基本定型，社会救助制度与老年人福利补贴制度不断发展，经济困难、失能老人等受益对象不断增加，经济快速发展也为养老保障进一步发展提供了雄厚的物质基础。综合来看，当前养老保障在制度设计的目标定位、统筹层次、制度衔接、财政责任划分等方面仍存在不足。

（一）目标定位需要更加明确

目前养老保障的各项制度虽然在中央层面出台了相应的规定，但部分制度在目标定位上仍不清晰。属地化的管理原则在适应各地经济发展差异的同时，也导致了各地制度执行依据存在差异。其中，城乡居民基本养老保险制度和老年人福利补贴制度目标定位模糊问题最为突出。依据国务院出台的政策文件，城乡居民基本养老保险制度作为一项保险制度，应明确相应的权利与义务关系，强调个人缴费责任并维持基金收支平衡。但从制度的本质来看，城乡居民基本养老保险制度是一项更偏向于依赖财政补贴的福利政策，存在保险与福利之间的制度定位模糊问题。其中，浙江居民养老保险财政补助金待遇占84%，个人缴费形成的个人账户待遇仅占16%左右，在个人缴费责任的履行上仍存在不足。

老年人福利补贴制度，也存在概念使用和政策执行依据上的混乱。现阶段我国的老年人福利补贴，既存在以市民身份和年龄为准入条件的高龄津贴，也有依据经济困难和失能程度发放的养老服务补贴和失能护理补贴。各地区既有三项补贴叠加发放的情况，也有将三项补贴合为一项的情况。浙江老年人福利补贴的发放限制条件较为严格：为享受城乡居民养老保险待遇的、年满80周岁的高龄老人，每月给予不低于30元的高龄补贴[①]；为具有本省户籍的低收入家庭的60周岁以上失能、失智及生活能够自理的高龄

[①]《浙江省人民政府关于加快实施城乡居民社会养老保险制度的意见》，浙江省人民政府网站，https：//www.zj.gov.cn/art/2012/7/14/art_ 1229019364_ 63462.html。

(80周岁以上）老年人提供养老服务补贴①。综合比较全国与浙江老年人福利补贴政策实践情况可知，浙江的养老服务补贴对象主要为经济困难的失能老年人，其本质上为护理补贴。但民政部的养老服务补贴对象主要为经济困难的老年人，与老年人社会救助的覆盖对象存在重叠，这种概念上的混淆也给基层在政策执行上造成了操作上的困难。

最后，目标定位不清晰还导致了各项制度待遇水平难以确定、制度之间的关系难以厘清。从缩小贫富差距的角度上看，养老保障针对的群体应当为收入不稳定的中低收入群体，通过社会救助制度和选择性福利制度为经济困难的老年人提供基本生活保障，从而起到"提低"与"扩中"的作用。然而，现阶段我国养老保障既存在未能完全覆盖低收入群体的"窄化"问题，亦存在财政补贴城镇职工基本养老保险、高龄津贴导致的福利叠加与"泛化"问题。在老年人社会救助方面，现有制度仍未将低保边缘群体完全纳入保障范围，从而使得针对低收入群体的养老保障财政支出水平较低。而城乡居民基本养老保险制度作为一种社会保险制度，其待遇水平应当在社会救助制度的兜底性待遇水平之上，但现阶段城乡居民养老金普遍低于低保标准。在老年人福利补贴方面，高龄津贴作为普惠型福利，面向的是全体高龄老年人。这种仅以年龄为标准的福利津贴，虽然在政策执行上更为便捷，却未能明确津贴本身的定位，在待遇标准的制定上存在不合理之处。

（二）统筹层次需要提升

受制度设计理念、地区发展不平衡与财政分割的影响，养老保障整体统筹层次较低，形成了地区分割与地方利益割据的状况。城镇职工基本养老保险制度长期处于地区分割的状态，各地区参保人养老保险缴费标准与待遇不统一。企业法定养老保险成本存在企业性质、行业与地区之间的差异，不仅不利于推动各地区经济均衡发展，也使得我国基本养老保险制度互助共济性

---

① 《浙江省民政厅　浙江省财政厅关于印发浙江省养老服务补贴制度实施办法的通知》，浙江省民政厅网站，http://mzt.zj.gov.cn/art/2021/9/18/art_ 1229266175_ 2360840. html。

不足，难以发挥大数法则的效能，甚至出现部分地区养老保险基金收不抵支的情况。浙江 2020 年已经规范了省级统筹，并于 2022 年开始全国统筹。尽管城镇职工基本养老保险全国统筹已经开始起步，但现阶段基本养老保险的缴费与基金运营管理主要仍由省级单位承担，经济增速放缓与属地化管理也对中央政府资金调配形成了较大压力。不论是从提升制度公平性的角度出发，还是基于降低财政风险、提升制度可持续性的考虑，建立全国统筹的养老保险制度已经成为共同富裕背景下养老保障制度发展的必然要求。

相较于城镇职工基本养老保险而言，城乡居民基本养老保险制度统筹层次更低，导致了各地区城乡居民养老保险筹资标准未能统一、待遇标准调整主要由地方部门主导、地区与城乡之间养老金存在较大差异、城乡基本养老保险制度互助共济性不足等问题。在经济发展程度较高、省内差距较小的浙江，城乡居民养老金在最低标准上明显高于全国水平。从统筹层次上来看，浙江城乡居民基础养老金仍处于县级统筹的阶段，由各地市提供城乡居民基础养老金最低待遇标准，县级单位根据自身发展情况具体执行。

表 13 的数据显示，2017~2021 年，浙江省内各地市城乡居民基础养老金最低待遇标准仍存在较大差距，各地市的标准制定和待遇上调水平各有不同。其中宁波市的城乡居民基础养老金为历年来浙江省内最高，丽水市为浙江省内部待遇水平最低。浙江经济发展水平差距较小的地市，城乡居民基本养老保险统筹层次相对较高、待遇标准差距较小，制度再分配功能更强，而其余各地市城乡居民基本养老保险则面临着待遇标准统一的阻碍。

表 13　浙江各地市城乡居民基础养老金最低待遇标准

单位：元/月

年份	杭州市	宁波市	温州市	嘉兴市	湖州市	绍兴市	金华市	衢州市	舟山市	台州市	丽水市
2017	190	230	170	165	150	160	150	135	160	135	135
2018	220	240	190	185	180	180	180	155	180	155	155
2019	240	250	215	205	215	180	215	155	190	180	155
2020	260	260	245	225	250	215	230	185	190	190	180
2021	310	310	270	290	290	245	260	225	225	235	225

资料来源：浙江省人力资源和社会保障厅《关于有关资料的函》相关数据。

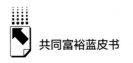
（三）身份与户籍限制需要打破

当前养老保障仍存在较为明显的身份和地区区隔，这也导致了灵活就业人员与流动人口在准入条件、待遇享受等方面受到诸多限制。以养老保险制度为例，基本养老保险制度的建立以传统雇佣关系的职业身份为基础，制度建立之初主要解决的是市场经济改革背景下城镇企业职工的养老保障问题，缺乏对城镇个体劳动者和农民的养老保障。2005 年，国务院针对农民工保障问题，提出要扩大城镇职工基本养老保险制度的覆盖范围，统一城镇个体工商户和灵活就业人员参保缴费政策[1]。2010 年，《社会保险法》规定，无雇工的个体工商户、未在用人单位参加基本养老保险的非全日制从业人员以及其他灵活就业人员也可以参加基本养老保险[2]。在实际政策执行之中，灵活就业人员参保时面临着户籍限制与高缴费负担等问题，在难以提交就业证明材料的情况下，就会选择参加户籍所在地的城乡居民基本养老保险，或者是在"自愿"原则下直接不缴保险。《浙江省职工基本养老保险条例》规定，无雇工的城镇个体户、城镇灵活就业人员可以按照规定以个体身份参加职工基本养老保险。

灵活就业人员之中非本地户籍群体参保困难，反映了当前养老保障的户籍限制与流动人口养老保障在管理上的不足之处。改革开放以来，随着经济社会的发展和社会流动的加剧，我国流动人口的规模逐渐扩大。截至 2020年，全国流动人口的数量已达 3.76 亿人[3]。浙江作为经济发达的人口流入大省，2020 年省内流动人口 937 万人，跨省流动人口约为 1618 万人[4]，其

---

① 《国务院关于完善企业职工基本养老保险制度的决定》，中国政府网，http：//www.gov.cn/zhengce/content/2008-03/28/content_ 7376. htm。
② 《中华人民共和国社会保险法》，中国人大网，http：//www.npc.gov.cn/npc/c30834/201901/ 4a6c13e9f73541ffb2c1b5ee615174f5. shtml。
③ 国家统计局人口和就业统计司编《中国人口和就业统计年鉴 2021》，中国统计出版社，2021，第 24 页。
④ 国家统计局编《中国统计年鉴 2021》，中国统计出版社，2021，第 58 页。

中 2020 年净迁入人口数量为 28.03 万，净迁出人口数量为 7.69 万人①。浙江省人力资源和社会保障厅所提供的数据显示，2017 年浙江无雇工的城镇个体户、城镇灵活就业人员等以个体身份参保者共有 502.03 万人，2021 年已达 549.15 万人②。此外，老年人福利补贴等制度仍以户籍为准入条件之一，使得许多没有本地户籍的常住人口，仍面临着福利补贴与养老服务获取等老年人福利待遇上的不公。

由于各地区经济发展水平差异较大，城乡居民基本养老保险、社会救助与老年人福利补贴待遇标准还会受到各地区财政支出的影响。以老年人最低生活保障制度为例，浙江省内部经济发达地区与欠发达地区、城市与农村之间最低生活保障标准和平均补差情况存在较大差异。总的来说，养老保障各项制度存在的职业身份和户籍限制，给灵活就业人员与流动人口养老保障设置了障碍，不利于劳动力的跨区域流动与人才优化配置，也对缩小群体、城乡与地区之间的养老保障待遇差距造成了困难。

（四）制度之间需要进一步整合

从理论上看，养老保障的制度体系之中，社会救助、基本养老保险与老年人福利补贴在功能定位上具有层次性，即老年人社会救助发挥兜底功能，社会保险居于其上，老年人社会福利属于更高层次的保障。但现阶段城乡居民基本养老保险制度与社会救助的实际功能和目标定位存在偏差，城乡居民养老金低于低保标准。此外，低保制度与基本养老保险制度之间的衔接亦有所不足，存在部分经济困难的老年人群体未参加基本养老保险的情况。

除了社会救助、基本养老保险与老年人福利补贴的制度衔接问题之外，我国养老保障制度体系还面临着不同养老保险制度的衔接和跨地区养老保险关系转移接续的问题。以城乡居民基本养老保险和城镇职工基本养老保险的

---

① 资料来源：浙江省公安厅人口迁入与迁出相关数据。
② 资料来源：浙江省人力资源和社会保障厅《关于有关资料的函》相关数据。

转移接续为例，我国虽已颁布《城乡养老保险制度衔接暂行办法》（人社部发〔2014〕17号），但在关系转接时限上，暂行办法规定职工向城乡居民保险转接时需要达到法定退休年龄，限制了参保人关系转接的自由。依据暂行办法，若城镇职工养老保险参保者选择转入城乡居民养老保险，缴费合并累计计算，个人账户资金同样转移到城乡居民养老保险的个人账户，但统筹账户之中的资金并不转移。若城乡居民养老保险参保者想要转入城镇职工养老保险之中，其城乡居民养老保险缴费年限不能累计计算，客观上造成参保者的利益损失。

此外，制度衔接过程之中信息化程度不高、养老保险关系转移接续操作规范性差，也给流动人口跨地区养老保险关系转移接续带来诸多不便。由于长期的地方分割，不同养老保险统筹单位往往会使用便于自身管理的信息系统，在筹资标准和待遇计发参数设计上亦存在差异。甚至有些信息化水平不足的地区，在基层人员的不规范操作下，出现了养老保险关系转接信息未能及时更新甚至丢失的情况，严重损害了参保人权益。

（五）筹资与待遇机制有待完善

人口结构作为影响福利供给的重要需求因素，不仅会影响资金供应能力，还会影响制度运转的潜在成本，进而影响制度的抗耐性[①]。人口老龄化必然给养老保障带来资金支出压力，而制度本身的缺陷又会加剧养老保障资金支出的区域性与结构性矛盾。从筹资机制看，城镇职工基本养老保险制度面临着缴费年限过短、退休人员人力资源浪费等问题，制度转轨的历史债务也对基金的可持续运营造成了威胁，个人账户的继承、缴费基数未能夯实更是加剧了资金的亏空。

由于城镇职工基本养老保险制度名义缴费率偏高，过高的筹资压力对于企业经营发展也造成了不利影响。过高的城镇职工基本养老保险名义缴

[①] 〔英〕泰勒·古庇等：《压力下的福利国家：变革与展望》，刘育廷等译，台北市：松慧，2006，第228页。

费率与名义缴费基数，使得企业特别是中小微企业参保负担较重，导致了企业参保积极性不高，部分企业甚至试图通过不签合同、瞒报等方式逃避参保，这不仅不利于进一步扩大养老保障制度覆盖面，更损害了劳动者的养老保障权益。就个人而言，城乡居民基本养老保险的自愿参保原则，也导致部分群体出于当期消费和养老规划意识不强而逃避参保，个人参保意识也有待增强。

从待遇调整机制上来看，我国初步建立了与经济社会发展水平相适应的养老保障待遇调整机制。相关政策规定，城镇职工养老金要根据职工平均工资增长、物价上涨情况适时调整[1]。城乡居民基本养老保险亦建立了待遇确定机制、基础养老金正常调整机制、个人缴费档次标准调整机制、缴费补贴调整机制，以促进城乡居民基本养老保险的发展与经济发展、城乡居民收入增长、物价变动等情况相适应[2]。老年人社会救助、老年人福利补贴则根据经济社会发展水平和老年人的实际需要进行调整[3]，各地根据当地经济发展水平、物价变动情况和财力状况自主确定[4]。但各项制度的待遇调整机制在设计理念和规范性上仍有待进一步优化和提升。以基本养老保险制度的待遇调整机制为例，城镇职工与城乡居民基本养老保险的待遇上调水平和待遇上调次数差距明显，国家财政对于养老金的补贴压力也不断增加。

（六）财政支出责任边界需要厘清

财政公共预算支出应当依据制度定位发挥不同的作用。由政府负责的社

---

[1] 《中华人民共和国社会保险法》，中国人大网，http：//www.npc.gov.cn/npc/c30834/201901/4a6c13e9f73541ffb2c1b5ee615174f5.shtml。

[2] 《人力资源社会保障部 财政部关于建立城乡居民基本养老保险待遇确定和基础养老金正常调整机制的指导意见》，中国人社部网站，http：//www.mohrss.gov.cn/xxgk2020/fdzdgknr/zcfg/gfxwj/shbx/201803/t20180329_291008.html。

[3] 《中华人民共和国老年人权益保障法》，中国政府网，http：//www.gov.cn/guoqing/2021-10/29/content_5647622.htm。

[4] 《财政部 民政部 全国老龄工作委员会办公室 关于建立健全经济困难的高龄 失能等老年人补贴制度的通知》，中国财政部网站，http：//www.mof.gov.cn/gkml/caizhengwengao/wg2014/wg2014010/201504/t20150401_1211568.htm。

会救助与老年人福利补贴项目，财政支出对其负有全责。基本养老保险作为社会保险项目，应当强调筹资与待遇之间的匹配，维持自身基金平衡，政府在其中应当承担转制成本和制度运行成本。但具体来看，在城镇职工基本养老保险制度中，国家财政不仅发挥了"防火墙"的作用，还承担了待遇上调和维持基金平衡的兜底责任。从城乡居民基本养老保险制度的财政责任来看，由于纳入了大量应当参与城镇职工基本养老保险的灵活就业人员，从而扩大了政府的财政支出责任。

各级政府的财政责任边界，尤其是中央与地方财政权责关系的厘清，也是进一步完善养老保障制度体系、推进养老保险全国统筹的关键所在。在不同的统筹层次下，中央政府和地方政府的财政权责存在明显区别。由于现阶段养老保险调剂比例设计和各地基金收支状况未能完全匹配，中央所能掌握的调剂金总量未达到最优规模，各地养老保险基金平衡也未达到最优状态①。在养老保险全国统筹步入成熟期后，应当实现全国统收统支的制度模式，将中央与地方共同承担财政责任逐渐转向以中央支出责任为主导，强化中央财政收支决策权与调剂权，依据各地人口年龄结构和经济社会发展水平差异对中央财政补贴范围做出调整。然而，现阶段基本养老保险制度各级政府财政的责任分担比例仍不清晰，导致了政府间财政筹资边界模糊、财政责任分担不合理的状况。特别是城乡居民基本养老保险制度，由于个人缴费责任履行较差，对于财政补贴的依赖性较强，在未明确地方财政支出责任的情况下，容易造成不同地区政府财政负担不均，影响财政补贴的可持续性。

四　完善浙江养老保障的对策建议

在中国式现代化进程中，实现共同富裕是需要长期奋斗的系统工程。在

---

① 边恕、王子龙：《基本养老保险全国统筹：政策内涵、制度衔接与央地关系》，《地方财政研究》2022年第4期。

日益复杂的内外部社会风险之下，应当综合考虑现阶段我国养老保障面临的主要问题，明确养老保障促进共同富裕的发展路径。

（一）调整目标定位

全面建成覆盖全民、城乡统筹、权责清晰、保障适度、可持续的养老保障制度，更好地体现社会公平正义，不仅是养老保障发展的必然要求，更与扎实推动共同富裕的目标相契合。现阶段我国养老保障仍存在制度目标定位模糊等缺陷，造成了对低收入群体保障不足、福利悬崖与福利叠加等问题。针对城乡居民基本养老保险和老年人福利补贴制度目标定位模糊的问题，应当强化基本养老保险的主体作用，以保险福利涵盖救助福利所保障的对象，为全体人民提供更高水平的基本保障。针对无力缴纳保险的困难群体，由国家承担缴费责任，抑或给予福利补贴，避免低保标准过低、制度衔接不畅等造成贫困陷阱。

（二）提高统筹层次

实现共同富裕，意味着要消除城乡差别、地区差别和群体差别，打破养老保障地区分割和地方利益割据的格局。提高养老保障统筹层次，不仅有利于加强制度的互助共济性，还能防范基金不可持续的风险。首先，要打破城乡分立的局面，逐步实现城乡养老保障一体化。浙江多地已实行城乡统一的最低生活保障标准，有的地区城乡居民的养老保险待遇已经接近城镇职工基本养老保险的待遇水平，为全国范围内推进养老保障的城乡统筹提供了有益借鉴。其次，要破除影响社会流动的障碍因素，在全国范围内统一管理养老保障基金、制定统一的发放政策，使养老保障关系能在不同地区顺利转移接续。最后，还要逐步缩小人群差异，将不同职业群体之间、代际的养老保障水平差距控制在合理范围内。现阶段我国已经开始实施城镇职工基本养老保险的全国统筹，建立了中央调剂金制度。未来在养老保险全国统筹的推进方面，还应进一步统一缴费率、缴费基数、待遇计发等政策，合理划分中央与地方财政支出责任，并通过建立统一的信息系统，实现全国信息资源共享。

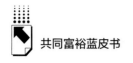

（三）打破身份与户籍限制

着眼于实现共同富裕的养老保障，应当是覆盖全民的普惠性制度安排。这就要求养老保障在制度设计理念上，应综合考虑我国人口老龄化与地区、城乡经济发展不平衡的现实状况，逐步从强调职业身份转向强调国民权利、从覆盖户籍人口转向覆盖常住人口、从覆盖正规就业者扩大到覆盖全体劳动者，避免养老保障的"窄化"与"泛化"的问题。具体而言，就是要打破灵活就业人员和流动人口享受养老保障的身份与户籍限制，破除现有制度设计城乡分割和地域分割的局面，从而确保真正有需要的老年群体得到应有的保障。同时，发挥财政的转移支付作用，加大对中西部地区的财政支持力度，促进各地区养老保障的协调发展。与此同时，还应进一步缩小不同养老保险制度之间、城市与农村老年人社会救助和福利补贴的待遇差距，解决由制度分割和地区经济发展不均衡导致的群体间待遇不公的问题。

（四）加强制度衔接与部门协同

制度衔接是实现养老保障高质量发展的重要一环。依据救助、保险与福利的制度目标，基本养老保险制度应当和老年人社会救助制度有效衔接，明确城乡居民养老保险和最低生活保障制度的目标定位，使城乡居民养老保险制度和最低生活保障制度发挥不同的保障功能。老年人救助制度和老年人福利补贴制度之间亦应加强衔接，在提升制度精准性的同时，避免覆盖群体过窄抑或是福利叠加的现象出现。为解决现阶段养老保险关系转移接续时养老保障权益不对等、跨地区转移接续困难等问题，应在制度设计上打破缴费年限积累和账户资金转移的限制，通过建立全国统一的信息系统实现分段计算参保年限、加权计发养老金待遇，进一步提升基本养老保险制度的便携性。此外，还应当明确不同部门的权责关系，避免部门职能分割或交叉重叠，以浙江正在探索建设的"共富型大社保体系"为例，探索并实现人社、民政、医保、残疾人联合会等部门之间的职能协作和一体化管理，为居民提供由老年人社会救助、基本养老保险与老年人福利补贴构成的覆盖全生命周期的高质量养老保障。

（五）完善筹资与待遇调整机制

在筹资调整机制方面，首先，要合理确定基本养老保险的缴费率与缴费基数，适当降低养老保险缴费率，以达到提升养老保险收缴率、扩大养老保险覆盖范围的目标，推动养老保险基金良性运行。其次，养老保险的筹资机制要适应人口结构的转变，适当增加基本养老保险的缴费年限，逐步推进延迟退休年龄政策，降低基金运营不可持续的风险，促进代际公平的实现。最后，要完善财政补助的调整机制，明确不同制度的财政责任以及央地财政责任边界，平衡不同制度的财政投入，提高财政补助的公平性与精准性，可以参考浙江建立的"钱随人走"的财政补贴模式以及市民化财政补助机制，建立适应人口的大规模流动和城乡统筹发展的财政补贴机制。在养老保障的待遇调整机制方面，一方面，要通过合理的待遇调整机制，逐步缩小制度覆盖群体的待遇差距，重点提高中低收入群体养老保障待遇水平。另一方面，要根据国民收入水平、工资水平和物价的变动情况，兼顾财政支付能力与财政投入的可持续性，适时调整养老保障的待遇标准。

（六）建立风险应对机制

在实现共同富裕的过程之中，养老保障应当针对日益复杂的制度环境及时做出调整，进一步提升制度抗风险能力。养老保障在制度设计上也应当着眼于国家安全，具备前瞻性，立足于国内风险与国际风险、应急响应与长效机制，将养老保障制度建设上升到与经济、政治、文化高度相关的福利体制高度，统筹经济发展和社会安全的关系，构建起更加有效的风险屏障。从国内风险来看，养老保障的制度设计应当适应本国的社会经济发展水平、社会结构和文化传统，充分考虑到人口老龄化、就业形态多样化、

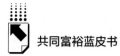

经济下行压力增加的国内风险，及时调整人口政策与经济发展政策，发挥养老保障在应对国内重要风险时的作用。从国际风险来看，应当提升养老保障制度弹性与行动张力，针对全球金融危机、全球公共卫生危机、局部战争等国际风险及时做出反应。此外，针对自然灾害等诱发的社会公共危机事件，应当提升养老保障的应急响应能力，通过部门联合行动、社会力量参与共同化解跨界危机。

B.15
推进山海协作的浙江实践

李 昊*

摘　要： 党的二十大报告中指出，"深入实施区域协调发展战略、区域重
　　　　大战略、主体功能区战略、新型城镇化战略，优化重大生产力布
　　　　局，构建优势互补、高质量发展的区域经济布局和国土空间体
　　　　系。"促进区域协调发展，是实现全体人民共同富裕、全面建成
　　　　社会主义现代化强国的必然要求与应有之义。浙江地处中国东
　　　　部，经济发达。但同时，"七山一水二分田"的自然条件，又让
　　　　浙江不同地区在发展中一度拉开差距。为了应对区域发展不协调
　　　　的问题，浙江省于 2002 年正式启动了山海协作工程。山海协作
　　　　工程中的"山"是指以浙江西南部山区和舟山海岛为主的欠发
　　　　达地区，"海"是指沿海发达地区和经济发达县（市、区）。山
　　　　海协作工程以项目合作为中心，以产业梯度转移和要素合理配置
　　　　为主线，将产业从发达地区向欠发达地区合理转移以及将欠发达
　　　　地区剩余劳动力向发达地区有序流动，激发了欠发达地区的经济
　　　　活力。山海协作工程有效缓解了区域发展不平衡和不充分的问
　　　　题，促进了浙江省欠发达地区实现跨越式发展。通过山海协作
　　　　工程，浙江省加快形成区域协调发展的新格局，并且走出了一
　　　　条相互合作、双向互动、互利共赢的促进农民农村共同富裕的
　　　　新路子。本文通过回顾浙江省推进山海协作的历程，总结了山
　　　　海协作的主要做法和典型模式，同时分析现阶段浙江省在推进
　　　　山海协作中面临的主要问题，并进一步给出了深化山海协作的

---

* 李昊，经济学博士，中国社会科学院农村发展研究所助理研究员，主要研究方向为城乡劳动
力流动、人口老龄化和农村人力资本积累。

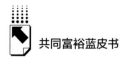

思路与建议。

关键词： 山海协作　共同富裕　典型模式

一　浙江省推进山海协作的历程

山海协作工程始于 2002 年，是习近平同志在浙江工作期间谋划、部署、推动的重大战略举措，是"八八战略"的重要组成部分。历届浙江省委、省政府接续推进"八八战略"在浙江落地生根、开花结果，把"山"的特色与"海"的优势有机结合起来，推动陆海统筹、山海互济，持续深化山海协作工程，促进全省区域经济协调发展。2018 年浙江省委、省政府部署打造山海协作工程升级版以来，全省累计推动山海协作产业合作项目 1474 个，完成投资 1980 亿元，有力地推动了山区 26 县高质量发展。

（一）山海协作工程的启动阶段（2002年4月至2003年7月）

2001 年 10 月，浙江省委、省政府召开全省扶贫暨欠发达地区工作会议，提出要实施省内区域合作、帮助欠发达地区加快发展的战略，通过开展省内区域经济合作与交流，把省内沿海发达地区的产业转移辐射到浙西南欠发达地区，把欠发达地区的剩余劳动力转移到发达地区，并形象地将这一战略称为山海协作工程。2002 年 4 月，浙江省人民政府办公厅转发了省协作办《关于实施山海协作工程帮助省内欠发达地区加快发展的意见》，提出要围绕 2020 年全省提前基本实现现代化的目标，促进沿海发达地区与浙西南欠发达地区的协调发展，共同繁荣，由此正式拉开了全省实施山海协作工程的序幕。2002 年 11 月，习近平同志上任浙江省委书记后极为重视山海协作工程，明确了山与海的协作、山与海的握手、山与海的对接，明确了发达市县与欠发达市县的结对关系，探索了市场经济条件下结对帮扶"造血型"的省内扶贫开发新模式，开创了以互利合作为主的帮扶新理念，以此推动欠发达地区加快发展。2003 年 5 月，浙江省委、省政府决定设立浙江省对口支援和对口帮扶的山海协作工程领导小组，明确发达地区与欠发达地区的65 个县（市、区）结成对口协作关系。同年 7 月，浙江省委第十一届四次全体（扩大）会议把统筹区域发展纳入"八八战略"的总体部署，提出要进一步发挥浙江的山海资源优势，大力发展海洋经济，推动欠发达地区跨越式发展，努力使海洋经济和欠发达地区的发展成为浙江经济新的增长点。

（二）山海协作工程的实施阶段（2003年8月至2015年10月）

2003 年 8 月，《浙江省人民政府办公厅关于全面实施山海协作工程的若干意见》正式印发，并相继出台了《浙江省山海协作工程财政贴息资金管理暂行办法》《山海协作工程"十一五"规划》等一系列政策文件，各有关部门按照职能分工制定相应配套政策，形成了山海协作的政策指导体系。2004 年 4 月，浙江青年山海协作行动正式启动，并设立浙江省农村青年发展基金。发展基金主要用于对全省欠发达地区的农村青年进行素质培训、表彰和奖励等一系列工作。2007 年 6 月，浙江省第十二次党代会报告明确将加快欠发达地区发展作为"创业富民、创新强省"总体战略的重要组成部分。2009 年，浙江开始实施新一轮山海协作工程，提出了将推进山海合作与实施包括"基本公共服务均等化行动计划"和"低收入群众增收行动计划"在内的"全面小康六大行动计划"相结合，重点加快欠发达地区在基本公共服务和低收入人群增收方面的跨越式发展。2012 年 8 月，浙江省委、省政府办公厅印发了《关于推进山海协作产业园建设的意见》，积极引导经济强县制度、产业、科技、服务、人才等创新要素向加快发展县梯度转移，全省首批 9 个省级山海协作产业园建设正式拉开了帷幕。

（三）山海协作工程的深化阶段（2015年11月至2017年5月）

2015 年 11 月，浙江省委第十三届八次全会通过了《关于制定浙江省国民经济和社会发展第十三个五年规划的建议》，提出了"深入实施山海协作工程，丰富协作内涵，完善协作平台，创新协作机制，实施产业平台建设、绿色经济发展、群众增收共享、人才智力合作和浙商助推发展等行动计划，打造山海协作工程升级版"。同年 12 月，浙江省政府办公厅印发了《关于进一步深化山海协作工程的实施意见》，进一步明确了"十三五"期间山海协作工程的实现目标和重点任务，通过调整结对关系、落实援建资金、引导浙商参与、规范制度运作等方式，发挥和增强山区 26 县①生态经济"造血"功能和自我发展能力，推动山区 26 县与经济强县同步实现全面小康。

（四）山海协作工程的提升阶段（2017年6月至今）

2017 年浙江省第十四次党代会再一次提出要"充分发挥山海并利优势，着力打造山海协作工程升级版，进一步拓展协作内涵、完善协作平台、深化协作机制，支持'飞地经济'发展，不断增强山区和革命老区自我发展能力"。2018 年初，浙江省委、省政府出台《关于深入实施山海协作工程促进区域协调发展的若干意见》，以适应新时代我国社会主要矛盾变化，解决浙江省发展不平衡不充分问题，推进"两个高水平"建设、保持高质量发展走在前列，通过打造山海协作升级版，进一步发挥山海协作工程的机制优势，促进浙江西南山区与东部沿海地区的交流与合作，实现更高质量的区域协调发展。

二 浙江省推进山海协作的主要做法

山海协作是一个系统工程，涉及政府、市场和社会三大主体，涉及经济发展、社会进步、群众增收等众多领域，需要依托一系列的制度设计，明确谁来协作、协作什么、如何协作。浙江省委、省政府聚焦受援地所需、支援地所能，持续完善山海协作帮扶体系、健全山海协作激励机制、丰富山海协

---

① 截至 2021 年 9 月，浙江省山区 26 县分别是：淳安县、永嘉县、平阳县、苍南县、文成县、泰顺县、武义县、磐安县、柯城区、衢江区、江山市、常山县、开化县、龙游县、三门县、天台县、仙居县、莲都区、龙泉市、青田县、云和县、庆元县、缙云县、遂昌县、松阳县、景宁畲族自治县。

作平台、拓展山海协作领域，不断提升山海协作工程的针对性和有效性，促进资源要素双向流动、山海联动统筹发展。

（一）构建"分层次"实施主体

山海协作工程的实施主体明确，有利于权责的清晰以及帮扶效果的提升。浙江省在推进山海协作工程的实践中，首先确定了谁来统筹协作、协作双方是谁、各自的职能定位是什么，逐渐形成了三个层面的帮扶主体。首先是在宏观省级层面，成立省级统筹机构。浙江省政府成立了山海协作领导小组，下设有山海协作办公室，负责日常工作，包括提出山海协作的总体规划和预期目标、制定中期考核方案和年度工作计划、明确对接关系和重点任务、实施奖励政策和监督等。其次是在中观市县层面，建立市县两级对口协作关系。2002年，浙江省政府在实施山海协作工程之初，就对发达地区和欠发达地区的对口协作关系进行安排，之后，2015年又按照互补性和关联性相结合的原则重新调整完善山海协作结对帮扶关系，杭州市、绍兴市与衢州市结对，宁波市、嘉兴市、湖州市与丽水市结对，省内50个经济强县结对帮扶山区26县，推动资源共享、优势互补、合作共赢。最后是在微观企业和社会层面，发动企业和社会力量积极参与山海协作。浙江作为改革开放先行地，民营经济发达，市场活力强，注重用市场化的手段和方式推动山海协作[①]，按照"政府为主导、市场为主体"的原则，定期组织发达地区的企业到欠发达地区考察、调研、投资，积极鼓励省内外浙商参与到山海协作工程中。

（二）健全"多样性"激励机制

山海协作工程的激励机制健全，有利于调动各实施主体的积极性。浙江省针对山海协作工程中不同类型的实施主体，构建了多样性的激励机制。一是针对山海协作工程中结对合作的双方政府的激励机制。在政治上，制定目

---

① 应少栩：《浙江省"山海协作"推动共同富裕的逻辑脉络与经验启示》，《理论观察》2022年第3期。

标责任制和分类分档的考核制度，对市、县（市、区）山海协作工程情况进行考核，考核结果作为党政领导班子和领导干部实绩考核评价的重要内容①。在经济上，对山海协作的产业平台给予税收、土地和金融等政策支持和专项资金补贴，此外还允许 26 个加快发展县将补充耕地指标优先调剂给结对县使用。二是针对参与山海协作工程的企业的激励机制。浙江省内参与了山海协作工程的省属国有企业，在企业登记考评考核中会获得加分奖励；对参与投资 26 个加快发展县乡村振兴的企业，对其在省级农业龙头企业的评选中适当降低标准；对开展制造业和互联网融合发展的企业，在认定试点示范企业时，同等条件下给予优先考虑；对在山海协作工程中综合评价较好的企业，优先扶持上市。三是针对参与山海协作工程的个人的奖励机制。在 26 个加快发展县服务满一定年限的城市医院医师和优秀教师，业绩突出者会被优先晋升获得专业技术职务或被聘用到高一级专业技术岗位；下派到 26 个加快发展县医联体的管理人员，业务成绩突出者可以优先被提拔任用。

（三）打造"平台型"协作载体

发展平台是山海协作的空间载体，是实现产业集约化、规范化、规模化、特色化发展的重要保证。浙江省通过探索和创新，构建结对合作双方政府共建机制，形成了三种不同类型的发展平台。一是山海协作产业园。浙江省持续推进山海协作产业园提质增效，对适合发展工业的山区县，以建设科技化、信息化、集约化、生态化产业园为目标，围绕主导产业，加快上下游关联产业引进，培育生态型现代产业集群。二是生态旅游文化产业园。对重点生态功能区、源头地区等不适合发展工业的山区县，按照"共抓大保护，不搞大开发"的要求，发挥当地生态人文优势，培育省级旅游风情小镇、休闲旅游示范区、最美生态旅游线路和生态旅游项目。三是"飞地园区"。为破解后富地区高端要素缺乏、创新能力不足、发展空间受限、市场渠道不畅等难题，在结对合作的发达地区建设"飞地园区"、特色街区，实现企业

---

① 中共浙江省委党校主编《共同富裕看浙江》，浙江人民出版社，2021，第 261 页。

研发在都市、生产基地在山区，土地指标后富地区提供、产业空间在先富地区，特色农产品及民间手工艺品生产在山区、销售在沿海地区。

（四）布局"精准性"重点领域

明确山海协作工程的重点领域、关键环节，有利于更好地发挥"山"与"海"的优势。随着山海协作工程的深入推进和发展，山海协作的具体内容也在随之变化，从以往以经济协作为主的单一模式逐渐转向经济、社会、生态、文化、群众增收等多领域、全方位的协作。一是继续强化经济领域的协作。按照经济高质量发展的要求，引导发达地区发挥先进理念与援建资金作用，重点推动特色生态工业，积极发展休闲农业、生态农业和民宿经济，加快推进乡村振兴示范点建设；聚焦产业共兴、项目共引，每年推进一大批山海协作产业项目在山区 26 县落地建设，促进山区资源价值向产业价值转化。二是强化社会领域的协作。聚焦公共服务优质共享，强化"双下沉、两提升"① 政策，助推优质医疗资源共享和优秀医疗人才下基层服务，提升欠发达地区医疗水平；通过校际合作、优秀教师送教、联合办学、远程教育等形式，助推城市优质教育资源共享，提升欠发达地区教育水平。三是强化群众增收。按照浙江西南山区群众增收能力显著提升的要求，重点引导山区劳动力通过培训有序向沿海大城市转移，加强大学生创业园、文化创意中心等创业基地协作；聚焦"强村富民"，消除山区村集体经济薄弱村，建立消费帮扶机制，促进低收入农户增收致富。

三 浙江省推进山海协作的典型模式

从 2002 年实施山海协作工程以来，伴随着发展阶段的演进、外部经济

---

① "双下沉、两提升"：城市优质医疗资源下沉和医务人员下基层，提升县域医疗卫生机构服务能力和群众就医满意度。

环境的变化、目标要求的不断升级，浙江省持续探索和创新山海协作的模式。加快缩小浙江山区 26 县与其他县域的差距，其关键在于完善省域统筹机制，推动区域之间资源要素自由流动、高效配置，挖掘区域发展特色优势，加快实现省域一体化高质量发展①。具体来看，就是通过念好新时代"山海经"，拓展迭代山海协作的方式、载体和内涵，以精准帮扶、联动发展、"飞地"经济、民生共享等典型模式推动山区 26 县跨越式高质量发展。

（一）因地制宜，一对一精准援助与帮扶的模式

在山海协作工程推动下，越来越多的浙江经济强县的产业、科技、资金、人才等要素资源向加快发展县梯度转移，精准帮扶和助推浙江山区 26 个加快发展县实现跨越式高质量发展。

1. 衢江—鄞州：农特产品消费帮扶模式②

衢州市衢江区与宁波市鄞州区在山海协作工程中建立结对关系。鄞州区政府通过构建集"平台展销+日常消费+全民慈善"于一体的农特产品消费帮扶综合体，打破空间、信息等要素制约，推动"衢货入甬"，打造出山海协作工程中精准帮扶的特色模式。一是依托平台"展销"。第一，每年在鄞州区举办衢鄞"扶贫日"，组织鄞州企业与衢江农特产品公司签订消费帮扶采购协议，销售衢江区农特产品；第二，在鄞州区百丈街道设立职工节假日福利消费帮扶展厅，发动鄞州区职工在此采购衢江区农特产品；第三，在鄞州区打造山丘市集民俗风情街区，扩大衢江生态优质农产品销售规模；第四，以山丘市集及衢江山农门店为基地，推进衢江农特产品进入宁波三江超市 50 多个连锁店，拓宽衢江农产品销售渠道。二是发展企业"营销"。鄞州区成立衢江—鄞州上市企业协作联盟，吸纳鄞州 12 家、衢江 5 家已上市或拟上市企业成为联盟会员，组织联盟成员到衢江考察，提升对衢江区农

① 何玲玲、袁震宇、商意盈：《高质量发展建设共同富裕示范区——访浙江省委书记袁家军》，《政策瞭望》2021 年第 6 期。
② 《鄞州区开展山海协作消费帮扶推动"衢货入甬"》，浙江省发改委网站，https://fzggw.zj.gov.cn/art/2021/6/4/art_1621010_58929640.html。

特产品的认可度，推动"衢货入甬"；认定鄞州区 26 家企业作为线下消费帮扶企业，展销衢江区农特产品。三是动员社会"直销"。鄞州区制定出台消费扶贫相关扶持政策，对采购衢江、和龙、延吉等对口帮扶地区农特产品助农增收的企业、团体或个人给予一定奖励；动员专业机构与村经济合作社合作，发展"农户+专业合作社+电商平台+消费者"的农村电子商务模式，进一步拉长特色农产品产业链，提高产品附加值。

2. 三门—温岭：援建乡村振兴示范点模式①

台州市三门县与温岭市是山海协作工程中的结对帮扶伙伴。三门县积极发挥温岭的先进理念和援建资金作用，加快推进乡村振兴示范点标志性援建项目建设。一是高标准绘制乡村蓝图。帮扶组统筹兼顾乡镇、村庄的区位、资源、产业、地域文化以及村民需要等要素，对岙楼、大横渡等示范点每村示范点制作一张村情图，高标准地制定特色鲜明、空间布局优化、功能定位合理的乡村振兴规划体系。二是高质量发展特色产业。帮扶组紧盯岙楼村民宿经济的产业主攻方向，带领村"两委"干部和村民代表"走出去"，到温岭石塘镇等民宿经济较为成熟的乡镇开展民宿运营考察，开阔眼界；针对村内基础设施不完善的问题，持续追加资金投入做好坑下区块的村庄亮化工程。三是高水平推进人才培育。帮扶组联合县农业农村局、县人社局举办两期美丽乡村民宿经营基础知识培训班，有效提升了民宿的服务理念和服务技能；组织三门县农村实用人才赴温岭市参加"山海协作"技能培训班，建立乡村振兴人才储备库；扶持致富能手、种养大户和专业合作社负责人提高经营水平、扩大经营规模，带动更多村民就业，增收致富。

（二）优势互补，产业联动发展与共富的模式

山海协作工程的结对合作双方围绕各自优势资源，积极组织互访交流，找准产业合作的切入点、契合点，通过联动发展，实现协作共赢。秉承

---

① 《温岭、三门携手共建乡村振兴示范点全力推进山海协作"再升级"》，浙江省发改委网站，https://fzggw.zj.gov.cn/art/2020/7/9/art_ 1621010_ 50162834. html。

"优势互补，互利共赢"的原则，浙江省积极引导经济发达地区的优势产业赴对口地区开展投资兴业，参与多种形式产业交流合作，逐渐形成资源共享、共同发展的新格局。

1. 武义—海宁：农业产业共富模式①

金华市武义县作为山区26县之一与海宁市跨山"联姻"，通过优势互补、要素互融，不断迭代升级山海协作内涵，打造山海协作农业产业共富模式，将武义优质宣莲引进海宁，规模化种植、专业化管理、产业化销售，全力构建两地农业产业共建共富"新航道"。一是"武莲海种"打造山海协作新样本。与乡村振兴示范点柳城镇车门村签订合作协议，在海宁市海昌街道双山村选取100亩荷塘作为试点，逐步扩大种植范围。通过武义方提供"种子+技术"、海宁方提供"土地+管理"的合作模式，推动武义宣莲产业化发展。二是"武花海开"描绘乡村振兴新愿景。宣莲是武义名贵特产，属于中国三大名莲，两地从1000多个宣莲品种中，精选17种优质且适宜在海宁生长的宣莲，超2万株宣莲苗种播种在双山村，由海宁市海昌街道长水农旅开发有限公司提供日常管理，车门村经济合作社提供技术指导，打造海宁版"十里荷塘"，每年大量莲花绽放在海宁，成为海宁周边自驾游新景点。三是"武货海卖"谱写共同富裕新篇章。水果莲具有很高的食用价值，海宁统一采购莲蓬，并积极向周边市场推荐，积极宣介武义宣莲。同时开通山海协作供销直通车，采用农产品产地直供形式，将武义高山蔬菜直达海宁，在农批市场直销点销售。

2. 柯城—余杭：产业链共育共兴模式②

实施山海协作，推进产业对接，是推动结对地区实现跨越式高质量发展的重要抓手。杭州市余杭区携手衢州市柯城区，建立协同招商机制，创新产业链对接模式，聚焦产业合作，重点打造产业链共育共兴的山海协作模式。

---

① 《武海"莲"心共创山海协作新模式》，浙江省发改委网站，https：//fzggw. zj. gov. cn/art/2021/8/12/art_ 1621010_ 58930214. html。

② 《柯城-余杭实施四大举措聚力打造山海协作升级版》，浙江省发改委网站，https：//fzggw. zj. gov. cn/art/2018/8/16/art_ 1621010_ 30313845. html。

一是制定一个"总体方案"。双方签订《全力打造柯城余杭山海协作升级版行动方案》，以打造"升级版"、创建"示范区"、构筑"新飞地"、促进"大协同"为总体要求，明确各项工作任务及具体责任清单，切实有效推动两地深度融合。二是成立一个"促进中心"。围绕新材料、智能制造、文化时尚、数字经济等产业，成立柯城区生产力促进中心，该中心建立全过程、精准化、专业化服务体系，营造最优营商环境。三是引进一个"运营团队"。衢州市柯城区与浙江清华长三角研究院杭州分院签订战略合作协议，共同发起成立山海协作产业引导基金，支撑山海协作企业加速资本化步伐。四是推动一批"合作项目"。余杭区充分发挥时尚小镇服装产业技术、研发、品牌等优势，利用柯城区航埠低碳小镇在资源空间、劳动力成本、产业配套等方面优势，谋划推动一批产业项目合作，形成"产业研发在余杭，加工生产在柯城"的优势互补、融合发展、互利共赢的良好合作格局。

（三）扩展空间，利用"飞地"共建发展平台的模式

"飞地经济"是统筹区域协调，推动高质量发展建设共同富裕示范区的有力抓手。步入"十四五"新时期，浙江省获中央支持提出高质量发展建设共同富裕示范区，并通过构建《支持山区 26 县跨越式高质量发展意见》《浙江省产业链山海协作行动计划》等政策体系，全面深化了"飞地经济"的方向和举措，同时结合产业转移、脱贫攻坚、生态保护等实际需求，推动"飞地经济"不断迭代升级。

1. 青田—平湖：跨县市建设"消薄飞地"产业园模式①

"消薄飞地"是指由集体经济薄弱村集中资金、土地等资源配置到结对发达地区，依托成熟的开发区、园区，联合建设可持续发展项目并取得固定收益。平湖市与丽水市青田县共建的山海协作"飞地"产业园是浙江省首个跨市域以山海协作"飞地"经济模式消除集体经济薄弱村的项目，这标

---

① 《平湖·青田山海协作"飞地"产业园项目正式启动》，浙江省发改委网站，https：//fzggw. zj. cn/art/2018/4/12/art_ 1621010_ 30313819. html。

志着山海协作"飞地"经济模式取得了新的突破。该"飞地"产业园项目位于平湖经济技术开发区德国产业园区，遵循"政府引导、市场运作、优势互补、合作共赢"的基本原则，由平湖通过挂牌出让方式将"飞地"产业园用地出让给青田县农村集体经济联合发展公司负责建设，招商以平湖为主，双方共同负责。平湖与青田共建的"消薄飞地"产业园项目建成后，前五年按投资总额的10%作为投资固定收益，参建村总收益年均1950万元，参建每村增加12.5万元/年；后五年按租金加税收地方所得部分的50%奖补给青田县强村联合投资发展有限公司，以此壮大青田薄弱村集体经济。同时，青田调剂一定的土地指标给平湖，以此达到"青田壮大薄弱村集体经济、平湖补上用地指标短板"的双赢局面，为两地的经济社会发展开拓出互惠互利的合作新机制和新模式。

2. 开化—桐乡："一园多点"开启"生态飞地"共建模式①

为了进一步放大区域优势，浙江省在山海协作产业园的基础上，充分结合浙西南山区生态资源禀赋，围绕"大旅游、大健康"发展理念，打造了山海协作生态旅游文化产业园，发展"生态型飞地"经济模式，为山区生态功能县增加税收收益。衢州市开化县和桐乡市是浙江省非工业山海协作园区中最早探索生态旅游文化产业项目的园区，该生态旅游文化产业园由开化县人民政府和桐乡市人民政府于2015年3月合作共建，按照"一园多点"的旅游发展模式分期合作开发建设。其中"一园"核心区块紧邻开化根宫佛国5A级景区，东起205国道、南至城华线、西至八面山、北至桃溪村，规划面积2.61平方公里，主要包括开化县公共文化广场、山海协作园文化休闲街、山海协作园精品度假酒店等建设项目，其中公共文化广场项目将建设文化馆、城市展览馆、博物馆、图书馆、档案馆、青少年宫6个场馆，概算总投资约4.87亿元；"多点"项目主要包括大黄山茶博园项目、音坑乡下淤村景区综合改造提升工程、何田清水鱼群众增收项

---

① 《开化、桐乡加快推进山海协作生态旅游文化产业园建设》，浙江省发改委网站，https：//fzggw.zj.gov.cn/art/2018/4/2/art_ 1621010_ 30313817. html。

目、商贸城文化旅游市场改造提升工程等。开化和桐乡两地通过山海协作互换资源，把开化的优良生态环境优势和桐乡的产业发展优势相结合，携手发掘生态优势。

3. 衢州—杭州：共建衢州海创园推动"科创飞地"新模式①

浙江在山海协作工程中进行了大量的探索和实践，创新推出了"科创飞地"协作模式，即在省级层面和发达地区的支持下，由欠发达地区主动出击、借船出海，到经济发达、创新资源集聚的地区建设飞地。衢州海创园位于杭州未来科技城，是浙江省委、省政府实施山海协作工程背景下的全省首个"创新飞地"，首创了"研发孵化在杭州、产业转化在衢州，工作生活在杭州，创业贡献为衢州"的异地聚才模式。2016 年海创园一期正式开园，占地 26.7 亩、总建筑面积 6.76 万平方米，总投资约 3.2 亿元。2017 年 8 月，杭衢两地又积极响应省委、省政府打造"山海协作升级版"号召，再度携手谋划启动了海创园二期建设，二期占地 48.96 亩、总建筑面积 13.09 万平方米，投资额 11.97 亿元。2021 年 11 月 8 日，海创园二期正式落成开园。以"科创飞地"为窗口和枢纽，衢州得以集聚高科技企业、高端人才、研发机构和风投机构等创新主体及要素资源，并通过引导海创园内孵化成熟的项目到衢州地区产业化，实现了对衢州地区产业的科技赋能和发展带动。

（四）以人为本，基本公共服务优质共享的模式

山海协作工程的成果最终是要体现在山区群众的获得感上，而与发达地区相比，浙江山区的教育、医疗等公共服务相对滞后。因此浙江省始终将公共服务和社会事业建设作为山海协作工程的重点工作，不断推动优质医疗、教育资源下沉和共享，实现"幼有所育、学有所教、劳有所得、病有所医、老有所养、住有所居、弱有所扶"等目标②。

---

① 《衢州市创新政策举措，推动科创"飞地"平台升级》，浙江省发改委网站，https：//fzggw. zj. gov. cn/art/2018/9/11/art_ 1621010_ 30313847. html。
② 黄祖辉、傅琳琳：《浙江高质量发展建设共同富裕示范区的实践探索与模式解析》，《改革》2022 年第 5 期。

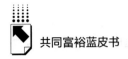

1. 庆元—嘉善：携手教育资源共享模式①

山海协作工程积极推动教育资源共享，采取校际结对、联合办学、选派优秀教师等方式，推动优质教育资源共享。嘉兴市嘉善县与丽水市庆元县共40所学校结对校际帮扶，8所学校结对"互联网+义务教育"帮扶，10位名教师结对20名庆元教师、各结对学校师徒结对26对。一是落实保障机制。嘉善县教育局与庆元县教育局签订山海协作合作协议，把教育山海协作纳入县教育局年度工作要点和对各校年度目标责任制考核，压实各校工作责任；建立教育局、学校、教师三层次常态化教育交流机制，围绕区域教育改革、教育教学管理、校园文化建设等重点，打造多层次、宽领域的山海协作协同发展格局。二是加强教师结对帮扶。邀请庆元县教师到嘉善交流培训、挂职锻炼，开展"浸入式"学习，加强教育理念的融合和借鉴；发挥优秀教师"传帮带"和辐射带动作用，依托名师工作室、特级教师协会等平台，与结对学校教师在课堂教学、课题研究、学科竞赛等方面进行全方位交流，共同提升两地教师的教育教学质量和业务水平。三是拓展交流平台。嘉善县各学校主动与庆元县学校建立结对关系，友校间围绕校园文化、教学研究、课程建设等，开展了常态化、多元化、深层次的校际交流合作；深化"互联网+教育"，引入国家和省级优秀教育资源，推动课程资源、名师资源、红色教育等资源与庆元县各学校共通共享。

2. 苍南—龙湾：合力打造医疗资源共享模式②

山海协作工程通过统筹浙江全省优质医疗资源，创新推进医疗联合体建设，提升山区医疗质量。温州市龙湾区和苍南县作为山海协作工程中市内结对的双方，创新山海协作医疗合作模式，结合省市县民生实事项目任务，合作打造马站镇中魁社区卫生服务站医养、医体、医教、医旅、医防"五大融合"未来乡村健康场景，实现苍南县在医疗卫生领

---

① 《嘉善庆元深化"窗口意识"合力打造山海协作3.0升级版》，浙江省发改委网站，https://fzggw.zj.gov.cn/art/2020/7/20/art_ 1599546_ 51625715.html。
② 《苍南—龙湾合力打造未来乡村健康场景》，浙江省发改委网站，https://fzggw.zj.gov.cn/art/2021/11/5/art_ 1621010_ 58931273.html。

域的大提升。一是强调慢病管理。中魁社区卫生服务站集苍南、龙湾两地医疗技术之所长，借力慢病管理中心，打造未来健康小屋，融入健康管理，实现自助血压、血糖、血脂等 13 项健康体检项目，以及电子健康档案查询、诊疗数据共享等自我管理功能，保障自助便捷的健康管理服务。二是保障基本医疗。苍南和龙湾合力在中魁社区设立 5G 云诊疗区，借助 5G 技术，实现远程医疗服务，为百姓提供优质、便捷的医疗服务，实现远程会诊、村检查县诊断和村办理县住院三个功能，让村民不出村就能够享有优质快捷的医疗服务，体现卫生健康的均等化。三是弘扬中医文化。苍南引进智能中医体质辨识分析设备、中医数字化诊疗辅助系统，并接入苍南全县中药饮片配送中心，选派苍南、龙湾两地优质中医医疗资源下沉，充分发挥中医药技术在基层预防保健中的独特优势，开展全民体质调查分析。

四 浙江山海协作面临的主要问题

虽然山海协作工程的持续推进，对于缩小浙江山区与沿海的发展差距、带动山区群众增收致富发挥了非常关键和重要的作用，但山海协作工程在具体的实施过程中仍面临一些障碍，其中资源要素受到制约、各地交流认识不足、运行机制不够完善、合作领域不够深入是主要的问题。

（一）资源要素不足，限制发展和加剧不平衡

浙江沿海发达地区基础设施和经济条件优越，对人才、土地、资金等核心资源要素的虹吸效应越来越强，而山区资源要素配置不足的劣势愈加明显。土地要素方面，土地资源不足制约着产业和项目的落地和发展。山海协作工程中多数"产业飞地"的规划选址都涉及永久基本农田，因而产业园区规划的建筑用地与现实可供使用的土地指标有相当大的差距，这种客观存在的土地指标与现实发展的不匹配，对山海协作工程中相关产业的发展造成很大的影响，也加剧了地区发展的不均衡。人才要素方面，山区的年轻劳动

力及高素质人才不足和流失现象严重，山区缺乏内生增长动力，加上教育和医疗等民生保障水平与沿海发达地区相比还有一定差距，导致部分地区间的发展不平衡问题还在加剧。

（二）各地交流和认识不足，部分地区协作主动性和积极性不高

全省层面、较高频率的山海协作交流分享平台还较为欠缺。参与山海协作工程的 26 个加快发展县与沿海发达县市之间、26 个加快发展县内部之间的交流和学习机会还不够多，导致一些地区对山海协作产业园规划是否合理科学、是否存在问题、招商引资是否到位、如何发挥山海协作优势主推地区发展等方面存在困惑。此外，部分地区在思想认识和政治站位上有待提高，特别是对"飞地经济"的认识有待深化，例如"飞地"双方只算眼前账不算长远账、只算局部账不算全局账的问题比较突出。山海协作"产业飞地"的土地指标是由"飞出地"负责，且指标量大，短时间难以筹划，这导致部分"飞出地"认为"飞地"建设投资回报周期长、预期返利不确定、本地就业带动能力弱，因而在"飞地"建设中主动性积极性不够。部分发达县市还缺乏大局意识，在规划选址时不肯拿出区位条件好、开发条件成熟的地块，"飞地"地处偏远、稳定耕地占比高，后期开发难度加大。

（三）运行机制不够合理，体制机制还有待进一步完善

一是在山海协作共建机制方面。各地对山海协作政策的理解和领悟不够，在工作推进中没有严格按照相关政策文件执行，导致未能充分整合优势，存在共建协作机制不明确、双方责任不明晰、主动对接不到位等情况，特别是在共建产业园的股权占比、双方投入方式、招商运营机制等方面仍未达成一致。二是在山海协作规划引导方面。大部分地区尚未制定综合规划或产业发展规划，在山海协作工程中对本地产业发展定位和本地产业链构建没有进行统筹考虑，发展的战略性不足，参与先进制造业集群的谋划不足。三是在山海协作考核机制方面。山海协作工程中结对双方的考核存在不对等现象，上级相关部门着重对受援地区的工作业绩、干部素质等进行考核，而对

支援地区的工作业绩、干部素质等考核的频率不高、力度不大，这容易导致支援地区派往受援地帮扶的干部在促进山海协作工程实施、引进大企业好项目的能力和水平等方面与受援地区的实际期望和需求有所差距。

（四）产业平台建设存在瓶颈，合作领域不够全面深入

一是现有的山海协作产业平台基础薄弱，产业协作平台的选址主要聚焦县域开发区（园区）整合空间范围内，发展空间有限，产业平台能级普遍较低，整体基础相对薄弱。二是山海协作产业平台的项目招引面临压力，受制于地理环境及人才、资金等资源要素，产业平台缺乏引领性重大项目，部分参与山海协作工程的结对双方合作招引的项目层次和质量不高，无法体现资源优化配置和产出效率提升的初衷。三是参与山海协作工程的结对双方在合作的领域上不够深入，山海协作不应仅局限于"山"与"海"的产业、项目等方面的合作，也不应仅定位在山区县乡村的发展上，而应当扩展到更多领域和层次。

五 深化山海协作的思路与建议

面向新发展阶段，浙江省应深入学习贯彻习近平总书记关于区域协调发展的重要论述，围绕忠实践行"八八战略"、奋力打造"重要窗口"主题主线，立足发挥比较优势和缩小区域发展差距，更加注重协作方式创新，更加注重造血功能培育，更加注重创新成果转化，全力打造山海协作升级版，助推山区26县成为全省经济发展新增长点，推动区域协调发展持续走在前列。未来五年，浙江省力争每年滚动推进山海协作产业合作项目300个、完成投资400亿元以上，每年实现消费帮扶金额3亿元以上，累计建设乡村振兴示范点20个以上①，推动山海协作"产业飞地"、特色生态产业平台全面落地见效。

---

① 《全省山海协作工作例会在杭州召开》，浙江省发改委网站，https://fzggw.zj.gov.cn/art/2019/11/6/art_1621010_39800966.html。

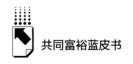

（一）着力在优化发展环境上下功夫

一是加快基础设施建设。加快推进杭温铁路、衢丽铁路、景文高速、瑞苍高速等一批重大交通基础设施项目建设，积极推进温福高铁、温武吉铁路、义龙庆高速公路、庆景青公路等项目前期工作的开展，着力打通山区对外交通大动脉。加快推进一批普通国省道和"四好农村路"建设，提升基础设施互联互通水平。加快在山区 26 县布局建设一批抽水蓄能电站。二是加强高端要素和公共服务供给。鼓励和支持高校和科研院所到浙西南山区开展产学研合作，深化沿海和山区人才引育合作，搭建高端人才共享交流平台，引导高端科技人才为山区科技创新和企业发展服务；统筹全省优质医疗、教育资源，完善"双下沉、两提升"政策，创新推进医疗联合体建设，加强师资交流，深化学校结对，提升山区医疗、教育质量。三是强化数字改革赋能，推动山区 26 县抢抓数字化改革机遇，推动与发达地区比学赶超、互学互鉴，优化创新创业生态，打造最优营商环境。积极推进 GEP 核算成果应用，拓宽生态产业价值实现途径。

（二）着力在提高思想认知上下功夫

一是充分认识山海协作的重要作用。引领协作各方充分认识打造山海协作工程升级版与高质量建设共同富裕现代化都市区的内在关联，纠正错误认识（山海协作工程只是受援地区或支援地区一方受益），形成山海协作工程升级版是民心工程、德政工程、双赢工程，对加快山区跨越式发展、建设共同富裕现代化都市区具有重要现实意义等方面的共识，调动各协作主体的主动性和积极性。二是提升山海协作交流机制的灵活性。针对目前山海协作地区交流平台不够多、密度不够大的情况，省级山海协作部门应当适当增加省级交流平台和机会，为加快发展县打造山海协作工程升级版、学习兄弟县市先进经验提供更多的机会。

（三）着力在完善工作体系上下功夫

一是强化顶层设计。将山海协作工程作为 26 县高质量发展和高水平发展建设共同富裕示范区的重要举措，建立新一轮山海协作工作体系，聚焦产业合作、平台共建、项目引领、人才支撑等方面，拓展帮扶领域，提高帮扶成效。二是健全考核评价机制。根据新一轮省定结对关系，优化现有考核办法，探索县与县捆绑考核机制，完善考核指标体系，形成统分结合、上下联动、横向协同的工作合力。三是优化协作机制。发挥结对双方党委、政府在山海协作中的主导作用，构建更加完善的协作机制。同时，发挥市场在资源配置中的决定性作用，促进资本、人才、技术等要素在区域间合理流动。

（四）着力在深化平台共建上下功夫

一是加快推进山海协作"飞地"建设，完善"产业飞地"激励政策，加强资源要素保障，以"产业飞地"为载体推动建立一体化招商协同机制，加强产业链山海协作，打造山区发展新空间。在杭州、嘉兴集中布局山海协作"科创飞地"，加快形成"研发在飞地、产业化在山区"的创新链。二是加快打造特色生态产业平台，因地制宜、因园施策，找准主攻方向，集中抓好1~2个主导产业发展，引导重点企业向特色生态产业平台集聚，构建扩大税源和促进就业增收的发展平台。三是加快山海协作产业园提质升级，深入推进山海协作工业产业园智能化和数字化改造，加快山海协作文旅产业园串珠成链，形成一批标志性成果。

（五）着力在强化产业合作上下功夫

一是强化产需对接，以集群化、绿色化、数字化、现代化为方向，积极推动山海协作结对市县开展产需对接、产用结合和产业链上下游整合，引导技术、资本、市场等与山区生态资源有机结合，支持山区26县培育发展新兴产业，提升传统制造业发展水平。深化央企与山区26县一对一结对合作，积极推动省属国企、知名浙商企业加大对山区26县的投资力度。二是打造"一县一业"，深入实施"一县一策"，引导山区26县发展高端装备、电子信息、生物医药、医疗器械、新材料等生态产业，加快形成一批百亿级规模

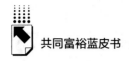

的特色主导产业。积极引导支援地农业龙头企业到山区 26 县发展生态循环农业，建设特色农产品深加工基地。三是加强企业培育，实施"放水养鱼""雏鹰行动"，引导山区 26 县重点培育创新型中小企业、专精特新"小巨人"、隐形冠军、单项冠军。推动山区 26 县开展企业管理现代化对标提升，加强"一企一策"专项诊断服务，推进企业"专精特新"发展。

Abstract

Achieving common prosperity is the common expectation of the Chinese people, the original intention and mission of the Communist Party of China, and an important feature of Chinese modernization and an essential requirement of socialism. As Socialism with Chinese Characteristics enters a new era, the Party Central Committee, with President Xi Jinping at its core, has placed a more prominent position on solidly promoting common prosperity, and made it clear that one of the important goals for the basic realization of socialist modernization in China in 2035 is to achieve more obvious and substantial progress in common prosperity for all people, with Zhejiang as the pioneering demonstration zone for common prosperity to provide a provincial example for the whole country. Zhejiang has made obvious achievements in the past decades of reform and opening-up in solving the problem of unbalanced and inadequate development, and has the foundation and advantages to carry out the construction of a demonstration zone for common prosperity, and also has a broad space for optimization and development potential, this is the key reasons for Zhejiang being appointed as the first demonstration zone for common prosperity in the whole country. Since the issuance of the Opinions on Supporting Zhejiang's High-Quality Development and Construction of a Demonstration Zone for Common Prosperity in 2021, Zhejiang governments at all levels have acted swiftly to promote the implementation of the work, including initially building a goal system, work system, policy system and evaluation system for common prosperity, and made a steady start for the high-quality development and constraction of a demonstration zone for common prosperity, the foundation of common prosperity is further consolidated.

It has been more than one year since the launch of Zhejiang high-quality

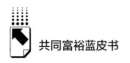
development and construction of a demonstration zone for common prosperity. At this point, this report aims to give a comprehensively review of Zhejiang's development history in kinds of aspects of economic and social construction, including construction of modern industrial system, high-quality development of digital economy, green development, Party building and leading, promoting high-level opening to the outside world, providing high-quality public services, promoting high-quality employment, financial and fiscal policy support, reform of social security system, spiritual civilization construction, comprehensive promotion of rural revitalization, development of the Shanhai Collaboration Project, etc., and summarizes the achievements and experiences of the common prosperity construction. Therefore, the report is a systematic summary of Zhejiang's experience in economic and social development construction and in particular the demonstration zone for common prosperity, which is of reference significance to the common prosperity construction work in other regions.

Meanwhile, this report also examines the problems and shortcomings that still exist in Zhejiang's common prosperity practice from various aspects. For example, in the digital economy, there are still problems of uneven development of the digital economy, digital use divide and inequality in digital dividends; in labor and employment, there are still problems of mismatch between the supply and demand of structure of human resources, high wage gap between industries and groups, and insufficient protection of social security for labor. In terms of financial development, there are still shortcomings in financial support for innovative development, and inadequate supporting policies and evaluation systems of financial support for common prosperity, and so on. On this basis, this report puts forward targeted opinions and suggestions for Zhejiang to further improve the work related to the construction of common prosperity. Therefore, the report also has certain reference significance to the work related to Zhejiang's high-quality development and construction of a demonstration zone for common prosperity, and helps to further enrich the experience of Zhejiang in building common prosperity.

Keywords: High-quality Development; Common Prosperity; Zhejiang

Contents

I   General Report

Abstract: Promoting the common prosperity of all people is one of the important features of Chinese-style modernisation and an essential requirement of it. The process of Chinese-style modernisation has entered a new stage of development. By 2035, China will basically achieve socialist modernisation and make more substantial progress towards common prosperity; by the middle of this century, China will be a leading socialist modernisation power in terms of comprehensive national strength and international influence, and will basically achieve common prosperity. In the process of Chinese-style modernisation, solidly promoting common prosperity is a major task for the Chinese Communist Party to lead the Chinese people in building a socialist modern state. Achieving common prosperity is a long-term historical process, and to make steady progress towards this goal, it is undoubtedly necessary to conduct a pilot project in a certain provincial-level region. Zhejiang has made significant achievements in exploring solutions to the problem of unbalanced and inadequate development over the past decades of reform and opening up, and has the foundation and advantages to carry

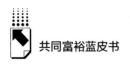
out the construction of a model zone of common prosperity. Zhejiang was established in 2021 as a pilot demonstration zone for promoting high-quality development and building common prosperity, and has made significant achievements in building a modern industrial system, high-quality development of the digital economy, green development, leading by Party building, promoting high-level opening-up to the outside world, providing high-quality public services, promoting high-quality employment, supporting with fiscal and financial policies, reforming the social security system, building spiritual civilisation, promoting rural revitalisation, and collaborative development between mountainous and coastal areas, etc., and the experience of Zhejiang in building common prosperity is being enriched and developed.

Keywords: Common Prosperity; Efficiency and Equality; Zhejiang Experience; Xi Jinping Thought on Socialism with Chinese Characteristics for a New Era

II   Sub-Reports

B.2   The Connotation of the Theory of Common Prosperity and the Construction Logoc of its Target Index System

Li Xuesong, Zhang Huihui / 029

Abstract: Common prosperity is the essential requirement of socialism and an important feature of Chinese modernization. Through the continuous development and improvement by many generations of leaders of the CPC, a profound understanding about the connotation, objectives and realization path of common prosperity has been formed, and the common prosperity realization should be done step by step. Making solid advances toward common prosperity is a complex and systematic task. The common prosperity of different regions cannot be achieved at the same time. Therefore, supporting the high-quality development and construction of the common prosperity demonstration zone in Zhejiang has important theoretical and practical basis. Xi Jinping, general secretary of the

Communist Party of China Central Committee, has stressed six key points about making solid advances toward common prosperity. On these grounds, the indicator system of Zhejiang common prosperity is composed of seven first order indicators, including high-quality development, coordinated development of urban and rural areas, optimization of income distribution structure, high-quality sharing of public services, construction of spiritual civilization, all-area beauty construction, and social harmony. This report will analyze the theoretical logic between common prosperity and the seven target indicators.

Keywords: Common Prosperity; Target Indicators; Zhejiang Practice

B. 3   Promoting Common Prosperity in Zhejiang through
           Modernizing the Industrial System

Huang Qunhui, Deng Quheng and Zhang Wumin / 048

Abstract: Modernization of the industrial system is the key material foundation of realizing common prosperity. After years of development, the modernization level of the industrial system in Zhejiang Province is among the highest in China, contributing greatly to economic growth and the increase of household income. At the new development stage, further optimizing the industrial structure would provide an inexhaustible driving force for promoting common prosperity in Zhejiang Province. This chapter examines the status quo of Zhejiang's industrial system from the perspectives of industrial structure, private economy, industrial clusters, and platform economy, summarizes Zhejiang's experience of constructing a modern industrial system, points out the next step for Zhejiang to further modernize the industrial system, and discusses the effect on promoting China's common prosperity of modernizing Zhejiang's industrial system.

Keywords: Common Prosperity; Modernization of the Industrial System; Manufacturing Industry

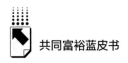

B.4 High-quality Development of Service Trade of Zhejiang

Promotes Common Prosperity Demonstration

Area Construction   *Xia Jiechang*, *Li Luanhao* / 080

Abstract: Service trade is the main field and key point of opening-up. Serving as the front battlefield and major part in China's reform and opening-up as well as the establishment of institutional opening-up, Zhejiang Province offers provincial case and reference for high-quality development of service trade boosting common prosperity. On the basis of understanding three dimension of the high-quality development of service trade, manifesting the positive effect of service trade on promoting the common prosperity, while avoiding negative influence that causes larger difference in citizens' income and inequality level of distribution through high-quality development of it. Three kinds of effects including boosting and bettering the economic growth, developing by innovating, human capital cultivating need fully utilizing in the process of service trade assisting to establish common prosperity demonstration area. Currently, Zhejiang's service trade has got fruitful achievements, but still has been encountered with a great deal of challenges. This chapter will provide several guidelines that can optimize the mechanism of service trade boosting common prosperity, which are given as below: (ⅰ) insisting the changing and upgrading of service industry to create a better industry environment that can boost the high-quality development of service trade; (ⅱ) deepening the opening-up of service industry and precisely arranging the accurate path as well as mode for development of service trade; (ⅲ) continuing promoting digitalization's great influence to accelerate the high-quality development of service trade ; (ⅳ) focusing more on the theoretical system of service trade boosting common prosperity and adjusting relevant policies along with the superstucture in time.

Keywords: Service Trade; High-quality Development; Common Prosperity

B . 5   Green Development Promoting Common Prosperity:
Ideas, Characteristics and Demonstrstion
Research Team of Research Institute of Eco-civilization (*RIEco*) / 102

Abstract: This chapter aims to showcase and refine the innovative ideas, local practice and the typical demonstration of realizing Common Prosperity by green development, and its significance of promoting ecological civilization construction. Firstly, this article clarifies the theoretical connotation and internal correlation between common prosperity and green development. Secondly, it reviews the policy vision of "A Grand Blueprint is drawn to the end" from the idea of "two mountains" to the construction of the target of "Beautiful Zhejiang". Thirdly, it summarizes the practice of Zhejiang on the way to a low-carbon, benefits-sharing and high-quality development, focusing on the innovation approaches of constructing ecological economic system, the Zhejiang's actions of regional green cooperation to help the common prosperity in national level, and the specific measures of leading green and low-carbon transformation with the carbon peaking and carbon neutrality goals. The road of Green Prosperity in Zhejiang is a distinct model can be appreciated for practicing the road of Chinese modernization and the new era of global ecological civilization.

Keywords: Common Prosperity; Green Development; Ecological Civilization; Zhejiang Model

B . 6   Zhejiang's Demonstration of Leading Common Prosperity
by CPC: Exploration, Path and Experience
Zhang Shuhua, Chen Chengxin / 123

Abstract: Party building orientation is of great significance to the path of common prosperity in China. The practice in Zhejiang shows that the key to the successful exploration of the path of Chinese-style common prosperity lies in the

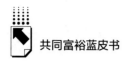
Party. Only by adhering to CPC's leadership can we always achieve the people-centered development, adhere to the mass line, rely on the people, benefit the people, and work together to help all the people to move towards a better life of high-quality development and common prosperity.

Keywords: Party Building Orientation; Common Prosperity; Zhejiang

B . 7 Zhejiang's Practice of Promoting the Construction of Common Prosperity through High-level Opening

Yao Zhizhong, Gao Lingyun and Chen Yihao / 148

Abstract: Under the guidance of the "Eight-Eight Strategy", province of Zhejiang has achieved rapid growth in the import and export of goods, the use of foreign capital and foreign investment, and foreign economic cooperation, providing a solid foundation for high-quality development and building a common prosperity demonstration zone. Over the past year or so, Zhejiang has adopted ten landmark measures, including strengthening land-sea coordination and upgrading the mountain-sea cooperation project, which has played a positive role of high level opening up to high-quality development and common prosperity, and provided Zhejiang's practice for reference. Zhejiang's practice emphasizes the promotion of coordinated regional development, integrated urban and rural development, fair and efficient distribution, release of market vitality and spiritual civilization construction through high level opening up, and promotes the realization of the goal of common prosperity. It is the enrichment and improvement of the policy of opening up from the perspective of traditional trade theory, with the distinctive characteristics of clear programme, clear goal, clear focus and clear path, and has accumulated valuable experience for achieving common prosperity.

Keywords: Opening Up; High-quality Development; Common Prosperity; Zhejiang's Pratice

394

Ⅲ Special Topics

B.8 Zhejiang's Practice on the High-quality Development

of Public Services *Wang Zhen, Li Zheng* / 176

Abstract: It is main task to realize universal access for public services in the process to promote common prosperity. As the pilot region implementing socialist common prosperity, Zhejiang Province has realized equalization of basic public services in the period of "the 13th five year plan", and turns to the new state to promote high-quality development of public services. In "the 14th five year plan", Zhejiang puts forward the task to share high-quality life-cycle public services by all the people. There are two experiences to realize this task: to promote accessibility of high-quality public services for all groups by using digital means in public services provision, and to build new pattern of governance in the provision of public services by the feature of accountable government, effective market, active social organizations, and autonomous community.

Keywords: Common Prosperity; Public Services; High-quality Development

B.9 Promoting High-quality Employment Development to

Boost Building Zhejiang Common Prosperity

Demonstration Zone *Du Yang, Cai Yifei* / 198

Abstract: Employment is pivotal to people's wellbeing, and high-quality employment is an important condition for raising people's income and promoting healthy and sustained economic development. Only by constantly creating more and more high-quality jobs can we lay a solid foundation for common prosperity. Studying how to promote high-quality employment development is of great theoretical and practical significance for Zhejiang to explore the path and measures

of high-quality development to build a demonstration area of common prosperity. This paper puts forward the connotation of high-quality employment, discusses the relationship between high-quality employment and common prosperity from the two dimensions of "making the cake bigger" and "sharing the cake", examines the basic situation of employment development in Zhejiang from the perspectives of supply and demand, and analyzes the challenges facing the high-quality employment development in Zhejiang from the aspects of industrial structure transformation, wage structure and social security. Finally, wepropose the goal and path of promoting the high quality development of employment in Zhejiang.

Keywords: High-quality Employment; Labor Force; Common Prosperity

B.10   Zhejiang's Practice and Key Issues in Policies to Promote
the Common Prosperity

Wang Dehua, Lu Jiankun, Chen Xinyi and Shi Guojian / 217

Abstract: This chapter focuses on fiscal and tax policies that promote common prosperity. By comparing four provinces, we take the fiscal expenditure structure and sub-provincial government fiscal relations as the entry point to analyze Zhejiang Province's fiscal and tax practices for common prosperity. The data confirms that Zhejiang Province leads the four provinces in the scale of fiscal spending per capita, both in total and in the three major categories of spending. Meanwhile, Zhejiang Province has a high parity in economic fundamentals and fiscal revenue. However, there is still room for improvement in the internal structure of social welfare spending and fiscal spending equalization. Our analysis shows that the main experience Zhejiang Finance has gained on the road to promoting common prosperity is as follows. First, it focuses on people-oriented and promotes a money-follows-people policy. Second, it encourages diligence and innovation and insists on common construction and sharing. Third, it emphasizes the sinking of financial resources and sound provincial regulation. Fourth, it implements scientific classification management and precise incentive of award policy. Fifth, it makes good use of digital technology and changes financial organizations. Sixth, it supports cultural development and helps spiritual prosperity. Seventh, it optimizes management services and guides public charity. At the end of this chapter, we combine data and analysis to put forward relevant policy suggestions for the construction of a demonstration zone for common prosperity in Zhejiang Province.

Keywords: Fiscal and Tax Policies; Common Prosperity; The Practice of Zhejiang Province; Sub-provincial Fiscal System

B. 11　The Practice of Financial Development Supporting Common Prosperity in Zhejiang

Zhang Xiaojing, Li Guangzi and Zhang Heng / 275

Abstract: Common prosperity is the essential requirement of socialism. As a means of resource allocation, finance can play an important role in promoting common prosperity. Since the Communist Party of China Central Committee and the State Council issued a guideline on building Zhejiang into a demonstration zone for achieving common prosperity in June 2021, Zhejiang Province has made useful efforts in promoting financial support for wealth accumulation, narrowing the income gap, and easing the dark side of financial development, which has laid a solid foundation for further promoting financial support for building the demonstration zone for achieving common prosperity.

Keywords: Commnon Prosperity; Financial Development; Zhejiang

共同富裕蓝皮书

B.12 Experience and Enlightenment of Common

Prosperity in Spiritual Life in Zhejiang　　　*Feng Yanli* / 297

Abstract: Common prosperity is the essential attribute of socialism, where it includes common prosperity in both material life and spiritual life. Since the 18th CPC National Congress, General Secretary Xi Jinping has deeply grasped the theoretical connotations and characteristics of the times of common prosperity in spiritual life, put forward a series of new visions, new ideas and new strategies for common prosperity in people's spiritual life, formed General Secretary Xi Jinping's important thought on common prosperity in spiritual life. In the new journey of high-quality development and construction of a demonstration zone for common prosperity, Zhejiang, guided by Xi Jinping Thought on Socialism with Chinese Characteristics for a New Era, has transformed Zhejiang's rich history and culture into a wealth of resources to promote common prosperity in people's spiritual life, promoted a better spiritual life of Zhejiang people in high-quality development, and created a series of outstanding achievements, providing reference and replicable Zhejiang experience for the whole nation to promote common prosperity in spiritual life.

Keywords: Common Prosperity; Common Prosperity in Spiritual Life; Better Life; Zhejiang Experience

B.13 Experience of Raising the Low to Common Prosperity in

Zhejiang　　　*Cai Chenlu, Li Yue, Zhao Haili and Wei Zhong* / 317

Abstract: Common Prosperity is the essential requirement of socialism. Rural residents and rural Low-income households are the background of Common Prosperity, while raising the low is the main task to attain the goal. Through a series of reforms, such as promoting the complementarity of advantages and the circulation of elements between regions, building an endogenous and active

398

development platform, jointly building and sharing public services, Zhejiang Province has made a distinctive path of "raising the low" to Common Prosperity.

Keywords: Common Prosperity for All; Raising the Low; Zhejiang Experience

B.14　Common Prosperity and the Reform of Pension System

Zhang Yi, Han Keqing / 336

Abstract: As the core component of social security, pension is a fair and sustainable high-quality old-age guarantee for the realization of common prosperity from the perspective of the goal object and the role of the realization path. As a provincial area of common prosperity, Zhejiang has made beneficial explorations in improving pension system and improving the life quality of the elderly population. This chapter from the coverage, spending, access, treatment level, financial subsidies, analyze the condition of pension security in Zhejiang, the achievements of the reform were fully affirmed, meanwhile, the report suggest the goal of the pension system will need to be more clear and the level need to be improved, identity and HUKOU restrictions need to be more inclusive, the pension system need further integration, financing and treatment mechanism need to be bettered, fiscal expenditure responsibility boundary need to further clarify, Based on the above discussion, the report said: the pension target needs adjust, the overall planning level of endowment insurance needs to be improved, the restriction of identity and HUKOU registration needs to be integrated, the institutional coordination and departmental coordination needs to be strengthened, and the financing and treatment adjustment mechanism needs to be bettered.

Keywords: Pension; Common Prosperity; Pension of Urban Workers; Pension of Residents; Zhejiang Province

共同富裕蓝皮书

B . 15   Practical Experience in Promoting the Shanghai

Collaboration Project of Zhajiang Province   *Li Hao* / 367

Abstract: The report of the 20th National Congress of the Communist Party of China pointed out that "we will thoroughly implement the coordinated regional development strategy, major regional strategies, the functional zoning strategy, and the new urbanization strategy, improve the distribution of the major productive forces and develop a regional economic layout and a territorial space system that complement each other's strengths and promote high-quality development." Promoting coordinated regional development is an inevitable requirement for achieving common prosperity for all people and building a modern socialist country in all respects. Zhejiang Province is located in the east of China, with developed economy. But at the same time, the natural conditions of "seventy percent of the land are mountains, ten percent are water, the rest twenty percent are farmland" have once widened the gap in the development of different regions in Zhejiang. In order to deal with the problem of uncoordinated regional development, Zhejiang Province officially launched the "Shanhai Collaboration Project" in 2002, which aims to strengthen the cooperation between mountainous and coastal areas. Mountainous areas refer to the underdeveloped areas mainly composed of the mountainous areas in southwest Zhejiang and Zhoushan Island, and coastal areas refers to the coastal developed areas and economically developed counties (cities, districts). The Shanhai Collaboration Project is centered on the project cooperation, taking the industrial gradient transfer and the rational allocation of factors as the main line, and stimulating the economic vitality of the underdeveloped areas through the rational transfer of industries from the developed areas to the underdeveloped areas and the orderly flow of surplus labor in the underdeveloped areas to the developed areas. This project is an effective measure to solve the problem of unbalanced and insufficient regional development and promote the leapfrog development of underdeveloped areas in Zhejiang Province. Through the Shanhai Collaboration Project, Zhejiang Province has accelerated the formation of a new pattern of regional coordinated development, and has found a new way to promote the common prosperity of farmers and rural areas via mutual cooperation, two-way interaction and mutual benefit. This paper reviews the process of promoting Shanhai Collaboration Project in Zhejiang Province, summarizes the main practices and typical models of this project, analyzes the main problems faced by Zhejiang Province at the present stage, and further gives ideas and suggestions for deepening Shanhai Collaboration Project.

Keywords: Shanhai Collaboration Project; Common Prosperity; Zhejiang

皮 书

智库成果出版与传播平台

❖ 皮书定义 ❖

皮书是对中国与世界发展状况和热点问题进行年度监测，以专业的角度、专家的视野和实证研究方法，针对某一领域或区域现状与发展态势展开分析和预测，具备前沿性、原创性、实证性、连续性、时效性等特点的公开出版物，由一系列权威研究报告组成。

❖ 皮书作者 ❖

皮书系列报告作者以国内外一流研究机构、知名高校等重点智库的研究人员为主，多为相关领域一流专家学者，他们的观点代表了当下学界对中国与世界的现实和未来最高水平的解读与分析。截至 2022 年底，皮书研创机构逾千家，报告作者累计超过 10 万人。

❖ 皮书荣誉 ❖

皮书作为中国社会科学院基础理论研究与应用对策研究融合发展的代表性成果，不仅是哲学社会科学工作者服务中国特色社会主义现代化建设的重要成果，更是助力中国特色新型智库建设、构建中国特色哲学社会科学"三大体系"的重要平台。皮书系列先后被列入"十二五""十三五""十四五"时期国家重点出版物出版专项规划项目；2013~2023 年，重点皮书列入中国社会科学院国家哲学社会科学创新工程项目。

权威报告·连续出版·独家资源

皮书数据库
ANNUAL REPORT(YEARBOOK)
DATABASE

分析解读当下中国发展变迁的高端智库平台

所获荣誉
- 2020年，入选全国新闻出版深度融合发展创新案例
- 2019年，入选国家新闻出版署数字出版精品遴选推荐计划
- 2016年，入选"十三五"国家重点电子出版物出版规划骨干工程
- 2013年，荣获"中国出版政府奖·网络出版物奖"提名奖
- 连续多年荣获中国数字出版博览会"数字出版·优秀品牌"奖

皮书数据库　　"社科数托邦"
　　　　　　　微信公众号

成为用户
　　登录网址www.pishu.com.cn访问皮书数据库网站或下载皮书数据库APP，通过手机号码验证或邮箱验证即可成为皮书数据库用户。

用户福利
- 已注册用户购书后可免费获赠100元皮书数据库充值卡。刮开充值卡涂层获取充值密码，登录并进入"会员中心"—"在线充值"—"充值卡充值"，充值成功即可购买和查看数据库内容。
- 用户福利最终解释权归社会科学文献出版社所有。

数据库服务热线：400-008-6695
数据库服务QQ：2475522410
数据库服务邮箱：database@ssap.cn
图书销售热线：010-59367070/7028
图书服务QQ：1265056568
图书服务邮箱：duzhe@ssap.cn

社会科学文献出版社　皮书系列
SOCIAL SCIENCES ACADEMIC PRESS (CHINA)
卡号：711888455555
密码：

中国社会发展数据库（下设12个专题子库）

紧扣人口、政治、外交、法律、教育、医疗卫生、资源环境等12个社会发展领域的前沿和热点，全面整合专业著作、智库报告、学术资讯、调研数据等类型资源，帮助用户追踪中国社会发展动态、研究社会发展战略与政策、了解社会热点问题、分析社会发展趋势。

中国经济发展数据库（下设12专题子库）

内容涵盖宏观经济、产业经济、工业经济、农业经济、财政金融、房地产经济、城市经济、商业贸易等12个重点经济领域，为把握经济运行态势、洞察经济发展规律、研判经济发展趋势、进行经济调控决策提供参考和依据。

中国行业发展数据库（下设17个专题子库）

以中国国民经济行业分类为依据，覆盖金融业、旅游业、交通运输业、能源矿产业、制造业等100多个行业，跟踪分析国民经济相关行业市场运行状况和政策导向，汇集行业发展前沿资讯，为投资、从业及各种经济决策提供理论支撑和实践指导。

中国区域发展数据库（下设4个专题子库）

对中国特定区域内的经济、社会、文化等领域现状与发展情况进行深度分析和预测，涉及省级行政区、城市群、城市、农村等不同维度，研究层级至县及县以下行政区，为学者研究地方经济社会宏观态势、经验模式、发展案例提供支撑，为地方政府决策提供参考。

中国文化传媒数据库（下设18个专题子库）

内容覆盖文化产业、新闻传播、电影娱乐、文学艺术、群众文化、图书情报等18个重点研究领域，聚焦文化传媒领域发展前沿、热点话题、行业实践，服务用户的教学科研、文化投资、企业规划等需要。

世界经济与国际关系数据库（下设6个专题子库）

整合世界经济、国际政治、世界文化与科技、全球性问题、国际组织与国际法、区域研究6大领域研究成果，对世界经济形势、国际形势进行连续性深度分析，对年度热点问题进行专题解读，为研判全球发展趋势提供事实和数据支持。

法律声明

"皮书系列"（含蓝皮书、绿皮书、黄皮书）之品牌由社会科学文献出版社最早使用并持续至今，现已被中国图书行业所熟知。"皮书系列"的相关商标已在国家商标管理部门商标局注册，包括但不限于LOGO（▒）、皮书、Pishu、经济蓝皮书、社会蓝皮书等。"皮书系列"图书的注册商标专用权及封面设计、版式设计的著作权均为社会科学文献出版社所有。未经社会科学文献出版社书面授权许可，任何使用与"皮书系列"图书注册商标、封面设计、版式设计相同或者近似的文字、图形或其组合的行为均系侵权行为。

经作者授权，本书的专有出版权及信息网络传播权等为社会科学文献出版社享有。未经社会科学文献出版社书面授权许可，任何就本书内容的复制、发行或以数字形式进行网络传播的行为均系侵权行为。

社会科学文献出版社将通过法律途径追究上述侵权行为的法律责任，维护自身合法权益。

欢迎社会各界人士对侵犯社会科学文献出版社上述权利的侵权行为进行举报。电话：010-59367121，电子邮箱：fawubu@ssap.cn。

社会科学文献出版社